387

DIE LUFTWAFFE
1918—1945
Aufbau · Aufstieg Scheitern

Nach der bei The Dial Press, New York, erschienenen Originalausgabe
THE RISE OF THE LUFTWAFFE
aus dem Englischen übertragen von
L. D. NIEH

Technische Durchsicht: Ing. Franz Littrow

Lizenzausgabe für
Manfred Pawlak Verlagsgesellschaft mbH, Herrsching
© 1973 by Herbert Molloy Mason
Deutschsprachige Ausgabe by Paul Neff Verlag KG, Wien
Alle Rechte vorbehalten
Printed in Germany
ISBN 3-88199-319-3

INHALT

ERSTER TEIL: Aufbau und Aufstieg

I *Ende mit beschränkter Hoffnung* 13
Manfred von Richthofens letzter Flug / Hermann Göring wird Kommandeur des Jagdgeschwaders 1 / Görings Führungsmaßnahmen stoßen auf Ablehnung / Der Waffenstillstand: Deutschland muß 1700 Flugzeuge abliefern / Freikorpskämpfe diesseits und jenseits der Reichsgrenzen / Weimarer Republik plant Reichswehr mit 400 000 Mann, Panzer- und Fliegerverbänden / Der Versailler Vertrag untersagt Fliegertruppe und beschränkt Luftfahrt / England, Frankreich und Amerika nehmen den Zivilflugverkehr auf / Der Tod des Fliegerhauptmannes Berthold / Die Reichswehr als Ordnungsmacht

II *Die große Waffensuche* 39
Der beachtliche Stand der deutschen Flugzeugtechnik / General Billy Mitchell bestellt Maschinen bei Hugo Junkers / Die vielen Verwendungsmöglichkeiten der F 13 / Tony Fokker versteckt seine Flugzeuge und flieht nach Holland / Die Alliierte Kontrollkommission nimmt ihre Arbeit auf / Das Reichswehrministerium bildet eine »Heeresfriedenskommission« / Der erste Zusammenstoß zwischen General Nollet und General Cramon / Die »Kriegsverbrecher« sollen ausgeliefert werden / Die deutschen Flugzeugfabriken schließen ihre Tore / 14 167 Maschinen werden zerstört / Adolf Rohrbach entwirft die revolutionierende E 20 / Pläne für eine deutsche Zivilluftfahrt

III *Flieger ohne Flugzeuge* 59
Hans von Seeckt wird Chef der Heeresleitung / Die geheime Aufstellung von Luftstreitkräften beginnt / Fliegerzentrale im Truppenamt und Fliegeroffiziere bei der Truppe / Deutschland blickt nach dem Osten / Tradition und Leistungen der zaristischen Luftstreitkräfte / Der Luftfahrtpionier Seversky / Flieger im russischen Bürgerkrieg / Die R.A.F. kämpft gegen die Rote Armee / Der Vertrag von Rapallo

DIE LUFTWAFFE

IV Aufrüstung via Ausland 75
Die Segelflieger von der Rhön / Hauptmann Student verschafft Subventionen / Hugo Junkers und die Sondergruppe R / Eine deutsche Flugzeugfabrik in Fili bei Moskau / Beginn der deutschen Zivilluftfahrt / Schwere Beschränkungen durch die Alliierten / Rohrbach baut Flugboote in Dänemark / Heinkel entwirft Seeflugzeuge für Dänemark und Japan / Eine deutsche Fabrik in Schweden / Die Japaner durchkreuzen die Arbeit der Kontrollkommission / 1923: Die Franzosen besetzen das Ruhrgebiet / Die Reichswehr kauft hundert Jagdflugzeuge von Fokker

V Die Ketten lockern sich 101
Hermann Görings Begegnung mit Adolf Hitler / Zehn Fliegerschulen in Deutschland / Das Ende der Kontrollkommission / Ernst Brandenburg wird Luftfahrtdezernent / Der Aufbau der Deutschen Luftreederei / Gotthard Sachsenberg tritt in die Firma Junkers ein / Brandenburg fängt die Alliierten in ihrer eigenen Schlinge / In Dessau wird der Weltflugverkehr geplant / Hugo Junkers verliert seine Fluggesellschaft / Die Lufthansa entsteht / Gründung der Seeflugzeug-Versuchsabteilung / Heinkel baut ein Bordflugzeug für die japanische Kriegsmarine / Der Flugwettbewerb von Warnemünde / Die Marine ist gegen die Zusammenarbeit mit der Sowjetunion

VI »Made in Russia« 125
50 Fokker D XIII werden in die Sowjetunion verschifft / Der Flugstützpunkt Lipezk / Die deutschen Ausbilder fordern die sowjetischen Flieger heraus / Eine »Rußlanddebatte« im Deutschen Reichstag / Die Ausbildung in Lipezk beginnt / General Blomberg besucht die Sowjetunion / Große Fortschritte der deutschen Luftfahrtindustrie / Fritz von Opels Raketenflug / Die Do X fliegt um die Welt / Junkers baut die G 38 / In Lipezk werden die Maschinen der künftigen Luftwaffe erprobt / Die K 47 als Vorläuferin der Ju 87 / 1931: Die Liquidierung von Lipezk beginnt

VII Im Zeichen der Machtergreifung 143
Adolf Hitler wird Reichskanzler / General Wilbergs Leistungen / Der Aufstieg Hermann Görings / Bruno Loerzer übernimmt den Deutschen Luftsportverband / Die Lufthansa dominiert im europäischen Flugverkehr / Göring: »Alles was fliegt, gehört zu mir« / Deutschland soll »Polizeiflugzeuge« erhalten / Das Luftfahrtministerium kauft un-

INHALT

verwendbare britische Motoren / Milch plant die »Risikoluftwaffe« / Heinkel entwirft die He 70 Blitz / General Wever konzipiert die taktische und strategische Luftwaffe

VIII *Die neuen Waffen* 167

Getarnte Jäger- und Bomberformationen / Aus der »Reichsluftwaffe« wird die Luftwaffe / Göring gibt der »Daily Mail« ein Interview / Das Jagdgeschwader Richthofen Nr. 2 entsteht / Göring und der Uralbomber / Do 17: Ein Verkehrsflugzeug wird Bomber / Aus der He 70 entsteht die He 111 / Heinkels neue Fabrik bei Oranienburg / Der Stuka wird geboren / Ernst Udet kommt zur Luftwaffe / Der Sieg der Ju 87 / Willi Messerschmitts Werdegang / Eine neue Jägergeneration entsteht / Die Besetzung des Rheinlandes / Do 19 und Ju 89 als strategische Bomber / Der Tod des Generals Wever

IX *Unternehmen Feuerzauber* 199

Kesselring wird Wevers Nachfolger / Der Bürgerkrieg in Spanien bricht aus / Franco ersucht Hitler um Hilfe / Die erste Luftbrücke in der Geschichte der Luftfahrt / Die Legion Condor / Flieger legen die republikanische Marine lahm / Flächenangriffe auf Madrid / Die Sowjets schicken Flugzeuge nach Spanien / Luftkämpfe über Bilbao / Das Bombardement von Guernica / Die ersten Bombenteppiche / Die deutschen Jagdflieger in Spanien entwickeln eine neue Taktik

X *Chaos in der Planung* 225

Das Luftfahrttreffen von Zürich / Do 17, Fi 156, Me 108 und Me 109 setzen die Fachwelt in Erstaunen / Der Kampf um den Geschwindigkeitsrekord / He 100 gegen Me 109 / General Vuillemin besucht die deutsche Luftwaffe / Udet wird Chef des Technischen Amtes / Das undurchführbare »Führerprogramm« für die Flugzeugproduktion / Revolutionäre neue Flugzeugtypen / He 178: Der erste Düsenjäger / Der »Wunderbomber« Ju 88 / Das Fiasko der Me 210 / Absage an den strategischen Bomber / He 177: Sturzflug mit vier Motoren / Die Luftwaffe hat zu wenig Fliegerschulen / Die Stuka-Katastrophe von Neuhammer / Der »Fall Weiß« wird ausgelöst

ZWEITER TEIL: Scheitern im Sieg

XI *Feuertaufe in Polen* 261

Bodennebel erschweren die ersten Einsätze / Massenangriffe auf polnische Flugplätze / Polens Luftwaffe weicht aus / Wielun: Erster

DIE LUFTWAFFE

Großerfolg der Schlachtflieger / Unterhausdebatte über den Einsatz der R.A.F. / Britische Angriffe gegen die deutsche Flotte / Frankreich leistet Polen keine Hilfe / Richthofens Nahkampfverbände entscheiden den Kampf an der Bzura / Stukas gegen die Westerplatte / Der Großangriff auf Warschau

XII *Blitzkrieg im Norden* 281

England erwartet den deutschen Großangriff / Die R.A.F. wirft Flugblätter ab / Die Luftwaffe greift die britische Flotte an / Die ersten Luftschlachten über der deutschen Küste / Winston Churchill, der Krieg in Finnland und das Erz aus Schweden / Das »Unternehmen Weserübung« wird vorbereitet / Die Luftwaffe bringt Truppen nach Dänemark und Norwegen / Der Kampf um Oslo / Der Einsatz der norwegischen Jäger / Deutsche Bomber zerschlagen den Nachschub des britischen Expeditionskorps / General Stumpff wird Befehlshaber der Luftflotte 5 / Die Luftwaffe versorgt die Narvikkämpfer / Schwere Verluste der britischen Flotte

XIII *Sieg im Westen* 325

4000 deutsche gegen 1654 alliierte Flugzeuge / Die Mängel der französischen Luftwaffe / Fallschirmjäger über Holland und Belgien / Der Einsatz der holländischen Luftwaffe / Das Bombardement von Rotterdam / Das französische Oberkommando glaubt seinen eigenen Aufklärern nicht / Der deutsche Vorstoß aus den Ardennen / Angriff auf die Maasbrücken: Das verlustreiche Unternehmen der R.A.F. / Die Luftwaffe über Dünkirchen / Sergeant Gary und das Ende der Armée de l'Air

XIV *Das Scheitern* 351

Die Luftschlacht über England / Die Luftwaffe hat zu wenig Jäger und Bomber / Udet begeht Selbstmord / Milch übernimmt die Luftrüstung / Das Fiasko der He 177 / Die Luftwaffe kann Stalingrad nicht versorgen / Görings »Kriegsgerichtsbefehl« / Jeschonnek und die viermotorigen Bomber der Alliierten / Der Angriff auf Peenemünde / Jeschonnek begeht Selbstmord / Die Me 262 kommt zu spät / Das Unternehmen »Bodenplatte« / Das Ende der Luftwaffe / Der Prozeß von Nürnberg / Göring begeht Selbstmord

Anhang 369

Menschen und Maschinen in der Statistik / Arbeitshinweise des Autors / Bibliographie / Personen- und Sachregister

Für Martin Caidin

ERSTER TEIL

Aufbau und Aufstieg

I

ENDE MIT BESCHRÄNKTER HOFFNUNG

> *»Das ist kein Frieden, das ist ein
> Waffenstillstand für zwanzig Jahre.«*
> Marschall Ferdinand Foch in Versailles

Am späten Morgen des 21. April 1918, nachdem sich die Frühnebel über dem Tal der Somme gehoben hatten, traf Manfred Freiherr von Richthofen die letzten Vorbereitungen für den Start zur freien Jagd. Der sonst so ernste und zurückhaltende Rittmeister war bester Laune. Er spielte mit seiner großen Dogge Moritz, kippte eine Tragbahre, auf der sich Leutnant Wenzl niedergelassen hatte, in das nasse Gras, sprach begeistert über eine bevorstehende Auerhahnjagd im Schwarzwald und ermahnte seinen jungen Cousin Wolfram, beim bevorstehenden ersten Feindflug vorsichtig zu sein. Richthofen hatte am Tag zuvor seinen 79. und 80. Gegner, zwei englische Jagdflugzeuge, abgeschossen. Trotz seiner Erfolge unterschätzte Richthofen aber das Können des Feindes keineswegs, und die hohen Verluste der deutschen Flieger gaben ihm recht.

Kurz vor zehn Uhr vormittag zog Richthofen seine kniehohen Pelzstiefel über, setzte seine alte schwarze Fliegerhaube auf, gab Moritz einen letzten Klaps und kletterte in den Führersitz seines roten Fokker-Dreideckers. Eine Stunde später lag er, von einem MG-Geschoß tödlich in die Brust getroffen, am Rande einer Straße jenseits der feindlichen Linien. Australische Soldaten stürzten sich wie Hyänen auf sein Flugzeug und zerlegten es auf der Jagd nach Andenken in seine Bestandteile. Voll Zorn trieb ein Militärkaplan der 8. Feldartilleriebrigade die balgende Meute auseinander und brachte sie dazu, wenigstens die persönlichen Habseligkeiten, die sie dem noch warmen Leichnam abgenommen hatten, wieder herauszugeben. Richthofen wurde am nächsten Tag im Friedhof von Bertangles beigesetzt. Englische Offiziere trugen den Sarg; ein Feldgeistlicher sprach die Gebete, und Soldaten des australischen Fliegerkorps feuerten eine Ehrensalve über das Grab, das große Blumenkränze schmückten. Richthofen war entweder von dem kanadischen Hauptmann der 208. Staffel, Arthur Royal Brown, der bereits elf Luftsiege zu verzeichnen hatte, abgeschossen worden oder von MG-Schützen der in der Gegend eingesetzten Artilleriebrigade. Brown legte wenig Wert darauf, als Bezwinger Richthofens zu gelten; er litt an Magengeschwüren, brachte nach dem Luftkampf mit Richthofen nur noch einen Feindflug hinter sich und wurde dann krankheitshalber in die Heimat entlassen.

Richthofen hatte auf einem Zettel, den er hinterließ, Hauptmann Wilhelm Reinhard zu seinem Nachfolger bestimmt; einen Offizier mit 13 Luftsiegen, eine starke, ausgeglichene Persönlichkeit. Reinhard, der aus der Infanterie kam, Bombeneinsätze über Verdun geflogen und dann eine Jagdfliegerschule in Warschau absolviert hatte, fiel zwei Monate nach seiner Ernennung einem Unfall zum Opfer.

Sein Nachfolger, der letzte Kommandeur des Jagdgeschwaders Richthofen, kam nicht aus den Reihen des Geschwaders selbst. Er war ein schlanker, drahtiger Offizier mit scharfgeschnittenem Gesicht, dunklem, zurückgekämmten Haar und einem schmalen Mund: Oberleutnant Hermann Göring, 25 Jahre alt, Sieger in 21 Luftkämpfen, Träger des »Pour le mérite« und zahlreicher anderer hoher Orden. Bevor Göring 1916 Jagdflieger wurde, war er Flugzeugbeobachter und zuvor Leutnant im Badischen Infanterieregiment Nr. 112 gewesen, in dem er sich frühzeitig durch besondere Tapferkeit auszeichnete. Kaum eine Woche nach Kriegsbeginn war Göring mit einer Fahrradpatrouille in gegnerisches Gebiet vorgestoßen, um Gefangene zu machen. Er kam zwar mit leeren Händen zurück, brachte aber seine Männer trotz heftigem Feindfeuer wieder sicher hinter die eigenen Linien.

Görings Tapferkeit stand außer Zweifel, aber sein Benehmen rief im Geschwader Befremden hervor. Er rühmte zwar Richthofens Können als Jagdflieger, übte aber Kritik an seiner Taktik als Jagdfliegerführer. Nach Görings Meinung war die Zeit der freien Jagd und der Einzelangriffe vorbei; er war gewillt, das Geschwader geschlossen in den Kampf zu führen und Verstöße gegen seine Befehle streng zu ahnden. Diese Haltung stieß auf unverhohlene Ablehnung bei Männern wie Ernst Udet und Manfred von Richthofens Bruder Lothar, die mehr Abschüsse hatten als Göring, gewillt waren, Richthofens Andenken hochzuhalten, und die freie Jagd der reglementierten Fliegerei vorzogen.

Göring bewies sein Können, als er am 18. Juli 1918 das Geschwader gegen eine Formation französischer Spads führte und seinen zweiundzwanzigsten und zugleich letzten Gegner abschoß. Am selben Tag flog der Vizefeldwebel Willi Gabriel unter Mißachtung der Befehle des neuen Kommandeurs Einzelangriffe gegen zwei versprengte feindliche Einheiten, aus denen er drei französische Jäger und einen Bomber herausschoß. Göring kanzelte ihn daraufhin vor versammelter Mannschaft ab.

Die Reizbarkeit des neuen Kommandeurs nahm im gleichen Maße zu, in dem die zahlenmäßig unterlegenen deutschen Jagdverbände immer härtere Einsätze entlang der gesamten Front zu fliegen hatten. Er führte Beschwerde über die schlechten Telefonverbindungen zwischen den Staffeln und der Geschwaderführung, berichtete zornig über Angriffe gegen gepanzerte französische Aufklärer, denen die Maschinengewehre der deutschen Jäger nichts anhaben konnten, und verlangte Verstärkung der

Abwehr durch Einsatz zusätzlicher Flakbatterien. An den Kommandierenden General der Luftstreitkräfte, General Ernst von Hoeppner, berichtete Göring, daß seine Piloten oft fünf Einsätze pro Tag fliegen müßten und daß »auf die Dauer weder die Männer noch das Material dieser Belastung standhalten würden«.

Das einzige, worüber weder Göring noch die Angehörigen seines Geschwaders Klage führten, war das fliegende Material. Sie flogen Fokker-D-VII-Doppeldecker mit BMW-Motoren von 185 PS, die eine phantastische Steigfähigkeit und eine Gipfelhöhe von 6000 Metern hatten. Der amerikanische Jagdflieger Elliot White Springs faßte das Urteil des Gegners über diese Maschine in die Worte: »Sie steigt wie ein Aufzug und scheint an ihrem Propeller zu hängen, während sie uns den Bauch voller Löcher schießt.« Die neuen Fokker waren robust, wendig, leicht zu handhaben und reagierten gutmütig auf die typischen Fehler von Anfängern. Das war sehr wichtig, denn der Ersatz, der für die gefallenen Jagdflieger an die Front kam, hatte oft nur wenige Flugstunden hinter sich. Sehr willkommen war auch, daß im Sommer 1918 Fallschirme ausgegeben wurden; bisher waren die deutschen Piloten, wenn ihre Maschinen in Brand geschossen wurden, dem sicheren Tode ausgeliefert gewesen. Die alliierten Flieger erwartete nach wie vor dieses Schicksal, denn sie hatten noch keine Fallschirme.

Die drei Jagdgeschwader der deutschen Fliegertruppe wurden 1918 mehr denn je zum »fliegenden Zirkus«, der mit seinen Lastwagen und schnell aufzustellenden Zelten damit rechnen mußte, innerhalb kürzester Zeit an den jeweils gefährdetsten Frontabschnitt geworfen zu werden. So wurde Görings Jagdgeschwader 1 innerhalb von sechs Wochen von Bernes nach Busigny, von dort nach Metz und schließlich nach Marville verlegt. Die deutschen Jagdflieger glichen einer ständig schrumpfenden Gruppe von Ordnungshütern, die verzweifelt versuchten,

ENDE MIT BESCHRÄNKTER HOFFNUNG

ein riesiges Gelände vor Überfällen einer immer größeren Zahl von Räubern zu schützen. So wurden am 10. Oktober 1918 zehn Maschinen des Geschwaders von einer dreifachen Anzahl von Spads der amerikanischen 94. und 147. Staffel buchstäblich überfallen. In einem erbitterten Luftkampf schoß der amerikanische Hauptmann Eddie Rickenbacker ein deutsches Flugzeug in Flammen, dessen Pilot, Leutnant Kohlbach, mit dem Fallschirm absprang. Görings Jäger erhielten Unterstützung durch eine Staffel, die aus der Sonne herabstieß, so daß schließlich fünf Spads vernichtet wurden, eine durch Zusammenstoß mit einem deutschen Jäger.

Am Himmel Frankreichs und bald auch Deutschlands dröhnten nun stündlich, bei Tag und Nacht und in allen Höhen, die feindlichen Flugzeuge, die Angriff auf Angriff flogen. Schlachtflugzeuge beschossen und bombardierten die deutsche Infanterie in den Schützenlöchern und auf den Rückzugsstraßen. Deutsche Jäger und Bomber gingen bei Überraschungsangriffen auf ihre Flugplätze in Flammen auf. Die großen Handley-Page-Bomber der Briten stießen in das Hinterland vor und trafen die deutsche Kriegsindustrie. Als der Krieg seinem Ende entgegenging, nahm das Tempo der Vernichtung zu. Am 30. Oktober standen die erschöpften deutschen Jäger vom Aufgang bis zum Untergang der Sonne im Kampf. Allein im britischen Frontabschnitt verloren sie an diesem Tag 67 Maschinen, während sie selbst 34 Abschüsse erzielten. Damit waren die deutschen Verluste innerhalb der letzten sieben Monate auf 2463 Flugzeuge gestiegen; ein solcher Aderlaß konnte nicht mehr wettgemacht werden. Die Treibstofflage war so angespannt, daß die neuen Maschinen von den Fabriken nicht mehr zu den Ersatz- und Fronteinheiten geflogen werden konnten, sondern mit der Bahn transportiert werden mußten. Die Einsatzstärke der deutschen Jagdgeschwader lag bei 60 Prozent der Sollstärke. Man mußte halbkaputte Flugzeuge ausschlachten, um genügend Ersatzteile für die anderen zu haben, und die Pneus der Fahrwerke konnten wegen des Gummimangels überhaupt nicht mehr erneuert werden.

Der November begann mit tiefhängenden Wolken und ständigem Regen. Die deutschen Piloten, die nicht starten konnten, lauschten dem feindlichen Trommelfeuer, das ständig näher rückte; vereinzelt gingen Granaten bereits auf den Flugplätzen nieder. Die Verbindung zum Hinterland war schlecht, und so erfuhren sie kaum, was in der Heimat und im Großen Hauptquartier in Spa vor sich ging.

In Kiel meuterten die Matrosen, hißten auf den Schiffen, die lange im Hafen gelegen waren, rote Fahnen und weigerten sich, zu einem letzten Angriff gegen die britische Flotte auszulaufen. Die deutsche Bevölkerung hungerte sich buchstäblich zu Tode; die tägliche Lebensmittelration machte weniger als tausend Kalorien aus und bestand hauptsächlich aus Rüben und Ersatzbrot. In Berlin kam es zu Hungertumulten, und selbst früher kaisertreue Blätter verlangten die Abdankung Wilhelms II. In Spa herrschte bei Feldmarschall Hindenburg und General Groener, dem Nachfolger Ludendorffs, Ratlosigkeit über das zukünftige Schicksal des Monarchen, der sich bei ihnen im Hauptquartier aufhielt. Groener meinte, die beste Lösung für den Kaiser sei,»sich an die Front, in einen Schützengraben im Zentrum der feindlichen Angriffe zu begeben. Werde er getötet, so sterbe er den stolzesten Tod, und werde er verwundet, so würde sich die Haltung der Bevölkerung ihm gegenüber drastisch wandeln.« Wilhelm II. lehnte aus begreiflichen Gründen ab, derartigen Überlegungen näherzutreten.

Am 3., 4. und 5. November besserte sich das Wetter, und Göring führte sein Geschwader wieder in den Kampf. Es schoß in diesen drei Tagen bei zwei eigenen Verlusten zwanzig Gegner ab. Am Nachmittag des 5. November erhielt Göring den

ENDE MIT BESCHRÄNKTER HOFFNUNG

Befehl zur Rückverlegung nach Tellancourt, um nicht von der amerikanischen Infanterie überrollt zu werden. Das Geschwader trat den Flug im strömenden Regen an.

Am 7. November überschritt eine deutsche Delegation die Frontlinie und begab sich in den Wald von Compiègne, wo ihr die Waffenstillstandsbedingungen ausgehändigt wurden. Sie waren derart formuliert, daß Deutschland für den Fall einer Ablehnung des künftigen Friedensvertrages keinerlei Chancen hatte, den Kampf wiederaufzunehmen. So verlangte der Artikel IV »die Übergabe des folgenden guterhaltenen Kriegsmaterials durch die deutsche Armee: 5000 Feldgeschütze, 25 000 Maschinengewehre, 3000 Granatwerfer, 1700 Jagdflugzeuge und Bomber — vor allem alle D VII und alle Nachtbomber«. Der Artikel XXVII hielt außerdem fest, daß die gesamten deutschen Luftstreitkräfte an bestimmten Orten zusammenzufassen und einsatzfähig an die Alliierten zu übergeben seien. Die im Jahre 1871 verlorengegangenen Provinzen Elsaß und Lothringen sollten an Frankreich zurückfallen; die deutschen Soldaten hatten sich auf das rechte Rheinufer zurückzuziehen, auf dem die Alliierten drei Brückenköpfe errichteten. Marschall Foch räumte den Deutschen eine Bedenkzeit von 72 Stunden ein, während der die Kämpfe weitergingen.

Am 9. November wurde in Berlin die Republik ausgerufen, Wilhelm II. dankte ab, verließ mit einer Begleitung von 18 Personen bei dichtem Nebel Spa und begab sich ins holländische Exil.

Der Waffenstillstand wurde zwei Tage später, um 5 Uhr 05 morgens, von der deutschen Delegation in dem im Wald von Compiègne abgestellten Salonwagen Marschall Fochs unterzeichnet. Er trat fünf Stunden und fünfundfünfzig Minuten später in Kraft, und man hoffte, daß der Feuereinstellungsbefehl bis dahin auch den letzten der zwei Millionen Soldaten erreicht haben würde, die entlang der fast sechshundert

Kilometer langen Front standen. General John Pershing, der geradewegs nach Berlin hatte marschieren wollen, rückte mit seinem amerikanischen Expeditionskorps so rasch vor, daß er Sedan vor den wütenden Franzosen einnahm, die diese Stadt selbst hatten befreien wollen. Bis zuletzt starben Soldaten; sie fielen in Gräben, in denen das Wasser stand, und an Flußufern, die der Regen aufgeweicht hatte, in nebelverhangenen Wäldern, in denen das Laub den Boden bedeckte, in dunklen, übelriechenden Kellern und auf den naßglänzenden Straßen kleiner französischer und belgischer Städte.

Die Südafrikanische Brigade der Ersten Britischen Armee, die nach schweren Kämpfen am 10. November Mons eingenommen hatte, hat ein Zeugnis für die Haltung der deutschen Soldaten am 11. November 1918, dem letzten Kriegstag, überliefert. Ein Angehöriger der Brigade berichtete: »Ein deutsches Maschinengewehr, das uns bereits den ganzen Tag schwer zu schaffen gemacht hatte, gab den längsten Feuerstoß ab, den wir je gehört haben. Er dauerte mindestens zwei Minuten und endete um Punkt elf Uhr, der vereinbarten Waffenstillstandszeit. Dann erhob sich der MG-Schütze, nahm den Helm ab, beugte das Haupt und marschierte langsam davon.«

Auf dem Flugplatz von Tellancourt überwachte Hermann Göring die Abfahrt von acht Lastkraftwagen, die sich, voll beladen mit Mannschaften, Waffen, Ersatzteilen, Werkzeugen und Schreibstubenmaterial, in Richtung Darmstadt in Bewegung setzten. In seiner Tasche steckte der knapp vorher eingelangte Befehl, seine Flugzeuge nach Straßburg zu bringen und sie dort den Franzosen zu übergeben. Göring, der sich — wie alle Angehörigen der Fliegertruppe — verraten, aber nicht besiegt fühlte, dachte nicht daran, dem Befehl Folge zu leisten. Er war vielmehr entschlossen, mit dem Geschwader nach Darmstadt zu fliegen, wo es dem Zugriff der Alliierten entzogen war. Er kletterte in den Führersitz seines ölverschmierten Fokker und führte das

ENDE MIT BESCHRÄNKTER HOFFNUNG

Geschwader durch Bodennebel und strömenden Regen auf den Heimflug.

Nicht alle kamen durch. Einige Maschinen mußten in Mannheim, 40 Kilometer vor Darmstadt, notlanden, wo sie von einer meuternden Menge, die sich Arbeiter- und Soldatenrat nannte, ihrer Orden und Seitenwaffen beraubt und per Lastwagen nach Darmstadt geschickt wurden. Als sie dort nach ihrem Eintreffen das Vorgefallene meldeten, ließ sie Göring zusammen mit Teilen des Geschwaders sofort starten. Eine Viertelstunde später waren sie über Mannheim. Die Flieger, denen man zuvor so übel mitgespielt hatte, landeten und überbrachten ein Ultimatum: Rückgabe der Orden und Waffen oder Maschinengewehrbeschuß aus der Luft. Die Jagdflugzeuge, die im Tiefflug drohend über den Platz brausten, sprachen eine unmißverständliche Sprache. Die Beute wurde herausgerückt, die Piloten starteten und folgten Göring zurück nach Darmstadt, wo sie die Flugzeuge mit Absicht so hart aufsetzten, daß sie kaum mehr zu gebrauchen waren.

In den ersten Tagen nach dem Waffenstillstand besserte sich das Wetter, die Sonne brach durch die Nebelvorhänge und ergoß ihren bleichen Schein über die kahlen Felder, auf denen sich die Soldaten nun wieder frei bewegen konnten, ohne den Tod fürchten zu müssen. Kaum schwiegen die Kanonen, begannen sich die Züge, Kompanien, Bataillone, Regimenter und Divisionen zu formieren, um den langen Marsch zum Rhein, über die Brücken und in die Heimat anzutreten. Gelassen, doch voll Energie ging die Truppe ans Packen, denn jeder Soldat, der nach Ablauf von dreißig Tagen in Frankreich, Belgien, Luxemburg oder Elsaß-Lothringen, also jenseits des Rheins, angetroffen werden würde, galt automatisch als Kriegsgefangener. Niemand wollte nun, da der Friede, die Heimat und das Zivilleben so nahe gerückt waren, hinter Stacheldraht wandern.

Es wurde allgemein angenommen, die deutsche Armee werde

niemals innerhalb dieser Frist ihre zwei Millionen Soldaten samt allem, was sie für den Marsch benötigten, aus dem besetzten Gebiet zurückziehen können, das immerhin zwanzigtausend Quadratkilometer umfaßte. Selbst Hindenburg hatte erklärt, dies sei »technisch unmöglich«, und der Rückzug werde mindestens drei Monate erfordern. Aber bereits am Nachmittag des Waffenstillstandstages setzten sich die ersten Einheiten, deren Marschtabelle in allen Einzelheiten geplant war, in Bewegung. Während sie erste Rast hielten, marschierten andere Einheiten ihren Rastplätzen oder Verladeorten zu. Tag und Nacht bewegte sich ein riesiger grauer Heerwurm durch das Land. Die deutschen Soldaten trugen nur Sturmgepäck und Handfeuerwaffen, und da die Straßen nun, da sich das Wetter gebessert hatte, erstaunlich trocken waren, marschierten sie schneller als die alliierten Truppen, die ebenfalls dem Rhein entgegeneilten. Begegnungen mit den Siegern waren eher durch Verlegenheit als durch Feindseligkeit gekennzeichnet. Die amerikanischen Soldaten, durchwegs große, kraftstrotzende Gestalten, wurden von den Deutschen unverhohlen bestaunt.

»Sie trugen neue Uniformen«, berichtete ein deutscher Unteroffizier, »ihre gutsitzenden Schuhe waren wasserdicht, ihre Gewehre gepflegt und ihre Munitionstaschen prall gefüllt. Sie sahen alle frisch und unverbraucht aus. Verglichen mit diesen Burschen wirkten wir wie die reinsten Straßenräuber. Unsere Uniformen waren vom Schlamm der Jahre, dem Regen der Argonnen, dem Kalk der Champagne und den Sumpfwassern Flanderns verdreckt; unsere von Stacheldraht und Granatsplittern zerfetzten Mäntel waren grob geflickt, steif von Lehm und manchmal auch von Blut; unsere Stiefel waren zerlöchert, unsere Gewehre ausgeleiert und unsere Munition fast verschossen. Wir waren schmutzig, abgekämpft, müde. Der Krieg war wie eine Dampfwalze über uns hinweggegangen.«

So wurde das besetzte Feindesland von den deutschen Armeen

geräumt. Die Präzision des Rückzugs trug den Stempel deutscher Generalstabsarbeit und war ebenso bewundernswert wie vier Jahre zuvor der erste große Angriff, der bis zur Marne geführt hatte. Unter den Augen der Offiziere und Soldaten der alliierten Besatzungsarmeen marschierten die deutschen Bataillone mit klingendem Spiel über den Rhein. Sie waren erschöpft, zerlumpt und müde, aber kein Brite, Franzose oder Amerikaner, der sie sah, hatte den Eindruck, daß eine geschlagene Armee an ihm vorbeimarschierte.

Die Überlebenden des berühmtesten Jagdgeschwaders des großen Krieges versammelten sich am Abend des 19. November 1918 in der alten Stadt Aschaffenburg zu einem letzten Beisammensein. Die dreißig Piloten, die im Stiftskeller zusammengekommen waren, hörten schweigend die Abschiedsrede ihres Kommandeurs. Göring würdigte zunächst die Erfolge des Geschwaders und geißelte dann das »schmähliche Verhalten« der Arbeiter- und Soldatenräte. Nachdem sie jahrelang als Jagdflieger ihr Leben im Kampf gegen eine überwältigende Übermacht für die Ehre des Vaterlandes eingesetzt hätten, seien sie nicht gewillt, nunmehr mit anzusehen, wie das Andenken ihrer gefallenen Kameraden durch Feiglinge und Verräter verunglimpft werde, sagte Göring und schloß: »Niemand wird uns je unsere Ehre nehmen, unser Recht und unsere Freiheit, wenn wir nicht wollen!«

Der Kampf hatte tatsächlich bereits begonnen. Als die Angehörigen des Geschwaders den Stiftskeller verließen, wurden sie von einer johlenden Menge, die rote Armbinden trug, empfangen. Jemand griff nach Görings Orden und Achselstücken, aber er schlug sich, gefolgt von seinen Kameraden, durch und trat den Weg in die dunkle Nacht an.

DIE LUFTWAFFE / KAPITEL I

Die Heimat war für die zurückgekehrten Soldaten eine wüste, von Aufruhr und Mangel geprägte Landschaft. Unruhen, Meutereien und Streiks boten im Verein mit dem allgegenwärtigen Hunger den deutschen Kommunisten eine willkommene Handhabe, um die Revolution in das Herz Deutschlands zu tragen. Drei Tage vor Kriegsende war die sogenannte Volksmarinedivision in Berlin einmarschiert. Sie bestand aus dreitausend, mit erbeuteten Gewehren bewaffneten Meuterern und Deserteuren von Kriegsschiffen aus Kiel, Bremen und Hamburg. Die Männer besetzten das kaiserliche Schloß, plünderten Vorratslager des Heeres und schlugen auf den Straßen Offiziere und Unteroffiziere zusammen, die noch ihre Orden und Rangabzeichen trugen. Angesichts dieses zügellosen Treibens erwartete der neue Reichskanzler, der 47jährige ehemalige Sattlergehilfe Friedrich Ebert, ein überzeugter Sozialdemokrat, aber kein Bolschewist, mit Ungeduld die Ankunft der disziplinierten Fronttruppen aus Frankreich.

Sie trafen am Morgen des 11. Dezember in Berlin ein und marschierten in tadelloser Ordnung, das Eichenlaub am Stahlhelm, unter den Linden entlang. Ebert hielt zu ihrer Begrüßung eine Rede, in der er sagte, sie seien »im Kampfe unbesiegt« geblieben. Aber diese Worte machten auf die Truppe, die sich von einer teils gleichgültigen, teils feindseligen Menge umringt sah, nur geringen Eindruck. Die müden Soldaten, die jahrelang dem Tod ins Auge gesehen hatten, deren Opfer vergeblich gewesen waren und die nun angespuckt und beschimpft wurden, waren froh, ihre Waffen loszuwerden. Viele warfen sie einfach weg; andere rüsteten ordnungsgemäß in den Kasernen ab. Eine Armee von zwei Millionen Mann demobilisierte sich gleichsam von selbst über Nacht. Übrig blieben einige wenige entschlossene Krieger, die bereit waren, sich den immer rascher anwachsenden Unruhen entgegenzustellen.

Am 23. Dezember setzten Angehörige der Volksmarinedivision

ENDE MIT BESCHRÄNKTER HOFFNUNG

nach einem Streit über ihren Sold den von der neuen Regierung eingesetzten Stadtkommandanten von Berlin, Major Otto Wels, fest, schlossen Ebert in der Reichskanzlei ein, besetzten die Telefonzentrale und glaubten, Ebert damit von jeder Verbindung mit der Außenwelt abgeschnitten zu haben. Aber der Reichskanzler verfügte über eine direkte Telefonverbindung zur Heeresleitung in Kassel, über die er Hilfe anforderte und auch prompt erhielt.

Die Gardekavallerie-Schützendivision marschierte von Potsdam nach Berlin und umstellte das Schloß. Ebert war es inzwischen gelungen, die Aufständischen zur Freigabe der Reichskanzlei zu bewegen. Nun wollte er die Gardekavalleristen zurückpfeifen, aber dazu war es zu spät.

Am nächsten Morgen begann der Angriff, das Schloß wurde gestürmt, aber die Matrosen hatten sich in die angrenzenden Ställe zurückgezogen. Nach einem Feuergefecht von eineinhalb Stunden hißten sie die weiße Fahne, um sich zu ergeben. In dem Augenblick jedoch, in dem die Gardekavalleristen das Feuer einstellten, strömten aus allen Gassen Zivilisten herbei, füllten die Höfe des Schlosses und stellten sich vor die Mündungen der Gewehre und Maschinengewehre. Die Soldaten, die nicht gewillt waren, auf unbewaffnete Menschen, vor allem auf Frauen und Kinder, zu schießen, mußten schließlich abziehen, ohne Gefangene gemacht zu haben. Die Matrosen der Volksmarinedivision hatten einen billigen Triumph errungen; die Soldaten aber vergaßen die erlittene Demütigung nicht.

Dieses Debakel, das sich mitten in der Reichshauptstadt ereignet hatte, zeigte, wie machtlos die Regierung Ebert gegenüber einer viel größeren Gefahr sein mußte, die sich nun abzeichnete. Am Beginn des Jahres 1919 riefen die Spartakisten unter Führung Karl Liebknechts den Generalstreik aus und schickten sich an, der Regierung die Macht zu entreißen.

Der entschlossenste Gegner der äußersten Linken war der

Generalstab, der in Schloß Wilhelmshöhe in Kassel residierte. General Groener, selbst Bürgerlicher mit demokratischen Neigungen, war bereit, Ebert zu unterstützen, und sah im Generalstab, dessen Organisation noch intakt war, das einzige Rettungsmittel für die neue sozialdemokratische Republik und ihre Ziele. Die Spartakisten mußten geschlagen werden — aber wie und von wem?

Als Antwort auf diese Frage erfolgte die Aufstellung der sogenannten Freikorps, in deren Reihen sich die erfahrensten und entschlossensten Frontsoldaten zusammenfanden. Sie wurden von der Obersten Heeresleitung finanziell unterstützt und erhielten ihre Uniformen und Waffen aus den Armeebeständen, die es noch überall im Lande gab.

Der erste Einsatz eines Freikorps erfolgte in der zweiten Januarwoche 1919, als ein Bataillon in der Stärke von 1200 Mann daranging, die Spartakisten in Berlin niederzukämpfen. Die Stadt, die bereits schwer unter den Folgen des einwöchigen Generalstreiks litt, war der Schauplatz wilder Straßenschlachten. Zunächst wurde das Hauptwiderstandszentrum der Spartakisten mit Geschützen, Grabenmörsern und Flammenwerfern niedergekämpft. Dreihundert Verteidiger ergaben sich, von denen viele an die Wand gestellt und erschossen wurden. Dreitausend weitere Freikorpsmänner rückten in Berlin ein, und am 15. Januar war auch der letzte Widerstand gebrochen. Karl Liebknecht und Rosa Luxemburg wurden ermordet.

Nun brach der Aufstand in den norddeutschen Küstenstädten Bremen, Cuxhaven, Hamburg und Wilhelmshaven sowie in Erfurt, Gotha, Düsseldorf und Halle aus. Überall wurden die Freikorps eingesetzt, um die Revolten niederzukämpfen. Am 5. März wurde neuerlich der Generalstreik ausgerufen, die Spartakisten in Berlin griffen abermals zu den Waffen und besetzten unter anderem das Polizeipräsidium. Daraufhin traten ihnen Freikorps in der Stärke von zwei Divisionen, erstmals unter-

ENDE MIT BESCHRÄNKTER HOFFNUNG

stützt von Kampfflugzeugen, entgegen. Die Kämpfe um die Reichshauptstadt dauerten diesmal zehn Tage, dann war die Gefahr eines kommunistischen Berlin endgültig gebannt.

In München verfügte die Räteregierung über eine rote Armee von zwanzigtausend Mann, von denen freilich die meisten Arbeiter ohne militärische Ausbildung waren. Ihnen traten in der letzten Aprilwoche des Jahres 1919 Freikorps in der Stärke von dreißigtausend Mann, unterstützt von Flugzeugen, gegenüber. Der Endkampf dauerte 72 Stunden, dann war die letzte rote Fahne über München niedergeholt.

Die Ereignisse zu Beginn des Jahres 1919 hatten sowohl der Obersten Heeresleitung als auch der sozialdemokratischen Regierung gezeigt, daß nur eine starke, lebensfähige und erneuerte Reichswehr die Existenz des Staates sichern konnte. Die Flammen der kommunistischen Revolution, die soeben gelöscht worden waren, konnten jederzeit neuerlich emporschlagen. Außerdem rüstete das von Frankreich ermutigte und unterstützte Polen auf, und es war zu befürchten, daß seine territorialen Ambitionen vor deutschem Gebiet nicht haltmachen würden. Deutschland dagegen mußte äußerste Vorsicht und Zurückhaltung üben, denn diesseits des Rheins standen fast vierzig amerikanische, französische und englische Divisionen, bereit, beim geringsten Anlaß zu marschieren. Wie immer man die Lage betrachtete — ein waffenloses Deutschland war ein hilfloses Deutschland.

Dementsprechend wurden Pläne für die Aufstellung einer provisorischen Reichswehr ausgearbeitet, deren Aufgabe, wie die Regierung versicherte, »der Schutz der Grenzen des Reiches und die Aufrechterhaltung der inneren Ordnung« sein sollte. Der Generalstab plante eine Armee von vierhunderttausend Mann, gegliedert in vierundzwanzig Divisionen. Sie sollte aus den besten Angehörigen der alten Armee und der Freikorps bestehen, vermehrt um Rekruten, die sich freiwillig gemeldet hatten.

Diese Freiwilligen sollten zwei Jahre dienen und anschließend in die Reserve überstellt werden. Außerdem sollte eine Miliz aufgestellt werden, für die eine Kurzausbildung von drei Monaten und jährliche sommerliche Wiederholungsübungen im Ausmaß von zwei Wochen vorgesehen waren. Die Generäle wollten eine Armee der Demokratie, aber keine demokratische Armee, das heißt, sie wollten ein Heer ohne Soldatenräte und ohne Wahl der Offiziere schaffen. Eingedenk der Erfahrungen der letzten Kriegsmonate und der drückenden Überlegenheit der Alliierten an Tanks waren starke Panzerverbände vorgesehen, desgleichen leistungsfähige Luftstreitkräfte mit Jägern, Aufklärungs- und Schlachtflugzeugen.

Diese Pläne wurden der Regierung in Weimar zur Genehmigung vorgelegt, und daraufhin begannen die Auseinandersetzungen zwischen den konservativen Kräften der Armee und der sozialdemokratischen Linken. Das Gesetz über die Aufstellung der provisorischen Reichswehr wurde schließlich mit einigen wesentlichen Abänderungen verabschiedet. Die Soldatenräte wurden zwar abgeschafft, aber an ihre Stelle sollte die sogenannte Heereskammer treten, in die alle Einheiten ihre Vertrauensmänner entsandten. Die Militärgerichte wurden aufgelöst und alle Offiziere und Soldaten der zivilen Gerichtsbarkeit unterstellt. Wenn auch die Generalität diesen Neuerungen ablehnend gegenüberstand, so waren sie doch nichts als der selbstverständliche Ausdruck des Überganges vom Kaiserreich zur Republik.

Die Alliierten hatten nach der Unterzeichnung des Waffenstillstandes die schweren Waffen des deutschen Heeres beschlagnahmt. Es blieb einem Zivilisten vorbehalten, die Generäle darauf hinzuweisen, daß dies kein Nachteil sei. Als Walther Rathenau im Weltkrieg die Leitung der Kriegsrohstoff-Versorgung übernommen hatte, war diese Ernennung eine kleine Sensation gewesen. Der neue Minister, Sohn und Erbe des Gründers der AEG, der Allgemeinen Elektrizitätsgesellschaft, galt als ein Mann, der die Fähigkeiten eines Industriekapitäns mit den Qualitäten eines Philosophen in sich vereinigte. Was Rathenau aber von seiner vorwiegend adeligen und militärischen Umgebung vor allem unterschied, war die Tatsache, daß er Jude war.

In der Nachkriegsregierung wurde Rathenau zunächst Wiederaufbauminister und erklärte in dieser Eigenschaft den Generälen: »Man hat Ihnen Ihre Waffen genommen oder zerstört, aber diese Waffen wären bis zum nächsten Krieg ohnehin veraltet gewesen. Der nächste Krieg wird mit neuen Waffen ausgetragen werden, und jene Armee, die am wenigsten mit veraltetem Material belastet ist, wird für ihn am besten gerüstet sein.« Rathenau wies außerdem darauf hin, daß selbst das bescheidenste Wiederbewaffnungsprogramm günstige wirtschaftliche Auswirkungen haben werde, weil es die Wiedereinstellung vieler beschäftigungsloser Rüstungsarbeiter bringe.

Obwohl das Gesetz über die Aufstellung der neuen Reichswehr schließlich auch die Zustimmung des Generalstabes gefunden hatte, konnte es nicht in Kraft treten, denn noch berieten die Alliierten über die endgültigen Friedensbedingungen, die auch Klauseln über Deutschlands militärische Zukunft enthalten sollten. Die deutschen Generäle hofften, die Alliierten würden zwar nicht großzügig, aber wenigstens realistisch sein. Sie hofften es, aber sie glaubten nicht eigentlich daran.

Die Delegierten der Alliierten hatten 102 Tage beraten, um den umfangreichen Entwurf des Vertrages fertigzustellen, der einen blutigen vierjährigen Krieg beenden und die Grundlagen für eine Welt des Friedens und der Sicherheit schaffen sollte. Angesichts der Bedeutung dieses Vertrages für die Zukunft der Nationen und der großen Hoffnungen, die an ihn geknüpft wurden, können die Hast, in der er ausgearbeitet wurde, und die Art, in der er den Deutschen übergeben wurde, nur als Akte der Torheit bezeichnet werden. Während man noch an dem

75 000 Worte umfassenden und aus 440 Artikeln bestehenden Dokument formulierte, wurde die deutsche Delegation, die aus fast zweihundert Unterhändlern, Experten, Übersetzern und Beamten bestand, nach Versailles gerufen. Dort wurde sie in einem Hotel praktisch unter Hausarrest gestellt, während die Alliierten, unter denen sich Uneinigkeit ausbreitete, die letzten Vertragsdetails aushandelten.

Nachdem die deutsche Delegation eine Woche vergeblich gewartet und mit der Abreise gedroht hatte, stellten die aufgescheuchten Alliierten den Vertrag überstürzt fertig, um ihn am Nachmittag des 7. Mai 1919 überreichen zu können. Diese abschließenden Arbeiten waren so hektisch, und die Kompilierung der einzelnen Artikel erfolgte so übereilt, daß die alliierten Staatsmänner den endgültigen Gesamtentwurf erst wenige Stunden vor der Überreichung an die Deutschen zu lesen bekamen. Jene amerikanischen und englischen Delegierten, die sich die Mühe machten, das Vertragswerk vom Anfang bis zum Ende zu lesen, waren von der Härte der Bedingungen ebenso schockiert wie von der Barschheit der Sprache, aber nun war es zu spät.

Am Nachmittag des 7. Mai 1919, um 15 Uhr, nahmen die Führer der deutschen Delegation im Beratungssaal gegenüber den Alliierten Platz. Sie merkten sofort, daß sie nicht als Unterhändler, sondern als Befehlsempfänger betrachtet wurden. Man händigte ihnen ein Exemplar des Vertrages in englischer Sprache mit dem Bemerken aus, sie hätten fünfzehn Tage Zeit, es zu studieren und schriftliche Bemerkungen vorzulegen, ehe sie das Dokument unterzeichneten.

Als die Vertragsbedingungen am darauffolgenden Tag in Berlin einlangten und bekanntgegeben wurden, stießen sie bei Politikern, Generalstab und Öffentlichkeit gleichermaßen auf fassungsloses Entsetzen und zornige Empörung. Gegen diesen »Gewaltfrieden«, wie er sofort genannt wurde, kam es zu Straßendemonstrationen; die Deutschen, die geglaubt hatten, die

ENDE MIT BESCHRÄNKTER HOFFNUNG

Friedensbedingungen würden auf Wilsons vierzehn Punkten beruhen, fühlten sich hintergangen. Da sie der irrigen Meinung waren, Wilson persönlich sei der Hauptautor dieses Dokuments, wurde der amerikanische Präsident über Nacht zum Erzfeind. Selbst die größten Pessimisten hatten nicht damit gerechnet, daß die Bedingungen von so viel Haß und von so wenig Verständnis für Deutschlands Wiedergesundung erfüllt sein würden.

Der Vertrag verlangte zunächst die Zahlung von zwanzig Milliarden Mark in Gold innerhalb von zwei Jahren, aber das sollte nur ein Bruchteil der gesamten Reparationen sein, deren Festsetzung einem eigenen Komitee oblag. Die Rechnung sollte sich schließlich auf 520 Milliarden Mark belaufen, was etwa der Hälfte des deutschen Nationalproduktes im Jahre 1919 entsprach. Im gleichen Atemzuge beraubte der Vertrag, entgegen allen Gesetzen der Logik, die Deutschen der Voraussetzung für die Bezahlung dieser gewaltigen Summen: Sie mußten ihre Kolonien in Afrika und in der Südsee preisgeben, riesige Mengen von Kohle und Erz an die Franzosen liefern, zwei Drittel ihrer Hochöfen stillegen und ihre gesamte Handelsmarine mit Ausnahme kleiner Schiffe von weniger als 1600 Tonnen ausliefern.

Zu dieser wirtschaftlichen Ausblutung kamen noch jene Artikel, die in deutschen Augen ausgesprochene »Schandparagraphen« waren. Demnach sollte Deutschland nicht nur die alleinige und ausschließliche Verantwortung für den Ausbruch des Krieges auf sich nehmen, sondern auch eine Reihe sogenannter Kriegsverbrecher zur Aburteilung durch die alliierten Tribunale ausliefern. An der Spitze dieser Bestimmungen stand der Artikel 227, der Wilhelm II. schwerster Verstöße gegen die internationale Moral und die Heiligkeit der Verträge bezichtigte.

Der Teil V des Vertrages ließ alle bisherigen Pläne für den Aufbau der Reichswehr in sich zusammenbrechen. Die militärischen Bestimmungen waren mit größerer Sorgfalt ausgearbeitet worden als das übrige Vertragswerk. Sie sollten verhindern, daß Deutschland jemals einen Krieg unter den Bedingungen, die das zwanzigste Jahrhundert hervorgebracht hatte, führen würde können. Artikel 160 sah die unwiderrufliche Auflösung des Generalstabes und die Schließung der Kriegsakademie sowie der Kriegsschulen vor. Die neue Reichswehr sollte nicht mehr als 100 000 Mann, darunter 4000 Offiziere, umfassen. Um die Bedeutung dieser Zahlen zu ermessen, muß man sich vor Augen halten, daß Deutschland im Jahre 1914 mit 29 000 Offizieren des Aktiv- und Reservestandes in den Krieg gezogen war und bei Kriegsende über 226 000 Offiziere verfügte. Erlaubt waren sieben Infanterie- und drei Kavalleriedivisionen; die Artillerie durfte nicht mehr als dreihundert Geschütze leichten Kalibers besitzen. Verboten waren gepanzerte Fahrzeuge aller Art und die Erzeugung von Giftgas. Der Vertrag legte bis ins letzte Detail die erlaubte Zahl von Maschinengewehren, Granatwerfern und Gewehren, einschließlich des Munitionsvorrates, der dem Verbrauch von zehn Kampftagen entsprach, fest. Alle Rüstungsfabriken mußten zerstört oder in Produktionsstätten für den zivilen Verbrauch umgewandelt werden. Die Einfuhr von Munition war verboten.

Um die Anlegung ausgebildeter Reserven unmöglich zu machen, sollte die neue Reichswehr ein Berufsheer sein, in dem die Soldaten zwölf und die Offiziere 25 Jahre dienten. Nach ihrem Ausscheiden war ihnen der Beitritt zu Reserveformationen verboten, die allgemeine Wehrpflicht wurde abgeschafft und paramilitärische Organisationen ehemaliger Soldaten waren nicht gestattet. Von der viel zu geringen Reichswehr abgesehen, die überdies unter zunehmender Altersschwäche leiden mußte, sollte Deutschland völlig entmilitarisiert werden.

Was die Flotte betraf, so sollte sie in Zukunft aus einigen veralteten Schlachtschiffen und Kreuzern und aus einigen wenigen Zerstörern und Torpedobooten bestehen. Unterseeboote waren verboten, Schiffsneubauten durften nicht größer als zehntausend Tonnen sein. Das Marinepersonal blieb auf 16 500 Offiziere und Mannschaft beschränkt, und alle Küstenbefestigungen bis zu einer Tiefe von 45 Kilometern waren zu schleifen. Artikel 185 verlangte die Übergabe aller deutschen Kriegsschiffe an die Alliierten, eine Bestimmung, der sich die deutsche Flotte am 21. Juni 1919 durch die Selbstversenkung in Scapa Flow entzog. Zusammen mit der vorgesehenen Auslieferung der Handelsmarine reduzierten diese Bestimmungen Deutschlands Seemacht im buchstäblichen Sinne auf Null.

Nur wenige Bestimmungen des Vertrages beschäftigten sich mit der Luftfahrt. Fünf Artikel genügten, um Deutschland auf den Status der Heißluftballone des 18. Jahrhunderts zurückzuwerfen. Der Aufbau einer Luftwaffe war verboten; alle Kriegsflugzeuge, die den Alliierten noch nicht übergeben worden waren, mußten zerstört werden. Besonders schwerwiegend war angesichts der erhofften Auswertung der im Krieg erzielten technischen Fortschritte für die Verkehrsluftfahrt der Artikel 201: »Für die Dauer von sechs Monaten nach Inkrafttreten dieses Vertrages ist die Erzeugung und Einfuhr von Flugzeugen, Flugzeugbestandteilen, Flugzeugmotoren und Bestandteilen von Flugzeugmotoren in ganz Deutschland verboten.« Und das zu einer Zeit, in der die Engländer und Amerikaner bereits Versuchsflüge unternahmen, denen der Aufbau einer gewinnbringenden Verkehrsluftfahrt folgen sollte.

Schon vier Wochen nach Kriegsende waren drei englische Offiziere mit einem Handley-Page-V-1500-Bomber von England über Kairo nach New Delhi geflogen und hatten damit bewiesen, daß der Langstreckenverkehr für Passagiere und Fracht bevorstand. Am 1. März 1919 hatten die Engländer einen regelmäßigen Flugdienst zwischen Folkestone und Köln aufgenommen, der hauptsächlich die Post der Besatzungstruppen beförderte. England hatte auch ein eigenes Amt für Zivilluftfahrt geschaffen und förderte die Ausbildung von Sportfliegern. Im Mai 1919 bezwangen amerikanische Marinepiloten in Curtiss-Flugbooten den Atlantik, indem sie von Neufundland über die Azoren und Lissabon nach England flogen. Die Engländer ihrerseits bereiteten sich darauf vor, den Atlantik mit Bombenflugzeugen und erbeuteten deutschen Zeppelinen zu überqueren. All das blieb den Deutschen versagt, da sie erst ab 1. Juli 1920, sechs Monate nach dem Inkrafttreten des Vertrages, mit dem Aufbau einer Luftfahrtindustrie beginnen konnten. Das war ein Handikap, das — wie die Alliierten hofften — kaum aufzuholen war.

Reichskanzler Philipp Scheidemann hatte den Vertrag als »unannehmbar und undurchführbar« bezeichnet, eine Meinung, der sich sogar viele Gegner anschlossen. Selbst Woodrow Wilson hatte in Paris einem seiner Berater gesagt: »Wenn ich ein Deutscher wäre, würde ich nicht unterschreiben!« Aber was war die Alternative zur Nichtunterzeichnung? Französische, britische und amerikanische Armeen standen diesseits des Rheins, und vor allem die Amerikaner, die zu spät gekommen waren, um kriegsentscheidend einzugreifen, brannten geradezu auf den Kampf. Nichtunterzeichnung mußte demnach Wiederaufnahme des Krieges bedeuten. Zwischen der Regierung in Weimar und der Obersten Heeresleitung, die sich nun in Kolberg aufhielt, fanden fieberhafte Konsultationen statt, die vor allem um zwei Fragen kreisten: Waren die Überreste des Heeres und die Freikorps imstande, einem alliierten Einmarsch Widerstand entgegenzusetzen? Und würde die kriegsmüde Bevölkerung bereit sein, neuerlich Opfer zu bringen? Hindenburg ließ sich dazu aus Kolberg vernehmen: »Wir können die Provinz Posen wiedergewinnen und unsere Grenzen im Osten verteidigen, aber im Westen können wir im Hinblick auf die zahlenmäßige Überlegenheit der Entente und die Gefahr, an beiden Flanken umgangen zu werden, kaum damit rechnen, einer Offensive standzuhalten. Der Ausgang eines solchen Waffenganges ist daher sehr zweifelhaft, aber als Soldat bin ich der Ansicht, daß es besser ist, ehrenhaft unterzugehen, als einen unehrenhaften Frieden anzunehmen.«

In der Nationalversammlung wurde lange und heftig debattiert. Außenminister Brockdorff-Rantzau trat zurück. Die Armee drohte mit offener Revolte. Aus dem Lande war zu hören, daß es zu Aufständen kommen würde, sollte die Regierung die Bevölkerung in einen neuen Krieg stürzen. Die Truppe war bereit zu kämpfen, aber sie hatte keine schweren Waffen, und die Alliierten hatten eine zehnfache Übermacht. So blieb keine Wahl. Wenige Stunden vor Ablauf der Frist beschloß die Nationalversammlung, die Vertragsbestimmungen anzunehmen.

Die Unterzeichnung erfolgte am 28. Juni 1919 im Spiegelsaal von Versailles. Die Zeremonie war kurz, wenig feierlich und gestört durch den Lärm der vielen Zuschauer und Journalisten. Als alles vorüber war, sagte David Lloyd George: »In 25 Jahren werden wir das alles noch einmal durchmachen müssen, aber dann um den dreifachen Preis.«

Nachdem der Diktatfriede am 1. Januar 1920 in Kraft getreten war, richteten sich die Besatzungstruppen auf einen langen Aufenthalt ein, die Inter-Alliierte Kontrollkommission nahm ihre Tätigkeit auf, und die deutsche Bevölkerung blickte einer Zukunft entgegen, von der sie hoffte, sie werde einigermaßen friedlich sein. Aber schon stand eine neue Revolte, die diesmal von der Rechten kam, bevor.

In der Nacht des 12. März besetzten drei Freikorpsregimenter und reguläre Reichswehreinheiten Berlin, erklärten den Reichspräsidenten Ebert für abgesetzt und die Reichsregierung für aufgelöst. Kommandeur der Truppen war General Walther von Lüttwitz; der nominelle Anführer des Putsches war der in der breiten Öffentlichkeit weithin unbekannte Generallandschaftsdirektor Wolfgang Kapp. Ebert und das Kabinett flohen nach Stuttgart, wo sie erfuhren, daß sich Kapp zum neuen Kanzler ausgerufen hatte. Die Reichswehrführung lehnte die Niederschlagung des Putsches mit dem Bemerken ab: »Reichswehr kämpft nicht gegen Reichswehr.«

Kapps Herrschaft dauerte aber nur hundert Stunden. Die Regierung rief von Stuttgart aus zum Generalstreik auf. Die Gewerkschaften kamen dieser Aufforderung willig nach und legten das Leben in Berlin lahm. Kapps Bemühungen um die Bildung einer neuen Regierung brachen in jeder Hinsicht zusammen. Die Reichsbank verweigerte ihm das Geld, das er zur Bezahlung der Truppen brauchte, er fand keine geeigneten Persönlichkeiten für sein Kabinett, und der Generalstreik dauerte an. Die britische Regierung ließ General von Lüttwitz wissen, daß er nicht mit einer Unterstützung rechnen könne und daß sie, im Falle eines Gelingens des Aufstandes, ein Kabinett Kapp nicht anerkennen werde. Die Regierung in Stuttgart sandte ein altes Aufklärungsflugzeug nach Berlin, das Flugzettel abwarf, in denen die Bevölkerung aufgefordert wurde, die legitime Regierung zu unterstützen. Am Morgen des fünften Tages gab Kapp auf und begab sich im Flugzeug nach Schweden ins Exil. Enttäuscht und verbittert zogen die Freikorps aus Berlin ab.

Nun war die Stunde der noch immer nicht endgültig geschlagenen Spartakisten gekommen, die den Kapp-Putsch zum Anlaß nahmen, um den Untergang des demokratischen Systems und die Notwendigkeit der Errichtung eines Sowjetregimes zu proklamieren. Waffenlager wurden geplündert und Patrouillen der Reichswehr überfallen.

In Harburg kam es zu Kämpfen, in denen einer der besten deutschen Jagdflieger erschlagen wurde. Rudolf Berthold hatte bei Kriegsende als 27jähriger Hauptmann die rot und blau gestrichenen Siemens-Schuckert-D-III-Jäger seines Geschwaders an die Alliierten ausgeliefert. Sieht man von seinem großen Gegner, dem Franzosen Charles Nungesser, ab, war Berthold wahrscheinlich der am schwersten verwundete Jagdflieger des Krieges. Er hatte bei einem Absturz mehrfache Knochenbrüche erlitten, und bald darauf war sein rechter Arm von Maschinengewehrgeschossen zerfetzt worden. Er flog weiter, obwohl die Wunden noch nicht verheilt waren und er sich von Sanitätern immer wieder Knochensplitter aus dem offenen Fleisch entfernen lassen mußte. Berthold war Träger des Pour le mérite, errang 44 Luftsiege und wurde kurz vor Kriegsende neuerlich abgeschossen. Wie so viele seiner Kameraden kehrte er nicht ins Zivilleben zurück, sondern stellte sich an die Spitze eines kleinen Freikorps, das er die »Eiserne Schar« nannte.

Am 15. März 1920 wurde er mit seinen Soldaten in Harburg in einem Gebäude von aufständischen Massen eingeschlossen. Berthold wollte sich zunächst bis zum letzten Mann verteidigen, nahm aber dann das Angebot des freien Abzuges nach Niederlegung der Waffen an. Kaum aber hatte er an der Spitze seiner kleinen Truppe das Gebäude verlassen, wurde er erschlagen.

Sein Tod wurde gerächt. Die Regierung, die von Stuttgart nach Weimar zurückgekehrt war, setzte Reichswehr und Sicherheitspolizei zur Bekämpfung der neuerlichen Spartakistenaufstände ein. Straßenkämpfe von äußerster Härte folgten, und wiederum wurden viele Aufständische an die Wand gestellt. Reichspräsident, Regierung und Nationalversammlung waren sich der Tatsache bewußt, daß die Truppen, die nun die letzten Reste der Spartakisten niederkämpften, noch vor kurzem am Kapp-Putsch teilgenommen oder zumindest nichts getan hatten, um ihn zu beenden. Aber es blieb ihnen nur die Wahl zwischen einer Vernunftehe mit der Armee, in der Hoffnung, die Demokratie zu erhalten, oder der Kapitulation vor der militanten Linken.

Die letzte kommunistische Revolte brach innerhalb einer

Woche zusammen. Sieger war die Reichswehr, die nun trotz des Versailler Vertrages und trotz der Kontrollkommission, die die Einhaltung seiner Bestimmungen zu überwachen hatte, mehr denn je entschlossen war, eine eigenständige politische Kraft im Staate zu sein.

II

DIE GROSSE WAFFENSUCHE

> »*Wir unterzeichneten den Friedensvertrag, obwohl wir wußten, daß wir seine Bedingungen niemals erfüllen konnten und obwohl wir überzeugt waren, daß keine Nation es von uns erwarten würde.*«
> Der sozialdemokratische Reichswehrminister
> Gustav Noske

Trotz der schweren Verluste, die sie in mehr als tausend Kampftagen erlitten hatten, verfügten die deutschen Luftstreitkräfte dank der ungeheuren Leistungen der 35 Flugzeugfabriken und 20 Flugmotorenwerke des Deutschen Reiches am Ende des Krieges noch über 18 500 Flugzeuge. Die österreichisch-ungarische Fliegertruppe, deren Material aus elf Fabriken, darunter Phönix, Ungarischer Lloyd, Jakob Lohner und Flieger Arsenal kam, wies bei Kriegsende einen Stand von 1279 Flugzeugen und 3515 Motoren auf. Aufgabe der Interalliierten Militär-Kontrollkommission mußte es sein, diese rund 20 000 Front- und Schulflugzeuge sicherzustellen und für ihre Zerstörung zu sorgen, nachdem zuvor jedes Land alle Typen, die es einem genaueren Studium unterziehen wollte, für sich in Beschlag genommen hatte.

Die Kontrollkommission nahm ihre Arbeit in vollem Umfange erst fünfzehn Monate nach Kriegsende auf, doch einige Offiziere der Alliierten wurden bereits viel früher aktiv. Einer von ihnen war Major Fred Zinn, ein Beobachter des amerikanischen Fliegerkorps, gebürtig aus Battle Creek in Michigan und in Koblenz als Mitglied der amerikanischen Übernahme-Kommission stationiert. Zinns bewegte militärische Laufbahn hatte 1914 als Rekrut in der Fremdenlegion begonnen; dann diente er als Bordschütze und Beobachter im französischen Fliegerkorps, trat dem berühmten Lafayette-Geschwader bei, das zur Gänze aus amerikanischen Freiwilligen bestand, und zog schließlich, nachdem die Vereinigten Staaten in den Krieg eingetreten waren, die Uniform seines eigenen Landes an. Obwohl Zinn ein vielseitiger und erfahrener Flieger war, wußte er nur wenig über den Stand der deutschen Flugzeugproduktion und die technischen Eigenschaften der neuesten deutschen Frontflugzeuge, und das war typisch für den schlechten Nachrichtendienst seiner eigenen Luftstreitkräfte. Zinn benützte daher seinen Aufenthalt in Koblenz, um, zum Nutzen seiner eigenen Armee, von bekannten deutschen Fliegern und Flugzeugfabrikanten möglichst viel über das fliegerische Material zu erfahren, das den Alliierten so sehr zu schaffen gemacht hatte.

Vor allem machte Zinn die Bekanntschaft der Oberleutnants Karl Bolle und Ernst Udet, die zusammen nicht weniger als 98 bestätigte Luftsiege aufzuweisen hatten, davon Udet allein 62. Von diesen beiden erfahrenen Jagdfliegern erhielt Zinn zwar viele technische Informationen von großem Wert, aber verständlicherweise keine Hinweise zur Demontage der deutschen Luftstreitkräfte. Ihre Gespräche drehten sich vor allem um den neuen Siemens-Schuckert-Jäger, der in der letzten Phase des Krieges Captain Eddie Rickenbacker, dem amerikanischen Flieger-As Nr. 1, »höllischen Respekt« abgenötigt hatte. Diese Siemens-Flugzeuge waren stumpfnasige, gedrungene und doch schnittig wirkende Einsitzer mit Rotationsmotoren von 200 bis 240 PS und vierflügeligem Propeller. Bald nachdem die Inspektion der Fliegertruppen die ersten Modelle zur Jagdstaffel 15

DIE GROSSE WAFFENSUCHE

an die Front geschickt hatte, urteilte einer der Piloten: »Gute Manövrierfähigkeit, ausgezeichnete Flugeigenschaften und steigt wie eine Rakete!« Das war keine Übertreibung; eine Siemens hatte innerhalb von 14 Minuten eine Höhe von 6500 Metern erreicht. Im September 1918 jagte ein Testpilot die Maschine sogar auf 8850 Meter empor, und obwohl ihm die dünne Luft schwer zu schaffen gemacht hatte, berichtete er nach der Landung, daß die stämmige kleine Maschine auch in dieser Höhe auf jeden Steuerdruck reagiert habe. Trotzdem waren, wie Zinn feststellte, weder Bolle noch Udet von dem Siemens-Schuckert-Jäger begeistert; sein Problem war, daß der Rotationsmotor ein Hochleistungsöl verlangte, über das die Deutschen längst nicht mehr verfügten. Bei schlechter Ölqualität fraßen sich die Kolben oft schon nach acht bis zehn Flugstunden fest.

Ein anderes Problem, das die Maschine aufgab, wurde dadurch gelöst, daß die linke Tragfläche um etwa zehn Zentimeter verkürzt wurde, um der Drehbewegung des Rotationsmotors entgegenzuwirken, und bald begannen die Siemens-D IV-Modelle die Fabrik zu verlassen. Bezeichnenderweise konnte keiner der beiden deutschen Jagdflieger Zinn sagen, ob diese verbesserte Version noch an die Front gekommen war, obwohl tatsächlich zwei Staffeln und Teile von drei Geschwadern mit diesem hervorragenden Modell ausgerüstet worden waren. Ebenso bezeichnenderweise erfuhr Zinn auch niemals, daß die Siemens-Schuckert-Werke, unberührt von Revolutionen, Gegenrevolutionen und Streiks, noch Monate nach der Unterzeichnung des Waffenstillstandes diesen Jäger produzierten, um ihren ursprünglichen Kriegsauftrag von 280 Maschinen des Modells D IV zu erfüllen; dazu kam noch der Prototyp eines schnellen Eindeckers vom Typ D VI mit einem abwerfbaren Benzintank unter dem Rumpf.

Zinn, der in den Luftstreitkräften zweier Armeen geflogen war, die ihre Flieger nicht mit Fallschirmen ausgerüstet hatten, unterhielt sich mit Bolle ausführlich über das Problem der Flugzeugbrände. Bolle erzählte, daß während der Luftkämpfe über Château-Thierry im heißen Sommer 1918 an einem einzigen Tag sechs Fokker D VII in Flammen aufgegangen waren, weil ihre Flächentanks durch Überhitzung explodierten. Die Piloten hatten sich zwar mit dem Fallschirm gerettet, doch die Materialverluste wogen ebenso schwer wie die psychologischen Auswirkungen auf das fliegende Personal. Bolle zeigte Zinn sodann einen Stapel von Fotografien, auf denen zu sehen war, daß die Mechaniker einen flachen, wie eine Tragfläche geformten Benzintank zwischen den Rädern der D VII montiert hatten. Leuchtspurmunition setzte diese Tanks zwar in Brand, aber die Flammen erreichten kaum die Rumpfunterseite.

Zinn war tief beeindruckt, denn er dachte an die englischamerikanische DH 4, bei der sich der Benzintank zwischen dem Piloten und dem Beobachter befand, so daß im Brandfall beide umkommen mußten. Außerdem verlief die Benzinleitung neben dem glühendheißen Auspuffrohr, weshalb das Modell mit Recht die »Flammende Vier« genannt wurde. Bolle gab Zinn, der einen ausführlichen Bericht an seine Vorgesetzten verfaßte, in jeder Hinsicht bereitwillig Auskunft und sagte ihm auch ganz offen, seine Nachkriegsaufgabe werde »die Organisation des Flugdienstes in der Fliegerzentrale in Berlin« sein.

Etwa zur gleichen Zeit besuchte der amerikanische Brigadegeneral Billy Mitchell, geführt von Hugo Junkers und dessen Mitarbeitern, die Junkers-Motorenwerke in Dessau. Auch Mitchell, dessen ungestümes Eintreten für die Suprematie der Luftstreitkräfte ihn zunächst seinen Rang, dann seinen Beruf und schließlich das Leben kosten sollte, war unterwegs, um sich zu informieren. Junkers zeigte ihm voll Stolz das letzte Modell seines gepanzerten Ganzmetall-Schlachtflugzeuges; 227 Maschinen dieses Typs waren an die Fronten im Westen und Osten geliefert und keine einzige abgeschossen worden. Dann führte

DIE GROSSE WAFFENSUCHE

Junkers den amerikanischen General in ein entlegenes Gebäude der Fabrik und zeigte ihm die logische Nachkriegsentwicklung dieses unverwüstlichen Flugzeugs. Der Prototyp, den Mitchell sah, hatte den gleichen eckigen, häßlichen Rumpf, aber in größerer Dimension und mit einer Kabine für Piloten, Kopiloten, vier Passagiere und reichlich Gepäck. Mitchell erkannte sofort die vielseitigen Möglichkeiten, die diese F 13 bot: Sie konnte als Postflugzeug, als fliegendes taktisches Hauptquartier, als Kuriermaschine, zum Transport von Verwundeten, als Schulflugzeug und selbstverständlich als Verkehrsmaschine eingesetzt werden. Der Brigadegeneral, der Chef des amerikanischen Luftwaffenamtes war, bestellte einige Versuchstypen dieser faszinierenden F 13, verabschiedete sich mit Handschlag von Hugo Junkers und verließ die Fabrik voller Zukunftsträume.

In den Fokker-Werken in Schwerin waren die Zukunftsträume mit den ersten Schüssen der Novemberrevolution zerstoben. Tony Fokker, der jugendliche Besitzer und Leiter der Fabrik, den der Krieg lange vor seinem 30. Geburtstag zum Millionär gemacht hatte, war in seine holländische Heimat geflohen. Als Kriegslieferant des Hauses Hohenzollern war er ein geächteter Mann. Obwohl seine Villa in Schwerin bewacht wurde, war es ihm gelungen zu entkommen, indem er die Uniform des Sohnes seines Portiers angelegt hatte, der eben aus dem Krieg heimgekehrt war. In dieser Verkleidung stahl er sich nächtlicherweile an den nicht sehr aufmerksamen Wachen der Revolution vorbei und tauchte in den Straßen von Schwerin unter. Ein Freund erwartete ihn mit einem Motorrad und brachte ihn zu einer entlegenen Bahnstation. Von dort fuhr Fokker zunächst nach Berlin und bald darauf nach Holland, wo er sich sofort mit dem Problem zu beschäftigen begann, wie er sein Geld und seine Flugzeuge aus Deutschland herausholen konnte.

Ein Großteil des Bargelds und der Devisen erreichte Holland

im Gepäck eines Kochs, der in diplomatischem Gefolge reiste. Etwas schwieriger war es, die Flugzeuge aus Deutschland herauszubringen, ehe sie von den Alliierten zerstört wurden.

Fokkers Maschinen waren als einzige unter den zur Auslieferung und Zerstörung bestimmten deutschen Flugzeugen in den Waffenstillstandsbedingungen namentlich genannt worden. Tatsächlich hatten die Alliierten in Koblenz bereits 120 Jagdflugzeuge vom Typ Fokker übernommen, aber in Schwerin waren einige Hundert fabrikneue Maschinen verblieben, und Tony Fokker war entschlossen, zu retten, was zu retten war. Er ließ seinen Mitarbeitern, die zurückgeblieben waren, den Auftrag übermitteln, etwa die Hälfte des vorhandenen Materials beiseite zu schaffen, um es den Augen der alliierten Offiziere zu entziehen, die bereits durch das ganze Land reisten, obwohl die Kontrollkommission selbst ihre Tätigkeit erst nach der Unterzeichnung des Friedensvertrages in vollem Umfang aufnehmen konnte. Fokkers Mitarbeiter gingen unverzüglich ans Werk. Da fanden sie eine Scheune, in der Tragflächen des neuen D VIII-Eindeckers untergebracht wurden; dort war es ein Keller, der einige BMW-Motoren aufnahm; unter dem Boden einer leerstehenden Fabrikshalle wurden Tragflächen und Rumpfteile von D VII-Maschinen gestapelt; in einem alten Stall versteckte man Motoren aus Oberursel für die D VIII; entlegene Schuppen dienten als Hangars für demontierte Flugzeuge. So gelang es, insgesamt 220 Maschinen und 400 Motoren zu verstecken; der Rest verblieb in Schwerin, um von den Alliierten beschlagnahmt zu werden.

Der nächste Schritt Fokkers war ein Abkommen mit der niederländischen Regierung über den Ankauf einer bestimmten Anzahl von Jagdflugzeugen und Ersatzmotoren; die übrigen Maschinen hoffte er im Ausland abzusetzen, wobei der D VIII-Eindecker Verkaufschancen als privates Sportflugzeug haben konnte, sobald es gelungen war, diesen Markt zu erschließen.

DIE GROSSE WAFFENSUCHE

Um all diese Flugzeuge, die der Stärke von mehr als zehn Jagdstaffeln entsprachen, aus Deutschland herauszubringen, mußten zwei Voraussetzungen gegeben sein: Ausfuhrgenehmigungen und Transportmittel.

Fokkers Verkaufsleiter, F. W. Seekatz, sprach im Wirtschaftsministerium in Berlin vor und legte seine Karten offen auf den Tisch. Wenn er die Erlaubnis erhielt, so argumentierte Seekatz, diese Maschinen nach Holland zu bringen, das zweifellos niemals ein Gegner des Reiches sein würde, dann könnte Deutschland dafür die Lizenzgebühren erhalten, und außerdem wäre ihre Zerstörung durch die Alliierten vereitelt. Es eröffnete sich also die Chance, Devisen zu gewinnen und eine Demütigung zu verhindern. Die Logik dieser Argumentation war so bestechend, daß in aller Stille Ausfuhrgenehmigungen im Wert von etwa einer halben Million Dollar gewährt wurden. Alte Verbindungen, Geld und gute Worte sorgten für die Bereitstellung des notwendigen Bahnmaterials; die demontierten Flugzeuge wurden aus ihren Verstecken geholt, auf Lastwagen geladen und zu den wartenden Frachtzügen gebracht. Innerhalb von sechs Wochen rollte das gesamte Material über Hannover nach Holland. Außer Flugzeugen und Motoren wurden Tonnen von Stahlrohr und Aluminiumblech verfrachtet, Kupfer, Gummiräder und -schläuche, große Mengen von Bespannungsmaterial, hundert neue Fallschirme sowie zahlreiche Geräte, die für den Einsatz einer modernen Jagdwaffe erforderlich waren. Alles in allem waren sechs Züge zu je 60 Waggons unterwegs gewesen.

Die Tatsache, daß ein deutsches Ministerium eine völlig eindeutige Bestimmung des Waffenstillstands unbekümmert umgangen hatte, ließ in geradezu alarmierender Weise erkennen, was die Kontrollkommission bei ihren Bemühungen um die Einhaltung der viel komplizierteren Bestimmungen des Abschnittes V des Friedensvertrages zu erwarten hatte; aber dieses Alarmsignal wurde kaum beachtet.

DIE LUFTWAFFE / KAPITEL II

Um eine Nation von rund 63 Millionen, zu passivem Widerstand neigenden Bürgern, die auf einem Staatsgebiet von 470 000 Quadratkilometern lebten, zu entmilitarisieren, sandten die Alliierten im Winter 1919/1920 insgesamt 383 Offiziere und 737 Mannschaften nach Deutschland. Diese 1120 Mann sollten eine Armee und eine Rüstungsindustrie entwaffnen und demontieren, die noch kurze Zeit zuvor den riesigen militärisch-industriellen Komplex der alliierten Nationen an den Rand der Niederlage gebracht hatten. Die Schöpfer der Alliierten Kontrollkommission hatten mit der Kooperationsbereitschaft der deutschen Regierung, der deutschen Heeresleitung und der deutschen Rüstungsindustrie gerechnet, doch die Kommission war so schwach und der Widerstand, auf den sie stieß, so stark, daß das Vorhaben von Anbeginn zum Scheitern verurteilt war. Das erste Kontingent von 70 Offizieren kam am Morgen des 15. September 1919 in Berlin an und verließ den Zug vorsichtshalber bereits am Bahnhof Zoo. Die Berliner Blätter, die über die Ankunft der Offiziere berichteten, nannten sie »unsere unwillkommenen Gäste«. Generalmajor Sir Francis R. Bingham, der Chef der britischen Mission, drückte sich drastischer aus: »Wir fühlten uns wie Leprakranke auf einer Leprainsel.«

Das Kommando der Kontrollkommission, das sein Hauptquartier im Hotel Adlon aufschlug, bestand aus neun Offizieren: vier Franzosen, zwei Engländer, ein Belgier, ein Italiener und ein japanischer Oberst von besonders kleinem Wuchs und vielseitigen Sprachkenntnissen. Diesem Kommando unterstanden drei Hauptabteilungen; je eine für die Durchführung der Friedensbestimmungen im Rüstungsbereich, im personellen Bereich und im Bereich der Befestigungsanlagen. Außer diesen drei Hauptabteilungen gab es 22 Gebietskommandos in Städten wie Stettin, Königsberg, Breslau, Dresden, München, Stuttgart, Frankfurt am Main, Kiel, Köln, Münster, Hannover, Berlin sowie Karlsruhe und Duisburg in der neutralisierten Zone. Von diesen 22 Gebietskommandos waren im Sinne der drei Hauptabteilungen elf vor allem mit der Abrüstung im Waffenbereich, acht mit der Abrüstung im personellen Bereich und drei mit der Abrüstung im Bereich der Befestigungsanlagen beschäftigt. Die Vereinigten Staaten waren in der Kontrollkommission nicht vertreten, denn der Senat hatte, die Unterschrift Präsident Wilsons ignorierend, den Versailler Vertrag nicht ratifiziert, dem Beitritt zum Völkerbund nicht zugestimmt und damit auch jede Mitwirkung an der Entmilitarisierung Deutschlands verweigert.

Die Kontrollkommission beging, wie General Bingham und seine Kollegen bald erkannten und zugaben, den grundsätzlichen Fehler, auf der Bestellung einer deutschen Verbindungskommission zu bestehen, die bei der Durchführung des Entmilitarisierungsverfahrens behilflich sein sollte. Die Reichswehr leistete diesem Verlangen mit größter Bereitwilligkeit Folge, bot es doch die Möglichkeit, eine Art von Anti-Kontrollkommission zu schaffen. Bis dahin hatte die Reichswehrführung angenommen, die Kontrollkommission werde nach Deutschland kommen, um durch Erteilung von Befehlen und Androhen von Strafen im Falle der Nichterfüllung für schnelle und gründliche Beschlagnahme und Zerstörung zu sorgen. Die Aufforderung, statt dessen die Aufgabe faktisch gemeinsam in Angriff zu nehmen, schuf eine neue Situation. Das Reichswehrministerium beeilte sich, zur Zusammenarbeit mit der Kontrollkommission eine Heeresfriedenskommission zu bestellen, an deren Spitze General von Cramon berufen wurde. Cramon war während des Krieges Verbindungsoffizier im österreichisch-ungarischen Hauptquartier gewesen und war natürlich, wie alle deutschen Generäle, ein erbitterter Gegner des Versailler Vertrages und seiner Entwaffnungsbestimmungen.

Am 29. Januar 1920 traten die beiden Kommissionen zum erstenmal zu einer Plenarsitzung zusammen, und diese erste Begegnung setzte den Ton für die »Zusammenarbeit«, die fortan praktiziert werden sollte. Cramon, der erfahren hatte, daß der Chef der Alliierten Kontrollkommission, der französische General Nollet, in Begleitung von sechs Offizieren kommen werde, erschien mit einem Gefolge von 14 Offizieren. Die beiden Delegationen standen einander am Verhandlungstisch schweigend gegenüber; die Konfrontation zwischen Cramon und Nollet begann. Oberst John Morgan, einer der Teilnehmer an dieser Sitzung, schrieb später, man hätte sich schwerlich einen größeren Gegensatz als den zwischen den beiden Delegationschefs denken können. Cramon sei der typische preußische Offizier gewesen, mit kurzgeschnittenem Haar, kräftigen Gesichtszügen und schweren Händen; Nollet dagegen, um einen Kopf kleiner als sein Widersacher, habe einen Gelehrtenkopf, sensible Gesichtszüge und zarte Hände gehabt.

Cramon brach schließlich das Schweigen mit den Worten: »Ich erkläre die Sitzung für eröffnet!« und schickte sich an, Platz zu nehmen. »Halt!« rief Nollet. »Es ist meine Sache, diese Sitzung zu eröffnen. Wir sind die Kontrollkommission!« Laut Morgan klangen seine Worte »wie Pistolenschüsse«.

Cramon, der noch gar nicht dazu gekommen war, sich zu setzen, richtete sich zu seiner vollen Höhe auf und erwiderte: »Sie sind eine ausländische Delegation, die sich in Friedenszeiten auf unserem Staatsgebiet befindet. Gemäß allen diplomatischen Präzedenzen ist es an mir, den Vorsitz zu führen!«

»Es gibt keine Präzedenzen«, wies ihn Nollet zurecht. »Die einzige Präzedenz ist der Vertrag. Der Vertrag überträgt uns die Kontrolle, und Kontrolle bedeutet in diesem Fall den Vorsitz.«

»Gut«, antwortete Cramon, »dann sind wir am Ende. Ich werde meiner Regierung berichten.«

»Und ich der meinen«, replizierte Nollet. Die Offiziere griffen nach ihren Aktentaschen und verließen den Raum, ohne ein weiteres Wort miteinander zu wechseln. Die erste Plenarsitzung hatte geendet, bevor die Teilnehmer auch nur Zeit gefunden hatten, sich zu setzen. Es wurde auch gar nicht erst der Versuch unternommen, eine weitere Sitzung einzuberufen; die Tätigkeit der Kommission vollzog sich in Hinkunft außerhalb von Beratungsräumen.

Nach der enttäuschenden ersten und zugleich letzten Plenarsitzung hatte General Nollet seinem Stab erklärt: »Ich habe die Deutschen viermal im Feld geschlagen, und dieser Cramon hat nicht einmal an einer Schlacht teilgenommen!« Das mochte stimmen — der nunmehr einsetzende Kampf sollte aber Cramon als Sieger sehen.

Zunächst konnte die Kontrollkommission befriedigende Fortschritte in ihren Bemühungen erzielen, die rund 7000 deutschen Fabriken, die Kriegsmaterial aller Art zu erzeugen vermochten, auf Friedensproduktion umzustellen. Die Firma Krupp, das größte Rüstungsunternehmen der Welt, wurde drastisch reduziert; der während des Krieges erreichte Höchststand von 180 000 Arbeitskräften sank um mehr als zwei Drittel. Aus der großen, fast 500 Meter langen Haupthalle der Munitionsfabrik in Essen, in der in einem Zehnstundentag 36 000 Geschoße hergestellt werden konnten, wurden die Maschinen entfernt; die Umstellung auf die Erzeugung von Landwirtschafts- und Haushaltgeräten begann. Auch in der Kanonenfabrik Krupps, der größten der Welt, die ein Areal von annähernd neun Hektar umfaßte, wurde der Maschinenpark abmontiert und die Erzeugung von Lokomotiven vorbereitet.

Mehr als drei Millionen Artilleriegeschoße aller Art wurden auf ebenso schnelle wie gefährliche Art zerstört. General Bingham von der britischen Mission war Zeuge, wie Arbeiter auf einem freien Feld in der Nähe von Frankfurt Geschoße in langen Reihen stapelten und dann ein Feuer entlang der Zünder entfachten, um sie zum Schmelzen zu bringen.

»Gibt es keine Toten, wenn Sie das machen?« fragte Bingham.

»Nein, Herr General«, war die gleichmütige Antwort. »Nicht sehr viele.«

Die vernünftigste und sicherste Methode zur Beseitigung der Munition wäre die Versenkung auf hoher See gewesen, aber die deutsche Marine hatte nach vier Jahren Krieg nicht genügend Schiffe für diese Aufgabe.

Auch die kleinen Firmen der Rüstungsindustrie arbeiteten zunächst korrekt und höflich mit den Inspektionsteams der Kontrollkommission, die aus Berlin kamen, zusammen. Das war verständlich, denn die neue Reichswehr würde bestenfalls ein Zwanzigstel der Kriegsstärke des deutschen Heeres haben, und so war die Umstellung der meisten Firmen auf Friedensproduktion ein Gebot der Vernunft.

Aber dann, gleichsam über Nacht, änderte sich das Verhalten der Deutschen. Von Kooperationsbereitschaft war nichts mehr zu verspüren, und die Arbeit der Kontrollkommission kam praktisch zum Erliegen. Am 4. Februar 1920 hatten die alliierten Regierungen dem deutschen Auswärtigen Amt eine Liste mit den Namen von 900 Offizieren, Unteroffizieren und Zivilpersonen übergeben, die sogenannter Kriegsverbrechen angeklagt werden sollten. An der Spitze dieser »schwarzen Liste«, wie sie genannt wurde, standen die Namen Hindenburgs, Ludendorffs und zahlreicher Kriegshelden. Die Alliierten verlangten die Auslieferung dieser 900 Personen, um ihnen den Prozeß zu machen. Die Reaktion auf dieses Verlangen war ebenso lebhaft wie negativ; so schrieb die »Nationalzeitung«, daß Auslieferung nicht in Frage käme und die Regierung wohl kaum glaube, daß die Offiziere der Reichswehr bereit seien, ihre ehemaligen Kameraden vor fremde Tribunale stellen zu lassen.

So wie es den Alliierten nicht gelungen war, die Holländer zur Auslieferung des Kaisers zu bewegen, so hatten sie nun auch bei den Deutschen keinen Erfolg. Sie einigten sich vielmehr innerhalb erstaunlich kurzer Zeit auf einen Kompromiß: Neun

DIE GROSSE WAFFENSUCHE

Tage nach Vorlage der schwarzen Liste und des Auslieferungsbegehrens nahmen die Alliierten in Paris einen deutschen Vorschlag an, 113 der Beschuldigten in Leipzig vor Gericht zu bringen. Die Beschuldigungen gegen die übrigen 797 Personen wurden fallengelassen.

Das Ergebnis der Leipziger Prozesse war vorhersehbar; als Vertreter der Armee wohnte General Fransecky den Verhandlungen bei. »Das Gericht«, so schrieb ein englischer Offizier, der als Beobachter anwesend war, »behandelte ihn mit fast serviler Ergebenheit.«

Gegen drei Generäle wurde auf Antrag der Staatsanwaltschaft das Verfahren eingestellt. Zwei Soldaten, die der Gefangenenmißhandlung beschuldigt wurden, erhielten Freiheitsstrafen von zwei bzw. zehn Monaten. Ein Major Müller, der sich wegen des gleichen Vergehens zu verantworten hatte, wurde zu sechs Monaten Freiheitsentzug verurteilt. Die beiden U-Boot-Offiziere Boldt und Dittmar waren angeklagt, am 27. Juni 1918 das englische Lazarettschiff »Llandovery Castle« versenkt und die Rettungsboote mit den Überlebenden beschossen zu haben. Sie erhielten die strengsten Strafen, die während der Leipziger Prozesse verhängt wurden: je vier Jahre Kerker. Aber schon nach kurzer Zeit gelang ihnen eine wohlvorbereitete Flucht, und sie wurden nie wieder verhaftet.

In den Augen der deutschen Bevölkerung war die Armee aus den Leipziger Prozessen ohne Makel hervorgegangen, und die Alliierten hatten die Ergebnisse zur Kenntnis genommen und kaum protestiert. Die Folgen bekam nicht zuletzt die Kontrollkommission zu spüren, deren Arbeit immer schwieriger wurde. Die Atmosphäre in den Fabriken nahm an Feindseligkeit zu. Cramons Verbindungsoffiziere fanden immer neue Einwände, wobei sie sich, wie Oberst Morgan schrieb, »auf eingehende Argumentationen stützten, die ihrerseits auf wörtlichen Auslegungen des Vertragstextes beruhten, die das Reichswehrministerium mit der Genauigkeit eines deutschen Professors vornahm, dem die Aufgabe übertragen ist, fehlerhafte Texte eines klassischen Autors neu herauszugeben«.

Ein Waffenoffizier verweigerte die Herausgabe von Zeiss-Entfernungsmessern mit der Begründung, sie würden für Wolkenmessungen im meteorologischen Dienst benötigt. Ein anderer hielt seinen Bestand an Flammenwerfern mit dem Bemerken zurück, sie würden nun zur Schädlingsbekämpfung in der Landwirtschaft eingesetzt. In der berühmten Waffenfabrik Mauser in Oberndorf lehnte die Firmenleitung die Ablieferung der Werkzeugmaschinen ab, weil sie nun für die Herstellung von Sportwaffen gebraucht wurden, die nach dem Versailler Vertrag keineswegs verboten waren. Die Kontrollkommission mußte sich mit der Beschlagnahme wohlvorbereiteter Karabiner aus den Beständen der Firma begnügen. Insgesamt wurden in Deutschland viereinhalb Millionen Gewehre aufgefunden und zerstört; aber weitere eineinhalb Millionen waren unauffindbar. Die Reichswehr erklärte, diese Gewehre seien im November 1918 auf dem Rückzug verlorengegangen.

Wenn es um die Kontrolle der Personalstände der Reichswehr ging, also darum, sicherzustellen, daß Züge nicht in Wahrheit Kompanien und Bataillone nicht Regimenter waren, wuchs sich das Verbindungssystem zur Farce aus. So wollten zwei Kontrolloffiziere eine Kaserne in Potsdam besuchen und informierten wie vorgesehen Cramons Stab. Als sie dann in Begleitung des deutschen Verbindungsoffiziers in der Kaserne erschienen, wurden sie vom Hauptfeldwebel empfangen, der meldete, der Kommandeur und sämtliche Offiziere seien abwesend. Dafür wurden in einer Kaserne in Duisburg alliierte Offiziere vom Kommandeur begrüßt, aber eine Inspektion konnte nicht stattfinden, weil der deutsche Verbindungsoffizier nicht erschienen war. »Ich bin überzeugt«, erklärte einer der ausländischen Offiziere, »daß diese Komödie sorgfältig arrangiert worden war.«

DIE GROSSE WAFFENSUCHE

Es gab auch offenen Widerstand. In Bremen wurden zwei französische Offiziere mit vorgehaltenem Bajonett daran gehindert, in die Stammrollen einer Einheit Einsicht zu nehmen. In Prenzlau und Ingolstadt wurden Offiziere von der Bevölkerung mit Steinen beworfen. Ebenfalls in Bremen wurde ein englischer Marineoffizier ins Hafenbecken geworfen. Die deutsche Regierung mußte für die Vorfälle Sühnegeld in der Höhe von einer Viertelmillion Dollar bezahlen, aber die Feindseligkeit hielt unvermindert an.

Besonders unbeliebt waren die Franzosen. So erhielt der französische Botschafter in Berlin eines Tages ein Paket, das einen in »sehr fortgeschrittenem Zustand der Verwesung« befindlichen Hundekadaver enthielt. Auf ein beigelegtes Blatt hatte der anonyme Absender geschrieben: »Unsere erste und zugleich letzte Reparationszahlung!« Der Erste Sekretär der Botschaft, Graf St. Quentin, leitete das Paket an das deutsche Auswärtige Amt mit dem lakonischen Bemerken weiter, »der Absender habe offensichtlich gegen die deutschen Veterinärbestimmungen verstoßen«.

Die Bemühungen der Kontrollkommission um die Demontage der deutschen Flugzeugindustrie waren, verglichen mit den Schwierigkeiten in anderen Bereichen, verhältnismäßig erfolgreich. Die Aufgabe nahm aber mehr Zeit in Anspruch, als man ursprünglich angenommen hatte. Die Bestimmungen des Versailler Vertrages, die sich mit zunehmendem Abstand als immer unrealistischer erwiesen, hatten ursprünglich vorgesehen, daß das gesamte fliegende Material bis zum 10. April 1920 den Alliierten übergeben oder zerstört sein sollte. Angesichts des Verwaltungs- und Transportchaos im Gefolge des Waffenstillstandes war die Einhaltung dieses Artikels 202 des Vertrages von vornherein unmöglich. Im August 1920, also vier Monate nach Ablauf der Frist, stellten die Offiziere der Kontrollkommission fest, daß sich noch immer rund 6000 flugbereite Maschinen in Deutschland befanden. Natürlich waren die Herstellerfirmen daran interessiert, einen möglichst großen Teil dieser Bestände gegen bares Geld loszuwerden. So wurden Flugzeuge und Motoren nach Norwegen, Schweden, Dänemark, Finnland, in die Türkei, nach Südamerika und Holland verkauft, und mit Japan wurden Verhandlungen geführt. Alles in allem verließen etwa 1000 Flugzeuge und 2500 Motoren das Reichsgebiet, obwohl sie eigentlich Bestandteil der Reparationslieferungen hätten sein sollen.

Die Vertragsklausel, die vorübergehend Herstellung und Import von flugtechnischem Material untersagte, veranlaßte viele Flugzeugproduzenten zur Einstellung ihrer Betriebe, womit sie der Kontrollkommission Arbeit ersparten. Fokker hatte, wie bereits erwähnt, das Land verlassen, und in seiner Fabrik wurden jetzt von den zurückgebliebenen Arbeitern mit geringem Erfolg Boote, Waagen und Bettgestelle fabriziert. Gotha, Friedrichshafen und die Deutschen Flugzeugwerke in Berlin schlossen ihre Pforten ebenso wie die Flugzeugabteilung des AEG-Konzerns. Liquidiert wurden auch die Pfalzwerke in Speyer und die Flugzeugfabrik der Siemens-Schuckert-Werke nach der Auslieferung der letzten D IV-Modelle. Zwei dieser Maschinen überlebten: Eine ging in die Schweiz und eine wurde von der getarnten Fliegerabteilung in Adlershof für Höhenflugversuche übernommen. Die Kontrollkommission protestierte dagegen, konnte aber weder die Herausgabe noch die Zerstörung dieses schnellen Jägers erreichen. Die übrigen großen Flugzeugkonstrukteure — Junkers, Heinkel und Dornier — beschlossen, ihre Betriebe schlecht und recht in der Hoffnung weiterzuführen, daß es eines Tages wieder eine deutsche Luftfahrt geben werde.

Trotz des schleppenden Tempos, in dem die Demilitarisierung Deutschlands vor sich ging, wurde die Kontrollkommission im Sommer 1921 halbiert; 174 Offiziere und 400 Mann blieben übrig, um sich mit der immer widersetzlicher werdenden Reichswehr herumzuschlagen. Dazu kam, daß bis August 1921 die Besatzungstruppen auf deutschem Gebiet drastisch auf einen Stand von 106 000 Mann reduziert wurden, von denen mehr als zwei Drittel Franzosen waren. Obwohl die deutschen Luftstreitkräfte offiziell im Frühjahr 1920 aufgelöst worden waren, sah sich die Kontrollkommission erst am 24. September 1921 in der Lage, eine vollkommene Übersicht über Auslieferung und Zerstörung des vorhandenen Materials zu geben. Der Bericht, der dem Luftfahrtministerium in London vorgelegt wurde, beweist die Produktivität der deutschen Luftfahrtindustrie bis zum Kriegsende. Die entsprechenden Zahlen lauteten:

	Ausgeliefert	Zerstört
Landflugzeuge	516	14 167
Seeflugzeuge	58	—
Motoren	4 091	25 037
Ballons	24	65
Hangars und Schuppen	116	196
Maschinengewehre	6 923	7 626
Bomben	17 044	214 042
Luftschiffe	8	9

Paradoxerweise waren es die wenigen verbliebenen deutschen Flugzeugindustriellen, die ungeduldig auf die Zerstörung ihrer eigenen Kriegsmodelle warteten. Der Versailler Vertrag sah ja vor, daß die zivile Luftfahrt erst sechs Monate nach der völligen Auslieferung und Zerstörung des Kriegsmaterials aufgenommen werden durfte. Aber nachdem der ursprüngliche Ablieferungs- bzw. Zerstörungstermin längst überschritten war, hatten die Alliierten am 22. Juni 1920 in Boulogne beschlossen, daß die Zivilluftfahrt drei Monate, nachdem die Kontrollkommission die Ablieferungs- und Zerstörungsklauseln des Vertrages für erfüllt erklärt hatte, beginnen durfte. Erst dann konnten die friedlichen Pläne, die während des letzten Kriegsjahres entstanden waren, realisiert werden.

Unter denen, die ungeduldig auf diesen Termin warteten, war auch Adolf Rohrbach in Staaken bei Berlin, einer der Chefkonstrukteure der Zeppelinwerke. Laut einer zeitgenössischen Beschreibung war Rohrbach »groß, schlank, ein Grandseigneur, beliebt bei den Damen, ein eleganter und charmanter Mann von Welt«. Wo er auftrat, wirkten alle in seiner Umgebung wie Kleinbürger.« Viel wesentlicher aber war, daß Rohrbach als Konstrukteur und Planer seiner Zeit weit vorauseilte; zwischen dem Waffenstillstand und dem Eintreffen der Kontrollkommission hatte er den Prototyp des ersten echten Verkehrsflugzeuges der Welt gebaut. Rohrbachs Schöpfung, ein Ganzmetallflugzeug, die E 20, war schlank und elegant wie ihr Konstrukteur. Die Maschine war ein abgestrebter Hochdecker, dessen Tragfläche an der stärksten Stelle Raum genug für einen Mechaniker bot, der, zwischen den Rippen und entlang den Holmen kriechend, die Motoren während des Fluges betreuen konnte. Es waren vier wassergekühlte Mercedes-Daimler-Triebwerke von je 260 PS. Die mehrfenstrige Kabine konnte 18 Passagiere aufnehmen. Rohrbach und seine Mitarbeiter hegten die Vision von Luftstraßen, die von Berlin nach Paris, Rom, Moskau und noch viel weiter reichen würden. Der Ärmelkanal würde zu einem Salzwassergraben reduziert, und Flüge zwischen den europäischen Hauptstädten sollten für Geschäftsleute und Touristen eine Selbstverständlichkeit werden. Und da kein Flugzeug in der Welt existierte, das der E 20 auch nur annähernd gleichkam, würden die Luftfahrtgesellschaften Schlange stehen, um eine Verkehrsmaschine zu kaufen, die ihrer Zeit so weit voraus war.

Aber die E 20 ist nie geflogen. Von ihren Beschlagnahme- und Zerstörungserfolgen beflügelt und mangels genauer Richtlinien, was nun der Unterschied zwischen einem Flugzeug für zivile und einem für militärische Zwecke sei, ordneten die Offiziere der Kontrollkommission die Zerstörung des Prototyps an. Vergeblich wies Rohrbach darauf hin, daß er dieses Modell von Anfang an und ausschließlich für den zivilen Luftverkehr und nicht für militärische Zwecke entworfen hatte.

Diesmal versagten sein Charme, aber auch seine Logik; Schweißbrenner zerschnitten Rumpf und Tragflächen, Beilhiebe zerschmetterten die Kabinenfenster, die Sitze wurden herausgerissen, und nachdem das Werk der Zerstörung beendet war, lag in der Ecke der Fabrikhalle ein Trümmerhaufen.

Die Kontrollkommission wurde schließlich auf dem Gebiet der Flugzeugabrüstung so aktiv, daß sie sogar ihren eigenen Direktiven zuwiderhandelte. Der deutschen Regierung war zunächst gestattet worden, 150 Zweisitzer für verschiedene zivile Zwecke zurückzubehalten; aber als diese Maschinen schließlich versammelt waren, wurde auch ihre Zerstörung befohlen. Die Kommission erschien ferner in den Junkers-Werken und beschlagnahmte jene F 13, die General Billy Mitchell bestellt hatte; ein Versehen, das allerdings schnell wieder rückgängig gemacht wurde.

So waren am Beginn des Jahres 1922 Vögel und handgebastelte Segelflugzeuge das einzige, was sich über Deutschland in den Lüften bewegte. Den Vollstreckern des Versailler Vertrages war es innerhalb von zwei Jahren gelungen, die Deutschen ihrer Flügel zu berauben. Was sie ihnen nicht rauben konnten, war der Wille zum Fliegen; wenn es sein mußte, bewaffnet.

III

FLIEGER OHNE FLUGZEUGE

»In der Geschichte der deutschen Armee wird das Ruhmesblatt der Fliegerwaffe nie welken. Die Waffe ist nicht tot; ihr Geist lebt!«
General Hans von Seeckt

In der Geschichte von Völkern, die um ihr Überleben kämpfen, erscheint bisweilen im richtigen Augenblick der Retter aus der Not. Nach dem Scheitern des Kapp-Putsches wurde der Regierung Ebert mit aller Deutlichkeit bewußt, daß an der Spitze der neuen Armee ein Mann stehen mußte, dessen Hingabe an seinen Beruf seine politischen Ambitionen überwog, ein Mann, der bereit und fähig war, innerhalb der Grenzen des Versailler Vertrages die bestmögliche Armee zu schaffen. Dieser Mann mußte, die Zeichen der Zeit erkennend, vorwärts blicken und doch der Tradition verhaftet sein. Er sollte mit der Regierung und nicht gegen sie arbeiten und verbindlich genug sein, um mit Republikanern und Reaktionären gleichermaßen zurechtzukommen. Strenge, aber nicht Halsstarrigkeit, mußte von ihm verlangt werden, und angesichts der stürmischen, stetigen Veränderungen unterworfenen Entwicklung in der Welt mußte man von ihm mehr politischen Weitblick erwarten als von einem durchschnittlichen preußischen Offizier der alten Schule.

Dieser Mann der Stunde war General Hans von Seeckt. Sein Name war außerhalb der deutschen Armee kaum bekannt, aber er hatte als brillanter Stabsoffizier im Jahre 1914 entscheidend zu den Anfangserfolgen im Westen und im Frühjahr 1915 zum Sieg über die Russen bei Gorlice beigetragen. Seeckt war 54 Jahre alt, als er im März 1920 zum Chef der Heeresleitung bestellt wurde. Sein Äußeres war beeindruckend: eine aufrechte, schmalhüftige, elegante Figur; am Uniformkragen der Pour le Mérite und darüber ein etwas groß geratener Kopf, der auf einem dünnen Hals ruhte. Seeckt trug ein Monokel, seine Augen waren groß und nachdenklich, das volle Haar war zurückgekämmt und gab eine hohe Stirn frei, die ein zeitgenössisches Urteil zu rechtfertigen schien, wonach Seeckt »für einen General viel zu intelligent« sei.

Der englische Botschafter in Berlin, Lord d'Abernon, schrieb nach der ersten Begegnung mit Seeckt, das Gesicht des Generals erinnere ihn an einen Fuchs. Nachdem er mit dem neuen Chef der Heeresleitung mehrmals zusammengetroffen war, korrigierte der Botschafter seine Meinung: Seeckt sei ein viel zu ehrenhafter, geradezu peinlich korrekter Mann, um einem Fuchs zu ähneln. Lord d'Abernon fügte hinzu, »die Gedanken des Generals seien großzügiger und seine Ansichten viel weiter reichend, als man von einem Mann in so knappsitzender Uniform und von so pedantischem Äußeren erwarten würde«.

Seeckt hatte seinen Horizont unter anderem durch viele Reisen erweitert, die ihn durch ganz Europa, nach Afrika und bis nach Indien führten, wo er Freundschaft mit Lord Kitchener schloß. Vor allem aber hatte er einen beweglichen Geist, dessen Interessen weit über jene Grenzen reichten, die durch die Herkunft aus einer Junkerfamilie mit militärischer Tradition üblicherweise gesteckt waren. Hans von Seeckt vermochte über Musik, Literatur und bildende Kunst ebenso mühelos zu konversieren wie über die Aufmarschpläne einer Armee, und er konnte diese Konversation nach Belieben in fließendem Französisch oder Englisch führen.

Seine Karriere war beeindruckend: Offizier im Kaiser-Alexander-Garderegiment im Alter von 19 Jahren, Generalstabsoffizier mit 33 Jahren, Chef des Stabes des III. Korps bei Kriegsausbruch, Verteidiger der Grenzen des Reiches gegen Polen und Bolschewiken, Eroberer von Riga, Mitglied der deutschen Delegation in Versailles. Angesichts dieses Werdeganges schien Seeckt mehr als jeder andere deutsche General berufen, an die Spitze des neuen deutschen Heeres zu treten. Wegen seiner Schweigsamkeit wurde er die Sphinx genannt. Ganz in diesem Sinne hat er erst Jahre später zugegeben, daß er es als seine Hauptaufgabe betrachtet habe, das »Gift in den Entmilitarisierungsklauseln des Versailler Vertrages« zu neutralisieren. Diese Aufgabe nahm er nach seiner Ernennung sofort in Angriff.

Seeckt wußte, welche Art von Heer er aufbauen wollte: eine Elitetruppe ausgesuchter Offiziere und Mannschaften, die sowohl geistig als auch körperlich in der Lage waren, eine Vielzahl von Aufgaben zu erfüllen. Kraftfahrer mußten auch Geschütze bedienen können; Köche am Maschinengewehr ausgebildet werden; aus dem Personal von Schreibstuben mußten Schützengruppen gebildet werden können; Unteroffiziere mußten in der Lage sein, Züge zu führen und Leutnants Bataillone.

Bereits 1921 schrieb Seeckt, die Zukunft der Kriegführung scheine ihm auf dem Einsatz beweglicher Armeen zu beruhen, die relativ klein, aber hochwertig sein müßten und deren Schlagkraft durch den Einsatz von Flugzeugen noch wesentlich erhöht würde. Ohne daß man es damals und noch lange Zeit später erkannte, hatte die »Sphinx« damit das Wesen der zukünftigen Blitzkriege skizziert. Der kluge Stratege und Taktiker Seeckt dachte bereits in der zweiten und dritten Dimension der Kriegführung — Schnelligkeit und Luftüberlegenheit. Wahrscheinlich deutlicher als jeder andere deutsche General seiner Zeit erkannte er die potentiellen Möglichkeiten, die Luftstreitkräfte für das Heer, das ihm vorschwebte, haben würden; aber seine kühnen Zukunftspläne wurden durch die Erkenntnis gedämpft, daß es unmöglich war, den Aufbau solcher Streitkräfte innerhalb Deutschlands vor der Kontrollkommission zu verbergen. Immerhin war es einer seiner ersten Schritte, drei Staffelkommandanten der ehemaligen Fliegertruppe in seine unmittelbare Umgebung zu berufen, wo sie im Truppenamt arbeiteten, wie der offiziell aufgelöste und verbotene Generalstab nunmehr hieß. Ihnen folgte ein Dutzend weiterer ehemaliger Fliegeroffiziere, die in der sogenannten Fliegerzentrale, deren Existenz gegenüber den Alliierten sorgfältig geheimgehalten wurde, zusammengefaßt waren. Trotz der Bedenken der Personalabteilung des Reichswehrministeriums holte Seeckt weitere 180 ehemalige Piloten heran und teilte sie den einzelnen Wehrbezirken und höheren Kommandos zu. Aufgabe dieser Flieger ohne Flugzeuge war es, die Truppe und ihre Kommandeure ständig daran zu erinnern, bei Übungen, Manövern und Planspielen das Vorhandensein nicht nur gegnerischer, sondern auch eigener Flugzeuge zu berücksichtigen. Damit wurden, unsichtbar nach außen hin, die Grundlagen für eine künftige deutsche Luftwaffe geschaffen.

Bei der Auswahl ihrer Offiziere, Unteroffiziere und Soldaten war die Reichswehr in der glücklichen Lage, aus dem vollen schöpfen zu können. Das Reich hatte 63 Millionen Einwohner, davon acht Millionen im wehrfähigen Alter, aber nur 4000 Offiziere waren der Reichswehr gestattet. Der geheime Generalstab des Truppenamtes konnte daher bei der Auswahl der künftigen Stabsoffiziere die allerstrengsten Maßstäbe anlegen. Bewerber mußten außer hervorragenden Leistungen im Truppendienst eine umfassende Allgemeinbildung, gute Geschichts- und Sprachkenntnisse und ausgezeichnetes Wissen in einer Reihe von Fachgebieten, wie Nachrichten- und Transportwesen, aufweisen. Die Kriegsakademie war von der Kontrollkommission zwar geschlossen worden, aber dennoch wurden Aufnahmsprüfungen abgehalten. Für die erste dieser Prüfungen meldeten sich 164 Bewerber. Nach vier Monaten wurden zwanzig von ihnen zur sogenannten Führergehilfenausbildung zugelassen. Sechs von ihnen bestanden, und schließlich wurde nur ein Absolvent nach insgesamt drei Jahren in das Truppenamt berufen. Die Auslese bei den Truppenoffizieren war kaum weniger rigoros. Wer die Prüfungen nicht bestand, wurde bei der Beförderung übergangen.

Dank einem groben Versehen bei der Formulierung der Entmilitarisierungsbestimmungen des Versailler Vertrages gab es keine Begrenzung für die Zahl der Unteroffiziere, die der Reichswehr gestattet waren. Seeckt nützte diese Vertragslücke sofort und sorgte dafür, daß es im Hunderttausend-Mann-Heer, wie die Reichswehr auch genannt wurde, nicht weniger als vierzigtausend Unteroffiziere gab. Viele von ihnen hatten durchaus Offiziersqualitäten, und alle hatten eine Ausbildung hinter sich, die weit über dem Durchschnitt bei anderen Armeen lag. Die besten Unteroffiziere dienten in der Reichswehr selbst; andere wurden in die preußische Polizei und in die Sicherheitspolizei, genannt Sipo, aufgenommen. Die preußische Polizei umfaßte 85 000 Mann. Sie waren mit Gummiknüppeln und Pistolen bewaffnet, verfügten aber auch über Gewehre, Maschinengewehre sowie leichte gepanzerte Fahrzeuge und genossen eine militärische Ausbildung. Die Sicherheitspolizei war in den bewegten Umsturztagen des Jahres 1918 aus den ehemaligen Garderegimentern hervorgegangen. Sie umfaßte 9000 Mann, was etwa der Stärke einer Infanteriedivision entsprach. Die Kontrollkommission versuchte immer wieder vergeblich, die Auflösung der Sicherheitspolizei zu erreichen, aber diese Forderung wurde entweder überhaupt mit Schweigen beantwortet oder mit dem Bemerken, daß die Sipo zur Aufrechterhaltung der inneren Ordnung unerläßlich sei.

An Freiwilligen, die als Rekruten in die Reichswehr eintreten wollten, bestand kein Mangel. Der Andrang war so groß, daß auf einen angenommenen Bewerber zehn Abgewiesene kamen. Juden, Marxisten und linke Elemente hatten, soferne sie überhaupt an eine Bewerbung dachten, von vornherein keine Chancen. Bauernsöhne hatten den Vorzug vor jungen Männern, die aus den Städten und Industriegebieten kamen, und am willkommensten waren die Söhne ehemaliger Soldaten und Unteroffiziere.

Natürlich mußten alle Bewerber den höchsten körperlichen Anforderungen gewachsen sein. Dafür kamen sie aber auch in eine Welt, die ihre Väter, soferne sie gedient hatten, kaum wiedererkannt hätten. Die Kasernen waren geräumig und gut ausgestattet, die alten Stockbetten verschwunden. Jeder Soldat hatte seine eigene Liegestatt; die Verpflegung war nicht nur reichlich, sondern auch wohlschmeckend; es gab genügend Ausgang, und der Pflichtgottesdienst am Sonntag war abgeschafft. Offiziere und Unteroffiziere waren zwar streng, aber es gab wenig sinnlose Schleiferei. Großer Wert wurde auf die Ausbildung an einer Vielzahl von Waffen und Geräten gelegt, und Geländeübungen und Sport waren mindestens ebenso wichtig wie das Exerzieren.

Wahrscheinlich war in keiner anderen Armee die Stimmung der Truppe so gut wie anfänglich in der Reichswehr, was nicht zuletzt darauf zurückzuführen war, daß kaum einer der Soldaten die zwölf Jahre abdiente, die der Versailler Vertrag gestattete und zu denen er sich verpflichtet hatte. Oberst John Morgan stellte im Verlauf seiner Kontrollinspektionen fest, daß viele Rekruten nur sechs bis zwölf Monate in der Reichswehr dienten und dann in getarnte Reserveformationen überstellt wurden. Die Personallisten stellten eine Art von doppelter Buchführung dar; Morgan entdeckte bei der Kontrolle der Stammrollen einer Einheit mehrere angebliche Gefreite, die den

Wehrsold von Unteroffizieren erhielten. Als Vorsitzender der Unterkommission für die Heeresstärkenkontrolle meldete Morgan diese Vorgänge der Kontrollkommission, die Kommission beschwerte sich wie üblich beim Reichswehrministerium, und das Ministerium nahm ebenfalls wie üblich die Beschwerde nicht zur Kenntnis.

Seeckts Aufgabe wurde wesentlich erleichtert, als Gustav Noske am 24. März 1920 durch Otto Gessler ersetzt wurde. Der neue Reichswehrminister war nicht Sozialdemokrat wie sein Vorgänger, sondern gehörte der Demokratischen Partei an. Er stand also viel weiter rechts als Noske, aber es war vor allem sein Charakter, der ihn zu einem bequemen Vorgesetzten machte. Laut zeitgenössischem Urteil war er schlicht und einfach ein Strohmann, eine reine Dekorationsfigur. So sagte der Chef der Kontrollkommission, General Nollet, über ihn: »Er beschränkte sich darauf, zu unterschreiben, was Seeckt ihm vorlegte... Gedeckt durch den Namen und die politische Autorität des Ministers, führte der General sein Aufbauwerk durch.« Gesslers Ehrgeiz war vor allem darauf gerichtet, sein Ministeramt zu behalten, was ihm auch trotz zahlreicher Regierungswechsel volle acht Jahre lang gelang. Viele Anzeichen sprechen dafür, daß Gessler von Seeckt verachtet wurde — aber für die Reichswehr war der Minister ein unentbehrliches politisches Aushängeschild, und Seeckt, der nicht umsonst die Sphinx genannt wurde, hütete sich, seine Gefühle zu verraten.

Am Beginn des Jahres 1921 konnte der Generaloberst auf sein Werk stolz und seiner Stellung sicher sein. In einem Tagesbefehl an die Reichswehr erklärte er:

»Das Heer ist nun aufgestellt. Ein neues Kapitel in der Geschichte der deutschen Armee beginnt... Wir geloben, in Treue zu unserer Aufgabe zusammenzustehen. Wir wollen das Schwert scharf und den Schild blank erhalten... Aufgerufen, das Vaterland zu verteidigen, müssen das Heer und jeder einzelne

Soldat, erfüllt von brennender Vaterlandsliebe, bereit sein, das Leben zu opfern, getreu dem Eid und in Erfüllung der Pflicht. Die Armee ist das vornehmste Instrument der Macht des Reiches.«

Um die Truppe schlagkräftig zu erhalten, hielt Seeckt zahlreiche Manöver ab, in denen vor allem das Können der Führungskräfte und die Zusammenarbeit der Waffengattungen erprobt wurde. Ein bedeutender moralischer Ansporn für das junge Heer war die Schaffung von Traditionstruppenteilen. Kompanien, die nur wenige hundert Mann umfaßten, erhielten den ehrenvollen Auftrag, die ruhmreiche Überlieferung von Regimentern wachzuhalten, deren Tradition bis ins 18. Jahrhundert zurückreichte.

Seiner Überzeugung entsprechend, daß der nächste Krieg im Zeichen schnell beweglicher Armeen stehen würde, schuf Seeckt innerhalb der durch den Versailler Vertrag auferlegten Grenzen motorisierte Einheiten und veranstaltete mit ihnen sehr realistische Manöver im Harz. Die Truppe, die nur Sturmgepäck trug, wurde mit Lastwagen in ihre Bereitstellungen gebracht; einige wenige leichtgepanzerte Fahrzeuge stellten die Panzerunterstützung dar. Während die Regimentskommandeure ihre Einheiten zum Angriff antreten ließen, sorgten die Fliegeroffiziere dafür, daß sich alle Bewegungen unter Berücksichtigung der Gegebenheiten des Luftkrieges vollzogen. Sobald der Ruf »Achtung, Flugzeuge!« erscholl, ging die Truppe in Deckung; die Fliegeroffiziere überwachten die Tarnung der Soldaten und ihrer Fahrzeuge. Maschinengewehre richteten ihr Abwehrfeuer gegen die imaginären Angreifer, und ebenso imaginär waren die eigenen Aufklärungsflugzeuge, die hinter die feindlichen Linien geschickt wurden, die Beobachtungsflugzeuge, die das Feuer nichtexistenter schwerer Batterien leiteten, und die Bombengeschwader, die, geschützt von imaginären Jagdflugzeugen, die Nachschublinien des Gegners zerschlugen.

Manöver dieser Art demonstrierten nachhaltig die Notwendigkeit einer engen Zusammenarbeit zwischen Heer und Luftwaffe, aber angesichts der Unmöglichkeit, eine solche Luftwaffe in Deutschland aufzubauen, richtete Seeckt seinen Blick nach Osten, über Elbe, Bug, Don und Wolga hinweg nach Moskau, von wo er eine Lösung seines Problems erwarten konnte.

Die Sowjetunion war weder Mitunterzeichner des Versailler Vertrages noch Mitglied des Völkerbundes. Allein auf sich gestellt, unterlag sie nicht der Kontrolle und nicht den Sanktionen der westlichen Alliierten. Ihre unermeßlichen, jeder Beobachtung entzogenen Weiten bargen mehr Fabriken, Flughäfen und Truppenübungsplätze, als selbst die stärkste deutsche Luftwaffe benötigte. Deutschland und die Sowjetunion wiesen manche Gemeinsamkeit auf: Sie waren beide Außenseiter der internationalen Völkerfamilie, und sie haßten beide Polen. Mit Unterstützung Frankreichs hatten polnische Truppen in Oberschlesien gegen die deutschen Freikorps und im Osten gegen die noch im Aufbau befindliche Rote Armee gekämpft.

Seeckt hatte in einer persönlichen Niederschrift keinen Zweifel an seiner Haltung gegenüber Polen gelassen:

»Polens Existenz ist unerträglich, unvereinbar mit den Lebensbedingungen Deutschlands. Es muß verschwinden und wird verschwinden, durch eigene innere Schwäche und durch Rußland — mit unserer Hilfe. Polen ist für Rußland noch unerträglicher als für uns; kein Rußland findet sich mit Polen ab. Polen kann niemals Deutschland irgendwelchen Vorteil bieten, nicht wirtschaftlich, denn es ist entwicklungsunfähig, nicht politisch, denn es ist Vasall Frankreichs... Rußland und Deutschland in den Grenzen von 1914 (!) sollte die Grundlage von der Verständigung zwischen beiden sein...

Wir wollen zweierlei: erstens eine Stärkung Rußlands auf

wirtschaftlichem und auf politischem Gebiet und damit indirekt die eigene Stärkung, indem wir einen zukünftigen möglichen Bundesgenossen stärken; wir wollen zunächst ferner zuerst vorsichtig und versuchend die unmittelbare eigene Stärkung, indem wir eine uns im Bedarfsfall dienstbare Rüstungsindustrie in Rußland heranzubilden helfen.

Bei allen diesen, zum großen Teil erst in der Einleitung begriffenen Maßnahmen bleibt die Teilnahme und sogar die offizielle Kenntnis der deutschen Regierung ganz ausgeschaltet. Die Einzelheiten der Handlungen sind nur durch militärische Stellen geleitet möglich ...

Das deutsche Volk soll in seiner sozialistischen Mehrheit einer aktiven Politik, die mit Kriegsmöglichkeiten rechnen muß, abgeneigt sein. Es ist zuzugeben, daß der Geist, der über der Versailler Friedensdelegation schwebte, noch nicht entschwunden ist und daß der törichte Ruf: ›Nie wieder Krieg!‹ verbreiteten Nachhall findet. Er findet ihn auch in manchen pazifistisch-bürgerlichen Kreisen, aber es gibt auch unter den Arbeiterkreisen, auch in der offiziellen sozialdemokratischen Partei, viele, die nicht gewillt sind, den Franzosen und Polen aus der Hand zu fressen ...

Am klarsten wird das Für und Wider des Krieges in militärischen Köpfen abgewogen werden; aber Politik treiben heißt führen. Dem Führer wird trotz allem das deutsche Volk in den Kampf um seine Existenz folgen. Diesen Kampf vorzubereiten ist die Aufgabe, denn erspart wird er uns nicht.«

Deutsche Annäherungsversuche an die Sowjetunion hatte es bereits Anfang 1920 gegeben, doch erst nachdem die Rote Armee vor Warschau entscheidend geschlagen worden war, erkannte man auch im Kreml die Notwendigkeit einer russisch-deutschen Allianz als einer Voraussetzung für die Stärkung der sowjetischen Streitkräfte. Lenin erklärte damals: »Ich bin kein Freund der Deutschen, aber im gegenwärtigen Augenblick erscheint es mir besser, sie zu nützen, als sie herauszufordern. Ein unabhängiges Polen ist eine große Gefahr für Sowjetrußland; aber es ist ein Übel, das auch sein Gutes hat, denn solange es besteht, können wir auf Deutschland rechnen. Die Deutschen hassen die Polen genauso wie wir und werden sich jederzeit mit uns verbünden, um dieses Land zu vernichten... Deutschland will Rache, und wir wollen die Revolution. Im Augenblick haben wir die gleichen Ziele!« Lenin fügte allerdings warnend hinzu: »Wenn sich unsere Wege einmal trennen, werden die Deutschen unsere größten und erbittertsten Feinde sein. Aber die Zeit wird erweisen, ob aus den Trümmern Europas eine deutsche Hegemonie oder der kommunistische Zusammenschluß erwachsen wird.«

Die neuen Herren im Kreml wußten, was sie von einem siegreichen Deutschland zu erwarten hatten. Im Frieden von Brest-Litowsk hatte Rußland die fruchtbare Ukraine und andere Gebiete mit einer Gesamtbevölkerung von 56 Millionen, ein Drittel seines Eisenbahnnetzes, fast 90 Prozent seiner Kohle und 73 Prozent seines Eisenerzes verloren und sollte außerdem Reparationen in der Höhe von sechs Milliarden Mark zahlen. Nach den blutig niedergeschlagenen kommunistischen Putschversuchen in Deutschland und der Ermordung einiger ihrer Anführer konnte auch nicht der geringste Zweifel an der Haltung der Reichswehr gegenüber Lenins Revolution bestehen. Aber an wen hätten sich die Bolschewisten sonst wenden sollen? So wurden Prinzipien und Ideale über Bord geworfen, und aus politischen und militärischen Erwägungen nahm die Annäherung der beiden Erzfeinde ihren Anfang.

Im Frühjahr 1921 wandte sich Lenin erstmals an die Reichswehr mit dem Ersuchen um Unterstützung beim Aufbau der Roten Armee. Innerhalb von weniger als vier Wochen wurde am 6. Mai ein deutsch-russisches Wirtschaftsabkommen unterzeichnet. Zur Vorbereitung eines gegenseitigen Militärabkommens reisten deutsche Offiziere in Zivil in die Sowjetunion und besichtigten Rüstungsfabriken sowie Ausbildungseinrichtungen der Roten Armee und ihrer Luftwaffe. Sie kehrten wenig beeindruckt von dem Gesehenen nach Deutschland zurück, meldeten aber, daß laut Karl Radek, den Lenin zu seinem Unterhändler bestimmt hatte, »die Sowjets Polen neuerlich angreifen wollten und dazu vor allem Flugzeuge benötigten«. Für die Fachleute in der Berliner Fliegerzentrale kam diese Mitteilung nicht überraschend, denn ihre einstigen Gegner an der Ostfront hatten zwar eine geradezu selbstmörderische Tapferkeit an den Tag gelegt, aber ihre wenigen Flugzeuge waren hoffnungslos veraltet und völlig unzulänglich versorgt gewesen.

Nikolaus II. war ein großer Förderer der Luftstreitkräfte gewesen, und am Beginn des Weltkrieges hatten Rußlands Heer und Marine zusammen 224 Flugzeuge, ein Dutzend kleiner Luftschiffe und einige Fesselballons gehabt. In der Person von Igor Sikorsky verfügten die Russen über einen der besten Flugzeugkonstrukteure der Welt; der Zar, der für Sikorskys Arbeit lebhaftes Interesse an den Tag legte, hatte ihn durch die Überreichung einer goldenen Uhr ausgezeichnet. Es gab bei Kriegsausbruch drei große Flugzeugfabriken: Dux in Moskau, die Russisch-Baltischen Werke in der Nähe von Riga und den V. A. Lebedov-Konzern in Petersburg. Aber der Schlendrian und die Korruption, die überall in Rußland herrschten, hatten auch vor den Toren dieser Fabriken nicht haltgemacht. Bis zum Ausbruch der Revolution im Jahre 1917 hatten sie lediglich 4700 Flugzeuge erzeugt, das war weniger als ein Zehntel der deutschen Flugzeugproduktion bis Kriegsende.

Beim Großteil dieser Flugzeuge handelte es sich um Lizenzbauten französischer und englischer Typen, denen aber schwere Fehler anhafteten. So erzeugten die Russisch-Baltischen Werke Tragflächen für Jagdflugzeuge des Typs Nieuport, während die Firma Dux die dazugehörigen Rümpfe herstellte. Sobald die

Flugzeuge montiert waren und ihre Erprobungsflüge aufnahmen, kam es aber immer wieder zu tödlichen Abstürzen, die zunächst unerklärlich erschienen. Eine französische Untersuchungskommission deckte schließlich die Ursache auf: Aus unerfindlichen Gründen hatte man im russischen Kriegsministerium die Baupläne vor der Weiterleitung an die Russisch-Baltischen Werke geändert. Auf Grund dieser Änderungen wurden die Tragflächen in einem falschen Neigungswinkel montiert. Sobald nun die Piloten mit verringerter Fahrt zur Landung ansetzten, stürzten die Maschinen über die Nase ab. Die russischen Heeresbehörden hatten auch mehrere Flugzeuge direkt in Frankreich, England und Amerika bestellt. Sie wurden über Archangelsk und Murmansk geliefert und gingen dann meist auf dem langen Eisenbahntransport irgendwo im Inneren des Landes verloren.

Rußland hatte zumindest drei hervorragende Jagd- und Kampfflieger und interessanterweise auch drei weibliche Kriegspiloten hervorgebracht. Der Stabskapitän Alexander Kazakov, ein großer, blauäugiger und schnauzbärtiger ehemaliger Kavallerieoffizier, konnte bis zum Ausbruch der Revolution 17 Luftsiege erringen; später schloß er sich dem englischen Expeditionskorps an, wurde Major in der R.A.F. und schoß während des Bürgerkrieges eine nicht näher bekannte Anzahl von Flugzeugen der Roten Armee ab. Sein Waffenkamerad Iwan Smirnoff hatte etwa ein Dutzend Luftsiege zu verzeichnen, ehe er bei Ausbruch der Revolution in den Westen floh und schließlich Verkehrsflieger in Holland wurde. Kapitänleutnant Alexander Prokofieff de Seversky, ein Absolvent der Marineakademie, wurde nach Beendigung seiner militärischen Karriere als Konstrukteur und Planer einer der führenden Flugzeugexperten der Welt. Sein erster Kampfflug wäre allerdings um ein Haar sein letzter gewesen. In der Nacht des 2. Juli 1915 wurde Seversky mit seinem zweisitzigen Seeflugzeug über der Ostsee abgeschossen. Als die Maschine auf dem Wasser aufschlug, explodierte eine kleine Bombe, die sie mitgeführt hatte. Der Beobachter wurde auf der Stelle getötet, Seversky wurde das rechte Bein abgerissen. Nach seiner Wiederherstellung bekleidete er zunächst das Amt eines Inspekteurs der Flugzeugproduktion; später ließ er sich zu den Jagdfliegern versetzen und schoß in 57 Feindflügen 13 Gegner ab. Im September 1917 ging Seversky als Mitglied einer russischen Marinefliegermission nach Washington und blieb, als wenige Wochen später die Revolution ausbrach, in den Vereinigten Staaten.

Zu den weiblichen Piloten, die es in der russischen Luftwaffe gab, gehörten Prinzessin Sophie Alexandrovna Dolgorukaya, die in einer Staffel des 26. Luftkorps diente, und die Prinzessin Eugenie Shakhovskaya, die als Aufklärungsfliegerin eingesetzt wurde, nachdem sie darauf hingewiesen hatte, daß sie bereits im Jahre 1911 auf einer amerikanischen Glenn-Curtiss-Maschine unter Anleitung eines deutschen Fluglehrers fliegen gelernt hatte. Nicht von Adel, aber von großer Tapferkeit war Nadeschda Degtereva, der es bei Kriegsausbruch gelungen war, sich durch die militärische Prüfung zu schwindeln, worauf sie als Fliegerkadett in der Nähe von Sebastopol ausgebildet wurde. Der Schwindel flog auf, und ihr wahres Geschlecht wurde entdeckt, als sie im Jahre 1915 auf einem Frontflug in das Abwehrfeuer österreichischer Truppen geriet und mit Wunden an Armen und Beinen ins Lazarett eingeliefert wurde.

Aus Krieg, Revolution und Bürgerkrieg war fast nichts übriggeblieben, was Lenin und seinem Militärbeauftragten Trotzkij den Aufbau einer Luftwaffe ermöglicht hätte. Die besten Piloten waren tot oder geflohen, der Kampfgeist der Fliegertruppe bereits im Sommer 1917 sehr schlecht gewesen. Im Zeichen von Material- und Versorgungsschwierigkeiten waren die Piloten auf kaum mehr als sechs Flugstunden im Monat gekommen. So war am 11. Juni 1917 eine alte deutsche LVG mit russischen

Erkennungszeichen auf einem britischen Feldflugplatz in Mazedonien gelandet. Der Pilot, Stabskapitän Smolianinov, erklärte dem britischen Hauptmann H. A. Jones, er sei von Rumänien über Bulgarien zu den Alliierten gekommen, weil er hoffe, »hier mehr kämpfen zu können«. Jones erzählte später, Smolianinov »sei seit Kriegsbeginn fast ununterbrochen geflogen, meist auf erbeuteten deutschen Maschinen . . .«

Während des Bürgerkrieges hatten die Flieger der Roten Armee nicht nur gegen ihre ehemaligen Kameraden auf der weißrussischen Seite, sondern auch gegen die erfahrenen Flieger der R.A.F. zu kämpfen, die mit dem alliierten Expeditionskorps nach Rußland gekommen waren, um die kommunistische Revolution niederzuschlagen. Mit einer kunterbunten Sammlung von Fokker-Maschinen aus Beutebeständen, Nieuport-Maschinen, die in Rußland gebaut worden waren, und Spad-Maschinen, die man eingeführt hatte, fochten die Russen gegen Jagdflieger wie den Kanadier Raymond Collishaw, der 63 Gegner abgeschossen hatte, und gegen die anderen Asse der 47. Staffel, die alle die neuesten Sopwith Snipes flogen. Die unvermeidlichen Verluste lichteten die Reihen der Roten Luftwaffe so sehr, daß es schließlich kaum noch kampferfahrene Piloten gab. Dazu kam, daß viele Facharbeiter ihre Arbeitsplätze verlassen hatten, um auf dieser oder jener Seite zu kämpfen, und daß die Fabriken in Trümmern lagen. Demgegenüber verfügten die Polen, die ärgsten Feinde des jungen Sowjetstaates, über Flugzeuge und Berater der französischen Luftstreitkräfte. Angesichts dieser Situation war es verständlich, daß die sowjetische Führung ihre Hoffnungen auf eine enge Zusammenarbeit mit der Fliegerzentrale der Reichswehr und mit den Konstrukteuren, Technikern und Fertigungsspezialisten Deutschlands setzte.

Für diese Zusammenarbeit, die zugleich dem Wiederaufbau einer deutschen Luftwaffe auf fremdem Boden dienen sollte, schuf Seeckt im Truppenamt in Berlin die Sondergruppe R wie

Rußland. Ihr Chef war Oberst Nikolai, ein früherer Nachrichtenoffizier. Unter den Offizieren dieser Sondergruppe befanden sich Oberst Oskar von Niedermayer, der wegen seiner Einsätze in Afghanistan und Persien als der »deutsche Lawrence« galt, ferner Major Fritz Schunke, der 1918 unter Seeckt in der Türkei gedient hatte, sowie General Otto Hasse und Major Kurt von Schleicher, der zu den fähigsten Offizieren der Reichswehr zählte. Nachdem die Sondergruppe ihre Arbeit aufgenommen hatte, entsandte Seeckt eine Militärmission in die sowjetische Hauptstadt. Diese »Zentrale Moskau«, wie sie genannt wurde, unterstand Oberst von der Lieth-Thomsen, dem früheren Generalstabschef der deutschen Luftstreitkräfte; auch Oberst Niedermayer von der Sondergruppe R wurde nach Moskau versetzt. Beide standen für die Dauer ihres Aufenthaltes in der Sowjetunion offiziell auf der Ruhestandsliste, erhielten aber weiter ihre Aktivbezüge. In Moskau traten sie als Zivilisten auf, die wegen nicht näher bezeichneter Geschäfte in der sowjetischen Hauptstadt weilten. Das einzige, was noch fehlte, war ein Abkommen, das, ohne die militärische Zusammenarbeit zu erwähnen, das neugeschaffene Bündnis offiziell sanktionierte. Diese Sanktionierung erfolgte am 16. April 1922 in Rapallo. Der an diesem Tag unterzeichnete Vertrag stellte auf der Basis der gegenseitigen Gleichberechtigung die diplomatischen Beziehungen zwischen den beiden Ländern wieder her. Für die westlichen Alliierten, die zur gleichen Zeit in Genua tagten, war dieser deutsch-russische Sondervertrag ein schwerer Schlag. Sie waren gerade darangegangen, im Sinne der Satzungen des Völkerbundes, mit der Abrüstung zu beginnen, doch dieses deutsch-russische Bündnis gab kaum Gewähr für die Aufrechterhaltung des Gleichgewichtes in Europa und des Friedens in der Welt.

IV

AUFRÜSTUNG VIA AUSLAND

*»Aber die Kontrollkommission, sagte ich.
Wo sollen wir die Vögel bauen?«*
Ernst Heinkel

Nach der Verständigung mit der Sowjetunion und dem geheimen Austausch von Militärmissionen zwischen Moskau und Berlin durfte Deutschland hoffen, in Zukunft wieder eine Luftwaffe zu haben. Viel mehr als eine Hoffnung war der Vertrag von Rapallo freilich nicht, denn die deutsche Luftfahrtindustrie mußte völlig von vorne beginnen. Tatsächlich vergingen drei Jahre, ehe die ersten deutschen Piloten in Rußland ausgebildet werden konnten. Aber in dieser Zeit vollzogen sich in Deutschland einige bedeutende Ereignisse.

Die ehemaligen Kriegsflieger waren in den entmutigenden und niederdrückenden Nachkriegsjahren weniger denn je gewillt, auf das Hochgefühl des Fliegens zu verzichten. Einer von ihnen, Hauptmann Hermann Steiner, der wenige Minuten nachdem ihm sein Beobachter mitgeteilt hatte, daß der Waffenstillstand ausgebrochen sei, seinen Gothabomber durch Anzünden des Benzintanks zerstörte, hat die Haltung dieser unentwegten Flieger treffend beschrieben: »Wir lebten in jeder Hinsicht besser als die anderen Soldaten. Wir waren ausreichend ernährt, besser ausgerüstet und hatten mehr freie Zeit. Vor allem aber waren wir kampflustig und fühlten uns als Elite. Unsere Einsatzfreudigkeit, die in scharfem Gegensatz zur Demoralisierung des übrigen Heeres stand, hatte weniger mit materiellen Dingen zu tun, sondern entsprang jener inneren Haltung, die für die Flieger auf der ganzen Welt charakteristisch ist. Fliegen, am unermeßlichen Firmament, oft völlig allein auf uns gestellt, gab uns ein Gefühl der Überlegenheit gegenüber den kleinen Geschöpfen dort unten auf der Erde und den kleinlichen Geschäften, denen sie nachgingen. Wir hatten unseren besonderen Stolz. Aber nun, da der Krieg zu Ende war, schien es auch mit unserer Überlegenheit vorbei zu sein. Was sollten wir jetzt anfangen? Die meisten von uns, waren sehr jung; viele waren von der Schulbank weg in den Krieg gezogen. Nun wußten wir nicht, wohin wir gehen und was wir machen sollten, und waren voll Sehnsucht. Unsere Träume und unser Idealismus bedurften eines Zieles. Fast alle waren wir entschlossen, weiterzufliegen, ganz gleich, was der Frieden bringen und ob das Fliegen erlaubt oder verboten sein würde... Diese Sehnsucht nach etwas Besserem und Höherem im wahrsten Sinne des Wortes, dieser Wunsch, wieder zu fliegen, der bei vielen geradezu krankhaft war, wuchs und wuchs in den Jahren der Revolution, Inflation und Arbeitslosigkeit, als das Leben für die meisten Menschen in Deutschland sinn- und hoffnungslos geworden war. Für viele von uns konnte der Sinn dieses Lebens nur das Fliegen sein.«

Steiner war nach dem Waffenstillstand auf die Hochschule gegangen, um Luftfahrtingenieur zu werden. Wie so viele ehemalige Offiziere hatte er weder Zivilkleider noch Geld, welche zu kaufen. Er mußte sich damit begnügen, die Metallknöpfe an seiner Uniform mit Hirschhornknöpfen zu vertauschen, und saß wie so viele seiner Generation im feldgrauen Kleid im Hörsaal. Steiners und seiner Kameraden Wunsch, wieder zu fliegen, war eine echte Leidenschaft. Sie vereinten ihre theoretischen Kenntnisse aus der Aerodynamik mit der Praxis und bauten Gleiter, die fast so einfach waren wie jener, mit dem der Flugpionier Otto Lilienthal im Jahre 1896 tödlich verunglückt war. Studenten, die das Glück hatten, in Fabriken beschäftigt zu sein, organisierten Holz, Spanndrähte und Leinen, und in Gemeinschaftsarbeit wurden in alten Schuppen die Gleiter gebaut: Ein halb verkleideter Führersitz für den Piloten, darüber eine schmale Tragfläche und ein paar Stäbe, an denen das Leitwerk saß. Wegen der hohen Frachtkosten waren diese Maschinen in kleinste Einheiten zerlegbar und wurden in Kisten zur Rhön transportiert. »Wir brachten sie persönlich zu den Güterwagen«, erzählte Steiner, »und bewachten sie auf der Fahrt, mißtrauisch betrachtet von den Eisenbahnern, die uns für verrückt hielten. Was wir, in gewisser Hinsicht, auch waren.«

Die Gleiter wurden am Fuße der Wasserkuppe unweit von Gersfeld zusammengesetzt, den Hang emporgeschleppt, für einige wenige kostbare Augenblicke des Fliegens gestartet und dann wieder mühsam den Berg hinaufgezogen. Die Studenten konnten sich selbstverständlich keine Hotelzimmer in Gersfeld leisten; sie schliefen, wie immer das Wetter auch war, unter freiem Himmel. Einige hatten Schlafsäcke mitgebracht, andere machten es sich in den Transportkisten bequem; ihre Zeltbahnen benutzten sie, um ihre kostbaren Flugzeuge vor dem Regen zu schützen.

Sobald sich das Wetter besserte, begann der Wettbewerb. Steiner startete und blieb eine Minute in der Luft. Klemperer schlug ihn um dreißig Sekunden, doch bald darauf erhöhte Steiner seine Leistung auf zwei Minuten. Klemperer gewann schließlich mit zweieinhalb Minuten und stellte damit einen Rekord auf, der bis zum nächsten Jahr hielt. Unter den Zuschauern, die sich eingefunden hatten, um Zeugen des Wiedererstehens der zwanzig Jahre lang kaum beachteten Segelfliegerei zu sein, befand sich zusammen mit seiner attraktiven jungen Frau auch Hauptmann Kurt Student, ein ehemaliger Kriegsflieger. Student brachte nicht nur den Segelflugzeugen, sondern auch den Männern, die so hart gearbeitet hatten, um einige wenige Augenblicke zu fliegen, großes Interesse entgegen. Keiner der Anwesenden wußte, daß er einer der Fliegeroffiziere im Truppenamt war, die Seeckt als technische Experten berufen hatte. Steiner stellte aber fest, daß er und seine Kameraden bald darauf Geld und Material erhielten, um ihre Flugversuche fortsetzen und ausbauen zu können. Diese Unterstützung kam offiziell vom Reichsverkehrsministerium, aber in Wirklichkeit handelte es sich um Gelder aus dem Reichswehrbudget. Die Subventionen wurden ohne Auflagen gewährt, doch wurde erwartet, daß die Flugversuche »einigermaßen militärischen Erfordernissen« gerecht werden sollten, ein Verlangen, das genaugenommen ebenso schwer zu interpretieren wie zu erfüllen war.

Andere Beauftragte des Truppenamtes suchten im Bereich der Industrie Unterstützung für verschiedene geheime Wiederbewaffnungsprojekte. Eine gute Zusammenarbeit entwickelte sich mit Gustav Krupp von Bohlen und Halbach, der mitansehen hatte müssen, wie die Alliierte Kontrollkommission mehr als die Hälfte der Anlagen seiner Firma demolieren ließ. »Wenn es jemals eine deutsche Wiederaufrüstung geben sollte«, erklärte er später, »wenn die Ketten von Versailles jemals abgeworfen werden sollten, dann mußte Krupp darauf vorbereitet sein. Die Maschinen waren unbrauchbar und die Werkzeuge zerstört; aber geblieben waren die Menschen an den Zeichenbrettern und in den Werkshallen, die in vorbildlicher Zusammenarbeit die besten Kanonen erzeugt hatten. Ihr Können, ihr Wissen und ihre Erfahrungen mußten bewahrt werden.« Krupp hob hervor, daß es gelungen sei, »die alliierte Spionagekommission zu täuschen: Vorhängeschlösser, Milchkannen, Registrierkassen, Gleisschweißmaschinen, Mülltonnen und ähnliche Geräte sahen sehr unschuldig und Lokomotiven und Autos sehr friedlich aus«. Als die Erzeugung von Raupenschleppern aufgenommen wurde, waren sie für die Ingenieure von Krupp nichts anderes als Versuchsfahrzeuge für künftige Panzer, mit denen Deutschland den Krieg, in dem es um die Wiedererlangung der Freiheit ging, gewinnen sollte. Getarnt und unter größten Schwierigkeiten mußte Krupp als »Rüstungsfabrik für eine fernere Zukunft erhalten bleiben«.

Ebenso große Hilfe, wenn auch aus ganz anderen Beweggründen, erhielt das Truppenamt von Hugo Junkers. Der 63jährige Professor war ein visionärer Wissenschaftler, eine Art Don Quichote, der bald nach dem Krieg einem seiner Mitarbeiter begeistert erklärt hatte: »Das Flugzeug wird das Instrument einer glückhaften Menschheit sein, das seine Segnungen zu allen Völkern und Nationen bringen und von ihnen zurückbringen wird.«

Junkers war ein kleiner, drahtiger und energischer Mann mit vollem weißen Haar über einer hohen Stirn und stahlblauen Augen. Er liebte abgetragene Anzüge und zerbeulte Hüte und war taub gegenüber den Bitten seiner Frau, sich besser zu kleiden. Als begeisterter Sonnenanbeter pflegte Junkers gerne in der Badehose auf einer Terrasse neben seinem Arbeitszimmer zu liegen. Seine Mitarbeiter hatten sich daran gewöhnt, daß er sie in diesem Aufzug zu einer Besprechung unter freiem Himmel einberief, die er anhand eines Notizbuches mit unzähligen Eintragungen leitete. Junkers war kein Gourmet und begnügte sich meist mit einem Apfel und einem Butterbrot, auch dann, wenn er Gäste hatte, denen er das gleiche karge Menü vorsetzte. Trotz dieser Eigenheiten war Junkers bei allen, die in seiner Fabrik in Dessau arbeiteten, beliebt; er sprach auch nie von »Beschäftigten«, sondern nannte sie Mitarbeiter oder Freunde. Dem industriellen Starsystem, wie es Tony Fokker verkörperte, war er abhold und sagte eines Tages über sich selbst: »Ich bin nur ein Beauftragter.«

Junkers war der Vater von zwölf Kindern und liebte es, die Familie um sich zu versammeln. Meist machte er dann einige provozierende Bemerkungen, um die Konversation zu beleben und eine Diskussion zu entfachen, die er immer wieder von neuem vorantrieb, bis die Kinder in ein heftiges Streitgespräch verwickelt waren. Junkers war überzeugt, daß seine Söhne und Töchter durch das energische Eintreten für ihre eigene Meinung ihre Persönlichkeit zu entfalten lernten, und fast immer endeten diese Wortgefechte mit guten Ideen und einleuchtenden Argumenten.

Genau die gleichen Methoden wandte er in seinem Unternehmen an. Hermann Steiner, der nach Beendigung seiner Studien Ingenieur bei Junkers geworden war, hat den Arbeitsstil seines Chefs beschrieben: »Besprechungen mit ihm waren keine ruhigen, gepflegten Zusammenkünfte, sondern verliefen äußerst stürmisch. Es bereitete ihm geradezu ein teuflisches Vergnügen, wenn er uns dazu bringen konnte, daß wir einander widerlegten, oder wenn wir nachwiesen, daß und weshalb dieses oder jenes Projekt undurchführbar sei. Er verleitete uns dazu, extreme Standpunkte einzunehmen. Wenn wir uns alle in Erregung geredet hatten und unsere Ansichten lautstark vortrugen, pflegte er anfänglich sorgfältig zuzuhören, bis er selbst in Erregung geriet, zu schreien begann und mit der Faust auf den Tisch schlug. Dann wurde er plötzlich ruhig, nahm sein Notizbuch heraus, machte einige Eintragungen und gab eine völlig klare Zusammenfassung der Argumentation. Auch wenn wir in einer hitzigen Diskussion sehr weit gegangen waren, hat er uns niemals persönlich etwas nachgetragen. Gerne wies er darauf hin, daß die Beschäftigung mit absolut undurchführbaren Projekten oft dazu führt, daß man ein brauchbares Projekt findet. Als er eines seiner F 13-Passagierflugzeuge zur Vorführung nach Südamerika schickte, machte sein Sohn Werner die Reise mit. Er wurde bei einem Unfall getötet, und obwohl Junkers um den Sohn trauerte, erklärte er: ›Hätte ich das Recht, das Leben von Söhnen anderer Leute aufs Spiel zu setzen, wenn ich nicht bereit wäre, das Leben meines eigenen Sohnes zu riskieren?‹«

Junkers hatte als Wärmetechniker begonnen, sich aber, während er an der Aachener Universität unterrichtete, der Aerodynamik zugewandt. Am 1. Februar 1910 meldete er ein Patent für einen freitragenden Eindecker an; für Doppeldecker mit ihrer Unzahl von Streben und Spanndrähten hatte er nichts übrig. Als unermüdlicher Erfinder entwickelte er das erste Meßinstrument zur Bestimmung des Brennwertes von Treibstoffen. Wirtschaftliche Überlegungen führten ihn zur Erprobung von Erdgas als Treibstoff, und er konstruierte einen Gasmotor mit zwei gegenläufigen Kolben in einem Zylinder. Später übertrug er dieses Prinzip auf Dieselmotoren und erbaute das Jumo-Werk, in dem er Triebwerke für Lastwagen und Flugzeuge erzeugte. Außerdem entwickelte er einen völlig neuen Dieselkompressor, der als der einfachste und wartungsfreieste Motor dieser Art galt.

Die Einkünfte aus dem Jumo-Werk, aus seiner Flugzeugfabrik und einem kleinen Unternehmen, in dem er Durchlauferhitzer erzeugte, hatten Junkers zu einem der reichsten Männer Deutschlands gemacht. Er hätte sich ruhig zurückziehen können und niemals wieder ein Flugzeug bauen müssen. Aber Verkehrsmaschinen wie die F 13 und die gleichzeitig entstandene Rohrbach E 4/20 waren in seinen Augen Werkzeuge, um die Welt und ihre Völker in Harmonie, Verstehen und gutem Willen zusammenzuführen.

Trotz seines Reichtums war Junkers nicht blind gegenüber den Fehlern und Schwächen der kapitalistischen Wirtschaftsordnung. In Zeiten der Rezession weigerte er sich, entgegen dem allgemeinen Brauch, Arbeiter zu entlassen. Bürokraten und Politiker waren für ihn »Parasiten am Körper der schöpferischen und arbeitenden Menschheit«. In einem Gespräch über die Nachkriegsprobleme Deutschlands und der Welt sagte er einmal zu Steiner: »Die einzige Grundlage, von der wir ausgehen können, ist Verantwortungsbewußtsein. Aber die Politiker wissen ja nicht, was das ist.«

Im Juli 1921 kam Major von Niedermayer nach Dessau, um mit Hugo Junkers die Erzeugung von Flugzeugbestandteilen und Flugmotoren in Rußland zu besprechen. Der mißtrauische alte Professor stimmte einem solchen Projekt nicht zu, erteilte aber auch keine klare Absage. Vier Monate später erhielt Junkers abermals Besuch vom Truppenamt; diesmal kamen Otto Hasse und General Wurtzbacher. Sie führten aus, daß die Geheimgespräche mit den Russen vielversprechend begonnen hätten und daß Aussicht auf ein Übereinkommen mit dem früheren Gegner bestünde.

Junkers, dem noch lebhaft in Erinnerung war, wie die Kontrollkommission die von General Billy Mitchell bestellten Flugzeuge vorübergehend beschlagnahmt hatte, und der noch immer nicht im Besitz verbindlicher Richtlinien darüber war, welche Flugzeuge er nun bauen durfte, erblickte in dem russischen Projekt die Möglichkeit, allen Behinderungen zu entgehen und seine kühnsten Pläne zu verwirklichen. Am 15. März 1922 unterzeichnete Junkers in Berlin einen Vertrag mit der Sondergruppe R. Die Vertragsbedingungen sahen vor, daß die Sondergruppe an Junkers ein Startkapital im Wert von 10 Millionen Dollar und später ein Grundkapital von weiteren 25 Millionen Dollar zahlen werde, ohne Verpflichtung für ihn, diese Summen zurückzuzahlen. Aber als man Junkers vorschlug, seine nächsten Verkehrsflugzeuge so zu bauen, daß sie leicht in Bomber umgewandelt werden konnten, bekam er einen Wutanfall. Dieser Vorschlag, sagte er, verstoße gegen jede technische Vernunft, und außerdem wolle er nicht wieder Militärflugzeuge bauen. Was das Truppenamt mit seinen Verkehrsflugzeugen mache, sei nicht seine Sache. Die Sondergruppe R ließ es dabei bewenden; sie war ohnehin nicht gewillt, den Vertrag in seinem ursprünglichen Sinn einzuhalten. Sobald Junkers begann, eine kleine Fabrik in Fili, nahe Moskau, zu errichten, war die Angelegenheit für sie erledigt.

AUFRÜSTUNG VIA AUSLAND

Hand in Hand mit den Bemühungen, die Militärfliegerei fernab von der alliierten Überwachung wiederaufzunehmen, gingen die ungetarnten Bestrebungen, die deutsche Verkehrsluftfahrt innerhalb Europas wettbewerbsfähig zu machen. Die Kontrollkommission hatte im Jahre 1920 hundert ehemalige Militärflugzeuge, die für zivile Verwendung bestimmt waren, beschlagnahmt, dann aber nachgegeben und den Rückkauf der Maschinen gestattet. Bald entstanden kleine Gesellschaften, die Post und gelegentlich auch Passagiere beförderten. Die Regierung gewährte ihnen Subventionen in der Höhe von 12 Millionen Mark, die im folgenden Jahr auf 26 Millionen erhöht wurden. Die wichtigen Poststrecken führten von Berlin nach Bremen, Hamburg, Dortmund, München, Dresden und Königsberg; Nebenlinien gab es zwischen Hamburg, Magdeburg und Dresden und in Süddeutschland zwischen München und Konstanz.

Sobald die Alliierten die Entwaffnung der deutschen Luftstreitkräfte als abgeschlossen betrachteten, wandten sie ihre Aufmerksamkeit den »Begriffsbestimmungen« für Zivilflugzeuge zu. Die Erarbeitung dieser Richtlinien nahm unvorstellbar lange Zeit in Anspruch, und als sie endlich fertiggestellt waren, erwiesen sie sich als ebenso einfach wie unrealistisch. Am 31. Januar 1921 gab die Alliierte Behörde in Berlin bekannt, daß sie die Regeln, an die sich die deutsche Luftfahrtindustrie in Zukunft zu halten habe, ausarbeiten werde. Vier Monate später, am 10. Mai, erklärten die deutschen Behörden, daß sie diese Regeln, wie immer sie auch ausfallen sollten, annehmen würden. Fast ein Jahr verging, ehe sich die Alliierten untereinander einigten, und so wurden die lang erwarteten Richtlinien erst am 14. April 1922 veröffentlicht.

Die deutsche Luftfahrtindustrie konnte die Beschränkungen, die man ihr auferlegen wollte, anfänglich gar nicht fassen. In Hinkunft sollte kein Flugzeug erzeugt werden, dessen Geschwindigkeit 170 km/h, dessen Reichweite 300 km, dessen Gipfelhöhe

4000 m und dessen Flugdauer zweieinhalb Stunden überstieg. Diese Begrenzungen bedeuteten, daß die deutschen Flugzeugkonstrukteure in Hinkunft Maschinen entwerfen sollten, die dem Leistungsstand des Jahres 1916 entsprachen. Obwohl die Offiziere im Truppenamt und die führenden Industriellen protestierten, wurden diese katastrophalen Bedingungen von der politischen Führung des Reiches in aller Eile angenommen. Bereits am 5. Mai 1922 wurde beschlossen, daß sich Erzeugung und Einfuhr von Flugzeugen an diese Bestimmungen zu halten hätten.

Die Regierungsparteien hatten guten Grund, die alliierten Luftfahrtbestimmungen so prompt anzuerkennen. Die nächste Rate der Reparationszahlungen war fällig, und angesichts der galoppierenden Inflation war es offensichtlich, daß sie nicht bezahlt werden konnte. Die Regierung hoffte, durch das Akzeptieren der Begrenzung von Flughöhe und Geschwindigkeit deutscher Flugzeuge, was in ihren Augen unbedeutend schien, größere Konzessionen bei viel wesentlicheren Bestimmungen des Versailler Vertrages einhandeln zu können.

Um den unter dem Kaiser ausgebrochenen Krieg zu bezahlen, hatte die Weimarer Republik laut Beschluß der Siegermächte vom 27. April 1921 Reparationen im Gesamtwert von 132 Milliarden Goldmark aufzubringen. Vor der Inflation, in Zeiten normaler Parität, entsprachen vier Mark einem Dollar; 1921 stand der Dollar bereits bei 75 Mark, schnellte im Verlauf des Jahres 1922 auf 400 empor und erreichte bei Jahresende 7000 Mark. Damit war die Entwertung der deutschen Währung aber noch längst nicht auf ihrem Höhepunkt angelangt.

Die deutsche Luftfahrtindustrie war zwar bereit, die alliierten Vorschriften bei der Erzeugung von Schul- und Sportflugzeugen, nicht aber generell zu akzeptieren. Rohrbach, dessen kurzlebiges E-4/20-Verkehrsflugzeug Aufsehen erregt hatte, etablierte in Berlin ein Büro der »Rohrbach Ganzmetall Flugzeug Gesellschaft«, das von der Regierung und aus anderen Quellen finanziert wurde. Dieses Berliner Büro war nur eine Tarnung für die Forschungs- und Entwicklungsgesellschaft, die Rohrbach in Kopenhagen mit Hilfe der Dänen, deren Flugzeugindustrie in den Anfängen steckte, eröffnet hatte. Rohrbach war wie Junkers ein Befürworter der selbsttragenden Bauweise, vertrat jedoch die Ansicht, daß das in Dessau verwendete Wellblech zwar hohe Festigkeit, aber ebenso hohen Luftwiderstand bedeute. Er baute daher Tragflächen und Rümpfe mit glatter Metalloberfläche, wobei Holme und Rippen einen Teil der Verwindungskräfte aufnahmen. Die Bedeutung dieser neuen Bauweise wurde bald allgemein anerkannt und beeinflußte die internationale Flugzeugproduktion auf Jahre hinaus. Rohrbach baute nach diesem System mehrere große Flugboote, deren Flugeigenschaften alle von den Alliierten festgelegten Grenzen überstiegen, aber da sie in Dänemark erzeugt und erprobt wurden, war die Kontrollkommission machtlos.

Ein Flugzeugkonstrukteur von besonderem Ehrgeiz und entsprechender Bereitschaft, die Kontrollkommission zu umgehen, war Ernst Heinkel. 1920 schien der Werdegang des damals 32jährigen Industriellen jäh beendet. Heinkel, ein kleiner, kräftiger Mann mit schütterem Haar, war der Sohn eines schwäbischen Handwerkers. Er hatte bei LVG, Etrich und den Albatros-Werken gearbeitet, bevor er Konstrukteur bei Hansa Brandenburg wurde, wo er leistungsfähige Jagd- und Aufklärungsflugzeuge für die Marine entwarf. Die Firma war bei Kriegsende aufgelöst worden, und Heinkel kehrte in seine schwäbische Heimat zurück, wo er eine kleine Fabrik für elektrische Haushaltsgeräte eröffnete. Er kaufte ein Haus, einen Weingarten und einen Obstgarten, aber er war sichtlich für das Leben eines Haus und Grund besitzenden Elektrowarenerzeugers nicht geschaffen.

An einem Sommernachmittag des Jahres 1921 erschien bei Heinkel überraschend der ehemalige Marineflieger Friedrich Christiansen, mit 42 Jahren eines der ältesten überlebenden Jagdfliegerasse des Krieges. Christiansen, Ritter des Pour le mérite, hatte mit von Heinkel entworfenen Seeflugzeugen 21 Abschüsse erzielt und nicht nur britische Flugzeuge und Flugboote, sondern auch das Luftschiff C 27 und das Unterseeboot C 25 vernichtet. Diese Leistungen hatten ihm den ehrenden Beinamen »Flieger von Zeebrügge« eingetragen.

Nach dem Krieg war es Christiansen gelungen, ein Hansa-Brandenburg-Seeflugzeug nach Norwegen zu schmuggeln, mit dem er im Auftrag des norwegischen Fischereiverbandes Herings- und Sardinenschwärme aufspürte. Christiansen kehrte schließlich voller Ideen nach Deutschland zurück und nahm Verbindung mit Carl Caspar, einem anderen Marineflieger, auf, der in Travemünde eine kleine Fabrik besaß, in der er Grammophongehäuse erzeugte. Christiansen überzeugte Caspar, daß es ihm mühelos gelingen werde, Seeflugzeuge nach Norwegen und Schweden, aber auch nach Amerika und Japan zu verkaufen. War Caspar unter diesen Umständen bereit, so fragte ihn Christiansen, die Umwandlung seiner Firma in eine Flugzeugfabrik zu riskieren? Caspar sagte unter der Bedingung zu, daß es gelänge, einen prominenten Konstrukteur zu finden, dessen Name den Erfolg verbürge. Soweit der Hintergrund des Besuches Christiansens bei Heinkel.

Der »Flieger von Zeebrügge« hatte sich vor allem daran erinnert, daß Heinkel den Prototyp eines zusammenlegbaren Seeflugzeuges entwickelt hatte, das in einem Hangar auf einem U-Bootdeck untergebracht werden konnte. Das Kriegsende hatte die Fertigstellung dieses Typs vereitelt. Christiansen teilte Heinkel mit, er habe dem amerikanischen Marineattaché von diesem Flugzeug erzählt, der nun völlig »verrückt danach« sei. Er meinte ferner, daß er einige japanische Offiziere kenne, die »im Falle, daß die Amerikaner ein solches U-Bootflugzeug bekommen, sicher auch eines haben wollten...« Heinkel wies demgegenüber auf die Tätigkeit der Kontrollkommission hin und fragte, wo die Flugzeuge denn gebaut werden sollten. »Bei Caspar«, erwiderte Christiansen lakonisch, »unter Naturschutz!« Heinkel verkaufte daraufhin Haus, Besitz und Fabrik und zog nach Travemünde, um wieder Flugzeuge zu bauen.

Vom amerikanischen Marineattaché in Berlin erhielt er die Spezifikationen des U-Bootflugzeuges, das er in Caspars Fabrik illegal herstellen sollte. Die Maschine mußte in einem Behälter von sechs Meter Länge und eineinhalb Meter Breite Platz finden. Heinkel konstruierte daraufhin die U 1, einen freitragenden Doppeldecker mit einem 50-PS-Motor und einer Höchstgeschwindigkeit von 140 km/h, der in sechs Minuten 1000 Meter erreichte. Vier Mann konnten mit entsprechendem Werkzeug die U 1 in zweiundzwanzig Sekunden demontieren und in dem versenkbaren Behälter verstauen; in einunddreißig Sekunden konnte die Maschine wieder zusammengesetzt und startbereit gemacht werden. Im übrigen bewahrheitete sich Christiansens Vorhersage: Zwei Wochen nachdem die amerikanische Marine die U 1 zu ihrer größten Zufriedenheit übernommen hatte, erschienen die Japaner in Travemünde und bestellten zwei Exemplare, für die sie jeden Preis zu zahlen bereit waren. Dabei kümmerten sich die Japaner so wie die Amerikaner wenig darum, daß sie in Zusammenarbeit mit dem ehemaligen Gegner die Entwaffnungsbestimmungen des Versailler Vertrages flagrant verletzten. Die Japaner waren sogar Mitglied der Inter-Alliierten Kontrollkommission, während die Amerikaner in rein formeller, wenn auch kaum in moralischer Hinsicht ihre Schuldlosigkeit behaupten konnten.

Moralische Rücksichten waren aber um diese Zeit wenig gefragt. Durch Vermittlung des ehemaligen Jagdfliegers Clemens Bücker schloß die Firma Caspar einen Vertrag mit der schwedischen Luftwaffe, in der Bücker nun als Flieger diente. Das Abkommen galt der Produktion eines Seeflugzeuges, dessen

Pläne und Fertigteile aus Deutschland kamen, während die Montage aus beschäftigungspolitischen Erwägungen in Schweden erfolgte. Der Entwurf eines Tiefdeckers wurde fertiggestellt, und seine Bestandteile wurden auf dem Seeweg von Travemünde nach Malmö geschmuggelt. Dort bauten die Schweden unter deutscher Aufsicht die S 1 zusammen und begannen mit der Erprobung. Heinkels Vertreter in Schweden war sein Mitarbeiter Jupp Köhler. Der Repräsentant der schwedischen Luftwaffe, ein Marinebeamter namens Angström, war nach Heinkels Ansicht »ein braver Mann, aber Köhler war ihm gewachsen«.

Das Flugzeug, das Christiansen als Testpilot einflog, erreichte zwar die vorgeschriebene Geschwindigkeit von 180 km/h, hatte aber nicht die verlangte Steigfähigkeit. Angström, der kaum Deutsch sprach, gestattete, daß Köhler auf Grund der Aufzeichnungen des Testpiloten die Leistungsangaben der Maschine ausarbeitete. »Überflüssig zu sagen«, erklärte Heinkel später, »daß alle Bedingungen übererfüllt wurden.« So erhielt Heinkel nicht nur den Auftrag für die Erzeugung der S 1, sondern dazu noch einen Bonus im Ausmaß von zehn Prozent als Abgeltung für eine fiktive Überschreitung der Ausschreibungsnormen um zwanzig Prozent.

Nachdem Deutschland am 5. Mai 1922 die alliierten Beschränkungen für die Luftfahrtindustrie angenommen hatte, verbrachte Heinkel eine schlaflose Nacht. Am frühen Morgen des folgenden Tages erschien er in der Fabrik und sprach mit den leitenden Ingenieuren der Firma Caspar. Anschließend hatte er eine Unterredung mit Bücker, der ihm nicht nur versicherte, daß weitere Aufträge aus Schweden folgen würden, sondern auch mitteilte, daß er gute Verbindungen zur Reichswehr habe, von der ebenfalls bald Aufträge kommen würden. Heinkel, der bis auf den Pfennig genau wußte, wie groß sein Anteil an den inzwischen eingenommenen amerikanischen Dollars, japanischen Yen und schwedischen Kronen war, erklärte daraufhin am 7. Mai Caspar, daß er aus dem Unternehmen ausscheiden und mit einigen von Caspars besten Leuten eine eigene Firma gründen werde.

Während Heinkel sich nach einem geeigneten Fabrikgelände umsah, arbeiteten seine Konstrukteure im Saal eines Restaurants in Travemünde am Entwurf eines Wasserflugzeuges, das an einem Wettbewerb in Göteborg teilnehmen sollte. Die He 3 war eine Weiterentwicklung der bisherigen Heinkeltypen; neu waren aber Tragflächen und Rumpf aus Sperrholz und ein elektrischer Anlasser, der das mühsame Durchdrehen des Propellers mit der Hand überflüssig machte. Heinkel fand im ehemaligen Seeflugzeugversuchskommando Warnemünde bei Rostock einen verlassenen Schuppen, den er bezog. Am 1. Dezember wurde unter denkbar ungünstigen Bedingungen die Arbeit an der He 3 aufgenommen. Der Schuppen hatte anfangs weder Heizung noch elektrisches Licht und keine Fensterscheiben. Um genügend Licht zu haben, mußten die Tore offen bleiben, und im kalten Ostseewind wurden die Finger der Arbeiter klamm. In Verletzung der Bedingungen des Versailler Vertrages, der unter anderem die Wiederinstandsetzung militärischer Anlagen verbot, ließ Heinkel Fensterscheiben einsetzen und kleine eiserne Öfen installieren, die wenig Wärme, aber viel Rauch entwickelten.

Diesen Erschwernissen zum Trotz wurde die He 3 rechtzeitig fertig und mit einem Lastwagen nach Lübeck zur Verschiffung nach Göteborg gebracht. Obwohl sie von einem alten 100-PS-Motor vom Typ Siemens-Halske angetrieben wurde, hatte sie eine Spitzengeschwindigkeit von 150 km/h und gewann dank ihrer hervorragenden Flugeigenschaften den Wettbewerb in Göteborg. Heinkel kehrte mit der erhebenden Aussicht auf Einkünfte in harter schwedischer Währung nach Deutschland zurück. Zugleich hatte er bewiesen, daß er ein Mann von jenem Schlag war, wie ihn die geheimen Wiederaufrüster in der Reichswehr suchten.

Bald nach seinem Erfolg in Schweden erhielt Heinkel in

Warnemünde den Besuch eines Herrn Seebach. Obwohl Seebach Zivilkleidung trug, »verriet er den Offizier mit jedem Wort«, schrieb Heinkel später. Herr Seebach hieß in Wirklichkeit Kurt Student. Anfänglich war er sehr zurückhaltend und erwähnte weder die Abmachungen mit Junkers noch die Geheimverhandlungen mit der Sowjetunion. Er fragte Heinkel lediglich, ob er ein oder zwei Typen entwerfen könne; benötigt würde vor allem ein Doppeldecker mit einer Mindestgeschwindigkeit von 220 km/h und einer Gipfelhöhe von 6000 m. Student deutete an, daß das Flugzeug der Nahaufklärer der künftigen Luftstreitkräfte der Reichswehr sein sollte. Er fügte hinzu, daß er vorläufig keine finanziellen Garantien geben könne und appellierte statt dessen an Heinkels patriotisches Gewissen. Heinkel selbst zeigte Interesse und betrachtete das zu erwartende Versteckenspiel mit der Kontrollkommission als »große Herausforderung«.

Er ging daran, die He 17, den künftigen Aufklärer der Reichswehr, zu entwerfen. Zur gleichen Zeit kamen die Japaner zu ihm, die seine beiden Unterseebootflugzeuge gekauft hatten — ein Kapitän Kaga von der japanischen Delegation in Berlin und ein Techniker namens Yonezawa, Repräsentant der japanischen Flugzeufirma Aichi Tokei Denki in Europa. Die Japaner suchten eine Maschine mit ähnlichen Eigenschaften, wie Student sie bestellt hatte, und außerdem ein modernes Torpedoflugzeug. Heinkel war selbstverständlich an dem Geschäft interessiert, wies aber auf die Schwierigkeit hin, die Entwicklung militärischer Typen vor der Kontrollkommission zu verbergen. Daraufhin wurde, wie Heinkel bemerkte, Kagas »breites, geheimnisvolles Lächeln« noch breiter. »Herr Heinkel«, sagte Kaga, »Sie für uns arbeiten und alle diese Sorgen vorbei.« Der japanische Offizier wies darauf hin, daß der Marineattaché seines Landes in Berlin als Mitglied der Kontrollkommission Ort und Zeit der Inspektionen kenne; es werde daher, meinte Kaga, ein leichtes sein, Heinkel so rechtzeitig zu warnen, daß er alles belastende Material beiseite schaffen könne. Im Besitz dieser Zusicherung stellte Heinkel zusätzliches Personal ein und begann gleichzeitig für Deutschland und Japan zu arbeiten.

Er mietete einen zweiten Schuppen, genannt die »delikate Halle«, in dem er an den von Student und Kaga bestellten Flugzeugen arbeitete. Die Japaner hielten Wort; in unregelmäßigen Abständen meldete sich ein geheimnisvoller Anrufer bei Heinkel und teilte mit Hilfe eines einfachen Kodewortes mit, daß eine Inspektion bevorstand. Wie eine guteingespielte Mannschaft verluden daraufhin die Arbeiter alle »delikaten« Flugzeuge und Bestandteile auf Lastwagen, die das Material zu den einsamen, wenige Kilometer entfernten Sanddünen brachten, wo alles versteckt wurde. Dank der japanischen Hilfe wurde Heinkel niemals ertappt.

Gefährlicher als die Kontrolloffiziere erwies sich Student, der sich die Rolle eines Abwehr- und Sicherheitsoffiziers anmaßte und unangemeldet zu den verschiedensten Tages- und Nachtzeiten in der Fabrik erschien, wobei er manchmal ordnungsgemäß durch das Eingangstor kam, oft aber auch über den Zaun kletterte. Als er einmal am frühen Morgen das Drahtgitter bezwang, das die »delikate Halle« von den übrigen Anlagen trennte, gab es große Aufregung. Student rügte Heinkel wegen der mangelhaften Sicherheitsvorkehrungen und wies darauf hin, daß er schließlich auch ein Kontrolloffizier der Alliierten hätte sein können. Heinkel replizierte, daß die Alliierten erfreulicherweise nicht so eifrig seien wie Student und daß der japanische Marineattaché bisher noch immer seine Pflicht erfüllt habe.

Die Inbetriebnahme kleiner, von deutschen Konstrukteuren geleiteter Fabriken im In- und Ausland stellte einen ersten, wenn auch nur bescheidenen Schritt zu dem vom Truppenamt geplanten Aufbau einer deutschen Flugzeugindustrie dar. Da trat im Jahre 1923 ein politisches Ereignis ein, das zunächst Seeckts sorgfältig erstellten militärischen Aufbauplan zu zerstören schien, ihn im weiteren Verlauf aber sogar beflügelte. Ende 1922 teilte die Reichsregierung der Alliierten Reparationskommission mit, daß sich die Republik außerstande sehe, die nächste Rate zu bezahlen. Sie schlug unter anderem vor, die Reparationen auf ein »tragbares Ausmaß« zurückzuführen, ein mehrjähriges Moratorium für Bar- und Warenleistungen zu gewähren und Deutschland einen größeren Kredit im Zuge der Wiederherstellung seiner wirtschaftlichen Wettbewerbsfähigkeit einzuräumen.

Die Alliierten reagierten auf diese Forderungen unterschiedlich. Die britische Regierung, der es ohnehin an Truppen und an Geld für Besatzungszwecke mangelte und die mit der Arbeitslosigkeit im eigenen Lande zu kämpfen hatte, verhielt sich passiv.

Die amerikanische Regierung hatte mit Deutschland im Jahre 1921 einen Separatfrieden geschlossen, ihre Reaktion auf die Krise, die sich nunmehr abzeichnete, bestand darin, daß sie ihr Besatzungskontingent von 1199 Offizieren und Mannschaften abberief und nach Frankreich brachte. Von dort wurde es nach Amerika verschifft und damit allen europäischen Verwicklungen entzogen.

Die Franzosen unter ihrem neuen Ministerpräsidenten Raymond Poincaré dagegen entrüsteten sich über diesen neuen Beweis deutscher »Perfidie und Arroganz« und reagierten dementsprechend massiv. Fünf Divisionen mit Panzer-, Artillerie- und Fliegereinheiten unter dem Befehl des Generals Degoutte besetzten am 11. Januar 1923 das Ruhrgebiet, um mit Waffengewalt die Förderung und Ablieferung der Kohle und damit das Weiterlaufen der Reparationslieferungen zu erzwingen. Degouttes Truppen wurden von einer belgischen Division unterstützt; die Italiener hatten eine Gruppe von Ziviltechnikern entsandt.

Wie sehr sich die Zeiten gewandelt hatten, zeigte die offizielle britische Militärgeschichte, die die Situation nach dem Abzug der Amerikaner mit den Worten kommentiert: »Damit war die

AUFRÜSTUNG VIA AUSLAND

kleine britische Zone inmitten von französischen und belgischen Truppen isoliert.« Mit anderen Worten: Die Engländer fühlten sich von ihren eigenen Alliierten eingekreist.

Der überraschende Einmarsch der schwerbewaffneten Franzosen in das Ruhrgebiet stürzte die Reichsregierung in eine nachhaltige Krise und spaltete die Nation in zwei entgegengesetzte Lager. Gemäßigte Elemente im Reichstag traten für die Fortsetzung der Reparationszahlungen in irgendeiner Form ein, um die Franzosen zu besänftigen und die Bereitschaft zur ehrlichen Erfüllung des Versailler Vertrages zu bekunden. Aber diese wenigen Stimmen gingen im Chor der nationalen Entrüstung über den französisch-belgischen Einmarsch unter. Im Truppenamt legte Oberst Edwin von Stülpnagel General Seeckt eine Denkschrift vor, in der es hieß, »daß es vom nationalen und militärischen Gesichtspunkt aus die Pflicht des Soldaten sei, zu handeln«. Das war die selbstverständliche Auffassung eines Soldaten, der vier Jahre lang gegen Franzosen und Engländer gekämpft hatte und dessen Anschauungen in vier sogenannten Friedensjahren kaum eine Änderung erfahren hatten. Im übrigen wurde diese Auffassung von der gesamten Reichswehr geteilt.

Die Mobilisierung war unvermeidlich — wenn schon nicht, um den Gegner von der Ruhr zu vertreiben, so um wenigstens eine Besitzergreifung weiteren deutschen Bodens zu verhindern. Seeckt erkannte demgegenüber klar, daß jedes überstürzte Vorgehen seiner noch immer schlecht ausgerüsteten Truppe, die weder über Reserven noch über Luftstreitkräfte verfügte, das Ende der Reichswehr bedeuten würde. Die Keimzelle künftiger deutscher Macht mußte, wenn schon aus keinem anderen Grunde, so wegen des katastrophalen Munitionsmangels, innerhalb weniger Tage zugrunde gehen. Darüber hinaus würde ein Krieg im Westen automatisch den Einfall der Polen im Osten und möglicherweise auch der Tschechen bringen. Nach einem kurzen, ehrenhaften Kampf würde sich Deutschland schließlich auf den Status eines französischen Vasallen mit immerwährenden Reparationsverpflichtungen reduziert sehen. Wenn Seeckt andererseits aber keinerlei Initiative ergriff, würden zwangsläufig weit radikalere Elemente an seiner Stelle initiativ werden. Die Ermordung des Außenministers Walther Rathenau durch Angehörige der Organisation Consul am 24. Juni 1922 war noch in frischer Erinnerung. Am hellichten Tag war damals eine sechssitzige graue Limousine aus einer Seitenstraße kommend neben Rathenaus Wagen aufgetaucht. Einer der drei Insassen, die lange Ledermäntel trugen, feuerte mit einer automatischen Pistole auf Rathenau, ein anderer warf eine Handgranate. Dann raste das graue Auto davon, während Rathenaus Chauffeur den Ministerwagen anhielt. Auf dem Rücksitz lag sterbend der Mann, der die schwierige Aufgabe übernommen hatte, mit den Alliierten in der Reparationsfrage zu verhandeln.

Nun, da der Gegensatz zwischen den gemäßigt-demokratischen und den radikal-nationalen Elementen schärfer denn je zum Ausbruch kommen mußte, schlug Seeckt den Mittelweg eines Kompromisses ein, den Weg des passiven Widerstandes.

In intensiven Beratungen mit Reichspräsident Ebert und Reichskanzler Wilhelm Cuno setzte er sich mit der Auffassung durch, daß dies der einzig mögliche Weg sei. Innerhalb von vierundzwanzig Stunden, nachdem die französische Armee Deutschlands industrielles Kerngebiet besetzt hatte, ergingen von Berlin die Weisungen zum passiven Widerstand. Tausende von Bergarbeitern wurden nach Hause geschickt, Hochöfen wurden zum Erlöschen gebracht, die Verkehrswege verödeten, während die Bahnhöfe mit unzähligen Lokomotiven und Waggons verstopft waren. Über das winterliche Ruhrgebiet breitete sich der Mantel unheilvollen Schweigens.

Wütend über diesen unerwarteten Widerstand, verhängten die Franzosen Haft oder Ausweisung über die unbotmäßigen deutschen Beamten und Wirtschaftsführer und evakuierten ganze Familien, um Wohnraum für rasch herbeigeholte Arbeitskräfte zu schaffen. Am 19. Januar 1923 erließ die Alliierte Hochkommission eine Anordnung, womit die Kohlenindustrie, die Zoll- und Finanzämter und die Forstverwaltung im gesamten besetzten Gebiet einschließlich der Ruhr unter die Aufsicht der Inter-Alliierten Kommission für Industrie und Bergbau gestellt wurde. Mehr als 15 000 französische und belgische Beamte und Spezialisten wurden einberufen, um die 170 000 deutschen Eisenbahner, die ihre Arbeitsstätten verlassen hatten, zu ersetzen. Französische Wachtposten standen entlang des Schienennetzes, um Sabotageversuche zu verhindern. Eine militärische Besetzung von solchem Ausmaß und solcher Härte hatte man an Rhein und Ruhr seit den Tagen Napoleons nicht erlebt.

John Morgan von der Kontrollkommission, der inzwischen Brigadegeneral geworden war, hat die Reaktion der deutschen Bevölkerung auf den französischen Einmarsch beschrieben: »In den Volksschulen hielten die Lehrer die Kinder an, im Sprechchor zu sagen: ›Frankreich ist unser Feind!‹ Über Nacht tauchten Plakate auf, die einen Preis von 2000 Mark für den ersten Deutschen aussetzten, der einem Franzosen ins Gesicht spuckte. In manchen Restaurants hingen ähnliche Plakate mit der Aufforderung, den Franzosen auf die Teller zu spucken...«

Aber die Reaktion im Ruhrgebiet selbst beschränkte sich nicht auf Sprechchöre und Plakate. Sabotagetrupps machten die Gegend unsicher; sie sprengten Brücken, zerstörten Nachrichtenverbindungen und brachten Truppentransporte zum Entgleisen. Berühmt für seine Kühnheit wurde Leo Schlageter, den man ertappte, als er eine Eisenbahnbrücke in die Luft sprengen wollte. Die Franzosen erschossen ihn und machten ihn damit zum Märtyrer, dessen Grab zur nationalen Weihestätte wurde. Andere Saboteure, die der Exekution entgingen, wurden von den Franzosen auf die Teufelsinsel deportiert.

Nachdem Deutschland eines Fünftels seiner Kohlenförderung beraubt worden war, mußte das Land einen kalten Winter über sich ergehen lassen. Da der Kohlenmangel überdies zu einem Zusammenbruch des Transportwesens führte, kam es zu allgemeinen Versorgungsschwierigkeiten. Die Regierung hatte zwar einen eigenen Ruhrfonds zur Unterstützung des passiven Widerstandes geschaffen, aber das Geld war praktisch wertlos.

Der Dollar stand am 11. Januar 1923 bei 18 000, am 1. Juli bei 160 000, im August bei einer Million, am 1. November bei vier Milliarden Mark, und bevor das Jahr zu Ende ging, erreichte der Verfall der Mark schon die Billionengrenze. Man mußte die Banknoten mit Schubkarren zum Bäcker bringen, um einen Laib Brot zu kaufen, und Bauern, die ihre Lebensmittel in der Stadt anboten, konnten bei der Rückkehr ins Dorf feststellen, daß ihr Erlös oft nur mehr ein Viertel wert war.

Für die Reichswehr bedeutete die Ruhrbesetzung vermehrte Verantwortung und erhöhtes Ansehen. Die Regierung hatte, indem sie auf Seeckts Ratschläge hörte, ihn und die Armee zu ihrem politischen Partner gemacht. Um einem möglichen Vormarsch der Franzosen bis zur Weser und einem allfälligen Einfall der Polen und Tschechen im Osten zu begegnen, führte das Truppenamt strategische und taktische Planspiele durch, die zugleich die dringend benötigte Ausbildung in Generalstabsarbeit darstellten. Seeckt wurde ferner in die Lage versetzt, die Möglichkeit der Zusammenarbeit mit den Wehrverbänden zu erproben, die in den Jahren nach dem Kriege überall in Deutschland entstanden waren. Der »Stahlhelm« war der älteste und stärkste dieser Verbände; es gab aber auch den »Jungdeutschen Orden«, das »Bataillon Hindenburg«, die »Wikinger«, die »Werwölfe« und viele andere. Versuche, die Führer dieser paramilitärischen Verbände dazu zu bringen, sich im Mobilisierungsfall der Reichswehr zu unterstellen, endeten zumeist ergebnislos. Die meisten waren der Ansicht, daß Deutschlands ärgster Feind nicht der Franzose, sondern die republikanische Regierung sei, deren Sturz sie herbeisehnten. Außerdem wollten diese Verbände der Reichswehr bestenfalls angegliedert, nicht aber eingegliedert werden, um als autonome Einheiten unter selbstgewählten Führern weiterzubestehen.

Einer der Verbände, der vorbehaltlos bereit war, mit der Reichswehr zusammenzuarbeiten, mußte sich auf eine Unterstützung moralischer Art beschränken: Es war der »Ring deutscher Flieger«, der bald nach Kriegsende entstanden war und über ein lückenloses Verzeichnis der überlebenden Flugzeugführer, Beobachter und Bordschützen samt Angaben über ihre Ausbildung und Kampferfahrung verfügte. Sprecher des Ringes waren General von Hoeppner, der erste Kommandierende General der Luftstreitkräfte, der aber bereits am 24. September 1922 im Alter von 62 Jahren starb, und dessen Stabschef Oberst Wilhelm Siegert, ein einstiger Bomberpilot. Die offiziöse britische »Royal United Services Institute Review« schrieb Mitte 1922: »Die Tatsache, daß die einzelnen Glieder dieses ›Ringes‹ aus Fliegern bestehen, die gemeinsam in einer Staffel oder anderen Einheiten gedient haben, zeigt im Verein mit der aggressiven Sprache, die bei der Gründungsversammlung geführt wurde, daß die künftige Tätigkeit dieser Vereinigung die Schaffung einer Fliegertruppe zum Ziele haben wird, in der, wenn auch in gewandelter Form, die alten Ideale fortleben sollen. Die Mitglieder müssen weder eine Aufnahmegebühr noch einen Mitgliedsbeitrag zahlen; das läßt den Schluß zu, daß die Unterstützung aus Finanz- und Industriekreisen, wenn nicht von der Regierung selbst, kommt.«

Die Bereitschaft des »Ringes deutscher Flieger«, Seeckt und die Reichswehr zu unterstützen, unterstrich lediglich die schmerzliche Tatsache, daß Deutschland in der Luft völlig wehrlos war. Wenn die Ruhrbesetzung einen wirklichen Krieg entfacht hätte, wäre der deutsche Luftraum den französischen

Flugzeugen ausgeliefert gewesen. Anhand dieses Arguments schlug Seeckt Reichspräsident Ebert den sofortigen Ankauf von Jagdflugzeugen vor, die, wie auch Ebert wissen mußte, als reine Defensivwaffe bezeichnet werden konnten. Was die Kontrollkommission betraf, so hatte sie am Tage des französischen Ruhreinmarsches ihre Tätigkeit eingestellt. General Cramon, der Chef des deutschen Verbindungsstabes, hatte General Nollet mitgeteilt, daß er sich nicht nur außerstande sehe, seine Pflichten zu erfüllen, sondern daß er unter den obwaltenden Umständen auch nicht für die Sicherheit von französischen und belgischen Inspektoren auf deutschem Boden garantieren könne. Dieses Lahmlegen der Inspektionstätigkeit bedeutete eine Chance, die ergriffen und genützt sein wollte. Mit Zustimmung von Ebert und Cuno erteilte Seeckt General Hasse den Befehl, aus Mitteln des Ruhrfonds hundert Jagdflugzeuge anzukaufen. Außerdem erhielt Ernst Heinkel einen Auftrag für zehn Seeflugzeuge vom Typ He 1, die in seiner Ausweichfabrik in Schweden gebaut werden sollten.

Der Ankauf der Jagdflugzeuge erfolgte über das Büro von Hugo Stinnes, der damals noch einer der bedeutendsten Industriellen des Reiches war. Stinnes, dessen politische Ansichten einigermaßen naiv waren, hatte sich an der Finanzierung der Vorhaben in Rußland beteiligt und war bereit, die deutsche Luftrüstung zu finanzieren, weil er die Ansicht vertrat, daß alles, was gut für Deutschland sei, auch gut für die deutsche Wirtschaft sei.

Aus dem Büro Stinnes in Hamburg erhielt Tony Fokker in Amsterdam einen Anruf, der ihn veranlaßte, noch am selben Nachmittag nach Deutschland zu kommen, um die Einzelheiten des einmaligen Auftrages über hundert Jagdflugzeuge, die in harter Währung bezahlt werden sollten, zu besprechen. Fokker konnte zunächst lediglich die D XI, eine größere und vielfach verbesserte Weiterentwicklung der D VII, anbieten. Sie hatte

AUFRÜSTUNG VIA AUSLAND

freitragende Tragflächen und der achtzylindrige 300-PS-Hispano-Suiza-Motor, ein spanisches Fabrikat, ermöglichte eine Höchstgeschwindigkeit von 220 km/h sowie die traditionell gute Steigfähigkeit, die alle Flugzeuge Fokkers auszeichnete. Fokker konnte aber seinen deutschen Gesprächspartnern auch den Entwurf eines noch viel besseren Jägers vorlegen: Die D XIII, für die ein britisches Napier-Lion-Triebwerk von 450 PS vorgesehen war. Mit 1,8 Tonnen war sie viel schwerer als ihre Vorgängerin, aber sie hatte eine Höchstgeschwindigkeit von 270 km/h und war damit der schnellste Jäger der damaligen Zeit. Anders als alle bisherigen Fokker-Typen hatte die D XIII abgerundete, aerodynamische Formen und einen dementsprechend geringen Luftwiderstand. Fokker fragte Hauptmann Hormel, seinen deutschen Gesprächspartner, für wen die Jagdflugzeuge bestimmt seien, und erhielt die lakonische Antwort: »Für Argentinien.«

Die Ruhrkrise war längst beigelegt, als die bestellten Jäger schließlich an Deutschland geliefert wurden. Die fünfzig Maschinen vom Typ D XI wurden später nach Rumänien weiterverkauft. Die neuen D XIII dagegen wurden nach eingehender Erprobung durch Kurt Student und den Testpiloten Hans Leutert von der Reichswehr übernommen.

An der Ruhr hatte die Entwicklung schließlich zu einem gigantischen Patt geführt. Die Franzosen und Belgier mußten einsehen, daß man mit Bajonetten nicht Kohle fördern konnte, und die deutsche Reichsregierung mußte erkennen, daß die Subventionierung einer Industrie, die nicht produzierte, und die Bezahlung von Arbeitern, die nicht arbeiteten, zum wirtschaftlichen Ruin führte.

Am 12. August 1923 trat Reichskanzler Cuno zurück. Sein Nachfolger Gustav Stresemann verkündete am 26. September die Einstellung des passiven Widerstandes. Die Deutschen an der Ruhr nahmen die Arbeit wieder auf, unterwarfen sich der fortdauernden Besetzung und waren froh, jene Millionen Mark zu verdienen, die ihnen erlaubten, wenigstens einmal im Tag ihren Familien eine warme Mahlzeit auf den Tisch zu stellen.

Unmittelbar nach Beendigung des passiven Widerstandes erhielt General Seeckt in Anwendung des Artikels 48 der Weimarer Verfassung außerordentliche Befehlsvollmachten, die ihn in die Lage versetzen sollten, einer Reihe von inneren Krisen Herr zu werden. Unter der nominellen Aufsicht des Reichswehrministers Gessler übte Seeckt eine Art von gutgesinnter Diktatur in einem Notstand aus, der den separatistischen Bestrebungen entsprungen war, Bayern und das Rheinland vom Reich zu lösen und zu autonomen Republiken zu machen. Außerdem mußte er den Aufstand von sechshundert Angehörigen der sogenannten Schwarzen Reichswehr niederwerfen, die sich die Abschaffung der Republik zum Ziel gesetzt hatte. Die Aufständischen hatten drei alte Festungen in der Umgebung Berlins besetzt, in denen sie sich 48 Stunden lang verschanzt hielten, ehe sie sich widerstandslos der regulären Reichswehr ergaben.

Im November 1923 schließlich verkündete Gewehrfeuer in den Straßen Münchens den Beginn eines Putschversuches, der für die politische Entwicklung in Deutschland weitgehende Folgen haben sollte. Seine Initiatoren und Anführer waren ein legendärer, nun aber schon sehr alter Generaloberst, ein hochdekorierter verabschiedeter Fliegerhauptmann und ein ehemaliger Gefreiter, von dem eine angesehene britische Zeitung bald darauf schrieb, er sei ein »Tapezierer aus Österreich«.

V

DIE KETTEN LOCKERN SICH

> »Die Leistungen der deutschen Zivilluftfahrt in den letzten beiden Jahren, in denen eine Kontrollkommission Material beschlagnahmte und zerstörte, Neukonstruktionen nur beschränkt möglich waren und die wirtschaftliche Stabilität durch politische Unruhen erschüttert wurde, lassen ahnen, was wir in Zukunft zu erwarten haben.«
> Royal United Services Institute Journal, Band LXVII, 1922

Generaloberst Ludendorff hatte sich, durch falschen Bart und dunkle Brille unkenntlich gemacht, am Ende des Jahres 1918 nach Schweden, dem Geburtsland seiner Mutter, begeben. Er kehrte aber bald nach Deutschland zurück, begann seine Memoiren zu schreiben und half mehr zufällig als absichtlich mit, ein Wort zu prägen, das eine ganze Generation von der Schuld der militärischen Führung an der deutschen Niederlage ablenken sollte. Bei einem Mittagessen mit dem englischen General Sir Niall Malcolm suchte Ludendorff vergeblich nach einem passenden Ausdruck für die schwerwiegenden Auswirkungen der Revolution auf die kämpfende Truppe. General Malcolm, offensichtlich der bessere Formulierer, gebrauchte seinerseits eine Redewendung, die Ludendorff sofort aufgriff: »Ein Dolchstoß in den Rücken? Genau, das war es. Wir haben einen Dolchstoß in den Rücken erhalten.« Im übrigen war Ludendorff, der seiner

Frau anvertraut hatte, er wäre alles andere als unglücklich, wenn er »Herrn Ebert und seine Gesellschaft hängen« sähe, gerne bereit, seinen Namen und sein Prestige einem Unternehmen zu leihen, das sich den Sturz der Weimarer Republik zum Ziel gesetzt hatte.

Der Gefreite Adolf Hitler war bis zum Jahre 1920 in der Armee verblieben. Er wurde nicht befördert, aber mit der Aufgabe eines Schulungsoffiziers betraut. In dieser Eigenschaft nahm er an den vielen Versammlungen der unzähligen linken und rechten Splittergruppen dieser Zeit teil, bis er bei einer dieser Versammlungen seinem Schicksal begegnete.

Im September 1919 hatte er sich zu einem Treffen der Deutschen Arbeiterpartei begeben und dort eine Broschüre erhalten, die er in seine Kaserne mitnahm. Als er am nächsten Morgen um fünf Uhr vom Geraschel der Mäuse erwachte, denen er am Abend zuvor Brotkrumen vor sein Bett gestreut hatte, las er die Broschüre durch. Unter dem Eindruck der Lektüre trat er der Partei bei, die ganze 140 Mitglieder und weniger als zehn Mark in der Kasse hatte. Bald stand er an der Spitze der kleinen Bewegung, der er spontan beigetreten war, änderte ihren Namen in Nationalsozialistische Deutsche Arbeiterpartei und gab ihr das alte germanische Hakenkreuz als Symbol. Um die eigenen Versammlungen schützen und gegnerische Versammlungen sprengen zu können, rekrutierte Hitler Sturmabteilungen, in deren Reihen sich viele Angehörige der Freikorps fanden. Diese Männer waren Experten für Straßenkämpfe, die in diesen bewegten Nachkriegsjahren das politische Leben beherrschten. Hitlers Ziele waren: Abschaffung der Republik, Beseitigung der »Novemberverbrecher« und Aufkündigung des Versailler Vertrages. Die Unruhen in Bayern und im Rheinland hatten zusammen mit dem ruhmlosen Widerruf des passiven Widerstandes durch Stresemann in ihm die Überzeugung geweckt, daß die Zeit zum Losschlagen gekommen sei.

DIE KETTEN LOCKERN SICH

Hauptmann Hermann Göring hatte die Demütigungen, die er und mit ihm seine Kameraden nach der Auflösung des Richthofengeschwaders erlitten hatten, nie vergessen. Im Dezember 1918 hatte er an einer Versammlung in der Berliner Philharmonie teilgenommen, auf der General Walter Reinhardt, der neue Kriegsminister, um Unterstützung für die Politik der Republik warb. Daraufhin war Göring auf seinen Sitz gesprungen, hatte Reinhardts Haltung als Schande bezeichnet und den Zuhörern zugerufen: »Es wird der Tag kommen, da diese Herren ausgespielt haben.« Göring schied bald darauf aus dem Heer aus und ging nach Kopenhagen, wo er Flugzeuge Fokkers vorführte und sich nebenbei auf Flugtagen produzierte. Als berühmter Jagdflieger fand er Eingang in die dänische Gesellschaft, in der er sich allerdings nicht ungetrübter Beliebtheit erfreute. Er schockierte sie, indem er versuchte, die Frau eines seiner neugewonnenen Freunde zu verführen; außerdem wurden seine Tiraden gegen den Versailler Vertrag und die deutschen Novemberverbrecher, mit denen er die Konversation bei Tisch zu würzen pflegte, allgemein als fehl am Platz empfunden. Göring zog nach Stockholm weiter, wo er eine Anstellung als Charterpilot bei der »Svenska Lufttrafik« fand; nebenbei betätigte er sich als Vertreter der Firma Heinicke, die Fallschirme mit automatischer Auslösung erzeugte. Einer seiner Charterflüge brachte ihm eine Begegnung mit der schwedischen Aristokratie und in der weiteren Folge eine Wende auf seinem Lebensweg.

Graf Eric von Rosen hatte Göring an einem stürmischen Winternachmittag für einen Flug von Stockholm nach seinem nur eine halbe Flugstunde entfernten Schloß Rockelstad engagiert. Der Flugplatz war verschneit und die Sicht schlecht, doch Göring war stets ein mutiger Flieger gewesen, und so verstaute er seinen Passagier im Rücksitz seiner Fokker und startete. Es gelang ihm, das Schloß, ein Anwesen von mittelalterlicher Pracht, zu finden und auf der Eisfläche eines nahe gelegenen Sees sicher zu landen.

Der Graf war von dieser Leistung ebenso beeindruckt wie von den Manieren seines Piloten, worauf er Göring einlud, das Wochenende auf seinem Schloß zu verbringen und besseres Wetter für den Rückflug abzuwarten. Göring lernte an diesem Wochenende die Schwägerin seines Gastgebers kennen, eine Baronin von Kantzow, geborene Karin Fock, Tochter eines Offiziers und in unglücklicher Ehe mit einem Offizier verheiratet. Die zweiunddreißigjährige Baronin, Mutter eines fünfjährigen Sohnes, war fünf Jahre älter als Göring, aber ihrer bezaubernden Art, stillen Schönheit und vor allem ihren wunderbaren Augen vermochte er sich nicht zu entziehen. Die Zuneigung beruhte auf Gegenseitigkeit, und Göring war entschlossen, Frau Karin zu heiraten. Er kehrte der Fliegerei den Rücken und nahm im Herbst 1921 an der Universität von München das Studium der Staatswissenschaften auf. Karin ließ sich von ihrem Mann scheiden, und die Geldmittel, über die sie verfügte, ermöglichten den beiden die Eheschließung. Die Trauung fand am 3. Februar 1923 in München statt.

Zu dieser Zeit war Göring bereits ein Gefolgsmann Adolf Hitlers, dem er im Herbst 1922 bei einer Versammlung erstmals begegnet war. Hitlers Verdammung des Versailler Vertrages war Göring, wie er später sagte, »Wort für Wort wie aus meiner eigenen Seele gesprochen«. Bald nach dieser ersten Begegnung wurde Göring mit der Führung der SA betraut, ein Auftrag, den er annahm, um aus einem unorganisierten Haufen eine Elitetruppe für Saalschlachten und Straßenkämpfe zu machen.

Am 9. November 1923, bei dem »Marsch zur Feldherrnhalle«, wurde Göring, der in der zweiten Reihe hinter Hitler marschierte, durch eine Gewehrkugel am rechten Oberschenkel verwundet. SA-Männer aus der Marschkolonne schleppten ihn in ein nahe gelegenes Geschäft, wo ihn eine Frau namens Ilse Ballin, eine Jüdin, notdürftig verband. Sie gewährte ihm und seiner Begleitung Unterschlupf, bis in der Nacht ein Auto erschien, das Göring zunächst in eine Münchner Klinik zur Versorgung seiner Wunden brachte. Von dort floh er in das Haus eines österreichischen Freundes jenseits der Grenze. Dort setzte Wundinfektion ein, und mehrere Operationen waren erforderlich, um die Verunreinigungen zu entfernen. Göring litt unter argen Schmerzen, und seine Frau Karin schrieb: »Er beißt vor Schmerz in die Kissen und stöhnt ständig. Sein Geist ist abwesend, und er phantasiert von Straßenschlachten.«

Zwei Monate vergingen, bis Göring wieder ohne Krücken und Stock gehen konnte. Er wollte sich den deutschen Gerichten stellen, um gemeinsam mit Hitler abgeurteilt zu werden. Der aber lehnte den Vorschlag mit der Begründung ab, Göring könne der Partei auf freiem Fuß mehr nützen als im Gefängnis. So blieb das Ehepaar, dessen Geldmittel erschöpft waren und das auch auf keine finanzielle Hilfe rechnen konnte, zunächst in Österreich, bis es von den Behörden ausgewiesen wurde. Göring begab sich mit seiner Frau nach Venedig und Rom. Während seines Aufenthaltes in Italien begegnete er Benito Mussolini, der ein Jahr zuvor mit seinem erfolgreichen »Marsch auf Rom« die Herrschaft an sich gerissen hatte. Göring dagegen, noch immer an den Folgen seiner Verwundung leidend, aus seiner Heimat verstoßen und am Rande des Bankrotts lebend, hatte noch zehn Jahre zu warten, ehe ihm die Macht, von der er träumte, zufallen sollte.

Der »Marsch zur Feldherrnhalle« war der letzte Putsch, die letzte große Staatskrise der Nachkriegsjahre. Das chaotische Jahr 1923 hatte den deutschen Mittelstand mit der Gewalt eines Wirbelsturmes getroffen und praktisch vernichtet; Ersparnisse, Pensionen und Wertpapiere waren von der Inflation dahingerafft worden. Aber eine neue Mark, gestützt auf den Wert von Grund und Boden und auf die Goldreserven der Banken, schuf zusammen mit dem Dawes-Plan, der amerikanische Kredite zur Wiederankurbelung der Wirtschaft vorsah, ein Klima der Stabilität, wie es das Land in den sechs Jahren seit Kriegsende nicht gekannt hatte.

Die Verständigungspolitik Stresemanns gegenüber Frankreich und das Versprechen der Wiederaufnahme der Reparationszahlungen führte zur friedlichen Wiederherstellung der deutschen Herrschaft über die Ruhr. Polen verhielt sich still, und so erschien auch die Gefahr eines Konflikts im Osten gebannt. General von Seeckt hatte dafür gesorgt, daß die Reichswehr alle Veränderungen der politischen Szene ohne Schaden überstand, und war, an der Spitze eines Staates im Staate stehend, nun mehr denn je dazu berufen, Deutschlands künftiges Schicksal zu bestimmen.

Der Erwerb von modernen Jagdflugzeugen stellte einen großen Fortschritt dar, und die vorübergehende Lahmlegung der Kontrollkommission war von der Fliegerzentrale benützt worden, die Zivilluftfahrt und mit ihr den Aufbau einer künftigen Luftwaffe zu fördern.

Die Tageszeitungen und vor allem das monatliche Nachrichtenblatt des »Ringes der Flieger« informierten ihre Leser ständig über die Fortschritte, die das Flugwesen überall in der Welt machte; Fortschritte, die in den jungen Deutschen das bittere Gefühl des Ausgeschlossenseins erweckten und zugleich den Wunsch wachriefen, an dieser Entwicklung teilzuhaben. Gerade im Jahre 1923, das für Deutschland so sehr im Zeichen innerer Kämpfe stand, waren im Ausland bedeutende Erfolge erzielt worden. Am 9. Januar hatte Juan de la Cievera in der Nähe von Madrid den ersten Flug mit seinem C-3-Autogiro, dem Vorläufer der künftigen Hubschrauber, absolviert. Während Deutschland lediglich Maschinen mit einer Reichweite von 300 Kilometern bauen durfte, überquerten zwei amerikanische Offiziere, Orville Kelly und John Macready, in einem Fokker-T-2-Eindecker im Mai den amerikanischen Kontinent und legten in einem Nonstopflug von 27 Stunden fast 4000 Kilometer zurück. Deutsche

DIE KETTEN LOCKERN SICH

Flugzeuge durften keine längere Flugdauer als zweieinhalb Stunden haben, aber eine amerikanische DH-4B blieb im August 1923 37 Stunden, 15 Minuten und 14 Sekunden in der Luft. Der noch aus Kriegsbeständen stammende zweisitzige Bomber wurde mit Hilfe eines Gummischlauches aus der Luft betankt. Passagierflugzeuge der Daimler Airways verkehrten seit dem Frühjahr 1923 täglich von London über Bremen und Hamburg nach Berlin. Über Süddeutschland flogen die großen zweimotorigen Farman-Goliath, umgebaute Bomber mit Passagierkabinen, die den kleinen Junkers-F 13 an Reichweite überlegen waren.

Es ist die Tendenz junger Menschen, sich bewähren und ihre Kräfte messen zu wollen, und diese Tendenz machte sich nun in Deutschland immer gebieterischer bemerkbar. Der Segelflugbetrieb auf der Rhön genügte dem fliegerischen Betätigungsdrang der deutschen Jugend längst nicht mehr. Friedrich Wilhelm Siebel, ein dreiunddreißigjähriger ehemaliger Kriegsflieger, schuf Abhilfe. Siebel war im Zuge der Abmachungen, die dem Rapallovertrag folgten, nach Rußland gekommen und hatte dort festgestellt, daß bis zur Errichtung deutscher Ausbildungs- und Erprobungszentren noch einige Zeit vergehen würde. Er zog daraus den Schluß, daß man innerhalb der durch die Botschafterkonferenz in Paris verfügten Beschränkungen in Deutschland selbst Fliegerschulen schaffen müsse. Heinkels neue Flugzeuge, die He 18 und die He 21, entsprachen diesen Beschränkungen und konnten in Deutschland ungetarnt verwendet werden. Siebel schlug daher dem Reichswehrministerium vor, Fliegerschulen zu errichten, in denen aktive und ehemalige Offiziere ihr fliegerisches Können auffrischen und Anfänger ihre erste Ausbildung erhalten konnten. Mit Wirkung vom 1. Januar 1924 wurde daraufhin die Sportflug G.m.b.H. gegründet, die ihre erste Fliegerschule in Warnemünde, in der Nachbarschaft der Heinkelwerke, eröffnete.

Innerhalb von Jahresfrist entstanden neun weitere Schulen in

Böblingen, Berlin-Staaken, Königsberg, Osnabrück, Hannover, Stettin, Schkeuditz, Schleißheim und Würzburg. Das Fliegerbudget der Reichswehr betrug im Jahre 1925 zehn Millionen Reichsmark, und fast die Hälfte dieses Betrages erhielten die zehn Schulen zum Ankauf und zur Erhaltung von Flugzeugen und für den Schulbetrieb, zu dem auch eine Luftschutzausbildung gehörte. Weitere drei Millionen Reichsmark wurden für Forschung und Entwicklung aufgewendet. Den Rest bekam die Sondergruppe R für ihr Rußlandprogramm. Die zehn über das ganze Land verstreuten Fliegerschulen waren auf die sieben Wehrkreise aufgeteilt, deren Fliegeroffiziere nun, nach sechsjähriger Pause, endlich wieder einen Steuerknüppel in die Hand nehmen konnten. Das Pariser Luftfahrtabkommen gestattete lediglich die Ausbildung von sechs aktiven Offizieren pro Jahr, doch Seeckt umging diese Bestimmung spielend. Offiziersanwärter schulten als Zivilisten und rückten nach Erwerbung des Flugscheines zur Truppe ein. So wurde bereits im ersten Jahr der Sportflug G.m.b.H. die fünffache Anzahl von Offizieren ausgebildet, und allmählich erhielt die Reichswehr einen Reservekader an Piloten.

Die Vorbereitung dieses Ausbildungsprogramms war durch den Umstand erleichtert worden, daß die Kontrollkommission noch immer lahmgelegt war. Am 1. Januar 1924 teilte General Nollet der Botschafterkonferenz in Paris aber mit, daß er »weitere Verzögerungen nicht dulden« und die Inspektion wieder aufnehmen werde. Stresemann erhob mit der Begründung Einspruch, die Abrüstung Deutschlands sei ohnehin abgeschlossen. Die Alliierten antworteten mit dem Vorschlag, ein sogenanntes Garantiekomitee ins Leben zu rufen, das freilich die alte Kontrollkommission unter neuem Namen gewesen wäre. Die Haltung der Reichsregierung gegenüber der alliierten Inspektionstätigkeit wandelte sich vom passiven zum offenen Widerstand. Diese Wandlung wiederum ermutigte die Offiziere, einen Aufruf zu veröffentlichen, der am 12. März 1924 auf den Titelseiten der konservativen Blätter erschien.

»Der Nationalverband deutscher Offiziere, der deutsche Offiziersverband und der Marineoffiziersverband«, so hieß es in dem Aufruf, »legen schärfste Verwahrung gegen die letzte Note der Botschafterkonferenz in Paris ein. Unsere Verbände erwarten, daß die Reichsregierung diese Note entschieden zurückweist! Der einmütige Ruf des deutschen Volkes muß allen Fremden in den Ohren klingen: Hinaus mit allen Kontrollkommissionen! Schafft sie aus Deutschland weg!«

Stresemann wies den Vorschlag eines Garantiekomitees tatsächlich zurück und forderte, daß in Zukunft lediglich der Völkerbund das Recht haben sollte, sich mit der deutschen Abrüstung zu befassen. Die Reichsregierung gestattete allerdings noch zwei kleineren alliierten Teams Inspektionen am 10. und 12. Januar 1924. Sie durften jedoch lediglich in einigen Fabriken ergebnislose Gespräche führen, und die deutsche Verbindungskommission sorgte dafür, daß die militärischen und industriellen Geheimhaltungsmaßnahmen nicht aufgedeckt wurden. Erst im Juni gestattete Deutschland die generelle Wiederaufnahme der Inspektionstätigkeit, und auch dann nur, weil Stresemann eine günstige Atmosphäre für die Londoner Gespräche über die Aufhebung der Ruhrbesetzung schaffen wollte. Aber erst am 8. September begannen die Inspektionen, und General Cramons Verbindungsoffiziere sowie die Industriellen machten so viele Schwierigkeiten, daß sie bis Januar 1925 andauerten. Die Kommission hatte nur einmal einen wirklichen Erfolg zu verzeichnen, den sie einem Denunzianten verdankte. Im Dezember 1924 gab ein Arbeiter einem Kontrolloffizier den vertraulichen Hinweis, daß sich in einer Fabrik bei Wittenau ein Waffenlager befinde. Die unangekündigte Durchsuchung durch ein britisches Inspektionsteam förderte 113 000 Gewehre zutage. Der Denunziant wurde allerdings entdeckt und von einem deutschen Gericht wegen Landesverrat zu einer längeren Freiheitsstrafe verurteilt.

Die Kommission legte über ihre Inspektion einen 500 Seiten starken Bericht vor, in dem sie unter anderem folgende Beanstandungen traf: Im Truppenamt war der Generalstab wiedererstanden, die Polizei hatte ihren erlaubten Stand um mehr als 30 000 Mann überschritten, entlang der polnischen Grenze im Osten waren neue, schnell bewegliche Geschütze in Stellung gebracht worden, das Budget der Reichswehr für Infanteriewaffen war zehnmal so hoch, als es für eine Armee innerhalb der Beschränkungen des Versailler Vertrages notwendig schien, Firmen produzierten ohne Erlaubnis Munition, geheimgehaltene Rekrutierungen fanden statt, und die Wiedererrichtung von Luftstreitkräften hatte begonnen. Stresemann bezeichnete diese Anschuldigungen des Kommissionsberichtes als »nichtige Kleinigkeiten« und erklärte im Reichstag: »Deutschland ist durch die Bestimmungen des Friedensvertrages in einem Ausmaß entmilitarisiert, daß es nicht länger einen militärischen Faktor in der europäischen Politik darstellt.«

Stresemann hatte seine Worte treffend gewählt. Heere sind Instrumente der Politik, und nicht einmal der chauvinistischste Franzose konnte behaupten, daß die Reichswehr des Jahres 1925 in der Lage war, Einfluß auf das politische Geschehen in Europa auszuüben. England wiederum, das im Gefolge der Arbeitslosigkeit von sozialen Auseinandersetzungen erschüttert wurde, war daran interessiert, sein kostspieliges militärisches Engagement auf dem Festland durch eine friedliche Vereinbarung zwischen den europäischen Mächten zu beenden. Je früher die englische Regierung darauf verzichten konnte, ständig mit der Erfüllung der Abrüstungsbestimmungen drohen zu müssen, desto schneller konnte die Besatzungsarmee heimkehren. Um dieses Ziel zu erreichen, mußte ein Weg gefunden werden, die europäischen Völker in einer Gemeinschaft des Vertrauens zu vereinen.

Diese Überlegungen führten schließlich nach Locarno, wo die Vertreter Deutschlands, Frankreichs, Englands, Italiens, Belgiens, Polens und der Tschechoslowakei einen Vertrag unterzeichneten, der im wesentlichen die Anerkennung des Status quo und einen Gewaltverzicht beinhaltete. Dieser neue »Geist von Locarno« hatte unter anderem zur Folge, daß sich die Kontrollkommission auf den Status einer von höheren Offizieren besetzen Schreibstube reduziert sah, die sich hauptsächlich damit beschäftigte, Proteste gegen diesen oder jenen Verstoß zu verfassen. Am 28. Februar 1927 verließ schließlich der letzte fremde Offizier Deutschland, die Inter-Alliierte Kontrollkommission wurde formell aufgelöst. Der Vertrag von Locarno war am 1. Dezember 1925 unterzeichnet worden; neun Monate später wurde Deutschland in den Völkerbund aufgenommen, in dessen Rat es einen ständigen Sitz erhielt. Allgemein glaubte man damals, nun sei wirklich und wahrhaftig der Friede eingezogen.

Bevor noch die Politiker darangegangen waren, die nationalen Spannungen zu beseitigen, hatte Hauptmann Ernst Brandenburg, ein ehemaliger Offizier von hoher Begabung, der nun in der Luftfahrtabteilung des Reichsverkehrsministeriums tätig war, einen Weg gefunden, Deutschlands Verkehrsluftfahrt aus der Zwangsjacke des Versailler Vertrages zu befreien. Brandenburg hatte als Kommandeur des Bombergeschwaders 3 die ersten Angriffe von Großflugzeugen des Typs Gotha gegen London und Ziele in Südengland befehligt und für seine persönliche Tapferkeit und seine Führungsqualitäten den Pour le mérite erhalten. Bei der Rückkehr von einem Bombenflug hatte seine Gotha eine Bruchlandung gemacht, wobei ihm ein Bein zerschmettert wurde, das später amputiert werden mußte. Als Brandenburg, ein kleingewachsener Mann mit verschlossenem

DIE LUFTWAFFE / KAPITEL V

Gesicht und schütterem Haar, im Jahre 1920 Luftdezernent im Reichsverkehrsministerium wurde, ging er noch auf Krücken, aber wie seine Mitarbeiter bald feststellen konnten, war seine Energie ungebrochen.

Brandenburg setzte sich zum Ziel, die deutsche Verkehrsluftfahrt auf das Niveau der französischen und englischen Gesellschaften zu bringen, die in Europa und jenseits des Kontinents bereits über ein ausgedehntes Streckennetz verfügten. Die Anfänge der deutschen Verkehrsluftfahrt gingen bis auf das Jahr 1917 zurück, als der Sieg über die Alliierten noch in greifbarer Nähe schien. Die AEG, die Mittelstreckenbomber erzeugte, gründete damals die Deutsche Luftreederei; hauptsächlich um ihren Nachkriegserzeugnissen einen Absatzmarkt zu sichern. Die Niederlage von 1918 brachte keine grundsätzliche Änderung des Konzepts. Die Luftreederei flog mit umgebauten zweimotorigen Bombern die Strecken Berlin—Weimar und Berlin—Hamburg und beförderte im Jahre 1919 zwischen diesen Städten zehntausend Passagiere und zehn Tonnen Post. Mit Hilfe bedeutender Subventionen der Reichsregierung wurden im Jahre 1920 auch Linien nach Schweden, Dänemark und Holland eröffnet. Trotz der Behinderung durch die Kontrollkommission gab es im Jahr 1922 bereits mehr als dreißig Gesellschaften, von denen einige nur über ein Flugzeug verfügten.

Unter den Auspizien des Reichsverkehrsministeriums und mit Hilfe verschiedener Finanziers, unter denen sich der Stinnes-Konzern und die mächtige Deutsche Bank befanden, wurde schließlich die Masse dieser kleinen Unternehmen im Deutschen Aero-Lloyd zusammengefaßt. Einer der Initiatoren dieser Fusion war der Direktor der Deutschen Bank, Emil-Georg von Stauss, der gute Beziehungen zum Reichspostministerium hatte und mit Ernst Brandenburg befreundet war. Zweck der Fusion war es nicht zuletzt, ein Maximum an Postverträgen und Subventionen zu erlangen.

DIE KETTEN LOCKERN SICH

Der Aero-Lloyd hatte von Anbeginn mit starker Konkurrenz zu kämpfen. Hugo Junkers hatte längst die größte deutsche Luftfahrtgesellschaft, noch dazu mit solider kommerzieller Basis, gegründet. Sein Unternehmen hatte sich nicht nur wichtige Flugstrecken gesichert, sondern verfügte vor allem über den unschätzbaren Vorteil, seine Maschinen den Erfordernissen des Streckennetzes entsprechend selbst zu entwerfen, zu bauen und zu warten. Die treibende Kraft, um den Traum des alten Mannes, »das Flugzeug zu einem Werkzeug einer glückhaften Menschheit« zu machen, zu verwirklichen, war Gotthard Sachsenberg, ein Kriegsflieger wie Brandenburg. Im Alter von 26 Jahren war Sachsenberg Kommandeur des 1. Marinejagdgeschwaders in Flandern geworden und war einer der wenigen Piloten, die Fokkers neuen Jagdeinsitzer, die D VIII, im Einsatz geflogen hatten. Er war Träger des Pour le mérite, hatte 31 Gegner abgeschossen und kämpfte nach dem Waffenstillstand weiter. Zusammen mit Theo Osterkamp ging er ins Baltikum und flog mit Junkers-Schlachtflugzeugen Erdeinsätze für die Eiserne Division. Als die Kämpfe im Baltikum zu Ende gingen, gelang es ihm, eines dieser zweisitzigen Flugzeuge für sich zu erwerben und ein Ein-Mann-Charterunternehmen zu gründen. Um seine Passagiere vor Schlechtwetter zu schützen, installierte er ein Faltdach über dem Rücksitz der Ju 10/Cl-1. Es war eine wenig geglückte Konstruktion. Viele Fluggäste wurden durch den Benzingeruch in der improvisierten Kabine, die ungewohnten Geräusche in dem Ganzmetallrumpf und den Lärm des Motors so abgeschreckt, daß ihr erster Flug zugleich auch ihr letzter war. Sachsenberg verkaufte schließlich sein improvisiertes Verkehrsflugzeug und ging nach Dessau, wo ihn Junkers als Direktor einstellte.

Sachsenbergs kühne Pläne, den deutschen Flugverkehr über die Grenzen und schließlich rund um die Welt auszudehnen, konnten so lange nicht verwirklicht werden, als es Deutschland nicht einmal gestattet war, den Luftraum über dem besetzten Rheinland zu benützen und die alliierten Beschränkungen für Flugzeuge noch in Kraft waren. Doch am 1. Januar 1923 ging Ernst Brandenburg im Reichsverkehrsministerium anhand des Versailler Vertrages daran, die Alliierten in ihrer eigenen Schlinge zu fangen. An diesem Tag traten die Luftfahrtbestimmungen des Vertrages außer Kraft. Das bedeutete, daß Deutschland die Souveränität über seinen Luftraum zurückerhielt und fremden Flugzeugen das Überfliegen seines Gebietes verbieten konnte. Brandenburg war entschlossen, alles, was die Alliierten vier Jahre zuvor zu Papier gebracht hatten, nunmehr buchstabengetreu anzuwenden. Das erste Opfer war die Französisch-Rumänische Luftfahrtgesellschaft, die noch immer ohne Erlaubnis Süddeutschland überflog. Bei dem damaligen Leistungsstand der Motoren gab es immer wieder Notlandungen, und so beschlagnahmten die Behörden im Laufe der Zeit nicht weniger als dreizehn Flugzeuge der Gesellschaft, die auf deutschem Gebiet niedergegangen waren. Dieses Vorgehen versetzte die Engländer in Unruhe, deren Kurs nach Indien in Gefahr war, wenn sie Deutschland nicht ungehindert überfliegen konnten. Brandenburg zog drei Artikel des Versailler Vertrages heran, um den Druck auf Franzosen und Engländer zu verstärken:

Artikel 313: »... Alliierte Flugzeuge erfreuen sich derselben Privilegien wie deutsche Flugzeuge ...«

Artikel 314: »... Vorschriften, die von Deutschland erlassen werden ... sind gleichermaßen auf Flugzeuge Deutschlands wie auf Flugzeuge der alliierten und assoziierten Länder anzuwenden.«

Artikel 315: »... Flugzeuge der alliierten und assoziierten Mächte ... sind in derselben Weise zu behandeln wie deutsche Flugzeuge ...«

Das alles bedeutete nach Auffassung Brandenburgs, daß Flugzeuge der Alliierten, die in Hinkunft den Luftraum über dem

DIE KETTEN LOCKERN SICH

unbesetzten deutschen Gebiet benutzten, dieselben beschränkten Flugeigenschaften aufzuweisen hatten, die den deutschen Maschinen durch die Pariser Abmachung vorgeschrieben waren. Für den französischen und britischen Flugverkehr außerhalb des Ruhrgebietes und des Rheinlandes bedeutete der Zwang, die von ihren eigenen Ländern erlassenen Vorschriften zu befolgen, eine schwere Beeinträchtigung. Das war nicht nur ärgerlich, sondern brachte vor allem alarmierende finanzielle Einbußen. Die französischen und englischen Fluggesellschaften bestürmten ihre Regierungen, die Vorschriften zu ändern. Verhandlungen darüber wurden aber nur zögernd aufgenommen, und die Pariser Botschafterkonferenz machte nur geringe Fortschritte. Erst im Mai 1926 traten Bestimmungen in Kraft, die fast alle Beschränkungen für die deutsche Luftfahrt aufhoben. Den zähen deutschen Unterhändlern war es bei dieser Gelegenheit gelungen, die Erlaubnis zur Überfliegung des Rheinlandes und zur Landung auf drei französischen Flugplätzen zu erwirken. Keine deutsche Flugzeugfirma wartete das formelle Inkrafttreten des Vertrages ab; alle begannen sofort mit der Entwicklung von Prototypen unter Heranziehung der stärksten vorhandenen Motoren und der neuesten technischen Erkenntnisse. Die Fluggesellschaften bereiteten eine namhafte Ausweitung ihres Streckennetzes vor.

Die Vorstellungen, die Junkers und seine Mitarbeiter von der Zukunft der Verkehrsluftfahrt hatten, waren in ganz Europa bekannt. Sie veranlaßten Flieger und Fabrikanten aus allen Teilen des Kontinents, nach Dessau zu kommen, um die verlockenden Möglichkeiten einer Kooperation zu erörtern. Das Stammlokal der jungen Techniker der Firma Junkers war Papa Rossows Gasthaus in einem Vorort von Dessau, wo sie bei einer herzhaften Mahlzeit von Bratwurst, Sauerkraut und Pilsener Bier mit der Elite der europäischen Nachkriegsfliegerei diskutierten. Hermann Steiner, ein Stammgast bei Papa Rossow, erinnerte sich an Gesprächspartner wie »Karl und Adrian Florman,

Direktoren der Schwedischen Luftfahrtgesellschaft, den charmanten Herrn Deutelmoser von der Österreichischen Luftfahrt A.G., die Brüder Wygard aus Warschau, den Italiener Renato Morandi, Señor Moreno von der Spanischen Aero Union in Madrid, den Schweizer Piloten Walter Mittelholzer und General Kukrin von der Roten Luftflotte«. Die Holztische des Gasthauses Rossow waren oft mit Papieren bedeckt, auf denen mit kühnen Bleistiftstrichen Flugrouten über die ganze Welt gelegt wurden. Eine Strecke sollte von Moskau nach Turkestan führen, eine andere von Stockholm über Moskau, Rostow, Baku und Teheran nach Bagdad. Die Junkers-Leute legten in ihrer ungestümen Phantasie auch eine Route von Berlin nach China. Sachsenberg hat viele dieser Projekte realisiert und besonders in Südamerika Pionierarbeit geleistet; andere Vorhaben blieben allerdings nur auf dem Papier.

Nicht zuletzt betrieb Sachsenberg in Deutschland intensive Werbung für den Fluggedanken. »Die Bürgermeister aller großen Städte«, erinnerte sich Steiner, »kamen nach Dessau und standen Schlange, um mit Sachsenberg zu sprechen. Sie brachten Geld und bestanden darauf, daß Sachsenberg es nahm, um ihre Städte in sein Streckennetz einzubeziehen. Sachsenberg nahm ihr Geld gerne. Wenige Monate darauf, an einem Sonntag, landete dann eine dreimotorige Junkers-G 31-Verkehrsmaschine zur Taufe auf dem neuen Flugplatz einer Stadt. Am nächsten Sonntag erschien dasselbe Flugzeug auf dem Flugplatz einer anderen Stadt und wurde abermals getauft. Ich nehme an, daß die Bevölkerung immer glaubte, ›ihr‹ Flugzeug werde getauft, und viel Freude daran hatte. Diese hektische Entwicklung innerhalb Deutschlands war, gelinde gesagt, ungesund und hatte alle Anzeichen eines ›Goldrausches‹... Hätte sich Junkers einige Jahre Zeit gelassen, so hätte er etwas Dauerhaftes, etwas, was die Welt nie zuvor gesehen hatte, schaffen können — eine Fluggesellschaft, die keine staatlichen Subventionen brauchte und daher unabhängig vom Kräftespiel der Politik war.« Das Pendel schlug aber in die entgegengesetzte Richtung aus.

Die weitreichenden Pläne, die Ernst Brandenburg im Reichsverkehrsministerium entwickelt hatte, sahen die Langstreckennavigations- und Nachtflugausbildung künftiger Bomberbesatzungen auf mehrmotorigen Maschinen vor. Der einfachste Weg zu einer solchen Ausbildung war die Heranziehung der Fluggesellschaften unter unmittelbarer Aufsicht des Ministeriums. Von diesen Überlegungen war es nur ein Schritt bis zum Erwerb der Gesellschaften. Brandenburg war gewillt, diesen Schritt zu tun. Schlechte Geschäftsführung bei Aero Lloyd und Überexpansion bei Junkers hatten die beiden Gesellschaften zu finanziellen Verlusten geführt, die ihre Existenz bedrohten. Die Einstellung der Regierungssubventionen und Druck auf Emil Stauss von der Deutschen Bank, keine Kredite mehr zu geben, hätten zum sofortigen Konkurs des Aero Lloyd geführt, aber den wollten Brandenburg und seine Vorgesetzten, zumindest vorläufig, nicht.

Die Verhältnisse bei Junkers lagen anders. Obwohl Hugo Junkers ohne ausreichende Garantien der Regierung bereit gewesen war, sich in Rußland zu engagieren, weigerte er sich nach wie vor, seinen Grundsätzen untreu zu werden und in sein Entwicklungs- und Produktionsprogramm für die Zivilluftfahrt auch militärische Prototypen aufzunehmen. Aber wenn man den alten Mann nicht überreden konnte, so konnte man ihn nach Ansicht Brandenburgs zwingen.

Am Ende des Jahres 1924 war die Junkersfabrik in Fili fertiggestellt, und ein Mitarbeiterstab von 91 Mann nahm die Erzeugung von Aufklärungsflugzeugen für die Rote Armee auf. Aber die sowjetischen Aufträge blieben hinter den Erwartungen zurück. Die Buchhaltung in Dessau schrieb dafür die Kosten und Kredite der Zentrale auf das Konto in Fili und erhöhte damit den dortigen Abgang um fast fünfzig Prozent. Das buchhalterische Ergebnis war, daß jedes in Rußland produzierte

Flugzeug einen Verlust von 12 000 Dollar bedeutete, was vom Waffenentwicklungsamt in Berlin als »fast grotesk« bezeichnet wurde. Junkers vertrat dagegen die Ansicht, er habe seine Verpflichtung gegenüber dem Reichsverkehrsministerium erfüllt, und man müsse ihm die Verluste ersetzen. Außerdem erinnerte er die Reichsregierung an das Versprechen, der Dessauer Firma einen Auftrag über zweihundert Flugzeuge zu erteilen. Dieser Auftrag hätte der Firma bedeutende Geldsummen gebracht und ihre Zahlungsfähigkeit wiederhergestellt. Man teilte Junkers aber mit, die Inflation hätte das Reichswehrbudget so schwer getroffen, daß kein Geld vorhanden sei und er den Auftrag über zweihundert Flugzeuge nicht erhalten werde. Junkers, der in Erwartung des Regierungsauftrages den Fehler begangen hatte, hohe Summen in seine russische Filiale und in die Erweiterung seiner Dessauer Fabrik zu investieren, sah sich nun dem Ruin gegenüber.

Brandenburg stellte ihn vor die Alternative: Konkurs oder eine Vereinbarung, wonach er seine Dessauer Fabrik und sein Flugnetz im Ausland, einschließlich einer eben eröffneten Route im Iran, behalten konnte und außerdem eine Geldhilfe erhielt. Als Gegenleistung verlangte Brandenburg die Übertragung des gesamten von Junkers aufgebauten Binnenflugnetzes. In der ersten Erregung beschloß der alte Professor, die Regierung wegen Kontraktbruches zu klagen. Aber seine ursprünglichen Abmachungen mit Niedermayer und General Hasse waren nur in mündlicher Form erfolgt, und spätere schriftliche Übereinkommen waren zumindest nach Ansicht der Gerichte unzureichend. Am 12. Januar 1926 fand eine kurze Verhandlung statt, in der Junkers mit seinen Ansprüchen abgewiesen wurde. Um wenigstens seine übrigen Anlagen zu retten, lieferte er seine Binnenfluggesellschaft dem Reichsverkehrsministerium und damit dem Untergang aus. Noch im selben Monat wurde sie mit dem Aero Lloyd und einigen kleineren Fluggesellschaften zur staatlich kontrollierten Lufthansa vereinigt. Mit einem Schlag hatte der Wettbewerb zwischen den privaten Luftlinien ein Ende gefunden, und die Reichswehr war der Ausbildung ihrer künftigen Bomberpiloten einen entscheidenden Schritt näher gekommen.

Die Regierungsgelder, die im Gefolge der Ruhrkrise flüssiggemacht wurden, und das Nachlassen der Tätigkeit der Kontrollkommission kamen nicht nur der Reichswehr, sondern auch der Marine zugute, die ebenfalls schwer unter den Entmilitarisierungsbestimmungen litt. Ein Marineoffizier namens Lohmann verwaltete die Summe von 10 Millionen RM, über die er nach außen hin nicht Rechnung zu legen brauchte. Für einen Teil dieses Betrages erteilte er der Travemünder Yachthafen A.G. Aufträge für die Entwicklung und Erprobung von Schnellbooten, die Torpedos tragen konnten. Ein großer Betrag ging an das Ingenieurskantoor voor Scheepbouw, I.v.S., in Den Haag, das Aufträge aus dem Ausland, insbesondere aus Japan, der Türkei, Spanien und Finnland für den Bau von U-Booten mit 500 und 600 BRT entgegennahm. Keines dieser Boote war für die deutsche Marine bestimmt, aber das Konstruktionsbüro in Holland ermöglichte deutschen Ingenieuren, sich mit den neuesten Entwicklungen vertraut zu machen.

Außerdem erhielt die Marine zehn Heinkeljäger, die in der schwedischen Zweigfabrik gebaut wurden. Um die Besatzungen dieser und weiterer noch zu kaufender Flugzeuge schulen zu können, wurde die Seeflugs-Versuchsanstalt, genannt »Severa«, mit Stationen in Holtenau und Norderney gegründet. Die »Severa« war offiziell geschaffen worden, um den Luftschlepp für die Ausbildung von Flakartilleristen sicherzustellen, aber die Marine verband diese Tätigkeit mit der Ausbildung von jährlich sechs Flugzeugführern und Beobachtern. Mit weiteren Geldern erwarb Lohmann die Caspar-Werke in Travemünde und errichtete in List auf der Insel Sylt eine Fliegerschule, in der bis zu 27 Flugschüler jeweils eine zweijährige Ausbildung erhielten.

Die Japaner, die ganz besonderes Interesse für die Entwicklung der deutschen Marinefliegerei zeigten und Lohmanns Aktivitäten sorgfältig verfolgten, informierten ihn schließlich durch ihren Militärattaché, Hauptmann Komaki, daß es ihm nicht gelungen sei, die Alliierten zu täuschen. Komaki erschien im Februar 1925 bei der Marineleitung und teilte mit, daß die Kontrollkommission »zweifellos über die Erzeugung von Flugzeugen in Warnemünde und Kopenhagen gut informiert sei, da besonders die Engländer einen weitverzweigten Spionagedienst in Deutschland unterhielten«. Diese Mitteilung erfolgte kurz nach der Beendigung der sogenannten Generalinspektion durch die Kontrollkommission, also zu einer Zeit, in der ihre Bedeutung rasch dahinschwand. Die Engländer jedenfalls unternahmen keine Schritte gegen den Bau der Flugzeuge und gegen den Schulbetrieb, wobei unklar blieb, ob sie überhaupt informiert waren. Die Franzosen unternahmen auch nichts, was aber darauf zurückzuführen sein konnte, daß die Engländer nicht alle nachrichtendienstlichen Erkenntnisse an Frankreich weitergaben.

Während Komaki die Marineleitung in Berlin informierte, befand sich der japanische Marineattaché, Kapitän Kojima, in Warnemünde, um mit Ernst Heinkel über einen Auftrag zu sprechen. Kojima war auf der Suche nach einem Aufklärungsflugzeug, das vom Vorderdeck des neuen japanischen 30 000-Tonnen-Schlachtschiffes »Nagato« starten konnte. Der Marineattaché hatte Großfotos des mit 40-cm-Geschützen bestückten Schlachtschiffes mitgebracht und erklärte, daß das Flugzeug auf dem vorderen Geschützturm untergebracht werden und auch von dort starten sollte, wobei die Startstrecke knapp zwanzig Meter betrage.

Heinkel ging mit der für ihn bezeichnenden Energie an die Arbeit und konnte bereits nach drei Monaten mit der Erprobung beginnen. Er hatte zwei Typen entworfen: den Zweisitzer He 25 und den Einsitzer He 26. Ihr Bau hatte kaum Schwierigkeiten bereitet, aber in ganz Deutschland gab es keine Motoren, die stark genug gewesen wären, um die nötige Beschleunigung für eine so kurze Startstrecke zu gewährleisten. Heinkel kaufte deshalb ein Napier-Lion-Triebwerk von 450 PS und einen Hispano-Suiza-Motor von 300 PS. Die von ihm entworfene Startvorrichtung war denkbar einfach. Heinkel stellte die Maschine auf einen kleinen Wagen aus Leichtmetall, der sich auf eisernen Schienen bewegte. Vor dem Start wurden die Schienen gegen den Wind gedreht, und der Pilot ließ den Motor des gebremsten Flugzeuges auf höchste Touren laufen. Sobald die Bremsen auf sein Zeichen hin gelöst wurden, glitt die Maschine samt dem Wagen über die Schienen. Am Ende des kurzen Schienenweges hatte sie Startgeschwindigkeit erreicht und erhob sich in die Luft.

Die Erprobung in Warnemünde verlief erfolgreich, und Heinkel wurde nach Japan eingeladen, um den Tests auf hoher See beizuwohnen. An Bord der »Nagato« wurde er von sechshundert Matrosen, die in schneeweißen Uniformen zur Parade angetreten waren, wie ein Admiral empfangen. Die von ihm entworfenen Schienen waren auf dem Geschützturm Nr. 2 angebracht und konnten mit dem Turm geschwenkt werden. Im September 1925 ging die »Nagato« von Yokosuka aus in See. Heinkel beobachtete von der Kommandobrücke, wie das Schlachtschiff seinen Bug gegen den Wind drehte und sein Testpilot Bücker die He 25 für den Start fertig machte. Der Napier-Lion-Motor sprang an und lief auf vollen Umdrehungen, die Bremsen wurden gelöst, die Maschine schoß nach vorne und erhob sich, ehe sie noch das Schienenende erreicht hatte, in die Luft. »Sie flog über das Vorschiff der ›Nagato‹ hinweg«, erzählte Heinkel später. »Bücker zog sie in eine Kurve. Er umflog das Schiff, während die ganze Besatzung in Rufe ausbrach.«

Heinkel kehrte rechtzeitig genug nach Deutschland zurück, um die Teilnahme seiner Firma am ersten großen Seeflugwettbewerb vorzubereiten, der offiziell vom Luftfahrtverband veranstaltet wurde, in Wirklichkeit aber auf die Initiative der Marineleitung zurückging. Zweck des Wettbewerbes war es, das beste Flugzeug für die bewaffnete Aufklärung der Marine zu ermitteln, also einen Typ, der nur in offener Verletzung des Versailler Vertrages gebaut werden konnte. Diese Verbotsklausel war durch das Pariser Luftfahrtabkommen von 1926 nicht aufgehoben worden. Im Frühsommer 1926 waren bereits 17 Maschinen für den Bewerb angemeldet, der Preise in der Gesamthöhe von 360 000 RM vorsah und außerdem in der weiteren Folge Aufträge für den Serienbau der erfolgreichen Modelle verhieß. Als der Wettbewerb am 24. Juni begann, waren sieben Maschinen zurückgezogen worden. Im Geschwindigkeitswettbewerb belegten Heinkels He 5a und He 5b mit Geschwindigkeiten von rund 200 km/h die beiden ersten Plätze. Diese dreisitzigen Tiefdecker waren Neukonstruktionen, bei denen Heinkel wieder auf ausländische Triebwerke, und zwar auf einen Napier-Lion-Motor und einen französischen Gnôme-Rhône-Motor von 420 PS zurückgreifen mußte. Bei der Erprobung der Seetüchtigkeit, die am 3. August in der Nähe von Warnemünde stattfand, mußte Heinkel voll Zorn mitansehen, wie sein Testpilot Dewitz beim Versuch einer, wie er später sagte, »Wasserung von klassischer Eleganz« zu hart aufsetzte, die Schwimmer zerbrach und dann noch vom Rettungsboot gerammt wurde, worauf seine He 5 unterging. Heinkels anderes Flugzeug, gesteuert von Wolfgang von Gronau, setzte dagegen mühelos auf dem Wasser auf. Im Gesamtwettbewerb belegte Heinkel den ersten und den dritten Platz; der zweite Platz ging an Junkers und seine W 33, die eine Weiterentwicklung der berühmten F 13 zum Seeflugzeug war.

Die Versuche zum Aufbau einer deutschen Marineluftwaffe

verliefen so erfolgreich, daß es sich der Admiralstab leisten konnte, russischen Kooperationsangeboten die kalte Schulter zu zeigen. Die Sowjets erklärten sich bereit, die Ausbildung deutscher Marineflieger in Odessa am Schwarzen Meer, wo im Winter weitaus bessere Wetterbedingungen als an der Ostsee herrschten, zu ermöglichen, aber das Angebot wurde abgelehnt. Admiral Hans Zenker hielt am 22. Juli 1926 in einer Denkschrift fest, daß »eine Zusammenarbeit mit Rußland nur mit äußerster Vorsicht praktiziert werden könne, daß aber die Verbindung jedenfalls nicht abreißen sollte, um gelegentlich einen Druck auf die Engländer ausüben zu können«. Kapitän zur See Wilfried von Löwenfeld, einer der Mitarbeiter Zenkers, faßte die mehrheitliche Auffassung der Marine in die Worte: »England ist gegenwärtig die führende Kraft der westlichen Kulturwelt, und wenn es durch den Kommunismus oder durch eine Erhebung in seinen Kolonien zerstört wird, erhält die Gefahr der Bolschewisierung Europas brennende Aktualität.« Löwenfeld verlangte daher eine schrittweise Annäherung an England, die aber bei einer offenen Zusammenarbeit der deutschen Marine mit Rußland unmöglich sei. Zenker und Löwenfeld waren offenbar der Ansicht, daß es die Marine nichts angehe, was die Reichswehr tue. Kapitän Löwenfeld machte seinem Admiral auch einen Vorschlag für die Behandlung der Russen: »Wir sollten sie mit großer Freundlichkeit täuschen, ohne daß sie es merken.« Tatsächlich war alles, was die deutsche Kriegsmarine den Sowjets in den folgenden Jahren zu geben bereit war, eine Sammlung von Plänen veralteter Unterseeboote.

Der allmähliche Aufschwung des Motorfluges hatte auch das Interesse am Segelflug in Deutschland verstärkt. Das Reichsverkehrsministerium gab weiterhin Subventionen, um die Entwicklung zu fördern. Zwei neue Segelfliegerschulen in Darmstadt und in Rossitten entstanden. Der verhältnismäßig billige Segelflug machte die deutsche Jugend mit dem Luftfahrtgedanken vertraut und bot den Konstrukteuren ein fast unbeschränktes Feld für aerodynamische Erprobungen. Aus den plumpen Gleitern der frühen zwanziger Jahre mit ihren eckigen Flächen waren längst schlanke, an Möwen gemahnende Flugzeuge geworden, die ein Minimum an Luftwiderstand aufwiesen. Viele Erfahrungen, die bei der Konstruktion dieser eleganten Maschinen gewonnen wurden, fanden später ihren Niederschlag bei der Entwicklung neuer Militärflugzeuge.

Auf der Rhön, wo der deutsche Segelflug der Nachkriegsjahre begonnen hatte, wurde unweit des Gipfels der Wasserkuppe ein Denkmal enthüllt. Sein Fundament trug eine Inschrift, die Erinnerung an die Vergangenheit und Signal für die Zukunft zugleich war:

»Wir deutschen Flieger
Wurden Sieger
Durch uns allein.
Volk, flieg du wieder
Und du wirst Sieger
Durch dich allein.«

VI

»MADE IN RUSSIA«

*»Lipezk war ein Kinderspielzeug und ohne
großen Nutzen.«*
Generalfeldmarschall Erhard Milch,
Staatssekretär der deutschen Luftfahrt

Am 28. Mai 1925 wurde das letzte von fünfzig grün und gold gestrichenen Jagdflugzeugen des Typs Fokker D XIII auf den Frachter »Edmund Hugo Stinnes IV« verladen, der im Hafen von Stettin, nur 120 Kilometer von der neuen polnischen Grenze entfernt, vor Anker lag. Vom Stettiner Hafen stach der Frachter in See und nahm Kurs auf Leningrad. Dort wurden die auseinandergenommenen Flugzeuge in Güterwagen geladen; die Türen der Waggons wurden versiegelt, bewaffnete Wachen kletterten auf die Dächer und montierten wacklige Sitzbänke, auf denen sie die lange Fahrt unter freiem Himmel verbringen sollten. Nach einem Aufenthalt in Moskau ratterte der Zug nach Südosten durch die Donebene und kam endlich in Lipezk an; fast 400 Kilometer von Moskau, rund 1000 Kilometer von Leningrad und mehr als 1500 Kilometer von Berlin entfernt. Hier, in diesem entfernten Landstrich, hoffte die Reichswehr die Keimzelle einer neuen deutschen Luftwaffe zu schaffen. Obwohl die ersten Techniker und Baufachleute aus Deutschland bereits am Anfang des Jahres 1924 in Lipezk angekommen waren, war der Flugplatz erst ein Jahr später so weit, daß der Flugbetrieb aufgenommen werden konnte.

Lipezk liegt am Woronesch und war damals eine Stadt mit niedrigen ein- oder zweistöckigen Gebäuden, die in einem Meer von grünen Bäumen fast verschwanden. Jede unbebaute Fläche war mit diesen Bäumen bestanden. Aus der Luft sah es so aus, als ob die Hälfte der Stadt aus einem großen Platz bestünde, in dessen Mitte die zahlreichen Kuppeln einer russisch-orthodoxen Kirche, von einer Mauer aus grünen Wipfeln umgeben, wie ein Juwel glänzten. Lipezk war einst der bevorzugte Kurort Peters des Großen gewesen, doch die deutschen Soldaten, die fern von der Stadtmitte auf dem nur behelfsmäßig eingerichteten Flugplatz hausen mußten, führten tagaus tagein ein sehr asketisches Dasein.

Die Flugschüler aus Deutschland stellten jedoch fest, daß Lipezk in militärischer Hinsicht nichts zu wünschen übrigließ. Helm Speidel, einer der Offiziere, die dort ausgebildet wurden, hat die fertiggestellten Einrichtungen beschrieben: »Um zwei Rollbahnen herum war eine große Anlage von Flugzeughallen, Werften und Werkstätten entstanden... Es gab auch ein Verwaltungsgebäude, Unterkünfte und ein Spital mit den modernsten medizinischen Geräten; ferner Funk- und Fernsprecheinrichtungen, Gleisanschlüsse usw. Die deutschen Flieger waren innerhalb des Flughafens untergebracht, und ihre Wohnanlage war, gemessen an den Ansprüchen der damaligen Zeit, modern zu nennen. Sie war so getarnt, daß sie den Eindruck erweckte, das Gebäude gehöre zu einer Staffel der sowjetischen Luftwaffe... Die gesamte Anlage war abgesperrt und wurde von der sowjetischen Miliz bewacht. Das deutsche Personal bestand aus einer Gruppe, die ganzjährig in Lipezk blieb und etwa 60 Mann stark war. Außerdem gab es jeweils etwa 50 Flugschüler der Lehrgänge, die im Sommer stattfanden, und etwa 70 bis 100 Mann Personal, das mit der Erprobung neuer Flugzeugtypen beschäftigt war. Im Sommer waren also im Durchschnitt immer etwa 200 Deutsche in Lipezk. Dazu kam eine große Zahl von Sowjetsoldaten, die in technischen Lehrgängen von deutschen Mechanikern ausgebildet wurden...«

Als die langerwarteten Fokker, wenn auch vorläufig unbewaffnet, ankamen, konnte endlich mit der Ausbildung begonnen werden. In Berlin drängte man auf Eile. In den Geheimlisten der Fliegerzentrale schienen lediglich 180 verfügbare Flugzeugführer auf, doch die Planer der Reichswehr wollten bis 1930, also in vier Jahren, ein Mobilisierungspotential von 1000 Flugzeugen erreichen. Bevor die dafür benötigte Anzahl von Flugzeugführern ausgebildet werden konnte, mußte ein Kader von Ausbildern geschaffen werden. Benötigt wurden erfahrene Flieger, die in der Lage waren, die neuen Fokker-Maschinen mit allen ihren Eigenheiten zu meistern und das eigene Können an die Schüler weiterzugeben. Außerdem sollten sie ein Ausbildungsprogramm entwickeln, das auf ihren eigenen in den Luftkämpfen der Vergangenheit erworbenen Erfahrungen beruhte, zugleich aber die Erfordernisse künftiger Luftkriege beinhaltete.

Unter den ersten Ausbildern, die im Sommer 1925 nach Lipezk kamen, waren Karl von Schönebeck und Werner Junck. Sie waren beide im Krieg Jagdflieger gewesen, hatten 1919 im Osten mit den Freikorps gegen die Bolschewisten gekämpft und galten als politisch absolut zuverlässig. Zusammen hatten sie dreizehn Luftsiege errungen, und gemeinsam war ihnen eine Abneigung gegen die Infanterie, bei der sie nach der Auflösung ihrer Staffeln gedient hatten, weil sie den Infanteriedienst noch immer dem Zivilleben im Nachkriegsdeutschland vorzogen. Wie alle Reichswehrangehörigen, die nach Rußland entsandt wurden, reisten sie auf einer Geheimroute, die von Stettin über Leningrad nach Lipezk führte. Sie trugen Zivilkleider und führten keine Soldbücher bei sich. Ihre Post wurde ihnen auf Umwegen zugestellt; sie ging von einer postlagernden Adresse in Berlin über die deutsche Botschaft nach Lipezk. Viele Offiziere und Soldaten haben damals längere Zeit jenseits der Wolga verbracht, während ihre Angehörigen glaubten, sie hielten sich in Deutschland auf.

Anfangs waren die Beziehungen zu den Russen gespannt, aber die deutschen Ausbilder fanden bald ein Mittel, diese Spannung zu lockern und die Sowjetsoldaten freundlich zu stimmen: Sie besiegten sie, im buchstäblichen Sinne, mit ihren eigenen Waffen. Junck und seine Kameraden forderten die sowjetischen Flieger zu einem Wettkampf in der Luft heraus. Die Herausforderung wurde angenommen, und die Russen starteten mit ihren sieben bis acht Jahre alten Flugzeugen gegen die Deutschen, die in ihren neuen 450-PS-Fokker-Maschinen saßen. Selbstverständlich unterlagen die sowjetischen Flieger, aber wirklich gebrochen war das Eis erst, nachdem die Deutschen in der zweiten Runde mit den Russen die Flugzeuge tauschten und trotzdem Sieger blieben. Von da an genossen die deutschen Ausbilder großen Respekt; wenn sie das Kasino in Lipezk besuchten, das eines der wenigen zugänglichen Vergnügungsstätten war, mußten sie sich ihren Wodka meist nicht mehr selbst zahlen...

Da sich im Frühherbst 1925 das Wetter rasch verschlechterte, konnten die Ausbilder in Lipezk nur einen improvisierten Lehrgang abhalten. Sie brachten einer kleinen Gruppe von älteren Fliegern einige Kenntnisse bei, denn ein regelrechter Auffrischungslehrgang wäre für diese Kriegsveteranen zu beschwerlich gewesen. Die meisten sahen selbst ein, daß eine Unterbrechung von sieben Jahren und 250 zusätzliche Pferdestärken für ihr vorgeschrittenes Alter einfach zu viel waren. Als der Winter begann, kehrten die Ausbilder nach Deutschland zurück und erstatteten der Fliegerzentrale einen entsprechenden Bericht. Daraufhin wurde ein Dutzend jüngerer begabter Flugschüler der Verkehrsfliegerschule in Stettin und privater Fliegerclubs im Frühjahr 1926 nach Lipezk geschickt, wo sie in der etwa sechs Monate währenden Schönwetterperiode von Junck und anderen

Fluglehrern ausgebildet wurden. Als diese Flugschüler in die Heimat zurückkehrten, erlebten sie die Entlassung eines großen Mannes und eine kleine, gegen das Unternehmen in Rußland gerichtete Revolution im Reichstag.

Nachdem Reichspräsident Ebert am 28. Februar 1925 gestorben war, wurde der 78jährige Generalfeldmarschall von Hindenburg zu seinem Nachfolger gewählt. Annähernd zur gleichen Zeit begann Seeckts Stern zu sinken. Er hatte seine Position dadurch verschlechtert, daß er bei jeder Gelegenheit den Verteidigungsminister Gessler überging und damit dessen Ministerverantwortlichkeit untergrub. Seinen ärgsten Mißgriff leistete er sich, als er, einem Ansuchen des Kronprinzen folgend, dessen Sohn, Prinz Wilhelm von Preußen, dem Enkel des Kaisers, erlaubte, in Uniform an einer Herbstübung des Infanterieregimentes Nr. 9 teilzunehmen. Das war eine Brüskierung der Sozialdemokraten, die Linkspresse kritisierte den Oberbefehlshaber aufs schärfste, und im Oktober 1926 demissionierte Seeckt. Er wurde durch den Generaloberst Wilhelm Heye ersetzt, den er selbst zu seinem Nachfolger erkoren hatte. Es bestand somit keine Gefahr, daß Heye das Rad der Wiederbewaffnung, das Seeckt in Gang gesetzt hatte, zurückdrehen würde, doch was zur gleichen Zeit und in anderem Zusammenhang in Berlin geschah, war in den Augen der Reichswehr entwürdigend und beschämend.

Nachdem Brandenburg Hugo Junkers in die Enge getrieben und zur Aufgabe seiner Luftverkehrsgesellschaft gezwungen hatte, hielten die Betriebsangehörigen der Firma Junkers eine Versammlung ab und schworen, kein auch noch so lockendes Angebot der Lufthansa anzunehmen. Wer sich nicht an diesen Schwur hielt, war der damals 34jährige Erhard Milch, ehemals Hauptmann der Fliegertruppe und bei Kriegsende Kommandeur der Jagdgruppe 6. Milch, der ebenso begabt wie ehrgeizig war, verließ die Firma Junkers, wurde Direktor bei der Lufthansa und stand bald an der Spitze des Unternehmens. Das Personal, das Junkers die Treue gehalten hatte, war verbittert, fühlte sich betrogen und verdächtigte Milch, als Vertrauensmann der Reichswehr eine Judasrolle gespielt zu haben.

Tatsächlich waren Milch und Brandenburg damals ziemlich eng befreundet. Einer der Junkersdirektoren — möglicherweise Sachsenberg — verfaßte in seiner Empörung ein langes Memorandum mit Einzelheiten über die geheimen, Rußland betreffenden Verhandlungen zwischen Junkers und dem Reichsverkehrsministerium. Diese Schrift fiel dem sozialdemokratischen Abgeordneten Philipp Scheidemann in die Hände, der Auszüge machte, die er in der Reichstagssitzung vom 16. Dezember 1926 vorlegte. Die meisten sozialdemokratischen Abgeordneten hatten bis dahin wenig über die geheimen Verbindungen zwischen der Reichswehr und den verschiedenen Ministerien gewußt, und so trafen sie die Enthüllungen wie eine Bombe.

Scheidemann begann seine Ausführungen mit der Feststellung: »Ich möchte anhand von verschiedenen einschlägigen Tatsachen beweisen, daß die Reichswehr ein Staat im Staate geworden ist, der seine eigenen Gesetze befolgt und seine eigene Politik betreibt. Auf Grund eines Memorandums aus der Firma Junkers, das uns bekannt wurde, scheint eine Sonderabteilung im Reichswehrministerium zu existieren, die Sondergruppe R genannt wird und die zum Großteil aus aktiven Offizieren besteht. Seit 1923 haben sie eine Summe von ungefähr 80 Millionen Goldmark ausgegeben!« (»Hört, hört!«)

»Es gibt auch ein Bankkonto auf einer großen Berliner Bank, auf das ein Herr Spangenburg, ein Angehöriger der Reichswehr, die notwendigen Zahlungen leistet... Dieser Spangenburg ist in engem Kontakt mit der sogenannten ›Gesellschaft zur Förderung industrieller Unternehmungen‹, GEFU genannt, unter deren Direktoren sich ein gewisser Otto zur Leien befindet, der sich vorwiegend im Ausland, und zwar meist in Rußland aufhält. Durch Spangenburg sind einige Millionen Mark an die GEFU überwiesen worden, was sehr deutlich auf die Verbindung zwischen der Reichswehr und dieser Firma hinweist. Aufgabe der GEFU ist der Aufbau einer Rüstungsindustrie im Ausland, und zwar hauptsächlich in Rußland. Verträge sind unter falschem Namen unterzeichnet worden. Der Vermittler für die Junkers-Verträge, die am 14. März 1922 unterzeichnet wurden, war niemand anderer als General Hasse.« (Tumult auf der Rechten, verschiedene Zwischenrufe gegen Scheidemann: »Verräter!« »Laus!« »Werft ihn hinaus!«)

Scheidemann fuhr fort: »Wir wissen mit Sicherheit, daß russische Munition per Schiff aus Leningrad Ende September und im Oktober dieses Jahres hier angekommen ist ... Die kommunistische Zelle im Hafen von Stettin ist sehr gut über diese Dinge informiert.« (Verlegenes Gelächter auf der Linken.) »Es ist weder sauber noch ehrlich, daß die Sowjetunion auf der einen Seite Abrüstung predigt und zur selben Zeit die Reichswehr eifrig wiederbewaffnet.« (Unterbrechungen von der Linken, verschiedene Zwischenrufe.)

»Wir müssen diesem Skandal ein Ende setzen! Wir können nicht länger einen Zustand dulden, der der Schaffung einer wirklich republikanischen und demokratischen Armee widerspricht. Die Reichswehr muß gründlich gewandelt und reformiert werden!« (Beifall von der Mitte und von links.)

Die Reichswehrflieger hatten die Auswirkungen dieses Aufruhrs kaum zu fürchten. Die Aufdeckung der bisher geheim gebliebenen Abmachungen mit Rußland und die daraus resultierenden Artikel in deutschen Zeitungen wie dem »Vorwärts« und im angesehenen englischen Blatt »Manchester Guardian« hatten lediglich zur Folge, daß die GEFU liquidiert wurde, aber erst nachdem einige 300 000 russische Granaten sicher in den Munitionskammern der Reichswehr ruhten. Das Luftwaffenprogramm dagegen entwickelte sich ungehindert weiter.

DIE LUFTWAFFE / KAPITEL VI

Im Frühjahr 1927 kamen die ersten künftigen Jagdflieger in Lipezk an, um von Junck, Schönebeck und den anderen Fluglehrern ausgebildet zu werden. Sie waren die Spitzenklasse unter den Nachwuchspiloten. Der Ausbildungsstab in Berlin hatte ein neues Programm ausgearbeitet, wonach jährlich insgesamt 60 Flugzeugführer für die Reichswehr ausgebildet werden sollten. Davon waren die Hälfte aktive Offiziere, von denen zehn ohne fliegerische Vorbildung sein konnten. Die übrigen Teilnehmer waren Offiziersanwärter, die ihre Flugausbildung als Zivilisten erhielten und erst nachher die militärische Laufbahn einschlugen. Diese sechzig Flugschüler erwarben zunächst in einem einjährigen Kurs in der Verkehrsfliegerschule in Schleißheim den B 2-Flugschein, der einem Zivilluftfahrt-Pilotenschein entsprach. Die zehn besten Absolventen, junge Männer von entsprechender Begabung, wurden zur Jagdfliegerausbildung nach Lipezk kommandiert. Das Umsteigen von den schwachen Maschinen, mit denen sie in Schleißheim geschult hatten, auf die neuen Fokker, die fast doppelt so schnell waren, bewältigten sie reibungsloser, als selbst die optimistischsten Ausbilder erhofft hatten. Die D XIII war wie ihre berühmte Vorgängerin, die D VII, leicht zu steuern, stabil im Flug und reagierte nur auf besonders grobe Fehler bösartig. Die künftigen Jagdflieger hatten, wenn sie die D XIII flogen, das Gefühl, ein schnelles und wendiges Rassepferd zu meistern, doch die erfahrenen Ausbilder vermißten an ihr zwei Eigenschaften, die einst die D VII ausgezeichnet hatten: die unerhörte, an einen Schnellift gemahnende Steigfähigkeit und die Möglichkeit, so langsame Steilkurven zu drehen, daß die alliierten Jagdflieger glaubten, die D VII hänge an ihrem Propeller, während sie aus allen Rohren auf die französischen und britischen Flugzeuge feuerte.

Aber das waren Mängel, die nur im Ernstfall eines Luftkampfes zutage getreten wären. Ansonsten war die D XIII, die mit rund 1,8 Tonnen Bruttogewicht mehr als achthundert

Kilo schwerer war als die D VII, ein ausgezeichnetes Flugzeug für die Jagdfliegerschulung. Anfangs gab die Überholung der Napier-Lion-Motoren Probleme auf. Sie mußten in Kisten verpackt und per Schiff nach Holland und von dort nach England in die Erzeugerfabrik und wieder zurück gebracht werden. In den Napier-Lion-Werken glaubte man, daß es sich um holländische Motoren handle, und ahnte nicht, daß man an der Erhaltung der Schlagkraft der geheimen deutschen Luftwaffe mitwirkte. Später wurden die notwendigen Werkzeuge nach Rußland gebracht, um die Wartung der Motoren von eigens ausgebildeten Mechanikern in den Werkshallen von Lipezk vornehmen zu lassen.

Der Lehrplan in Rußland unterschied sich nicht sehr von der Ausbildung der deutschen Flieger im letzten Kriegsjahr. Der wesentliche Unterschied zwischen damals und dem Jahre 1927 lag in der Forcierung der Schulung von Tiefangriffen und des Übens der Zusammenarbeit mit Erdtruppen. Die Fokker-Maschinen trugen Bomben unter den Tragflächen und suchten sich als fliegende Artillerie ihre Erdziele in der Form von Vorratslagern, Truppenansammlungen und Marschkolonnen.

Den Abschluß der eigentlichen Jagdfliegerausbildung bildeten Luftkämpfe zwischen zwei Staffeln von je neun Flugzeugen, die von Ausbildern und Schülern geflogen wurden. Diese Massenkurbelei von achtzehn Flugzeugen über der russischen Ebene erinnerte an die klassischen Luftkämpfe, die acht bis neun Jahre zuvor an der Westfront stattgefunden hatten. Aber in Lipezk wurden die Abschüsse lediglich auf Grund eines Films, den eine eingebaute Kamera drehte und der mit Hilfe eines alten klapprigen Projektors im Lehrsaal vorgeführt wurde, anerkannt.

Dem hohen Leistungsstand der Ausbilder, den erstaunlichen Fachkenntnissen der russischen Mechaniker, Monteure und Facharbeiter und nicht zuletzt der Tatsache, daß die Schüler bereits Flugerfahrung hatten, war es zu danken, daß sich nur sehr wenige Unfälle ereigneten. Während des Krieges hatte es Lehrgänge gegeben, bei denen bis zu 30 Prozent der Flugschüler bei Unfällen getötet oder verletzt wurden. In den sechs Jahren, in denen in Lipezk geschult wurde, kamen nur drei Flugzeugführer bei Unfällen ums Leben; das waren drei Prozent der Flugschüler. Die Heimkehr dieser Toten vollzog sich ohne militärisches Gepränge. Um die Leichen unbemerkt durch die Grenzkontrollen zu schmuggeln, wurden sie in lange Holzkisten mit der Aufschrift »Ersatzteile« verpackt und von Leningrad nach Stettin im Laderaum eines Schiffes transportiert.

Die zwiespältige Haltung der Russen erstaunte die Deutschen immer wieder von neuem. In Lipezk war die Zusammenarbeit durch gegenseitigen Respekt gekennzeichnet; es gab auch einen nützlichen Austausch zwischen sowjetischen Generalstabsoffizieren, die nach Berlin kamen, und deutschen Generalstäblern, die Moskau besuchten, aber die sowjetischen Zollbeamten waren starrsinnig, mißtrauisch und unnachgiebig und unterwarfen den Transport von dringend notwendigen Ersatzteilen langwierigen und ärgerlichen Verzögerungen. Bis das Problem dadurch aus der Welt geschafft wurde, daß die Sowjets, wenn auch widerwillig, eine eigene Zollstelle in Lipezk einrichteten, wurden oft Geräte, aber auch Maschinengewehre, Bomben und Munition in kleinen Booten über die Ostsee geschmuggelt.

Im Sommer 1928 besuchte der Chef des Truppenamtes, General Werner von Blomberg, mit einigen Stabsoffizieren Rußland und besichtigte Manöver in der Nähe von Woronesch, 90 Kilometer von Lipezk entfernt. Blomberg sah mit Befriedigung Formationen der Fokker-Jagdflugzeuge und der neuen Heinkel-Aufklärungsflugzeuge, die im Tiefflug über den Köpfen der russischen Infanterie und über den russischen Panzern dahinbrausten. Die deutschen Offiziere besuchten auch die Kampfwagenschule in Kasan und fuhren weiter nach Orenburg, wo sich eine Erprobungsanstalt für Giftgase befand. Blomberg kam begeistert nach Berlin zurück und verfaßte unter dem Eindruck des Gesehenen einen 54 Seiten langen Bericht über seine Reise. »Der Empfang der deutschen Offiziere«, schrieb er, »war überall freundlich, oft herzlich und sehr großzügig. Kriegskommissar Woroschilow hatte Anweisung gegeben, uns alles zu zeigen und alle unsere Wünsche zu erfüllen... Die Vorteile der Zusammenarbeit mit der Roten Armee wurden mehrmals unterstrichen, und ebenso wollte man wiederholt die als maßgeblich geltende Meinung der deutschen Offiziere über die Leistungen der Roten Armee hören.« Blomberg war besonders von der Leistungsfähigkeit von Lipezk beeindruckt, das »sehr wertvoll für unser Rüstungsprogramm ist«. Er berichtete ferner, daß Woroschilow versucht hätte, ihn hinsichtlich einer deutschen Unterstützung im Falle eines polnischen Angriffes auf die Sowjetunion festzunageln, doch sei er ausgewichen, indem er hervorgehoben habe, daß die Entscheidung darüber nur auf höherer Ebene getroffen werden könne.

Lipezk war nicht nur ein Ausbildungszentrum, sondern auch eine Erprobungsstelle für die neuen Maschinen, in denen die Fortschritte der deutschen Flugzeugindustrie ihren sichtbaren Ausdruck fanden. So war am 30. September 1929 Fritz von Opel in einem Segelflugzeug mit aufmontierter Antriebsrakete auf der Wasserkuppe gestartet und hatte in einem Flug von zehn Minuten — das war die Brenndauer der Rakete — eine Geschwindigkeit von 160 km/h erreichte. Zur gleichen Zeit verfolgte der Konstrukteur Claudius Dornier den Start seines kühnsten Projektes, des zwölfmotorigen Flugbootes Do X, das sich mit 169 Personen an Bord, darunter neun blinden Passagieren, vom Bodensee erhob. Die zwölf amerikanischen Curtiss-Conqueror-Motoren des Flugbootes waren in Tandemanordnung auf Stützträgern über den Tragflächen montiert; je sechs Propeller zogen und schoben. Drei dieser riesigen Flugboote sollten offiziell für den Überseeverkehr der Lufthansa, die jeweils 70 bis 80 Passagiere zu befördern gedachte, gebaut werden. In Wirklichkeit wurde die Do X von der deutschen Kriegsmarine finanziert, um versuchsweise als Fernaufklärer und Torpedoträger eingesetzt zu werden. Im Jahre 1930 machte eine Do X mit dem erfahrenen Friedrich Christiansen am Steuer einen Goodwill- und Propagandaflug von mehr als 40 000 Kilometern, der von Deutschland über Lissabon, die Bahamas, Südamerika, Miami, New York, Neufundland und Spanien wieder zurück führte. Nach diesem Flug wurde die riesige Maschine in einem deutschen Museum ausgestellt.

Langlebiger und erfolgreicher war die riesige G 38, die Hugo Junkers entworfen hatte. Sie war ein Verkehrsflugzeug für sieben Mann Besatzung und 34 Passagiere. Die Flügel von 44 Metern Spannweite und einer Gesamtfläche von 96 Quadratmetern ließen den Rumpf und das Kastenleitwerk winzig erscheinen. Junkers, der einzige deutsche Flugzeugfabrikant, der seine Motoren selbst erzeugte, montierte vier seiner 775 PS starken Jumotriebwerke stromlinienförmig verkleidet in den Tragflächen, die dort, wo sie an den Rumpf anschlossen, so stark waren, daß in ihrem Inneren ein Mann aufrecht stehen konnte. Obwohl es die stärksten Motoren waren, die es in Deutschland gab, reichten sie für ein Flugzeug von 24 Tonnen Gewicht kaum aus. Sie brachten es aber immerhin auf eine Stundengeschwindigkeit von 225 Kilometern, und die riesigen Treibstofftanks ermöglichten eine Reichweite von rund 1900 Kilometern. Die Lufthansa setzte eine G 38 ein, die bei den Passagieren so beliebt war, daß bald eine zweite Version entwickelt wurde. Sie wurde »Generalfeldmarschall von Hindenburg« getauft, flog jahrelang im europäischen Linienverkehr und später als Transporter der Luftwaffe.

In Lipezk, weit entfernt vom Abrüstungskomitee des Völkerbundes und den argwöhnischen Augen der Reichstagsabgeordneten der Linken, wurden zwischen 1928 und 1932 neun Prototypen von Militärmaschinen einer gründlichen Erprobung unterzogen. Die Arado-Werke lieferten ihre Ar 64 und Ar 65, beides Jagdflugzeuge in Doppeldeckerbauweise. Ernst Heinkel schickte die He 38, ein Seejagdflugzeug, das zur Erprobung in Lipezk mit Rädern versehen wurde, den He 45-Aufklärer/Bomber und den Nahaufklärer He 46, der als Doppeldecker entworfen worden war und später in einen Hochdecker umgewandelt wurde. Von allen Flugzeugen, die in Lipezk erprobt wurden, war die K 47, die von Junkers in einer Fabrik in Malmö gebaut worden war, die fortschrittlichste Konstruktion. Es handelte sich um einen Ganzmetalltiefdecker von bestechender Form. Der abgerundete Rumpf ruhte auf einem besonders robusten Fahrgestell, das zugleich als Halterung für zwei unmittelbar hinter den Rädern angebrachte 60-Kilo-Bomben diente. Der Flugzeugführer saß etwa eineinhalb Meter hinter dem Jupiter-Sternmotor von 480 PS, der ein britisches Fabrikat war, und hinter ihm der Beobachter, dessen Maschinengewehr auf einem Drehkranz montiert war, der leicht zu bedienen war und ein weites Schußfeld bot. Die K 47 war ein Schlachtflugzeug, das höchsten Anforderungen genügte: Geschwindigkeit 285 km/h, Reichweite 570 km, Gipfelhöhe 8500 m. Die Piloten liebten diese Maschine. Im Kurvenkampf war sie allerdings den Jagdflugzeugen vom Doppeldeckertyp, die einen kleineren Kurvenradius und eine geringere Tragflächenbelastung hatten, unterlegen, und deshalb ging die K 47 nie in Serie. Professor Junkers glaubte allerdings, daß er recht und die Fachleute der Reichswehr unrecht hätten, und war entschlossen, das Modell weiterzuentwickeln.

Die Erprobung taktischer Nahkampfflugzeuge ging nicht zu Lasten der strategischen Bomber. Der italienische General Giulio Douhet hatte 1921 sein Buch »Die Herrschaft in der Luft« veröffentlicht, das in seiner Heimat kaum beachtet wurde, in europäischen Fachkreisen aber ein starkes Echo fand. Douhet hatte in seinem Werk mit südländischem Temperament die Vision des Zukunftskrieges entwickelt, in dem das industrielle Potential ganzer Städte und Staaten unter vernichtenden Schlägen aus der Luft in Schutt und Asche versinken würde. Er warnte, daß in Zukunft kein Land in der Lage sei, einen Krieg zu gewinnen, das nicht über eine völlig unabhängige Luftwaffe verfüge, die stark genug sei, in kürzester Zeit die Luftherrschaft zu erringen. Der Gedanke einer eigenständigen, unabhängigen Luftwaffe war in der Reichswehr umstritten, aber die Notwendigkeit, Langstreckenbomber zu erzeugen, stand außer Diskussion.

Dementsprechend wurden drei Prototypen gebaut und nach Rußland geschickt. Sie überflogen dabei Polen ohne Wissen und Genehmigung der Warschauer Regierung. Dieses Risiko wurde eingegangen, um den zeitraubenden Seetransport der Maschinen, die zu diesem Zweck demontiert hätten werden müssen, zu vermeiden. Die Flüge erfolgten unter absoluter Geheimhaltung bei Nacht und in großer Höhe. Die Route führte von Deutschland über den Korridor nach Ostpreußen und von dort über polnisches Gebiet nach Lipezk. Keiner der Flüge wurde jemals entdeckt.

Beim ersten dieser Bomber-Prototypen handelte es sich um den Rohrbach Roland, der nichts anderes war als eine Weiterentwicklung der dreimotorigen Verkehrsmaschine der Lufthansa. Er war mit drei MG-Ständen versehen; einer an der Rumpfoberfläche und je einer als Verlängerung der Motorzellen an der Hinterkante der Tragflächen. Die Serienproduktion dieses Typs wurde abgelehnt — eine Entscheidung, die im Verein mit der wirtschaftlichen Rezession dazu führte, daß die Rohrbachwerke zusammenbrachen. Dornier hatte einen viermotorigen Bomber mit sechs Mann Besatzung konstruiert. Bei dieser Do P waren die Motoren ähnlich wie bei der Do X in Tandemanordnung auf den Tragflächen montiert. Diese Lösung hat sich je-

doch nie als befriedigend erwiesen, und so kam es schließlich
zu einem Kompromiß: Dornier baute nach dem Vorbild des
erfolgreichen Frachtflugzeuges Do F die Do 11.
  An der Fähigkeit der deutschen Konstrukteure, einen viermotorigen Bomber zu entwickeln, bestand niemals der geringste
Zweifel. Die fast unüberwindliche Schwierigkeit dagegen war,
daß die unzulängliche Kapazität der deutschen Luftfahrtindustrie nicht ausreichte, um den Bedarf an Militär- und Zivilflugzeugen zugleich zu decken. Dazu kam das Fehlen genügend
starker Motoren, ein Handikap, das durch die plötzliche Schließung der Bayrischen Motorenwerke noch verschärft wurde.
Außerdem wäre die ungetarnte Erzeugung viermotoriger Bomber eine so flagrante Verletzung des Versailler Vertrages gewesen, daß sie sogar den Ausschluß Deutschlands aus dem
Völkerbund bedeuten hätte können, was die starke sozialdemokratische Fraktion des Reichstages niemals akzeptiert hätte. So
wurde die Do 11 der schwere Bomber der Reichswehr, obwohl
sie nicht vier, sondern nur zwei Motoren hatte. Da sie als
Fracht- und nicht als Passagierflugzeug konzipiert war, gab
die Umwandlung in ein Bombenflugzeug besondere Probleme
auf, und auch nach dem Umbau sah die Maschine eher wie ein
Verkehrs- und nicht wie ein Militärflugzeug aus. Um den Luftwiderstand zu verringern, hatten die Dornier-Ingenieure nachträglich ein einziehbares Fahrwerk konstruiert; zur Freude der
Piloten und zum Leidwesen der Besatzung, die es mit Handrädern, denn Hydraulik gab es noch nicht, einziehen mußte.
  Im Jahre 1931 beschloß die Reichswehr, die Flieger- und
Beobachterschulung in Lipezk allmählich auslaufen zu lassen.
Diese Entscheidung fiel nicht zuletzt auf Grund eines Abkommens, das die Reichsminister für Verkehr und für Auswärtige
Angelegenheiten im November 1930 mit der Reichswehr getroffen hatten. Die Minister hatten streng vertraulich vereinbart, sich nicht länger an jene Bestimmungen des Versailler Ver-

trages zu halten, die Erzeugung und Bevorratung von fliegendem Material begrenzten. In der Praxis bedeutete diese Vereinbarung den Aufbau einer Luftwaffe innerhalb der deutschen Reichsgrenzen. Im mecklenburgischen Rechlin gab es bereits eine geheime Erprobungsstelle, die nunmehr systematisch ausgebaut wurde. So konnte Lipezk innerhalb von zwei Jahren aufgegeben und das dortige Ausbildungs- und Erprobungsprogramm etappenweise nach Deutschland verlegt werden.

Das geschah auch. Die Fokkermaschinen, die noch vor kurzem so wertvoll gewesen waren, wurden ersatzlos verschrottet, sobald sie Beschädigungen aufwiesen, die größere Reparaturen erforderten. Und als der neue Reichswehrminister, General Wilhelm Groener, bei den schlesischen Herbstmanövern des Jahres 1931 in Zorn geriet, als er sah, daß die Truppe Luftunterstützung durch kleine Freiballons markierte, wurden eilig zwölf Fluglehrer aus Lipezk einberufen. Sie erhielten die neuesten Jagdflugzeuge vom Typ Arado 65 und bildeten drei Staffeln zu je vier Maschinen. Diese Flugzeugführer kehrten nie nach Lipezk zurück, sondern wurden mit ihren Flugzeugen in Berlin, Königsberg und Nürnberg stationiert. Um ihre wahre Verwendung zu tarnen, wurden sie als »Reklamestaffeln« an Firmen vermietet und betrieben Luftwerbung für Bier und andere Gebrauchsgüter und Dienstleistungen aller Art.

Die Beobachterschule in Lipezk wurde Ende 1931 geschlossen, und der letzte Jagdfliegerlehrgang fand im Sommer 1932 statt. Obwohl die deutsch-sowjetische Zusammenarbeit auf höchster militärischer Ebene besser denn je war — Marschall Tuchatschewski hatte den Reichswehrmanövern des Jahres 1932 beigewohnt und war von Reichspräsident Hindenburg freundlich empfangen worden —, löste die bevorstehende Schließung von Lipezk scharfe Reaktionen aus. Moskau wollte das Ausbildungszentrum in seinem ursprünglichen Umfang wiederhergestellt sehen und schlug vor allem vor, die abberufenen Fluglehrer samt ihren neuen Jagdflugzeugen nach Lipezk zurückzubringen. Außerdem wollten die Sowjets der Vorführung eines »nächtlichen Großbomberangriffes« beiwohnen. Dieses Verlangen konnte und mußte legitimerweise abgelehnt werden, weil es außer den drei bis vier Prototypen in Lipezk keine Großbomber gab. Es war verständlich, daß die Russen Lipezk unter allen Umständen als Ausbildungs- und Erprobungszentrum erhalten sehen wollten. Die sowjetischen Flugzeugführer hatten dort die neuesten deutschen Typen fliegen können, und die Mechaniker hatten von den deutschen Fachleuten viel gelernt. Als Gegenleistung hatten die Russen, die ihre eigene Flugzeugentwicklung sorgfältig verbargen, lediglich Grund und Luftraum zur Verfügung gestellt.

Aber nach harten Auseinandersetzungen gaben die Russen schließlich nach. Die stationären Anlagen des Flugplatzes wurden der Luftwaffe der Roten Armee übergeben, während die Prototypen der Bomber nach Deutschland zurückflogen. Die Sowjets erhoben Anspruch auf die verbleibenden Fokker D XIII, von denen weniger als zwei Drittel flugfähig waren, und diese Forderung wurde gerne erfüllt.

Das Unternehmen Lipezk hatte insgesamt zehn Jahre gedauert, von denen sechs Jahre für den Schulbetrieb zur Verfügung standen. In dieser Zeit waren rund 120 Jagdflieger und etwa 100 Beobachter ausgebildet worden. Schlüsselte man die Gesamtkosten des Unternehmens auf, so waren pro Flugschüler 120 000 RM aufgewendet worden, und so gesehen war Lipezk eine reichlich kostspielige Angelegenheit gewesen.

VII

IM ZEICHEN DER MACHTERGREIFUNG

> *»Es ist ein Irrtum, zu glauben,*
> *Hitler habe die Macht ergriffen.*
> *Das einzige, was geschehen ist —*
> *wir haben ihm einen Posten gegeben.«*
> Vizekanzler Franz von Papen

Am Vormittag des 30. Januar 1933, um 11 Uhr 15, schritt Adolf Hitler die Stufen der Reichskanzlei in Berlin empor. Oben erwartete ihn der 86jährige Reichspräsident von Hindenburg. Weniger als eine Viertelstunde später trat Hitler aus dem großen Portal der Reichskanzlei in die kalte Luft des Wintertages. Er eilte die Stufen hinab und bestieg einen schwarzen Mercedes, der auf ihn gewartet hatte. Die Tür wurde zugeschlagen, und der Wagen fuhr zum nahe gelegenen Hotel Kaiserhof. In seinem Appartement erwarteten ihn die Gefährten, die zehn Jahre lang an seiner Seite stürmische Versammlungen und blutige Straßenschlachten mitgemacht hatten, um diesen ruhmreichen Augenblick mit ihm zu erleben. Die Tür ging auf, und Hitler trat ein: Im Alter von 43 Jahren war er soeben Kanzler des Deutschen Reiches geworden. Joseph Goebbels schrieb über diese Stunde: »Er sagt nichts, wir alle sagen nichts, aber in seinen Augen stehen Tränen.«

Hitlers Machtergreifung wurde von der Reichswehr, deren Offizierskorps fast zu 25 Prozent aus Adeligen bestand, nicht mit vorbehaltloser Begeisterung begrüßt. Für sie hatte Sozialismus jeder Art noch weniger Anziehungskraft als die demokratischen Errungenschaften der eben verschiedenen Weimarer Republik. Gummiknüppel, Fäuste und Gewehrkolben, die von den Nationalsozialisten gebraucht wurden, um die politische Opposition zum Schweigen zu bringen, waren ein Greuel für Offiziere, deren Erziehung vorschrieb, daß sich ein Herr zwar duellierte, aber niemals raufte. Der neue Reichskanzler vermochte jedoch seine niedrige gesellschaftliche Herkunft und seine wenig anziehende Umgebung durch seine Haltung gegenüber der Reichswehr mehr als aufzuwiegen.

Seeckt hatte zwangsläufig ein Heer besonderer Art geschaffen; eine Kaderarmee mit verhältnismäßig vielen höheren Dienstgraden. Das Ergebnis war eine Elite, die stagnierte, weil es keine Expansions- und wenig Beförderungsmöglichkeiten gab. Außerdem war der Offizier längst nicht mehr die überragende, von allen Zivilisten bewunderte Persönlichkeit von einst, und der gemeine Soldat fühlte sich als ein zu kargem und ödem Leben verurteilter Außenseiter der Gesellschaft. Verzweiflung ist kein zu starker Ausdruck, um die Atmosphäre, die in der Reichswehr herrschte, zu beschreiben. Ihre Selbstmordrate war vier- bis fünfmal höher als die Durchschnittsrate der Bevölkerung. Ein desillusionierter Reichswehroffizier namens Scheringer, der sich frühzeitig zum Nationalsozialismus bekannte, hat die Apathie geschildert, die im Heer herrschte, nachdem die erste Woge der Begeisterung abgeebbt war. Scheringer schrieb im »Völkischen Beobachter«: »Soldaten werden zu Beamten, Offiziere zu Pensionsanwärtern. Was bleibt, ist eine Polizeitruppe. Die Leute wissen nicht, welche Tragödie die vier Worte umschließen: Zwölf Jahre als Subalterner.«

Der neue Reichskanzler versprach, das alles zu ändern, er verkündete, daß es wieder eine Ehre sein werde, Waffen zu tragen, und gelobte, »daß aus der Reichswehr das große Heer des deutschen Volkes entstehen werde«. Am Abend des 30. Januar fand ein Fackelzug statt, der die Straßen Berlins, wie der französische Botschafter bemerkte, »in einen Strom von Feuer« verwandelte. Schon am Morgen des zweiten Tages nach seinem Amtsantritt stattete Hitler einer Kaserne der Berliner Garnison einen Besuch ab. Der überraschte und gar nicht übermäßig erfreute Kommandeur ließ die Truppe auf dem Hof antreten. Hitler hielt eine längere Ansprache, deren Feuer die Soldaten bald die herrschende Kälte vergessen ließ. Hier sprach nicht ein Politiker zu ihnen, sondern ein Frontsoldat, der sich im feindlichen Feuer das E.K. I. erworben hatte. Zwei Tage nach dieser Rede vor Soldaten nahm Hitler an einem Abendessen im Hause des Generals Kurt von Hammerstein-Equord teil. Zu den anwesenden Generälen und Admirälen sprach er geschlagene zwei Stunden. Seine Zuhörer waren nachher durch die Länge der Rede zwar etwas ermüdet, von ihrem Inhalt aber sehr ermutigt. Hitler erklärte, daß die Wehrmacht in Hinkunft ohne Behinderung durch einen pazifistischen Reichstag und ohne Rücksicht auf den Versailler Vertrag ihren Weg gehen könne.

Um die Ernennung eines Reichswehrministers für sein Kabinett brauchte sich Hitler keine Sorgen zu machen. Ein auch in seinen Augen geeigneter Mann war erst kurz zuvor auf diesen Posten berufen worden. Der 54jährige General Werner von Blomberg galt als Muster eines preußischen Offiziers: hochgewachsen, von aufrechter Haltung und kräftiger Statur, immer vorbildlich in Uniform. Blomberg, der als Generalstabsoffizier im Weltkrieg den Pour le mérite erhalten hatte, war aufgeschlossen gegenüber Neuerungen, initiativ, humorvoll und insgesamt eine gewinnende Persönlichkeit. Vor allem aber besaß er eine Eigenschaft, die ihm das besondere Vertrauen des neuen Kanzlers sicherte: Er war Hitler und seinen Ideen geradezu sklavisch ergeben. Diese Einstellung war so offensichtlich, daß Offiziere, die seine Anschauungen nicht teilten, Blomberg im Scherz den »Gummilöwen« nannten.

DIE LUFTWAFFE / KAPITEL VII

Der neue Reichswehrminister hatte guten Grund, Hitler ergeben zu sein. Blomberg war als Befehlshaber in Ostpreußen Zeuge des Wiedererwachens der polnischen Aktivitäten gewesen. Sein Ic hatte ihm Meldungen über Truppenverstärkungen im Danziger Korridor und in der Nähe der deutsch-litauischen Grenze vorgelegt. Dieser Aufmarsch polnischer Truppen dauerte mehrere Monate, und bevor Hitler noch an die Macht kam, hatte er schon der SA befohlen, im Ernstfall der Reichswehr zu Hilfe zu kommen. Da die Sturmabteilungen in ganz Deutschland immerhin über zwei Millionen Mann verfügten, hatte ein solcher Befehl einiges Gewicht. Darüber hinaus hatte Hitler nach seinem Amtsantritt Blomberg versichert, daß er an einer politischen Lösung der polnischen Frage arbeite; diese Lösung, so deutete er an, werde der Reichswehr den notwendigen Zeitgewinn für ihren ungestörten Aufbau zu einer schlagkräftigen Truppe sichern. Blomberg könne zunächst einmal die Aufstellung von zusätzlichen 200 000 Mann planen. Im übrigen waren die polnischen Truppenkonzentrationen keine leere Geste. Im März 1933, zwei Monate nach Hitlers Machtergreifung, bedrängte Marschall Josef Pilsudski die Franzosen, gemeinsam mit Polen einen Präventivkrieg gegen Deutschland zu führen. Die Franzosen lehnten sofort ab.

Der geeignetste Anwärter auf den neuen Posten des Reichskommissars für Luftfahrt wäre der 53jährige Generalmajor Helmut Wilberg gewesen, der bereits seit 1920 der wichtigste Fliegeroffizier in der Reichswehr war. Wilbergs Vorzüge waren vielfältig: Er hatte die Qualitäten Ernst Brandenburgs erkannt und richtig eingesetzt, und er hatte auch wie kein zweiter Seeckts Konzept einer Kaderarmee und einer geheimen Kaderluftwaffe verstanden. Seine fliegerischen Erfahrungen reichten bis in die Zeit vor dem Weltkrieg zurück, und im Kriege selbst hatte er sich als Fliegerkommandeur bei der 1. und der 4. Armee bewährt. Die Ausbildungs- und Erprobungsprogramme in Lipezk waren unter seiner Leitung durchgeführt worden, und er war überdies mit der Entwicklung der Luftfahrt in aller Welt vertraut. Vor allem aber kannte er sowohl die Fähigkeiten als auch die Schwächen aller Stabs- und Truppenoffiziere des Fliegerkaders der Reichswehr. Wilberg war aber, wie sich zum Schaden der Luftwaffe herausstellen sollte, ein Soldat, dem jede Art von Politik wider den Strich ging. Obwohl Hitler ihn nach 1933 nicht völlig ausschaltete, kam er für die Führung der Luftwaffe nicht in Frage. Diesen Platz übernahm Hermann Göring.

Hitler machte den ehemaligen Fliegerhauptmann Göring zum Mitglied seines Kabinetts, obwohl Göring Minuspunkte hatte, die jeden Kandidaten ohne politische Verankerung der Chance beraubt hätten, Chef der Luftwaffe zu werden. Göring hatte weder eine technische Ausbildung genossen noch jemals ein Unternehmen geleitet; er verstand nichts von Wirtschaft und besaß kein Verständnis für Strategie. Er war weder ein Visionär noch ein Prophet; rückhaltlose Hingabe an die Fliegerei mangelte ihm ebenso wie der Sinn für die potentiellen Möglichkeiten der Luftmacht. Seine taktischen Erfahrungen waren vierzehn Jahre alt, und in den neun Jahren, die seit dem Marsch zur Feldherrnhalle vergangen waren, hatte sich sein Charakter zum Schlechteren und nicht zum Besseren entwickelt.

Der Querschläger aus dem Gewehr eines Polizisten, der ihn in München traf, riß mehr als nur ein Loch in seinen Oberschenkel; diese schwerste Verwundung, die er jemals erlitt, schien ihn an seine Sterblichkeit gemahnt und seinen Willen geschwächt zu haben. Die Wunde heilte, und die Schmerzen vergingen während der langen Rekonvaleszenz in Österreich, doch Morphiumspritzen waren seither ein Bestandteil seines Gepäcks. Während des zwecklosen Aufenthaltes in Italien, den das Ehepaar hauptsächlich aus geborgten Geldern bestritten hatte, mußte Görings Frau mit ansehen, wie der strahlende Siegfried dahinwelkte. Sein gestählter Körper wurde schlaff, seine Haut verlor die Farbe und nahm eine weißliche Blässe an. Immer häufiger schwankte er zwischen wütenden Ausbrüchen und dumpfem Dahinbrüten, das der Euphorie des Rauschgifts folgte. Während er früher asketisch in seinen Eßgewohnheiten gewesen war, entwickelte er nun eine Vorliebe für üppige Süßspeisen. Die verzehrten Kalorien fanden ihren Niederschlag in seiner zunehmenden Leibesfülle, während sein Gesicht kantig, hart und grausam blieb. Als Görings Amnestierungsgesuch nach dem Putsch des Jahres 1923 abgelehnt wurde, machte er seinem Ärger in einem antisemitischen Ausfall Luft. In einem Brief an seine Schwiegermutter in Schweden, in dem er von den »Wunden in meiner Seele« sprach, erklärte er: »Ich will nur in ein starkes nationales Deutschland zurückkehren und nicht in diese von Juden beherrschte Republik ...«

Görings Verlangen, an der Seite seines Führers vor Gericht zu erscheinen und mit ihm die Landsberger Haft zu teilen, während Hitler »Mein Kampf« schrieb, war gering. Sein eigener Kampf ging ums Überleben. Eine plötzliche Erkrankung der alten Baronin von Fock gab den Anlaß zu einer Reise nach Schweden, wo Göring versuchen hätte können, sich von seiner Süchtigkeit zu befreien und in einer der dortigen Fabriken von Rohrbach, Heinkel oder Junkers zu arbeiten, in denen die Prototypen für die künftige deutsche Luftwaffe entwickelt wurden. Statt dessen zog er mit seiner Frau in eine bescheidene Wohnung in Stockholm und lebte zunächst vom Erlös aus dem Verkauf ihres Hauses in Österreich.

Als das Geld verbraucht war, sah sich seine Frau in der erniedrigenden Lage, Geld von ihrer Familie borgen zu müssen, um die Miete, die täglichen Einkäufe und Görings Morphiumbedarf bezahlen zu können. Karin Görings zarte Konstitution hielt diesen Belastungen nicht stand, und die Ärzte verordneten ihr Bettruhe. Göring selbst, dessen Wutanfälle sich zu Tätlichkeiten steigerten, wenn es darum ging, Morphium zu erhalten, wurde von den Ärzten zum gefährlichen Süchtigen erklärt und am 1. September 1925 in die staatliche Heilanstalt von Langbro eingewiesen.

Göring verbrachte drei Monate in Langbro unter intensiver Beobachtung und Behandlung. Dann wurde er entlassen, mußte aber bereits in der ersten Hälfte des Jahres 1926 in die Anstalt zurück. Am Jahresende wurde er dann endgültig für geheilt erklärt. 1927 erließ Reichspräsident Hindenburg eine Generalamnestie für alle Teilnehmer am Novemberputsch 1923, und die Möglichkeit, nach Deutschland zurückzukehren, gab Göring jenen moralischen Auftrieb, den er nötig hatte, um seine Süchtigkeit zu unterdrücken. Nach vier Jahren der Untätigkeit wurde er Vertreter der schwedischen Fallschirmfirma Tornblad für Deutschland. Sobald er wieder in Berlin war, sicherte er sich auch noch andere Beschäftigungen. So nahm er mit Ernst Heinkel Verbindung auf und war bald in der Lage, sich eine angemessene Wohnung in der Reichshauptstadt zu leisten.

Im Jahr 1928 wurde Göring als Abgeordneter der NSDAP in den Reichstag gewählt. Hitler, der von seinem Auftreten sehr beeindruckt war, sorgte dafür, daß Göring in den Besitz eines großen Mercedes gelangte. Der Führer, der sich wenig für Flugzeuge interessierte, aber eine geradezu kindliche Begeisterung für schnelle Autos hatte, nahm einmal eine Einladung Görings zu einer Fahrt mit dem zwölfzylindrigen Wagen an. Allerdings war Hitler von Görings Fahrweise einigermaßen entsetzt; er hielt sich nicht an die vorgeschriebene Straßenseite, nahm den Fuß kaum jemals vom Gaspedal und hatte die größte Freude daran, durch ständiges Hupen sein Kommen anzukündigen. Görings Fahrkünste waren weniger ein Beweis seiner Kühnheit als Flieger, sondern eher ein Ausdruck seiner gestörten Persönlichkeit, mit der sich bereits die Psychiater in Schweden beschäftigt hatten.

In den frühen Morgenstunden des 17. Oktober 1931 starb Karin Göring in Stockholm vorzeitig im Alter von 43 Jahren. Göring befand sich an diesem Tag in Berlin bei Hitler. Er eilte sofort zum Begräbnis nach Stockholm und war, wie seine Freunde bemerkten, von echter Trauer und Reue erfüllt. Dann kehrte er nach Deutschland zurück und wurde zehn Monate später, am 30. August 1932, mit den Stimmen der Nationalsozialisten, des Zentrums und der Bayrischen Volkspartei zum Präsidenten des Reichstages gewählt.

In den Augen Hitlers wurden Görings bewegte Vergangenheit und die Tatsache, daß er vier Jahre lang dem politischen Leben in Deutschland ferngeblieben war, durch die Leichtigkeit, mit der er sich in der guten Gesellschaft bewegte und wohlhabende Industrielle dazu brachte, für die Partei zu spenden, mehr als aufgewogen. Dazu kam die unerschütterliche Treue, mit der Göring an Hitler hing. Er selbst hatte öffentlich verkündet, daß diese Treue auf der Überzeugung beruhe, daß »Gott Hitler uns gesandt hat, um Deutschland zu retten«. Bei anderer Gelegenheit erklärte er, Hitlers Fähigkeiten seien »mystisch, unaussprechlich, fast unfaßbar«. Derartige Gefühlsregungen konnte Hitler von Offizieren wie General Wilberg freilich nicht erwarten. Göring seinerseits hat erklärt, daß Hitler seine Treue durch »unbeschränktes Vertrauen« belohnt habe. An Beweisen dieses Vertrauens fehlte es nicht. Göring wurde nicht nur Reichskommissar für die Luftfahrt, sondern auch preußischer Innenminister, womit er die Polizei unter Kontrolle hatte. Außerdem war er Minister ohne Portefeuille im Reichskabinett und stand als solcher Hitler für Sonderaufgaben zur Verfügung.

Unter Heranziehung staatlicher Mittel hatte sich Göring im Herzen Berlins eine ansehnliche Residenz eingerichtet; die Straße, an der sie lag, wurde später Hermann-Göring-Straße benannt. Damals trat ein Kammerdiener namens Robert Kropp in seinen Dienst, der bald feststellte, daß sein Herr ein Mann von sonderbarer Zeiteinteilung und ebenso sonderbaren Gewohnheiten war.

IM ZEICHEN DER MACHTERGREIFUNG

Göring war mit Aufgaben aller Art überlastet, nicht zuletzt mit dem Aufbau der Geheimen Staatspolizei, der Gestapo. So saß er oft bis ein oder zwei Uhr früh über den Akten. Kaum zu Bett gegangen, verspürte er meist Hunger und bestellte bei Kropp über das Haustelefon Bier, Brote und Kuchen. Wenn der Kammerdiener mit dem Gewünschten an der Schlafzimmertür erschien, wurde er von seinem Herrn in einem »seidenen Nachthemd mit gebauschten Ärmeln« empfangen; zweifellos ein eindrucksvoller Anblick, wenn man bedenkt, daß Göring damals an die 130 Kilogramm wog.

Wie viele Politiker des Dritten Reiches zog Göring alte Kameraden und Kampfgefährten als seine engsten Mitarbeiter heran. Zur Bewältigung des immer größeren Umfang annehmenden Papierkrieges ernannte er Karl Bodenschatz zu seinem Adjutanten. Bodenschatz, ein schlanker, gutaussehender Mann, war bereits Adjutant Görings und seines Vorgängers Richthofen im Jagdgeschwader 1 gewesen. Er war nicht nur ein ausgezeichneter Organisator, sondern hatte sich auch als Autor des Buches »Jagd in Flanderns Himmel« einen Namen gemacht.

Um die zivile Flugausbildung unter eine einheitliche Aufsicht zu bringen, gliederte Göring alle Segel- und Motorflugvereine in den Deutschen Luftsportverband ein. Präsident dieses Verbandes wurde Bruno Loerzer, der im Jahr 1915, als Göring die Beobachterschule absolvierte, sein Pilot gewesen war. Loerzer war nach dem Krieg zunächst Zigarrenvertreter gewesen, hatte aber im Gegensatz zu Göring das Interesse an der aktiven Fliegerei bewahrt und sich als Sportflieger betätigt. Er war der letzte Kommandeur des Jagdgeschwaders 3, Sieger in 41 Luftkämpfen, Träger des Pour le mérite und genoß dementsprechendes Ansehen bei den jungen Fliegern.

Die wichtigste Personalentscheidung, die getroffen werden mußte, war die Ernennung eines Staatssekretärs für Luftfahrt. Der Mann, der diesen Posten ausfüllte, mußte jene Fähigkeiten,

Kenntnisse und Energien besitzen, die Göring fehlten. Die Wahl fiel auf den 41jährigen Erhard Milch, der über Europa hinaus als der Mann bekannt war, dem die Lufthansa ihren Aufstieg zu danken hatte. Die Lufthansa war die größte Luftfahrtgesellschaft des Kontinents; ihre 65 Strecken führten bis nach Moskau, Barcelona, London und Athen, und eine ihrer Tochtergesellschaften flog von Madrid nach Marokko. Bereits 1930, vier Jahre nach ihrer Gründung, hatte die Lufthansa in China die Tochtergesellschaft »Eurasia« errichtet. 1932, im letzten Jahr Milchs bei der Lufthansa, legten die Maschinen des Unternehmens elf Millionen Flugkilometer zurück, wobei der Flugplan zu 93 Prozent eingehalten wurde. Milch war intelligent, fleißig und ein geborener Organisator; er hatte ein gemütliches Gesicht, eine metallene Stimme und wenig Freunde.

Hitler stimmte Görings Vorschlag, Milch zum Staatssekretär zu machen, gerne zu. Er glaubte nicht nur der Versicherung, daß Milch der geeignetste Mann für diesen Posten sei, sondern hatte darüber hinaus auch Veranlassung, ihn persönlich zu schätzen. Die Lufthansa, deren Direktor Milch gewesen war, hatte es Hitler in den letzten Wahlkämpfen ermöglicht, eine dreimotorige Verkehrsmaschine zu mieten, mit der er von einer Versammlung zur anderen geflogen war.

Milch brachte also alle Voraussetzungen für seinen Posten mit, von einer Ausnahme abgesehen — er war jüdischer Abstammung. Bereits am 7. April 1933 waren die Bestimmungen über die Entfernung nichtarischer Beamter aus dem Staatsdienst erlassen worden. Ausgenommen waren zunächst lediglich Personen, die »seit dem 1. August 1914 im Staatsdienst standen oder Frontdienst für Deutschland oder einen seiner Verbündeten geleistet hatten oder bei denen der Vater oder ein Sohn im Krieg gefallen war«.

Milch, dessen jüdischer Vater Apotheker gewesen war und längere Zeit in der Marine gedient hatte, machte von der Ausnahmebestimmung, auf die er als Frontsoldat Anspruch gehabt hätte, keinen Gebrauch. Er war vielmehr im Besitz der eidesstattlichen Erklärung seiner Mutter, daß er nicht der Sohn des jüdischen Apothekers, sondern das uneheliche Kind eines Herrn Hermann von Bier sei.

Die Aufgabe, die Göring, Milch und ihre Mitarbeiter erwartete, bestand nicht darin, etwas völlig Neues zu schaffen, sondern vielmehr auf den in den letzten zehn Jahren erarbeiteten Grundlagen aufzubauen. Außer den Piloten, Beobachtern und Technikern, die in Lipezk ausgebildet worden waren, gab es rund 1500 Zivilflieger in Deutschland, und dazu kamen rund 15 000 Segelflieger. Loerzers Luftsportverband umfaßte mehr als 300 private Fliegerschulen und mehr als hundert Flugplätze. General Wilberg und Ernst Brandenburg hatten in Zusammenarbeit mit der Lufthansa Flugsicherungsstationen eingerichtet; außerdem gab es, über das ganze Reichsgebiet verstreut, ausgezeichnete meteorologische Anstalten und Wetterstationen. Das Jägerhandbuch, das aufgrund der in Lipezk gewonnenen Erfahrungen erstellt worden war, befand sich bereits bei der Truppe. Es war so gegliedert, daß es jeweils dem neuesten Stand der technischen Entwicklung und dem Ausbau der Fliegertruppe angepaßt werden konnte.

Den ersten Schritt zu einer selbständigen Luftwaffe hatte General von Blomberg bereits unternommen, als er kurz vor der Machtergreifung Hitlers die fliegerischen Agenden aus der Waffeninspektion herausgelöst und eine eigene Fliegerinspektion geschaffen hatte. Der Bankier Castiglione hatte mit größeren Geldmitteln die Bayrischen Motorenwerke saniert, so daß die Flugzeugindustrie wieder auf die ausgezeichneten BMW-Motoren rechnen konnte. Die deutschen Flugzeugkonstrukteure waren damit beschäftigt, die in Lipezk erprobten Maschinen zu verbessern. Außerdem hatten sie am Reißbrett oder im Modell Bomber, Schul-, Aufklärungs- und Transportflugzeuge fertig, die parallel in Zivil- und Militärausfertigung entwickelt werden konnten. Bereits im Jahre 1931 hatten hohe Reichswehroffiziere in Woronesch den ersten Großeinsatz sowjetischer Fallschirmjäger mit Aufmerksamkeit verfolgt. Major Kurt Student war zu dem Schluß gekommen, daß Fallschirmjäger einen entscheidenden Beitrag zu jener Art von Blitzkrieg leisten konnten, den General Seeckt für die Zukunft vorausgesehen hatte. Was schließlich die strategischen Dimensionen dieses Zukunftskrieges betraf, so hatten Billy Mitchell und Emilio Douhet bereits zehn Jahre zuvor auf die große Bedeutung der Luftmacht hingewiesen.

Die Aufgabe Görings und seiner Mitarbeiter bestand demnach weniger darin, Konzepte zu entwickeln, als vielmehr vorhandene Konzepte zu verwirklichen und dafür zu sorgen, daß die hiezu notwendigen Mittel zur Verfügung standen. Der nächste Schritt zu einer unabhängigen Luftwaffe war die Umwandlung des Luftfahrtinspektorates in das Reichsluftfahrtministerium. Göring ließ für dieses Ministerium und dessen ständig wachsenden Mitarbeiterstab ein großes Gebäude errichten und ging daran, alle Flieger aus den bestehenden Einheiten zu sammeln. Sowohl das Heer als auch die Kriegsmarine waren besorgt darüber, daß sie jeden Einfluß auf die Fliegerei verlieren sollten. Die Kriegsmarine brauchte eine Luftunterstützung, die auf die Erfordernisse der Seekriegsführung einging, und das Heer war der Ansicht, daß seine Luftunterstützung unter dem taktischen Befehl seiner Kommandeure stehen müsse. Hans Siburg, ein Marineflieger des Ersten Weltkrieges, der später General in der Luftwaffe wurde, meinte dazu: »Sowohl das Heer als auch die Marine waren sich im klaren darüber, daß sich Göring mit der Aufsicht über die Zivilluftfahrt nicht zufriedengeben würde. Aber keiner der beiden Wehrmachtteile, und das galt besonders für die Kriegsmarine, glaubte auf eigene fliegende Verbände verzichten zu können. Um den Bestrebungen Görings eine geschlossene Front gegenüberzustellen, schlug das Heer, in dessen Fliegerinspektion allerdings viele Offiziere für eine selbständige Luftwaffe eintraten, vor, zumindest die Luftrüstung dem Heereswaffenamt zu unterstellen. Die Marine stimmte diesem Vorschlag zu, um zu retten, was zu retten war...«

Tatsächlich wurde die Luftrüstung zunächst dem Waffenerprobungsamt des Heeres übertragen. Für die Kriegsmarine war es allerdings ein schwerer Schlag, daß sie im Zuge dieser Lösung auch ihre eigene Erprobungsstation in Travemünde hergeben mußte. Vor allem aber war Göring mit dieser Entwicklung nicht einverstanden, und binnen Jahresfrist hatte er auch die Luftrüstung unter seine Kontrolle gebracht, getreu seinem Spruch: »Alles, was fliegt, gehört zu mir.«

Während Milch und seine Mitarbeiter in aller Stille die Konzepte für den Aufbau der Luftwaffe entwickelten, wurde Europa überraschend mit einem der Konzepte aus dem Propagandaministerium Joseph Goebbels' konfrontiert. Am 16. März 1933 hatte Adolf Hitler die Wiederherstellung der deutschen Lufthoheit verkündet, ohne die Wiederaufrüstung zur Luft zu erwähnen. Drei Monate später, am 24. Juni 1933, erschien der »Völkische Beobachter« mit der Schlagzeile: »Rote Pest über Berlin.« Unter diesem Titel wurde berichtet, daß am Vortag unbekannte, jedenfalls ausländische Militärflugzeuge in den deutschen Luftraum eingedrungen seien, Berlin überflogen hätten und anschließend ungehindert in Richtung Osten abgeflogen seien. Göring, der hilflose Unschuld und empörte Erregung zugleich mimte, nahm mit der Britischen Botschaft Verbindung auf, beklagte Deutschlands Schutzlosigkeit gegenüber derartigen Verletzungen seiner Lufthoheit und fragte, ob es nicht möglich sei, die Exporterlaubnis für britische Motoren zu erhalten, mit denen »einige Polizeiflugzeuge« zum Schutz des deutschen Luftraumes ausgerüstet werden sollten. Die Anfrage kam zu einer Zeit, in der sich die R.A.F. vergeblich um die Erhöhung ihrer Bestände bemühte und die britische Industrie gezwungen war, sich um ausländische Aufträge umzusehen. Göring deutete an, im Falle der Erteilung der Exporterlaubnis werde die Lufthansa ein verläßlicher und ständiger Abnehmer sein.

Tatsächlich wurde die Erlaubnis erteilt, und Sir John Siddeley, der Generaldirektor der Armstrong-Siddeley-Werke, flog nach Deutschland. Am Obersalzberg führte er Besprechungen mit Hitler und Göring. Hitler, der eine echte Bewunderung für fast alles Englische hatte, empfing den britischen Industriellen mit großer Freundlichkeit und erteilte ihm zu dessen großer Freude einen Auftrag über 85 Flugzeugmotoren der neuesten Bauart. Auf technische Einzelheiten und Lieferbedingungen ging Hitler nicht näher ein, doch nahm Siddeley an, daß die deutsche Führung wußte, was sie wollte, und sich den Abschluß vorher gründlich überlegt hatte. Auf der breiten Terrasse, von der man einen herrlichen Blick auf die Bergwelt an der deutsch-österreichischen Grenze hatte, besprach Sir John mit Hermann Göring den allfälligen Ankauf britischer Maschinen, die Göring als »Polizeiflugzeuge« einsetzen wollte, falls die »rote Pest« weiterhin an Deutschlands Himmel erschien. Flugzeuge wurden jedoch schließlich nicht gekauft, und als die 85 Siddeley-Motoren eintrafen, trauten Milch und seine Mitarbeiter ihren Augen nicht. Sie konnten in keines der vorhandenen Flugzeuge eingebaut werden und wurden an die Lufthansa abgetreten, deren Technischer Direktor ebenfalls keine Verwendung für sie hatte und sie in Magazinen verstaute.

Das war die erste, aber keineswegs die letzte Einmischung Hitlers in die technische Entwicklung der Luftwaffe. In diesem Fall überwog der Nutzen freilich den Schaden: Trotz wütender französischer Proteste gegen diese Art deutsch-britischer Zusammenarbeit hatten sich die Engländer als nachgiebig erwiesen, und Hitler war an guten Kontakten zu ihnen mehr denn je interessiert. Auch Göring errang in diesen Tagen einen persönlichen Triumph. Nach langen Bemühungen stimmte Reichspräsident Hindenburg seiner Rangerhöhung zu, und am 31. August 1933 wurde Göring zum General der Infanterie ernannt. Blomberg war zwar dienstrangälter als er, aber dies wurde durch Görings politischen Einfluß mehr als aufgewogen.

Am 19. Oktober 1933 hatte Hitler eine neue Überraschung für die Welt, aber auch für seine eigenen Generäle parat. Deutschland trat aus dem Völkerbund aus und verließ die Genfer Abrüstungskonferenz. In Vorbereitung dieses Schrittes hatte Hitler eine Weisung an den Reichswehrminister vorbereitet. Als er sie vorlegte, war Blomberg zunächst wie aus den Wolken gefallen: Die Reichswehr sollte alle nötigen Schritte unternehmen, um die Grenzen des Reiches im Osten und Westen gegen die zu erwartenden Sanktionen des Völkerbundes zu schützen, und unter Sanktionen verstand Hitler den Einmarsch fremder Truppen. Nun war aber das Stärkeverhältnis des deutschen Heeres gegenüber den benachbarten Armeen etwa 1 : 20, und außerdem konnte Blomberg bestenfalls zweihundert Flugzeuge gegen eine etwa siebenfache Übermacht der französischen Luftwaffe aufbieten. Sollte sich Großbritannien allfälligen französischen Sanktionen anschließen, was allerdings von vorneherein nicht sehr wahrscheinlich war, dann würden dazu noch die achthundert Maschinen der R.A.F. kommen. Krupp hatte zwar die Erzeugung von Panzern bereits aufgenommen, aber von einer Massenproduktion konnte keine Rede sein.

In Blombergs Augen war es Wahnsinn, die Franzosen herauszufordern. Tatsächlich wäre es Wahnsinn gewesen, doch weder die Franzosen noch die Engländer, Tschechen oder Polen reagierten auf den deutschen Schritt. Hitler hatte das erste Experiment einer Machtpolitik ohne Macht versucht, und das Experiment war geglückt. Aber Blomberg und die Generalität hatten einen schweren Schock davongetragen. Dieser Schock legte sich auch nicht, als Hitler drei Monate später, am 26. Januar 1934, die nächste Überraschung präsentierte, indem er den Abschluß eines für zehn Jahre anberaumten Nichtangriffspaktes mit Polen verkündete. Bereits am 12. November 1933 war der Reichstag aufgelöst worden. Nachdem bei den anschließenden Wahlen die Einheitsliste der NSDAP 92 Prozent der abgegebenen Stimmen erhalten hatte, war es den Militärs klar, daß sie sich weiterhin mit dem Führer abzufinden hatten. Hitler war offensichtlich ein Spieler, und niemand vermochte zu sagen, vor welche Anforderungen er die Nation demnächst stellen werde. Um so größer war nun die Notwendigkeit, möglichst rasch eine schlagkräftige Luftwaffe zu schaffen.

Erhard Milch war in dieser Hinsicht nicht untätig gewesen. Sein erster Schritt hatte natürlich darin bestanden, das Produktionspotential der deutschen Luftfahrtindustrie zu erhöhen. Am Beginn des Jahres 1933 beschäftigten acht Flugzeug- und fünf Flugzeugmotorenwerke insgesamt weniger als viertausend Mitarbeiter. Milch bot Produktionsverträge an und erhöhte die Zahl der Flugzeugwerke um neun. Darunter befanden sich Henschel sowie Blohm & Voß, die neben dem Lokomotiv- bzw. Schiffsbau die Erzeugung von Flugzeugen aufnahmen.

Milch besuchte die Junkersfabrik in Dessau und fragte, wie viele der dreimotorigen Ju 52 jährlich erzeugt werden konnten. Höchstens neunzehn, lautete die Antwort. Milch bestellte zweihundert, die innerhalb Jahresfrist geliefert werden sollten. Bei Ernst Heinkel erschien als Abgesandter Milchs Albert Kesselring. Er war Oberst der Reichswehr, trug aber Zivil, denn das Heer hatte ihn Milch als Verwaltungschef zur Verfügung gestellt. Ohne Umschweife steuerte Kesselring auf sein Ziel zu: Um die geheimen Ausbauforderungen erfüllen zu können, würde Heinkel eine neue Fabrik brauchen, die in der Lage war, dreitausend Arbeiter zu beschäftigen. Die viel zu kleinen Anlagen von Warnemünde würden dazu nicht ausreichen; außerdem sollten sie der Marine übergeben werden. Kesselring kam deshalb mit sorgfältig vorbereiteten Bauplänen. Die Fabrik sollte in Marienehe bei Rostock entstehen. Auf dem nahe gelegenen Fluß Warnow würde Heinkel seine Seeflugzeuge erproben können. Im Hinblick auf die Gefahr eines strategischen Luftkrieges gegen Deutschland sollten die Fabriksanlagen möglichst dezentralisiert sein. Keines der Gebäude sollte, ohne Rücksicht auf seinen Verwendungszweck, mehr als 20 000 Quadratmeter Grundfläche haben und jedes womöglich einen Abstand von zwei Gebäudelängen zum nächsten Objekt. Die Konturen sollten der Landschaft angepaßt sein, und für die Arbeiter mußten Luftschutzbunker errichtet werden. Die Kosten? Heinkel bekäme so viele Produktions- und Lizenzaufträge, daß er keine finanziellen Sorgen haben würde.

Am Ende des Jahres 1933 wies die Flugzeugindustrie bereits 20 000 Beschäftigte auf. Diese Zahl mußte nach Milchs Ansicht innerhalb eines weiteren Jahres vervierfacht werden, um das Sofortprogramm der Luftrüstung, auch »Rheinlandprogramm« genannt, zu verwirklichen. Milchs Detailaufstellungen sahen die Erzeugung von 4021 Flugzeugen zwischen 1. Januar 1934 und 30. September 1935 vor. Im Luftfahrtministerium und im Wehrmachtskommando wurde Milchs Projekt aus zwei Gründen die »Risikoluftwaffe« genannt: Einerseits mußte auf bestehende Typen zurückgegriffen werden, die zum Teil bereits veraltet waren und deren Verlust daher riskiert werden konnte; andererseits sollten sie in so großer Zahl erzeugt werden, daß es in Hinkunft für jede fremde Macht ein Risiko darstellen würde, den Bestrebungen Deutschlands entgegenzutreten.

Milchs Ziffer von viertausend Flugzeugen, die in 21 Monaten erzeugt werden sollten, bedurfte einer Erläuterung. Nicht alle Maschinen waren für den Fronteinsatz vorgesehen. 1760 Flugzeuge, also vierzig Prozent der Produktion, waren für Ausbildungszwecke bestimmt. Geplant waren ferner 843 Bomber, aber nur 245 Jäger. In der Zahl der Bomber waren nicht weniger als

450 Ju 52 enthalten, die in erster Linie Transporter waren und eine Geschwindigkeit von weniger als 250 km/h hatten. Bewaffnet waren sie mit einem Maschinengewehr in einem Kampfstand an der Rumpfoberseite und einem weiteren MG, das in einer Tonne angebracht war, die hinter dem Fahrwerk aus der Rumpfunterseite ausgefahren werden konnte. Die Bombenlast von 1650 Kilogramm war beeindruckend — vorausgesetzt, daß die Maschine im feindlichen Abwehrfeuer bis zum Ziel vorstoßen konnte.

Ein Beweis dafür, daß die neue Luftwaffe die Lehren von 1914—1918 nicht vergessen und die in Lipezk entwickelten Konzepte nicht verändert hatte, war die Tatsache, daß in Milchs Produktionsplänen 590 Aufklärungsflugzeuge aufschienen, die eng mit dem Heer zusammenarbeiten sollten. Vorgesehen waren die in Rußland bereits erprobten He 45 und He 46. Die Gesamtziffer beinhaltete auch die geringe Zahl von 153 Flugzeugen aller Art für die Marine; das waren drei Prozent. 115 Flugzeuge schließlich sollten an die Lufthansa abgetreten werden, falls kein Krieg ausbrach, was alle Planer hofften. Zwanzig verschiedene Typen waren für die Fertigung vorgesehen, doch nur drei davon waren den vergleichbaren französischen und englischen Modellen überlegen. Davon waren zwei, die Do 17 und die He 111, noch Prototypen, und nur je neun Maschinen dieser beiden Typen würden bei Abschluß des Rheinlandprogrammes zur Verfügung stehen.

Das interessanteste Flugzeug auf Milchs Produktionsliste war eine Maschine, die mitgeholfen hatte, die Vorherrschaft der Lufthansa in Europa zu etablieren. Im Frühjahr 1932 hatte die Swissair auf der Strecke Zürich—Wien eine amerikanische Lockheed-Orion-Maschine eingesetzt, die eine Geschwindigkeit von mehr als 250 km/h erreichte. Brandenburg hatte Ernst Heinkel bereits vorher nach Berlin gerufen und ihn gefragt, ob er rasch eine vergleichbare Maschine produzieren könne, um damit der

Gefahr einer Eroberung des europäischen Marktes durch die Amerikaner entgegenzutreten. Heinkel erteilte seinen Chefkonstrukteuren einen entsprechenden Auftrag, und dreißig Tage später legten Siegfried und Walther Günther ihren Entwurf vor. 21 Wochen danach rollte bereits die erste He 70-Blitz aus ihrem Hangar in Warnemünde.

Auf dem ganzen Kontinent gab es keine vergleichbare Maschine. Der Rumpf aus Duraluminium hatte eine vorbildliche aerodynamische Formgebung, und um den Luftwiderstand zu verkleinern, waren alle Nieten versenkt. Die elliptischen Tragflächen aus Sperrholz fügten sich mit der Eleganz einer Vogelschwinge in den Rumpf ein. Um Zeit zu sparen, wurden die Versuche im Windkanal durch eine einfache Art der aerodynamischen Erprobung ersetzt. Aus kleinen Rohren an der Motorhaube wurde Ruß über das Flugzeug versprüht. Unebenheiten wurden damit sichtbar gemacht und konnten sofort beseitigt werden. Die He 70 konnte neben Piloten und Kopiloten vier Passagiere, Gepäck und Post befördern. Das Triebwerk war ein neuer, wassergekühlter BMW-VI-Motor von 630 PS, der eine dreiflügelige Luftschraube antrieb. Das Fahrwerk konnte durch Betätigung einer Handpumpe hydraulisch eingezogen werden. Voll beladen und betankt wog die He 70 weniger als vier Tonnen. Der erste Probeflug fand am 1. Dezember 1932 statt. Die Maschine wurde dem Namen »Blitz« gerecht und erreichte eine Geschwindigkeit von mehr als 370 km/h; sie war also fast 20 km/h schneller als der neueste Jäger der R.A.F, die Hawker-Fury-II. Zwischen 14. März und 28. April 1933 stellte die He 70 nicht weniger als acht internationale Geschwindigkeitsrekorde auf. Die Brüder Günther hatten in Rekordzeit einen Triumph errungen.

Im Luftfahrtministerium brannten die Lichter bis spät in die Nacht; aber selten in Görings Arbeitszimmer. Seine militärischen Ambitionen wurden in zunehmendem Maße von seinen privaten Interessen überlagert. Hitler hatte ihn zum Reichsjägermeister ernannt, und fortan zog er in Kostümen, die eher ins Mittelalter als ins 20. Jahrhundert paßten, jagend durch Felder und Wälder. Er erwarb einen großen Besitz in der Schorfheide und errichtete ein entsprechend großes Haus. Man betrat es durch einen Vorhof, ein Portal und eine Vorhalle, die 50 Meter breit war. Göring nannte das Anwesen Karinhall und errichtete ein Mausoleum aus Granit für seine verstorbene Frau, deren Leichnam in einem prächtigen Zinnsarg aus Schweden heimgebracht wurde. Die ständig wachsende Zahl von Räumen füllte er mit alten Meistern und kostbaren Gobelins. Die Speisehalle war mit Säulen aus rotem Marmor geschmückt, und die Dienerschaft trug Livree. Es gab eine Schwimmhalle, eine Sauna, einen Turnsaal und ein Heimkino. Auf dem Dachboden war eine zwanzig Meter lange Miniatureisenbahnanlage installiert, die von einem roten Ledersessel aus gesteuert werden konnte. Auf Knopfdruck setzten sich Miniaturbomber, die an Drähten hingen, in Bewegung und warfen Holzbomben auf die Züge.

Immer häufiger war Göring in diplomatischen Missionen unterwegs, die ihn von Berlin fernhielten. In großer Uniform, mit Orden übersät, besuchte er Benito Mussolini in Italien, Marschall Pilsudski in Polen und nahm am Begräbnis König Alexanders von Jugoslawien in Belgrad teil. In Berlin führte er ein reges gesellschaftliches Leben und wurde immer häufiger an der Seite der Schauspielerin Emmi Sonnemann, seiner späteren Frau, gesehen. Daneben nahm ihn die Politik in Anspruch, und hier wieder besonders die Spannung innerhalb der Partei, die schließlich zur »Nacht der langen Messer« des 30. Juni 1934 führte. Und dazwischen gab es Perioden, in denen er sich in ein Sanatorium oder nach Karinhall zurückzog, um vergeblich gegen Rückfälle in seine alte Süchtigkeit anzukämpfen.

Eine Waffengattung mit einem Oberbefehlshaber von so unstabilem Charakter und so vielseitigen Verpflichtungen benötigte vor allem einen gut funktionierenden Stab mit einem Chef, dessen menschliche und fachliche Qualitäten außer Zweifel standen, also einen Mann von anderer Art als Göring. Die Wahl fiel auf einen 46jährigen Oberst der Reichswehr, der keine fliegerische Vorbildung, aber viele andere gute Eigenschaften hatte.

Als Walter Wever in das Reichsluftfahrtministerium kam, lag hinter ihm eine Dienstzeit von 28 Jahren, die durch hervorragende Leistungen, doch langsame Beförderung gekennzeichnet war. Wever, der aus einer mittelständischen Familie in Posen stammte, war im Alter von 18 Jahren Offiziersanwärter bei der Infanterie geworden. Bis zum Kriegsausbruch, den er im Alter von 27 Jahren erlebte, blieb er Leutnant. Nachdem er sich als Zugführer an der Front ausgezeichnet hatte, wurde er befördert und kam schließlich als Hauptmann in den Generalstab. Am Beginn des Jahres 1917 wurde er in das Große Hauptquartier unter Hindenburg und Ludendorff berufen. Dort wirkte er an der Schaffung des Konzepts der elastischen Verteidigung mit. Dieses Konzept — bei dem die Truppe die vorderen, im Trommelfeuer liegenden Stellungen vorübergehend preisgab und in rückwärtigen Verteidigungsanlagen konzentriert wurde — trug wesentlich zum Scheitern der französischen Offensive am Chemin des Dames bei. Wevers Planungsarbeit hatte auch Anteil am Anfangserfolg der letzten großen deutschen Offensive im Frühjahr 1918. Das gleiche galt für seine Mitwirkung am reibungslosen Rückzug aus den besetzten Gebieten Frankreichs und Belgiens, der am 11. November 1918, dem 31. Geburtstag Wevers, begann.

Wever verblieb in der Reichswehr und wurde in das Truppenamt berufen, wo er sich das Vertrauen Seeckts erwarb und nach elfjähriger Dienstzeit als Hauptmann schließlich im Alter von 39 Jahren zum Major befördert wurde. 1932 wurde er Oberst und leitete die Ausbildungsabteilung des Truppenamtes. Von dort wurde Wever zum Chef des Führungsamtes des Luftfahrtministeriums berufen, was lediglich ein Tarnname für den Chef des Luftwaffengeneralstabes war. Er war für diesen Posten von Oberst Hans-Jürgen Stumpff vorgeschlagen worden, der ebenfalls aus dem Heer kam und Wever seit Jahren kannte. Blomberg stimmte dem Vorschlag zu, meinte aber: »Sie nehmen mir meine besten Leute!« In den Augen Stumpffs war Wever »außergewöhnlich«, und Milch, der nicht leicht zu beeindrucken war, sagte über ihn, »daß er unerhörte berufliche Fähigkeiten besaß und der bedeutendste Offizier war, der aus der Armee übernommen wurde«. Für Göring war er einfach »ungeheuerlich... unermüdlich bei Tag und Nacht...«, und Oberst Wilhelm Speidel von der Operationsabteilung urteilte: »Dieser realistische und kompromißlos klarsichtige Mann hatte eine zweite Seele in seiner Brust, die phantastischen und nicht realisierbaren Zielen nachhing.«

Die Ziele, die Wever anstrebte, reichten tatsächlich weit über Milchs großes Produktionsprogramm von mehr als viertausend Flugzeugen bis zum Jahre 1935 hinaus. Ihm schwebte eine Luftwaffe vor, die über 10 000 Flugzeuge aller Art verfügte. Bevor beantwortet werden konnte, welcher Art diese Flugzeuge sein sollten, mußte die Frage gestellt werden, welche Art von Krieg sie führen sollten. Da von Göring in dieser Hinsicht keine Richtlinien zu erwarten waren, hielt sich Wever an Hitlers »Mein Kampf«, aus dem er zwei Schlußfolgerungen zog: Der Führer wollte keinen Revanchekrieg gegen Frankreich, und er wollte vor allem keinen Krieg gegen die »arische Brudernation« der Engländer, die er viel lieber als Verbündete gesehen hätte. Dagegen stand das bolschewistische Rußland Deutschlands historischem Drang nach dem Osten entgegen, und Hitler wurde in seiner Verdammung des Kommunismus nicht müde. Wever trat überdies sein Amt zu einer Zeit an, in der sich die deutschrussischen Beziehungen nach Jahren freundschaftlicher Zusammenarbeit zu verschlechtern begannen. Lipezk war als deutsches Ausbildungszentrum bereits geschlossen worden, und Hitler hatte soeben die Liquidierung der Panzer- und Gaskriegsschulen in Rußland befohlen. Angesichts dieser Entwicklung und Hitlers grundsätzlicher Einstellung war sich Wever darüber im klaren, daß der Hauptgegner des Nationalsozialismus die Sowjetunion war. Der Zusammenstoß mit ihr schien ihm unvermeidlich. Nun war er aber davon überzeugt, daß es wesentlich rationeller sei, die Waffen des Gegners bereits an der Quelle und nicht auf dem Schlachtfeld zu zerstören. Warum sollte man Flugzeuge und Panzer im Kampf einzeln abschießen, wenn es möglich war, ihre Erzeugungsstätten in die Luft zu jagen? Was Wever dazu brauchte, war ein Flugzeug, das Rußlands industrielles Kerngebiet jenseits des Ural — in mehr als zweitausend Kilometer Entfernung — erreichen konnte.

Eine solche Maschine schien in Milchs Rheinlandprogramm nicht auf. Es gab aber eine Denkschrift, die Oberst Wilhelm Wimmer ausgearbeitet hatte, ein Kriegspilot, der nun dem Technischen Büro der Fliegerzentrale angehörte. Darin wurde die Notwendigkeit eines viermotorigen strategischen Bombers für den Krieg der Zukunft betont. Wever pflichtete dieser Ansicht bei und befahl die beschleunigte Aufnahme von Entwicklungsstudien für diese Maschine, die er den »Uralbomber« nannte.

Obwohl Wever in der Tradition des Heeres aufgewachsen war, hatte er das Wesen des Luftkrieges sofort erfaßt. Seine Begeisterung für die ihm übertragene Aufgabe schlug sich in der Rede nieder, die er zwei Jahre nach seiner Ernennung bei der Eröffnung der neuen Luftkriegsakademie hielt. Er sagte damals: »Der Bereich der Luftkriegsführung endet nicht an den Fronten des Heeres. Er erstreckt sich über das Kampfgebiet des Heeres hinaus, über Küsten und Meere, über das ganze Reich und das gesamte Gebiet des Feindes... Berge, Flüsse, Wälder und

Sümpfe sind natürliche Verteidigungslinien, die den Operationen der Landstreitkräfte gewisse Beschränkungen auferlegen und im Zeitalter der Massenheere die Kraft einer Nation zu verzehren drohen, die sich im Schlamm der Granattrichter und Gräben verblutet... Aber ein modernes Heer kann in Zusammenarbeit mit der Luftwaffe den Stellungskrieg vermeiden. In der Luftwaffe haben wir ein Instrument, das keine Beschränkungen kennt...«

Wever führte aus, was er unter strategischer Luftkriegsführung verstand: »Die Zerstörung von Luftwaffe, Armee und Marine des Feindes und der Versorgungsquellen der feindlichen Streitkräfte, der Rüstungsindustrie.« Er mahnte, daß »nur die Nation, die über starke Bomberstreitkräfte verfügt, von ihrer Luftwaffe entscheidenden Einsatz erwarten kann«. Schließlich warnte Wever, in Erfüllung der Aufgabe, die der Aufbau der Luftwaffe stellte, vor einem Ehrgeiz, der sich nur in »Beförderungen und Auszeichnungen« erschöpfte, und verlangte »moralische Standfestigkeit, kühnes Denken, Einfallsreichtum und Entschlossenheit«.

Wever wollte also eine Luftwaffe schaffen, die sowohl taktische als auch strategische Aufgaben erfüllen konnte. Was kühnes Denken und Entschlossenheit betraf, so ging er mit gutem Beispiel voran. Im Alter von 48 Jahren erlernte er das Fliegen, um das Flugzeugführerabzeichen zu erwerben, setzte sich als Generalmajor hinter den Steuerknüppel und befolgte die Anweisungen seines Lehrers.

VIII

DIE NEUEN WAFFEN

*»Im festen Glauben an die Größe der
deutschen Nation widme ich mich mit ganzer
Kraft meiner gigantischen Aufgabe.«*
                                    Hermann Göring

Nach zwölf Jahren des Stillstandes schien ganz Deutschland in Bewegung geraten zu sein, und das Rheinlandprogramm näherte sich schnell seiner Vollendung. Ende 1934, also etwa zur Halbzeit, war die Hälfte der von Milch bestellten Maschinen fertiggestellt und zu den Einheiten, die Wever aufstellte, unterwegs. Aufgeteilt auf sechs Luftkreise gab es 41 Verbände, die verschiedene Tarnnamen trugen. So verbarg sich eine Gruppe von Bombern des Typs Do 11 in Faßberg unter der Bezeichnung Hanseatische Fliegerschule. Die Ju 52 der Bombenfliegerschule in Lechfeld flogen als Maschinen des Deutschen Flugwetterdienstes. In der Deutschen Verkehrsfliegerschule in Braunschweig war eine Aufklärereinheit mit He 46 untergebracht. In Prenzlau waren angehende Bomberpiloten mit ihren Ju 52 im Forst- und landwirtschaftlichen Flugversuchs-Institut tätig.

Die erste Jägereinheit wurde am 1. April 1934 aufgestellt. Offiziell handelte es sich dabei um eine der seit längerer Zeit bestehenden sogenannten Reklamefliegerstaffeln, inoffiziell lautete ihre Bezeichnung Staffel 132. Diese Bezeichnung sollte nicht etwa vortäuschen, daß Deutschland mehr als hundertdreißig Staffeln besaß. Sie war nichts weiter als ein Code. Die erste

Ziffer besagte, daß es sich um Staffel Nr. 1 handelte, die zweite, daß es sich um eine Jägereinheit handelte, und die dritte, daß sie im Luftkreis II, Berlin, stationiert war. Aus dieser Staffel ging das Jagdgeschwader Richthofen Nr. 2 hervor, zu dessen erstem Kommandeur Major Robert Ritter von Greim ernannt wurde, Jagdflieger des Weltkrieges, Sieger in 28 Luftkämpfen und Träger des Pour le mérite.

Um den ständig wachsenden Bedarf an Bodenpersonal decken zu können, zogen Tausende von Unteroffizieren und Mannschaften der Reichswehr die neuen blaugrauen Uniformen an. Viele von ihnen hatten sich freiwillig gemeldet; zusammen mit der hohen personellen Qualität der von Seeckt konzipierten Armee bedeutete dies, daß sie sich rasch in ihrem neuen Metier zurechtfanden.

Nach dem Tode Hindenburgs wurde Hitler als Führer und Reichskanzler der Oberste Befehlshaber der Wehrmacht. Bald darauf trugen Heer und Marine an der rechten Seite der Uniformbluse den Reichsadler mit ausgestreckten Schwingen, der in den Fängen das Hakenkreuz in einem Lorbeerkranz hielt. Göring ließ für die Uniformen der künftigen Luftwaffe eine Variante dieses Hoheitsabzeichens entwerfen, mit einem Adler, dessen Schwingen zum Flug gestreckt waren, und einem Hakenkreuz ohne Kranz.

Am 26. Februar 1935 war es soweit. Der Führer unterzeichnete den Erlaß, mit dem die Luftwaffe ein selbständiger dritter Wehrmachtsteil wurde. Nach dem Wunsch Hitlers sollte die offizielle Bezeichnung »Reichsluftwaffe« lauten, aber dieser Ausdruck bürgerte sich nicht ein, und bald sprach man allgemein nur mehr von der »Luftwaffe«. Als dritter Wehrmachtsteil stand sie gleichberechtigt neben Heer und Marine, ihr Oberbefehlshaber Göring war über den Reichswehrminister Blomberg Hitler als Oberstem Befehlshaber der Wehrmacht unterstellt. Der Erlaß vom 26. Februar trat mit Wirkung vom 1. März in Kraft.

DIE NEUEN WAFFEN

Selbständigkeit! Das war ein Wunsch, den die britischen Flieger nach 1918 erst in dreijährigen harten Auseinandersetzungen verwirklicht hatten und auf dessen Erfüllung die amerikanischen Flieger noch bis 1947 warten mußten.

Am 10. März 1935 ließ Göring Ward Price, den Korrespondenten der Londoner »Daily Mail«, zu sich kommen und gab ihm ein sensationelles Interview. Er erzählte ihm, wie er die neue deutsche Luftwaffe geschaffen habe, die aber keine Bedrohung für die Welt darstelle, sondern ausschließlich defensive Aufgaben erfülle. Vier Tage später entstand aus Major von Greims Staffel 132 das Jagdgeschwader Richthofen 2. Die Mechaniker brachten Hakenkreuze am Steuer und das Balkenkreuz an Rumpf und Tragflächen der Arado 65 und Heinkel 51 an. Es war ein eindrucksvoller Anblick, wenn die frisch gestrichenen Maschinen über die deutschen Städte flogen; daß sie vorläufig keine Waffen mit sich führten, war vom Boden aus nicht zu erkennen. Bald darauf wurde aus den Beständen, die nun aus den Fabriken kamen, ein zweites Jagdgeschwader aufgestellt. Die Anteilnahme der Partei an der neuen Luftwaffe kam in der Namensgebung für dieses JG 134 zum Ausdruck: Es wurde Jagdgeschwader Horst Wessel genannt. Für die Offiziere und Mannschaften, die an die offizielle Version vom Tode Wessels glaubten — »Er starb im Kampf gegen den Bolschewismus!« —, war die Namensgebung sicherlich akzeptabel, auch wenn der tote SA-Mann nie etwas mit der Fliegerei zu tun gehabt hatte. Etwas anders sah es freilich für jene aus, denen die wahren Umstände seines Todes bekannt waren. Horst Wessel war im Zuhältermilieu im Streit um eine Prostituierte namens Erna Jänicke erschossen worden.

Als Göring die Schaffung der Luftwaffe verkündete, verfügte sie über 17 Staffeln. Bald danach hatte sich diese Zahl verzehnfacht, und der Luftwaffe standen 1833 Flugzeuge der ersten Linie zur Verfügung, die sich folgendermaßen gliederten:

372 Bomber (Do 11 und Do 23),
450 Behelfsbomber (Ju 52),
 51 Stuka-Ausbildungsflugzeuge (He 50),
251 Jäger (Ar 64, Ar 65, He 51),
320 Fernaufklärer (He 45),
270 Nahaufklärer (He 46),
119 Marineflugzeuge (He 38, Do 16, He 59, Do 18, He 51 W).

Die Entwicklung ging weiter. Am 16. März 1935 verkündete Hitler die Wiedereinführung der allgemeinen Wehrpflicht mit dem Ziel, ein Heer von 36 Divisionen-in der Stärke von 500 000 Mann zu schaffen. Nach der Errichtung der Luftwaffe war dieser Schritt der endgültige Todesstoß für den ohnehin schon mehrfach verletzten Versailler Vertrag. Die Reaktion der übrigen Signatarmächte war mitleiderregend. Großbritannien, Frankreich und Italien traten in Stresa unter dem Mandat des Völkerbundes zusammen und entwarfen Noten, in denen sie sich entrüsteten und Deutschland verdammten. Frankreich schloß einen Beistandspakt mit der Sowjetunion, die ihrerseits einen solchen Pakt mit der Tschechoslowakei schloß. England schwieg sich dagegen über seine Absicht aus, zwei Monate später einen Vertrag mit Deutschland abzuschließen, der den Ausbau der deutschen Kriegsmarine einschließlich einer U-Bootwaffe erlaubte. Sir John Simon, der neue englische Außenminister, wurde von Adolf Hitler in Berlin empfangen. Der Reichskanzler beteuerte zunächst seinen Friedenswillen. Dann rasselte er mit dem Säbel. Die Luftwaffe, so erklärte Hitler mit der Gelassenheit eines gewiegten Pokerspielers, habe bereits die Parität mit der R.A.F. erreicht. Das stimmte zwar nicht, aber angesichts der zahlreichen Luftwaffensoldaten, die durch Berlin marschierten, und der vielen Flugzeuge, die über Deutschland flogen, war das Gegenteil schwer zu beweisen.

General Wever, dessen Rheinlandprogramm sich der Erfüllung näherte, plante bereits mit aller Energie die zweite Phase des Aufbaus der Luftwaffe. Vorrang hatte die Entwicklung eines viermotorigen Bombers für den strategischen Einsatz. Im Einvernehmen mit Oberst Wimmer vom Technischen Amt ergingen Entwicklungsaufträge an die Junkerswerke in Dessau und an Claudius Dornier in Friedrichshafen am Bodensee. Wever und Wimmer genehmigten die ersten Entwürfe, und man ging an die Herstellung von Holzmodellen in Originalgröße. Beide Maschinen wiesen schließlich eine bemerkenswerte Ähnlichkeit auf: breite Tragflächen von mehr als dreißig Metern Spannweite, vier nahe beieinanderliegende Motoren, tiefhängender Rumpf und Doppelleitwerk. Die Do 19 — typisch für Dornier — war eleganter und die Ju 89 — ebenso typisch für Junkers — robuster. Beide Bomber hatten ein Fahrgestell, das in die inneren Triebwerkszellen eingefahren wurde, aber kein Bugrad.

Wimmer hat später berichtet, daß es ihm im Frühjahr 1935 gelungen sei, Göring zu einem Besuch in Dessau zu überreden. Er ging mit ihm durch die Fabrikhallen, in denen sie sich inmitten des Lärms der Hämmer, Sägen und Schweißgeräte nur schwer verständlich machen konnten. Dann aber kamen sie in eine große Halle, in der nur die leisen Geräusche von Tischler- und Anstreicherarbeiten vernehmbar waren. Göring stand in dieser Halle unvermutet dem riesigen Holzmodell der Ju 89 gegenüber, wandte sich fassungslos an Wimmer und fragte: »Was soll denn das sein?«

Wimmer antwortete, daß es sich um das originalgetreue Modell des vielbesprochenen Uralbombers handle, von dem der Herr Reichsluftfahrtminister ja zweifellos schon gehört habe. Göring rief daraufhin: »Ein solches Großprojekt kann nur von mir persönlich befohlen werden«, drehte sich um und verließ die Halle. Wimmer war zunächst etwas verstört, schloß aber dann mit Recht, daß Göring bis zur Rückkehr nach Berlin bereits alles wieder vergessen hätte. Die Arbeit an der Ju 89 ging tatsächlich ungestört weiter.

Bald darauf führte Wimmer den Reichswehrminister von Blomberg durch die Dornierwerke, zeigte ihm die Do 19 und erläuterte die Leistungen, die man sich von ihr erhoffte. Blomberg hörte aufmerksam zu und fragte schließlich, wann die Maschine einsatzfähig sein werde. Wimmer antwortete: »In ungefähr vier oder fünf Jahren.« Wie alle Generäle der deutschen Führung war Blomberg fest davon überzeugt, daß der nächste Krieg nicht vor 1942 oder 1943 ausbrechen werde. Wenn daher die strategischen Bomber 1939 oder 1940 einsatzfähig waren, genügte dies. Nachdenklich sagte Blomberg schließlich: »Ja, das ist ungefähr die Größe.« Wimmer schloß daraus, daß Blomberg mit dem Bomber einverstanden war. So ging auch die Arbeit an der Do 19 weiter.

Die strategische Luftwaffe, die Wever vorschwebte, mußte eine große Reichweite haben, und die taktische Luftwaffe, die er gleichzeitig schaffen wollte, mußte ebenso kräftig wie schnell zuschlagen können. Noch bevor Wever Generalstabschef geworden war, hatten die Offiziere in der Fliegerzentrale endlose Diskussionen über den Bomber geführt, den sie eines Tages bauen wollten. Ergebnis dieser Diskussionen war das Konzept eines Flugzeuges, das schnell genug war, um Jäger nicht fürchten zu müssen und deshalb auf Bewaffnung und Bordschützen verzichten zu können. Das auf diese Weise eingesparte Gewicht ermöglichte höhere Bombenlast und größere Treibstoffmengen mitzuführen. Wever hatte gegen dieses Konzept keinen Einwand. Zum Glück für die Entwicklungsabteilung des Technischen Amtes der Luftwaffe gab es bereits den Prototyp eines solchen Bombers. Es handelte sich um ein Flugzeug, das die Lufthansa als Verkehrsmaschine abgelehnt hatte.

Gegen Ende 1933 hatte Dornier den Auftrag zur Entwicklung einer Maschine erhalten, die sechs Passagiere und Post befördern konnte. Da die Lufthansa diese Maschine für den Schnellverkehr zwischen deutschen Städten einsetzen wollte, mußte sie keine große Reichweite, aber eine hohe Geschwindigkeit besitzen. Die stärksten damals verfügbaren Motoren waren zwölfzylindrige BMW-Triebwerke, die wassergekühlt waren und 750 PS entwickelten. Dazu wollten die Techniker Dorniers das aerodynamisch fortgeschrittenste Flugzeug der Welt bauen. Der Rumpf war so dünn wie ein Bleistift, und die Rumpfnase sah aus wie ein Projektil. Die abgerundeten Tragflächen von achtzehn Metern Spannweite saßen hinter der Führerkanzel auf dem Rumpf so elegant auf, als seien sie angegossen. Das Seitensteuer war klein und fast dreieckig. Das breitspurige Fahrgestell wurde in die Triebwerke eingezogen und — um jeden unnötigen Luftwiderstand zu vermeiden — ging man so weit, sogar das Spornrad einziehbar zu machen. Es saß dort, wo das Rumpfende so schmal war, daß es ein Mann mit beiden Armen umspannen konnte.

Die Lufthansa übernahm drei Prototypen der Do 17 zur Erprobung. Die Testpiloten waren von den Flugeigenschaften begeistert, die Technische Abteilung der Lufthansa gab zu, daß die Geschwindigkeit von mehr als 400 km/h über den Ausschreibungsbedingungen lag, und die Werft lobte die ausgezeichneten Motoren. Aber die kommerzielle Direktion legte sofort ihr Veto ein. Dorniers Ingenieure hatten bei der Entwicklung der Do 17 nur an die Geschwindigkeit, nicht aber an die Passagiere gedacht. Eine winzige Kabine für zwei Personen befand sich unmittelbar hinter der Pilotenkanzel, so nahe, daß sich die Reisenden fast wie Angehörige der Besatzung fühlen mußten, nur daß ihre Sicht viel schlechter war. Eine Kabine für vier weitere Passagiere befand sich hinter der Tragfläche; dort war die Sicht gut, der Motorenlärm jedoch groß. Um zu den Sitzen zu gelangen, mußten die Passagiere jung und athletisch sein, denn es war nur mit geradezu akrobatischen Körperverrenkungen möglich, einzusteigen. Prompt gingen alle drei Prototypen an Dornier zurück.

In diesem Augenblick meldete sich der Chefpilot der Lufthansa, Flugkapitän Untucht, zu Wort. Untucht, der einmal Testpilot bei Dornier gewesen war und über gute Verbindungen zum Reichsluftfahrtministerium verfügte, wies darauf hin, daß die elegante Do 17 nach einigen kleinen Änderungen ein ausgezeichneter Schnellbomber sein würde. Daraufhin wurde anstelle der vorderen Kabine eine Funkanlage samt Platz für den Bordfunker eingebaut. Die Kabinenfenster wurden entfernt, der Rumpf um fünf Zentimeter verlängert und das einfache Seitensteuer durch ein Doppelleitwerk ersetzt, um den einzigen Fehler der Maschine zu beseitigen, nämlich die Tendenz, nach links oder rechts auszubrechen. Ein sechster Prototyp, die Do 17 V 6, wurde im Herbst 1935 erprobt.

Im Technischen Amt der Luftwaffe neigte man zunächst der Ansicht zu, daß nun, da mehr oder minder durch Zufall der lang erwartete Schnellbomber geboren sei, die Massenproduktion sofort beginnen könne. Bewaffnung werde nicht benötigt, da die Geschwindigkeit ja vor feindlichen Jägern hinreichend schütze. Dieser Ansicht wurde aber mit Recht widersprochen. Schließlich war es nur eine Frage der Zeit, wann der Gegner schnellere Jäger entwickeln würde. Das Technische Amt befahl daher die Bewaffnung der Do 17. Zwei weitere Prototypen wurden erzeugt, bis schließlich die Do 17 V 9 entstand. Mit der Do 17 E 1 begann anschließend die Massenfertigung. Dieser Typ war mit zwei BMW-Motoren ausgerüstet und zwei Maschinengewehren bestückt. Die Höchstgeschwindigkeit dieser Standardausführung betrug 355 km/h und die Reichweite 1590 Kilometer. Die Maschine konnte also von der Oder nach Warschau und vom Rhein nach Paris oder London und zurück fliegen. Nachdem Dornier den Auftrag zur Massenfertigung erhalten hatte, führte er eine Neuerung in der deutschen Luftfahrtindustrie ein. Die Zelle der Do 17 wurde in Einzelbestandteile zerlegt, die gesondert hergestellt und dementsprechend auch bei einzelnen Firmen gesondert in Auftrag gegeben werden konnten. Das bedeutete nicht nur einen ersten Schritt zur Dezentralisierung der Luftfahrtindustrie, sondern erleichterte auch die Vornahme von Reparaturen, bis hinunter zu den Gruppen und Staffeln.

Einen weiteren wesentlichen Beitrag der Zivilluftfahrtindustrie zum Aufbau der Luftwaffe leistete Ernst Heinkel. Noch bevor die letzte der 72 vom Reichsluftfahrtministerium in Auftrag gegebenen He 70 in Warnemünde fertiggestellt war, hatte bereits die Arbeit an einer Weiterentwicklung in der neuen Fabrik in Marienehe begonnen. Im Gegensatz zur Do 17 wurde die He 111 sowohl als Verkehrsmaschine als auch als Bomber eingesetzt. Als Verkehrsmaschine konnte sie zehn Passagiere befördern, vier vor und sechs hinter der Tragfläche. Dazwischen lag ein Raum, den die Lufthansa als Raucherabteil bezeichnete, der aber auch Bomben aufnehmen konnte. Die He 111, die zunächst von zwei BMW-VI-Motoren angetrieben wurde, war viel größer als die Do 17. Ihre breiten, elliptischen Tragflächen hatten eine Spannweite von 22 Metern, und unbeladen war sie um eineinhalb Tonnen schwerer als der Schnellbomber Dorniers. Trotzdem erreichte sie bald nach dem Probeflug am 24. Februar 1935 eine Spitzengeschwindigkeit von 410 km/h, und die Testpiloten erklärten, daß sie noch bessere Flugeigenschaften habe als die He 70. Daraufhin bestellte die Luftwaffe zehn He 111 in militärischer Ausführung, das heißt mit drei MG-Ständen, einem längeren Rumpf und einer Glaskanzel für den Bombenschützen im Bug. Mit einer Bombenlast von 1000 Kilogramm wog die Maschine allerdings mehr als sechs Tonnen, und die Geschwindigkeit sank dementsprechend.

In dieser Phase der Entwicklung bot Daimler-Benz ein Triebwerk an, das nicht nur die He 111 rettete, sondern auch den Konstrukteuren von Jagdflugzeugen, die bisher über viel zu schwache Motoren geklagt hatten, neue Möglichkeiten erschloß. Der neue Zwölfzylinder-V-Motor entwickelte 1000 PS. Mit diesen DB-600-Triebwerken erreichte ein Prototyp der Bomberversion der He 111 trotz der zusätzlichen 420 Kilogramm der neuen, schwereren Motoren eine Geschwindigkeit von mehr als 400 km/h. Die Frage war nur, ob Heinkel eine genügende Anzahl dieser Triebwerke für die Massenfertigung der He 111 erhalten konnte. Die Antwort war zunächst negativ, denn sämtliche Triebwerke wurden für die Jägerproduktion benötigt. Da aber die Luftwaffe an der He 111 sehr interessiert war, wurde Daimler-Benz aufgefordert, für den Bomber eine eigene Version zu entwickeln. Zur gleichen Zeit wurden auch an der Maschine einige Veränderungen vorgenommen; insbesondere wurde die elliptische Form der Flügel etwas gemildert, um die Herstellung zu vereinfachen und zu beschleunigen. In diese Version wurden die DB-600-G-Triebwerke eingebaut, und als He 111 B 1 ging sie in die Massenfertigung.

Heinkels Produktionskapazität war bereits aufs äußerste angespannt, als er den Besuch von Oberst Fritz Loeb, eines Offiziers des Technischen Amtes, erhielt. Loeb teilte Heinkel mit, die Luftwaffe wünsche die Errichtung einer weiteren Fabrik, die ausschließlich die He 111 mit einem anfänglichen Monatsausstoß von hundert Maschinen herstellen solle. Heinkel, der bereits große Summen für den Bau der Anlagen in Marienehe aufgewendet hatte, wollte wissen, wo das Geld herkommen solle. Er habe nicht die Absicht, sich zu verschulden. Loeb erklärte, Geld sei kein Problem, die Luftwaffe werde alles bezahlen. Tatsächlich war ihr Budget sprunghaft gesteigert worden. Gemäß Sonderplan XVI des Fiskaljahres 1933/34 standen ihr 120 Millionen RM zur Verfügung, von denen 40 Millionen aus Budgetansätzen des Heeres und der Marine kamen. Für die Fiskalperiode 1934/35 waren 210 Millionen vorgesehen und für die nächste 340 Millionen, zuzüglich weiterer hoher Beträge aus einem Sonderfonds. Finanziert wurde er mit Mefo-Wechseln, ein System, das Reichsbankpräsident Hjalmar Schacht erfunden hatte und das streng geheimgehalten wurde, um im Inland keine Inflationspanik heraufzubeschwören und im Ausland das Vertrauen in die Reichsmark nicht zu erschüttern.

Oberst Loeb führte im einzelnen aus, daß die neue Fabrik in der Nähe Berlins, aber unter Rücksichtnahme auf die Gefahr eines Luftkrieges entstehen müsse. »Nur nicht in einer Stadt«, erklärte er, »nur nicht geschlossen bauen, alles im Freien verzetteln für den Fall von Luftangriffen.«

Heinkel machte darauf aufmerksam, daß die Dezentralisierung auf die Produktivität und in weiterer Folge auch auf die Gewinnspannen drücken würde. »Soll es kosten, soll es kosten«, sagte Loeb. »Das ist ja nicht Ihr Geld.«

Heinkel erkundete daraufhin die nähere Umgebung Berlins. Es zeigte sich, daß ein bewaldetes Gebiet bei Oranienburg am geeignetsten erschien. Oranienburg war nur etwas mehr als dreißig Kilometer vom Zentrum der Reichshauptstadt entfernt und mit einer Schnellbahn zu erreichen. Das einzige größere Hindernis für das Anlegen einer Fabrik war das Fehlen von Wasser. Heinkel ließ eine Rutengängerin kommen, die das Gelände mit ihrer Wünschelrute abging und rasch eine Wasserader ortete. In kaum zwei Meter Tiefe wurde dann tatsächlich Wasser gefunden. Heinkel zog Albert Speer, Hitlers jungen Architekten, heran, und Anfang April 1936 wurden die Pläne für das Werk Oranienburg fertiggestellt.

Die Anlagen des Wehrbereiches 1 waren in acht Haupthallen gegliedert, die zumeist unter Bäumen verborgen lagen. Obwohl die Gefahr von Luftangriffen bestand, rühmte Heinkel in seinen Erinnerungen »die Hallen in Stahl mit roten Klinkern und riesigen Fensterflächen«. Immerhin wurden tiefe Luftschutzräume angelegt, und das Werk erhielt eine eigene Betriebsfeuerwehr. Eine neue Gleisverbindung zu der Eisenbahnlinie Berlin— Oranienburg diente hauptsächlich der Zulieferung des Rohmaterials, denn Heinkel war davon überzeugt, daß es nur

Schwierigkeiten geben würde, wenn sein Personal mit der Bahn zur Arbeit kommen müsse. Er bestand deshalb auf der Errichtung einer Werkssiedlung, die zwölfhundert Wohnungen, ein Rathaus, Theater, Geschäfte, Wäschereien und ein Schwimmbad umfaßte. Am 4. Mai erfolgte der Spatenstich, und genau ein Jahr später wurde die erste He 111 unter dem Jubel der Werksangehörigen und der geladenen Gäste aus der Montagehalle gerollt. Oranienburg entwickelte sich zum Musterbetrieb und wurde von der Führung der Luftwaffe gerne hergezeigt, wenn es galt, ausländische Besucher zu beeindrucken.

Der Schnellbomber war eine Idee der Luftwaffe gewesen; der Sturzkampfbomber dagegen war ein Konzept, das die amerikanische Kriegsmarine entwickelt hatte. Daß dieses Konzept in Deutschland trotz heftiger Opposition verwirklicht wurde, verdankte es dem leidenschaftlichen Eintreten eines Mannes, der damit ein großes Risiko einging: Ernst Udet, berühmtester überlebender Jagdflieger des Ersten Weltkriegs.

Bei Kriegsende war Udet zweiundzwanzig Jahre alt und berufslos. Das einzige, wovon er etwas verstand, war der Luftkampf, sein einziger Lohn der Pour le mérite, seine Sehnsucht die Weite des Himmels und sein Lebensatem die Freiheit. Er lehnte eine Position innerhalb der Reichswehr ab, heiratete seine Freundin aus Kriegstagen, Lo Zink, und borgte sich Kapital für die Gründung einer kleinen Flugzeugfabrik. Dort baute er Sportdoppeldecker mit so attraktiven Namen wie »Kolibri« und »Flamingo« und führte sie persönlich vor. Aber zuerst ging seine Ehe zugrunde und dann seine Begeisterung für die Fabrikantentätigkeit dahin. Seine Partner wollten mit dem Bau von viermotorigen Verkehrsmaschinen beginnen, doch Udet hatte kein Interesse an großen Flugzeugen.

Er war der geborene Bohemien, gesegnet mit Witz, mit schauspielerischer und karikaturistischer Begabung. Udet war gesellig, aber kein steifer Gesellschaftsmensch, und mitteilsam, ohne in

Geschwätzigkeit auszuarten. In ganz Berlin waren seine zwanglosen Partys berühmt, bei denen jeder, der zufällig vorbeikam, sein Glas Champagner oder Kognak bekam oder eine Mischung beider Getränke, die in einer Granathülse angeboten wurde und den Namen »Seventy-five« führte. Udet trank gerne, ohne ein Trinker zu sein, und er erzählte gerne, ohne zu langweilen.

Als Jagdflieger mit den meisten Abschüssen nach Manfred von Richthofen hätte Ernst Udet seinen Namen gewinnbringend ausnützen können. Aber das lag ihm nicht; er wollte sich nicht prostituieren. Er war und blieb ein Pilot, ein Experte, der seine genau umgrenzten Fähigkeiten für seinen Lebensunterhalt nützen wollte. Im tiefsten Herzen dürfte Udet Realist gewesen sein und gewußt haben, daß Heldentaten im Krieg noch keine ausreichende Qualifikation für das Geschäftsleben darstellten. So griff er rasch zu, als Leni Riefenstahl ihm vorschlug, seinen Mut und seine Fähigkeiten im Film einzusetzen. Die sechsundzwanzigjährige Künstlerin, die Malerin und Tänzerin gewesen war, bevor sie Schauspielerin und Regisseurin wurde, arbeitete mit Udet in Afrika und in der Arktis. Der bekannteste abendfüllende Spielfilm, bei dem er mitwirkte, war der unter der Regie von Arnold Fanck im Jahr 1929 gedrehte Streifen »Die weiße Hölle vom Piz Palü«.

Udet besuchte mit seinem Flugzeug auch die Vereinigten Staaten und lernte dort neue Freunde kennen, darunter viele ehemalige Kriegspiloten, mit denen er sich gut ein Jahrzehnt zuvor über der Westfront duelliert hatte. Die berühmtesten unter ihnen waren Eddie Rickenbacker und Elliott White Springs. Tausende von Amerikanern waren von Udets waghalsigen Kunstflügen begeistert, und nur die Flieger wußten, daß das, was für Laien wie heller Wahnsinn aussah, in Wirklichkeit eine Mischung von ungeheurem Können und unbändigem Mut war.

Zu Udets Bewunderern zählte auch der amerikanische Flugzeugfabrikant Glenn L. Curtiss, der den Deutschen, als er 1933 auf Kunstflug-Tournee in Amerika war, zu einem Besuch der Curtiss-Wright-Fabrik in Buffalo einlud. Am 27. September, einem — wie sich zeigen sollte — für die deutsche Luftwaffe bedeutsamen Datum, wurde Udet von Curtiss gefragt, ob er nicht Lust habe, eine ganz neue F-2-C-Hawk auszuprobieren, einen robusten einsitzigen Doppeldecker, der als Sturzkampfbomber für die Flugzeugträger der amerikanischen Marine entwickelt worden war. Zwanzig Minuten später hatten sich Udet und die Hawk ineinander verbissen. In einem brutalen Kräftemessen zwischen Mann und Maschine sollte sich zeigen, wer früher in Brüche ging. Immer wieder und wieder jagte Udet die Maschine zu Boden und riß den Steuerknüppel erst wenige Sekunden vor dem vermeintlichen Aufprall zurück. Nach der Landung war er ebenso erschöpft wie entzückt. Als er die Nase des Flugzeuges auf eines der Fabriksgebäude gerichtet hatte und mit einer Geschwindigkeit von 400 km/h darauf zugestürzt war, hatte er das Gefühl gehabt, als ritte er selbst auf einer Bombe, die auf ihr Ziel zujagt.

Dieses Flugzeug konnte die Massen bei Kunstflügen faszinieren, aber, so überlegte Udet, es müßte auch von der deutschen Luftwaffe erprobt werden. Nach allen Erfahrungen gab es kaum ein Ziel, das schwerer zu treffen war, als ein in voller Fahrt befindliches Schiff auf hoher See. Wenn die amerikanische Marine den Sturzkampfbomber als die ideale Angriffswaffe gegen solche Ziele ansah, dann sollte man in Deutschland ähnliche Überlegungen anstellen. Udet verfaßte sofort einen begeisterten Bericht über die Curtiss-Hawk für Erhard Milch und fragte ihn, ob er eine Möglichkeit sehe, zwei dieser Maschinen für Deutschland anzukaufen. Milch antwortete bejahend und fügte hinzu, daß die erforderliche Kaufsumme bereits unterwegs sei. Da der amerikanische Markt in einer Depression steckte, war Curtiss über dieses Geschäft sehr erfreut und bekam auch anstandslos die Ausfuhrgenehmigung seiner Regierung.

DIE NEUEN WAFFEN

Zwei Monate später stieg Udet im Erprobungszentrum Rechlin in eine der beiden nach Deutschland gebrachten Hawks. Göring, Milch und hohe Offiziere des Reichsluftfahrtministeriums standen im eisigen Dezemberwind auf dem Flugplatz und erlebten, wie Udet viermal hintereinander auf sie zustürzte und dabei jedesmal dem Boden ein Stück näher kam. Im letzten Augenblick riß er jeweils die Maschine in die Höhe und führte anschließend Luftakrobatik vor, die beweisen sollte, was der Pilot und die neue Maschine aushielten.

Kurz nach Beginn des Jahres 1934 wurde Udet zu einer Besprechung nach Berlin gebeten, bei der er der einzige Zivilist unter lauter Offizieren war. Das Ergebnis der Konferenz: Göring gab den Auftrag, einen Sturzkampfbomber zu entwickeln. Wever unterstützte dieses Vorhaben, da es mit seinen Vorstellungen von einer taktisch-strategischen Luftwaffe nicht im Widerspruch stand. Für die strategischen Bomber waren Dornier und Junkers zuständig; die Schnellbomber Do 17 und He 111 waren bereits im Planungsstadium. Nun kamen die Sturzkampfflugzeuge hinzu. Die Stukas waren allerdings im Gegensatz zu den Sturzkampfflugzeugen der amerikanischen Marine nicht in erster Linie als Angriffswaffen gegen Seeziele, sondern als eine Art von fliegender schwerer Artillerie gedacht.

Keines der deutschen Zielgeräte, die damals gerade in Entwicklung standen, weder das Goerz Visier 219 noch das Lofte C, galten als ausreichend präzis, um beim horizontalen Bombenwurf die erforderliche Treffgenauigkeit zu gewährleisten, außer sie wurden von besonders erfahrenen Mannschaften bedient. Die Stukas jedoch, mit ihrer geradezu angeborenen Genauigkeit, würden imstande sein, relativ kleine Ziele zu treffen: Brücken, Kraftwerke, Treibstoff- und Munitionslager, Straßen, Panzer, Flugplätze. Überdies würde die Herstellung von Stukas nur mäßige Materialmengen erfordern, was bei der deutschen Rohmaterialknappheit stark ins Gewicht fiel.

Der entschiedenste Gegner des Sturzkampfbomberkonzepts war Major Wolfram von Richthofen, der Vetter Manfreds von Richthofen. Wolfram hatte seinen ersten Feindflug an jenem Tag absolviert, an dem Manfred zu seinem letzten Flug gestartet war, und bis Kriegsende acht Abschüsse erzielt. Der große, schwere Mann mit dem breiten Gesicht und den schmalen Augen konnte sich bei seinen Einwänden auf seine Erfahrungen als Jagdflieger und auf seine Kenntnisse als Doktor der Technik berufen, die er sich nach dem Krieg erworben hatte. Richthofen glaubte, es sei selbstmörderisch für ein Flugzeug, in weniger als zweitausend Meter Höhe im feindlichen Abwehrfeuer zu operieren; bei größerer Flughöhe schien ihm wieder die Treffgenauigkeit des Sturzkampfbombers nicht mehr gegeben. Außerdem hielt er es für unmöglich, eine Maschine zu bauen, die den Anforderungen ständiger Sturzflüge gewachsen sein würde.

Am 20. Juli 1934 schien ihm ein Zwischenfall auf dem Tempelhofer Flugfeld recht zu geben. Udet hatte den ganzen Frühling hindurch mit der Hawk geübt und war zweifellos der erfahrenste Sturzbomberpilot der Welt. Als ihm an diesem Tag der Generalstab der künftigen Luftwaffe zusah, vollführte er mit der Hawk eine Rolle und stieß nach unten. Im allerletzten Augenblick riß er den Steuerknüppel zurück und fing die überforderte Maschine ab, wobei ihr Heck zu vibrieren begann und schließlich abriß. Wie ein Stein raste die Hawk zur Erde. Udet hatte ähnliches schon öfter mitgemacht — er stieg aus und zog die Reißleine. Sein Fallschirm öffnete sich knapp über der Erde, während weit draußen auf dem Feld die Hawk explodierte.

Obwohl sich Udets Maschine in ihre Bestandteile aufgelöst hatte, war das Oberkommando der Luftwaffe doch von ihrer Brauchbarkeit überzeugt und gab an die Firmen Arado, Blohm & Voss, Heinkel und Junkers den Auftrag, Sturzkampf-Modelle zu entwickeln. Dem Chefkonstrukteur der Junkers-Werke, Wilhelm Pohlmann, kam dieser Auftrag besonders gelegen, denn auf seinem Reißbrett befand sich bereits der Entwurf eines Tiefdeckers, der als Sturzkampfflugzeug geeignet schien. Es handelte sich um eine Weiterentwicklung der K 47, die seinerzeit in Schweden gebaut und in Lipezk erprobt worden war. Die Luftwaffe hatte Sturzflugbremsen verlangt, und während die Schablonen für die neue Maschine zugeschnitten wurden, entwickelte Junkers derartige Bremsen, die an der K 47 erprobt wurden. Da das Doppelsteuer am Heck der K 47 dem Bordschützen ein gutes Schußfeld nach hinten ermöglichte, wurde es auch für den neuen Prototyp beibehalten, der mit einem Rolls-Royce-Kestrel-Motor von 600 PS ausgestattet war. Im Frühjahr 1935 wurde die erste Ju 87 V 1 aus der Montagehalle in Dessau gerollt. Sie hatte ein eckiges, plumpes, ungefälliges Aussehen — kurz, sie war häßlich —, aber sie wirkte kraftvoll. Die Testpiloten zögerten nicht, sie mit immer größerer Geschwindigkeit zu fliegen und immer steiler mit ihr zu stürzen. Wo lagen ihre Grenzen? Niemand wußte es.

Ein Flugzeugführer, der es herausfinden wollte, jagte die Ju 87 über die Grenze der Belastbarkeit. Die Tragflächen hielten zwar stand, aber das Doppelruder montierte beim Hochziehen ab, und die Maschine zerschellte. Die nächsten Prototypen bekamen ein einfaches Leitwerk, und außerdem wurde eine Abfangautomatik eingebaut, da bei sieben- bis achtfacher Beschleunigung den Piloten, wie sie es ausdrückten, »das Blut vom Gehirn in die Stiefel stürzte«.

Während man sich bemühte, der Ju 87 ihre Unarten abzugewöhnen, und sich die anderen Flugzeugwerke heftig anstrengten, um mit Junkers gleichzuziehen, wurde Udet für die Luftwaffe gewonnen. Wever und sein Personalchef, Hans-Jürgen Stumpff, fanden, daß Udets fliegerische Leidenschaft besser für die Wiederbewaffnung Deutschlands als für Rummelplatzdarbietungen genützt werden sollte. Man bot ihm den Rang eines Obersten an und wollte ihn zum Inspekteur der Jagd- und Sturzkampfflieger machen. Udet zögerte. Er mußte es sich überlegen, ob er nach siebzehn Jahren völliger Freiheit diese Verpflichtung übernehmen wollte. Zudem hatte er sich bis dahin kaum für den Nationalsozialismus interessiert, dem gerade die Luftwaffe so eindeutig verhaftet schien. Udet war nun einmal kein politischer Mensch und gab das auch freimütig zu. Ob Hitler ihn überhaupt akzeptieren würde? Tatsächlich war die Angelegenheit bereits mit dem Führer abgesprochen worden, dessen Bewunderung für Udets Leistungen schwerer wog als die Tatsache, daß es sich hier um einen politisch indifferenten Offizier handelte. Udet wurde mit einem einfachen, klaren Argument gewonnen: Falls ihm daran lag, daß Deutschland mit den besten Sturzkampfbombern der Welt ausgerüstet werde, konnte er dafür niemals als Zivilist sorgen, sondern nur in Uniform und mit entsprechendem Rang. Das gab den Ausschlag. Anfang 1936 wurde Ernst Udet vereidigt.

Ein Berliner Schneider hüllte seine schon etwas stattlichen Formen in die neue Luftwaffenuniform, in der er sich aber später nur selten in seinem Büro zeigte, denn aller Papierkram war ihm verhaßt. Er brachte seine Zeit lieber am Steuer seines Dienstflugzeuges, einer kleinen Siebel, zu und hetzte von Fabrik zu Fabrik, um die Entwicklung der Sturzkampfbomber voranzutreiben. Zu Beginn des Jahres 1936 hatten die vier Werke mitgeteilt, daß sie für die in Rechlin vorgesehenen Versuchsflüge bereit seien.

Die Firma Arado schied rasch aus, denn sie hatte mit ihrer Ar 81 einen Doppeldecker geliefert, der schon im Zeitpunkt des Entstehens veraltet war. Bei Blohm & Voss hatte man offensichtlich die Ausschreibungsbedingungen nicht genau gelesen, denn man führte einen einsitzigen Tiefdecker vor, obwohl das Technische Amt ausdrücklich einen Zweisitzer gefordert hatte. Heinkel schloß an sein bereits erfolgreiches Modell He 70 an und schickte die He 118 aufs Feld; einen Ganzmetalleindecker mit einziehbarem Fahrgestell, ausgestattet mit einem DB-601-Motor mit 1070 PS, der eine Höchstgeschwindigkeit von 420 km/h ermöglichte. Diese Maschine machte den Eindruck, als werde sie der sichere Gewinner sein.

Schließlich wurde der vierte Prototyp der Ju 87 vorgeführt. Ihr Jumo-210-Motor war mit einer verstellbaren, dreiflügeligen Luftschraube ausgerüstet, die von der amerikanischen Firma Hamilton-Standard stammte und in deutscher Lizenz gebaut wurde. Die große Vollsichtkanzel gestattete einen fast unbeschränkten Rundblick für den Piloten und den Heckschützen, sie besaß ein sogenanntes Hosenbeinfahrwerk und die breite Höhenflosse war kräftig verstrebt. An jeder Radverkleidung war außerdem ein schmales Gehäuse mit Ventilatorenblättern angebracht. Einer der Offiziere fragte: »Was soll das sein?« Udet antwortete: »Sie werden schon sehen!«

Die Probeflüge der Arado und der Blohm & Voss waren rasch erledigt. Dann kletterte die Junkersmannschaft an Bord, startete, gewann schnell an Höhe und begann mit dem Sturzflug. Zu dem überwältigenden Dröhnen des Jumo-Motors und der Luftschraube gesellte sich ein geradezu teuflisches Heulen, das die Trommelfelle der Zuseher zu sprengen drohte. Vor dem Hochreißen knapp über dem Boden duckte sich alles. Wieder und wieder erbebte Rechlin unter dem todverkündenden Jaulen des stürzenden Stuka. Als die Ju 87 zur Landung ansetzte, konnten Udet und die Junkers-Ingenieure ein Lächeln nicht verbeißen. Das psychologische Experiment, das Udet bei seinen Besuchen in Dessau angeregt hatte, war erfolgreich gewesen: In den Gehäusen am Fahrgestell befanden sich Sirenen. Udet hatte sie die »Jericho-Trompeten« genannt — und so hatten sie auch gewirkt.

Für die He 118 war es schwer, nach dieser Vorführung antreten zu müssen. Dazu kam noch, daß ihr Pilot eine — Heinkel nicht bekannte — Abneigung gegen den Sturzflug hatte, obwohl er ansonsten ein äußerst tüchtiger und verläßlicher Mann war.

Die He 118 startete, ging auf Höhe und senkte dann zögernd ihre Nase nach unten. In sanfter Neigung schwebte sie graziös abwärts, als wäre sie ein Segelflugzeug. Da die He 118 nicht stürzen wollte, schien der Sieg der Ju 87 festzustehen. Heinkel ließ seinen Schwabenzorn an dem unseligen Testpiloten aus, beruhigte sich aber, als Udet auf ihn zutrat und sagte: »Ich will nicht voreilig entscheiden... Muß mich in Ihren verdammten Vogel mal selbst reinsetzen. Ich komm nach Marienehe raus...«

Tatsächlich tauchte Udet einige Wochen später in Marienehe auf, und zwar gerade an dem Tag, da Heinkel einen prominenten amerikanischen Gast empfing: Charles Lindbergh. Milch hatte aus Berlin angerufen und gesagt, man solle Lindbergh alles zeigen. In etwas stockendem Englisch beantwortete Heinkel dem »Einsamen Adler« alle kniffligen technischen Fragen. Lindbergh hatte bereits andere deutsche Flugzeugfabriken besucht, und Heinkel war verblüfft, daß der Amerikaner offenbar mehr über die deutsche Luftwaffe wußte als sonst ein Sterblicher. Während Heinkel und sein Gast gerade die Werkstätten im dritten Stock besichtigten, ging Udet daran, die He 118 auszuprobieren. Er stieg im klarblauen Frühsommerhimmel auf dreitausend Meter und stieß ohne Zögern den Steuerknüppel nach vorn. Der Motor ging auf allerhöchste Touren, und Udet vernahm ein ohrenbetäubendes Kreischen. Er hatte trotz Heinkels Mahnung vergessen, die Luftschraube für den Sturzflug einzustellen. Die He 118 bockte, vibrierte und geriet im Sturz außer Kontrolle. Udet kämpfte verzweifelt, um sich aus dem engen Führersitz herauszuwinden, was ihm nur halb gelang. Der Luftstrom riß ihn mit, aber mit einem Fuß blieb er im Führersitz verkeilt. Luftschraube und Heck montierten ab. Udet wand seinen Fuß aus dem Halbschuh, mit dem er hängengeblieben war, und kam endlich von der Maschine frei. Sein Fallschirm öffnete sich im letzten Augenblick, und er landete hart in einem Kornfeld.

DIE NEUEN WAFFEN

Udet war nicht viel passiert, aber er mußte seine Prellungen und Abschürfungen im Spital von Rostock ausheilen. Während des mehrtägigen Aufenthaltes gelang es ihm, sich ständig in leichtem Dusel zu halten, da ihm gute Freunde immer wieder Champagner in sein Krankenzimmer schmuggelten. Mit dem Prototyp waren auch Heinkels Hoffnungen für die He 118 zerschellt, denn Udet bezeichnete die Maschine als eine »gottverdammte Todesfalle«. Der Vertrag für die Stukas wurde mit Junkers abgeschlossen, und kurz darauf begannen die ersten Exemplare jenes Modells vom Band zu rollen, von dem schließlich ungefähr fünftausend Stück produziert werden sollten.

Einen Tag nachdem Lindbergh Marienehe besucht hatte, wurde in der amerikanischen Botschaft zu Berlin ein Empfang für ihn gegeben. Fast alle höheren Offiziere der Luftwaffe und viele Flieger und Konstrukteure waren geladen. Lindbergh, der die Weltlage für sehr bedrohlich hielt, war von dem, was er von der Luftwaffe gesehen hatte, zutiefst beeindruckt und deprimiert. Truman Smith, der amerikanische Militärattaché, hoffte, daß er in dieser Verfassung nicht eine seiner pazifistischen Reden halten würde. Wie immer traf Göring zu spät ein, schritt auf Lindbergh zu und überreichte ihm ein schmales Etui, das einen Orden enthielt. »Vom Führer!« verkündete er lautstark. Ernst Heinkel, der dabeistand, bemerkte, daß »Lindbergh Göring spöttisch nachsah, den Kopf schüttelte und den Orden in die Hosentasche schob wie ein Taschentuch, ohne einen Blick darauf zu werfen«. Lindbergh verzichtete zwar auf eine Rede, doch ehe er Deutschland verließ, sprach er zu Heinkel die prophetischen Worte: »Es sollte nie zu einem Luftkrieg zwischen Deutschland, England und Amerika kommen. Nur die Russen würden erheblich davon profitieren.«

Die Ära der Doppeldeckerjäger endete zu dem Zeitpunkt, in dem die neuen He 51 und Arado 68 gerade aus den Fabriken rollten und die Quoten des Rheinlandprogramms erfüllt wurden. Im

Sommer 1934 forderte das Reichsluftfahrtministerium von der Industrie Offerte für einen neuen Jäger mit mindestens 450 km/h an. Diese Geschwindigkeit war nur durch raffinierteste Anwendung aller aerodynamischen Möglichkeiten und durch Gewichtseinsparungen denkbar, die bis zum äußersten gingen. Als sich die Konstrukteure an die Ausarbeitung der ersten Entwürfe machten, gab es noch keine Motoren, die mehr als 700 PS leisteten.

Zwei Flugzeugfabriken waren vom Anfang an im Nachteil. Den Arado-Leuten war gesagt worden, daß sie jedes beliebige Modell entwickeln konnten, aber auf keinen Fall ein einziehbares Fahrgestell in Frage käme, da es noch nicht genügend betriebssicher sei. Focke-Wulf in Bremen trug man auf, einen Hochdecker auf der Basis der erfolgreichen FW 56 zu entwickeln. Heinkel hingegen durfte bauen, was ihm beliebte, und ebenso Willy Messerschmitt von den Bayerischen Flugzeugwerken in Augsburg; vermutlich deshalb, weil manche Messerschmitt ohnedies für einen hoffnungslosen Außenseiter hielten und viele sich wunderten, daß der großgewachsene, finster und verschlossen wirkende Mann überhaupt für die Ausschreibung herangezogen worden war.

Messerschmitt und Milch hatten sich auf Anhieb nicht leiden können, und in den Jahren, in denen der eine die Lufthansa leitete, konnte der andere der Gesellschaft nur selten eine Maschine verkaufen. 1935 war Messerschmitt 37 Jahre alt, hatte sich aber bereits zwanzig Jahre als Konstrukteur betätigt. Zusammen mit seinem Mentor, Friedrich Harth, hatte er 1916 ein Segelflugzeug gebaut und getestet, das sich immerhin dreieinhalb Minuten in der Luft hielt. Nach dem Krieg waren die beiden häufig auf der Wasserkuppe anzutreffen gewesen. Zwischen 1925 und 1928 baute Messerschmitt leichte Verkehrsmaschinen und Sportflugzeuge, doch erst im Sommer 1928 reihte er sich unter die bedeutenderen deutschen Industriellen dieser Sparte ein. Als

Sohn eines Frankfurter Weinhändlers hatte er zwar von sich aus keine bedeutenden finanziellen Mittel, als Schwiegersohn der Strohmeyer-Raulinos aber konnte er sich die nötigen Gelder beschaffen, um die Anteile der Bayerischen Flugzeugwerke zu kaufen, die bisher in den Händen des bayerischen Staates gewesen waren. Die Firma schlitterte 1931 in den Bankrott, und Messerschmitt rettete sie, indem er Privatkapital zuschoß und außerdem Lizenzverträge mit einer rumänischen Gesellschaft abschloß.

Eine Wendung zum Besseren stellte sich ein, als Messerschmitt einen seiner schnittigen Eindecker vom Typ Me 23 an Rudolf Heß verkaufte. Bald darauf wurde Geld flüssiggemacht, um die Bayerischen Flugzeugwerke wieder in Schwung zu bringen. Allerdings beschnitt Milch die Hoffnungen Messerschmitts gewaltig, als er anordnete, daß in Augsburg die He 45-Aufklärer von Heinkel nachgebaut werden sollten. Dabei kam es zu einer kuriosen Situation: Da auch Heinkel — so wie Milch — Messerschmitt nicht mochte, verweigerte er den Technikern der Bayerischen Flugzeugwerke, die sich in Warnemünde die zu bauende Maschine ansehen wollten, den Zutritt. Die Affäre wurde zwar bereinigt, aber Messerschmitt war nicht der Mann, der die Pläne eines anderen Konstrukteurs ausführen wollte. In Rumänien fand er Interessenten für eine neue Verkehrsmaschine und machte sich ans Werk. In diesem Augenblick trat aber Wilhelm Wimmer vom Technischen Amt an ihn heran und forderte ihn auf, sich an der Ausschreibung für ein neues Jagdflugzeug zu beteiligen.

Die Chancen für Messerschmitt standen allerdings kaum günstig, denn unter den vierundzwanzig Typen, die er bisher entwickelt hatte, war bloß eine einzige Militärmaschine gewesen, ein nicht sehr geglückter Doppeldecker-Bomber aus dem Jahre 1928. Wimmer und Heß wußten jedoch, daß Messerschmitt ein neues Modell entwickelt hatte, ein Flugzeug, wie es in dieser Art in ganz Europa nicht existierte. Und es gehörte wenig Phantasie dazu, sich vorzustellen, wie man daraus jene Art von Jagdflugzeug entwickeln konnte, das die Luftwaffe benötigte. Bei der Neuheit handelte es sich um einen viersitzigen Ganzmetalltiefdecker, der Bf 108 hieß, denn solange Messerschmitt nicht Alleinbesitzer der Bayerischen Flugzeugwerke war, trugen seine Modelle die Bezeichnung Bf und nicht Me. Er war als leichte, schnelle Reisemaschine konzipiert, wie sie die deutschen Teams für die Teilnahme am alljährlichen »Challenge de Tourisme Internationale« benötigten. Obwohl die Maschine nur einen Motor von 250 PS hatte, brachte sie es dank ihrer sauberen Linienführung und ihres geringen Gewichts auf 300 km/h und besaß eine Reichweite von mehr als 900 Kilometern.

Handley-Page-Schlitzklappen an den Tragflächen gewährleisteten die Flugsicherheit der Maschine auch bei geringen Geschwindigkeiten und in ungewohnten Lagen. Außerdem war sie kunstflugtauglich. Messerschmitt entwickelte aus dieser Maschine einen einsitzigen Jäger mit kürzeren Tragflächen und Rumpf. Mit einem British-Kestrel-V-Motor machte die Bf 109 im September 1935 ihren ersten Testflug, und drei Wochen später wurde sie von Messerschmitt für den Bewerb reif erklärt.

Die Focke-Wulf 159, ein Hochdecker, war das schönste Flugzeug bei der Vorführung in Travemünde. Ihre Leichtbauweise war der Entwicklung um gut zwanzig Jahre voraus, aber die FW 159 war nicht der verlangte Jäger und schied aus. Die Arado 80 mit Tragflächen wie Möwenschwingen wirkte zwar vielversprechend, aber das starre Fahrgestell erzeugte zusätzlichen Luftwiderstand und drückte auf die Geschwindigkeit. Sie schied ebenfalls aus. So blieben noch die Bf 109 und die He 112. Heinkels Maschine war ebenfalls ein Tiefdecker mit einziehbarem Fahrgestell, aber offenem Führersitz — als Konzession an jene Piloten im Oberkommando der Luftwaffe, die glaubten, ein Jagdflieger hätte unter einem Kabinendach nicht genügend Sicht. Die He 112 litt aber an einem Problem, das ihr Konstrukteur, Heinrich Hertel, durch seine ständigen Änderungen heraufbeschworen hatte: »Ist der Rahmen stark genug? Wir sollten ihn verstärken und besser vernieten. Dieses Gußstück wirkt verdächtig. Tauschen wir es lieber aus. Die hydraulischen Stoßdämpfer des Fahrgestells sind zu lang. Wir sollten sie um sieben Zentimeter kürzen. Aber das bedeutet, daß...«

Das Ergebnis war ein schwerer Jäger, der aus nicht weniger als 2885 Einzelteilen mit 26 864 Nieten bestand. Wegen der verschiedenen Änderungen in letzter Minute war Hertel keine Zeit geblieben, eine automatische Hydraulik für das Fahrgestell einzubauen, und so holte sich der Testpilot der Luftwaffe Blasen an den Händen, weil er das Fahrgestell manuell ein- und auskurbeln mußte.

Der Testpilot der Messerschmitt berichtete, daß die Maschine in der Luft schnell und willig sei, am Boden jedoch ihre Tücken habe. Wenn sie rolle, zeige sie eine bedrohliche Neigung, unversehens nach links auszubrechen, ehe sie abhebe. Der Pilot sagte, man müsse in diesem Augenblick das Steuerruder stark nach rechts drücken, weil ansonsten ein Unfall unvermeidlich sei. Die He 112 war wendiger, aber die Messerschmitt mit ihren mehr als 470 km/h schneller. Der Wettbewerb endete unentschieden. Auch Udet traf keine Entscheidung und bestellte bei Heinkel und bei Messerschmitt je zehn Maschinen, die dann in einen Finalwettbewerb gehen sollten.

Die nächsten Prototypen der He 112 wurden aerodynamisch ausgefeilt, mit einer Fahrgestellhydraulik und mit einem Kabinendach versehen, und die elliptischen Flügel wurden verkürzt. Dieser verbesserte Typ He 112 V 4 mit einem neuen Motor, dem Jumo 210 D von 690 PS, wog in beladenem Zustand 1700 kg und erreichte eine Höchstgeschwindigkeit von 500 km/h. Der vierte Prototyp von Messerschmitt hatte ein stärkeres Fahrgestell, etwas besseres Verhalten auf der Piste und ebenfalls einen Jumo-Motor, der aber die Geschwindigkeit nicht erhöhte.

Udet stieg selbst in die He 112 und gab zu, daß ihn ihre überlegene Steigfähigkeit und ihre robuste Ausführung beeindruckte, doch den Zuschlag gab er an die Konkurrenz. Er erklärte auch, warum: Die Bf 109 war bereits auf den neuen DB-600-Motor ausgelegt, der sie auf mehr als 550 km/h bringen würde, ihre geraden Tragflächen wären leichter und billiger zu bauen, und außerdem konnte bei Messerschmitt in Augsburg die Serienproduktion anlaufen, indes Heinkel ohnedies schon mit Bomberaufträgen überlastet war. Während Udet an seiner Zigarre sog, empfahl er Heinkel: »Dreh deine Kiste den Türken, den Japsen oder den Rumänen an. Sie werden mit Handkuß annehmen.«

Heinkel war zutiefst enttäuscht. Es verdroß ihn besonders, daß er den Auftrag an Messerschmitt verloren hatte, den er für einen Emporkömmling in der Produktion von Militärmaschinen hielt. Er gestand auch, daß Udet ihn mit der Ablehnung der He 112 an seinem wundesten Punkt getroffen hatte, denn es war sein Ziel gewesen, das schnellste Flugzeug, das es gab, zu bauen. Doch er betrachtete sich nicht als endgültig geschlagen. Zwei Jahre später sollte sein Jägermodell eine spektakuläre Auferstehung erleben.

Kaum war die Luftwaffe ein Jahr alt, als sie von Hitler dazu ausersehen wurde, eine wesentliche Rolle bei seinem Spiel um hohe Einsätze zu spielen. Ihr Aufbau war zu diesem Zeitpunkt noch keineswegs vollendet, und ihre Lieferfirmen begannen sich erst mit dem nötigen Maschinenpark auszurüsten. Am 12. Februar 1936 befahl Hitler den Oberbefehlshaber des Heeres, General von Fritsch, in die Reichskanzlei und teilte ihm mit, daß er die Wiederbesetzung des entmilitarisierten Rheinlandes beschlossen habe. Fritsch reagierte zögernd, gab zwar dem Führer grundsätzlich recht, daß das Rheinland von größter strategischer Bedeutung sei, verwies aber darauf, daß die Wehrmacht noch in Geburtswehen läge und viel zu schwach sei, um es mit den schätzungsweise 110 Divisionen aufnehmen zu können, die

1 Eine Fokker D VII im Looping. Dieses Jagdflugzeug war so gefürchtet, daß es 1918 in den Auslieferungsbestimmungen des Waffenstillstandsabkommens als einzige Maschine namentlich genannt wurde

2 Deutscher Großbomber des Ersten Weltkriegs vom Typ Zeppelin

3 Aufklärer vom Typ Rumpler auf einem deutschen Feldflugplatz

4/5 *Nach dem Krieg: Segelflug mit Unterstützung der Reichswehr und Postflugverkehr mit ehemaligen Militärmaschinen*

6 Hermann Göring mit dem »Geschwaderstock« Manfred von Richthofens

7 Gegner von einst: Ernst Udet (im Führersitz) und Tony Fokker (rechts) mit den amerikanischen Kriegspiloten White und Henderson

8 Hans von Seeckt, Chef der Heeresleitung von 1920 bis 1926

9/10 Lipezk: Oben die Junkers K 47, die Vorläuferin der Ju 87, die dort von deutschen Fliegern erstmals erprobt wurde. Unten die Fokker D XIII, mit der in diesem geheimen Ausbildungs- und Erprobungszentrum auf russischem Boden die Jagdflieger geschult wurden

11–14 Bedeutende Flugzeugkonstrukteure: Adolf Rohrbach, Claudius Dornier, Carl Clemens Bücker und Hugo Junkers

15/16 Die vielseitige F 13 war die erste Verkehrsmaschine, die Junkers im Jahre 1919 baute. Eine in Deutschland damals unter der Nummer D-1 zugelassene F 13 stand im Jahre 1940 noch im Dienst

17 Ernst Brandenburg, einer der Initiatoren der Lufthansa

18 Erhard Milch, unter dem die Lufthansa ihren Aufstieg nahm

19/20 Oben die Junkers G 38, mit der die Lufthansa innereuropäische Strecken beflog. Unten die Ju 46, die von der Lufthansa als Postflugzeug über dem Atlantik eingesetzt wurde. Sie startete von den Passagierschiffen »Bremen« und »Europa«

21 General Walther Wever, erster Generalstabschef der Luftwaffe. Wever, der 1936 abstürzte, entwickelte das Konzept einer strategisch-taktischen Luftwaffe und trat für den Bau eines Fernbombers ein

22 Die Do 17, von der Lufthansa als Verkehrsflugzeug abgelehnt, wurde der erste Schnellbomber der Luftwaffe

23 Hans Jeschonnek, hier mit dem späteren Generalfeldmarschall und letzten Oberbefehlshaber der Luftwaffe, Greim, war Generalstabschef der Luftwaffe von 1939 bis zu seinem Selbstmord im Jahre 1943

24/25 Oben die Do 19, die der strategische Bomber der Luftwaffe hätte werden sollen und von der nur drei Prototypen gebaut wurden. Unten das Verkehrsflugzeug Ju 90, das aus der Ju 89 entstand, die ebenfalls als Fernbomber vorgesehen war, aber nur in zwei Exemplaren gebaut wurde

26/27 Oben die He 177, die vier Triebwerke in Tandemanordnung hatte, um »sturzfähig« zu sein. Unten die FW 200, die als Verkehrsflugzeug entwickelt, im Krieg aber als Fernkampfflugzeug eingesetzt wurde

28 Ernst Udet und Ernst Heinkel vor der He 100, mit der Udet am Pfingstsonntag 1938 die Rekordgeschwindigkeit von 634 km/h flog

29/30 Oben eine He 100 im Flug. Die Luftwaffenmarkierung täuscht, denn die Maschine kam nie serienmäßig zum Einsatz. Unten eine He 112, die im Jägerwettbewerb gegen die Me 109 unterlag

Frankreich jederzeit zu mobilisieren vermochte. Hitler erwiderte, er wolle zwar das Rheinland, aber nicht den Krieg. Das Unternehmen solle eine Art Versuchsballon sein, um zu erproben, ob die Signatarmächte des Vertrages von Locarno gewillt seien, die Einhaltung der Vertragsbestimmungen mit Waffengewalt zu erzwingen. Der spätere Generaloberst Jodl erklärte, die Stimmung im Generalstab sei damals ungefähr wie an einem Roulettetisch gewesen, an dem ein Spieler sein gesamtes Vermögen auf eine einzige Nummer setzen will.

Das Unternehmen wurde mit größter Eile vorbereitet. Die Befehle für die »Winterübung«, wie die geplante Besetzung genannt wurde, waren im Auftrag von General von Blomberg bereits sechzehn Tage nach der Entscheidung des Führers ausgearbeitet worden, doch sie wurden erst am 5. März ausgegeben — genau 48 Stunden, bevor der Wehrmacht die Rheinüberquerung befohlen wurde. General Wever begann seine verstreuten Luftwaffeneinheiten zusammenzuziehen. Zwei nicht komplette Jagdgeschwader, JG 132 und JG 134, wurden von ihren Basen abberufen und nach Westen geschickt. Desgleichen das Kampfgeschwader KG 4 mit seinen Ju 52. Von den wenigen voll einsatzfähigen Ausbildungseinheiten berief man Fluglehrer und Maschinen ab und bildete aus ihnen zusammengewürfelte Staffeln, die entlang des Rheins aufmarschierten.

In der kaltfeuchten Morgendämmerung des 7. März 1936 überquerten drei kleine deutsche Infanterieeinheiten — insgesamt etwa dreitausend Mann — den Rhein. Die Soldaten wurden von den Bewohnern mit Jubel begrüßt. Über ihren Köpfen flogen die Heinkel- und Aradojäger der Geschwader Richthofen und Horst Wessel. Die Piloten blickten angestrengt in Richtung Frankreich, von wo sie die Masse der französischen »Armée de l'Air« erwarteten. Die deutschen Flieger hatten allen Grund zur Besorgnis, denn nicht eine ihrer Jagdmaschinen war kampffähig. Es fehlte an Maschinengewehren und Synchrongetrieben. Falls französische Maschinen auftauchten, blieb nichts anderes übrig, als sie zu rammen.

Die Spannung in der Reichskanzlei, im Oberkommando der Wehrmacht und im Reichsluftfahrtsministerium war groß. Hitler schritt ruhelos auf und ab, und die Adjutanten Blombergs stellten fest, daß sein Gesicht nervös zuckte. Die Stabsoffiziere an den Telefonen erwarteten jeden Augenblick eine Meldung über ein französisches Eingreifen, durch das die deutschen Brückenköpfe jenseits des Rheins ausradiert und die mühsam zusammengestoppelten Luftstreitkräfte dezimiert würden.

Der ansonsten gutinformierte französische Geheimdienst hatte sich aber gewaltig verschätzt. Er vermutete, 265 000 deutsche Soldaten seien im Rheinland einmarschiert. Die Briten kamen mit ihrer Schätzung von 35 000 Mann der Wirklichkeit zwar näher, doch hatten sie Hitlers Bluff vom Jahr zuvor für bare Münze genommen, als er behauptet hatte, die Luftwaffe habe mit der R.A.F. gleichgezogen. Die Gegenschläge, die Hitler und sein Stab erwartet hatten, blieben also aus. In Frankreich bereitete man sich statt dessen auf Verteidigung vor, bemannte die Maginotlinie und mobilisierte dreizehn Divisionen. In England lautete die Parole »Ruhe bewahren«. Außer einiger angstvoller Aufschreie im Parlament herrschte tatsächlich Ruhe. Hitlers kühne Rechnung war aufgegangen. Weder in der britischen noch in der französischen Öffentlichkeit war man der Meinung, daß es sich lohne, wegen des Rheinlandes oder wegen der Absichten, die sich hinter seiner Besetzung verbargen, einen Krieg anzuzetteln. Hitler gab später Blomberg gegenüber zu, daß er hoffe, zumindest für die nächsten zehn Jahre keine derartige Feuerprobe mehr durchstehen zu müssen.

Der rasche Aufstieg der Luftwaffe war unbestritten den Leistungen zu danken, die Wever in den dreißig Monaten, in denen er ihr Generalstabschef war, vollbracht hatte. Er besaß die Fähigkeit, aus jedem Mann das Beste herauszuholen, und er sorgte auch für ein zu höchsten Leistungen inspirierendes Arbeitsklima. Nicht einer seiner Leute hätte ihn im Stich gelassen. Sobald der General gemeinsame Manöver mit dem Heer plante, setzte sein Stab alles daran, um die Versprechungen des Chefs einzulösen. Wenn Guderian einen simulierten Bomberangriff zur Vorbereitung eines Panzerangriffes für 8 Uhr 45 erbeten hatte, konnte er sich darauf verlassen, daß die Maschinen genau in dieser Minute erschienen. Wenn ein Artilleriekommandeur Luftbeobachter angefordert hatte, konnte er sicher sein, daß die He 45 im Augenblick der Feuereröffnung über dem Zielgebiet waren. Es gelang Wever nicht nur ein leistungsfähiges, sondern vor allem auch ein harmonisches Team aufzubauen. Da er sich ursprünglich in der Führung von Heeresoperationen ausgezeichnet hatte, und zwar sowohl im Krieg wie in der schwierigen Zeit des Hunderttausendmannheeres, hatte niemand in der Wehrmacht das Gefühl, es mit einem Spezialisten zu tun zu haben, der für die Erfordernisse der anderen Waffengattungen blind war.

Vor allem aber trat er immer wieder nachdrücklich für die Schaffung einer strategischen Luftwaffe ein. So berichtete General Deichmann über das erste große Kriegsspiel der künftigen Luftwaffe im Jahr 1934: »Während des Kriegsspieles wurden die Bombereinheiten tief im feindlichen Gebiet angesetzt. Zu jener Zeit waren die meisten dieser Einheiten mit provisorisch bewaffneten Ju 52 ausgerüstet, die den damaligen französischen Jägern nicht gewachsen waren. Die verantwortlichen Offiziere machten Wever darauf aufmerksam, daß er unter diesen Umständen einen Verlust von 80 Prozent der Bomber anzunehmen habe, doch Wever wollte das nicht zugeben und erklärte, daß er dadurch völlig das Vertrauen in strategische Luftoperationen einbüßen würde. Obwohl die Manöverleitung auf ihrem Standpunkt beharrte und nur für den Fall, daß der Luftwaffe überlegene Bomber zur Verfügung stünden, ein besseres Abschneiden für möglich erklärte, blieb Wever bei seiner Meinung.« Tatsächlich wurden später, bei den Angriffen der britischen und amerikanischen Luftstreitkräfte auf Deutschland zwischen 1943 und 1945, Verlustquoten von mehr als zehn Prozent geradezu als prohibitiv angesehen.

Hitlers Abenteuer am Rhein lenkte die Gedanken Wevers nach Westen und Norden. Obwohl er der Überzeugung war, daß Rußland der bedeutendste potentielle Gegner des Deutschen Reiches sei, ließ sich doch die Möglichkeit nicht ausschließen, daß England an die Seite Frankreichs, des deutschen »Erbfeindes«, treten könnte. Der Führer gab zwar ständig seine Sehnsucht nach Freundschaft mit den Engländern kund, aber es war nun einmal Pflicht eines Generalstabes, bei seinen Plänen von Realitäten auszugehen und nicht von politischen Wünschen, auch wenn sie noch so leidenschaftlich vorgetragen wurden.

Kein Zweifel bestand daran, daß das beschleunigte Bauprogramm der deutschen Kriegsmarine bald zu einer Annäherung an die Stärke der Royal Navy führen mußte. Wever glaubte an die Wichtigkeit der strategischen Bomber, die nicht nur die entscheidende Rolle bei der Zertrümmerung des britischen Industriepotentials spielen konnten, sondern die auch den Nachschub von Rohmaterialien und Nahrungsmitteln zur See zu beeinträchtigen imstande waren. Bomber mit einem Aktionsradius von zweitausend Kilometern konnten weit hinaus in den Atlantik und bis Island fliegen, sie vermochten die Zufahrten zu den französischen Häfen zu kontrollieren sowie den gesamten Mittelmeerraum bis Suez. Als Ergänzung zu den Mittelstreckenbombern, den Stukas und den Jägern, die alle schon in Serienproduktion gegangen waren, drängte Wever auf die Abrundung des Bauprogramms durch strategische Langstreckenbomber.

Der Prototyp der Ju 89 trat zu den ersten Versuchsflügen an. Die Maschine hatte eine Spannweite von 35 Metern, und ihr tiefhängender Rumpf konnte eine Bombenlast von 1200 Kilo

DIE NEUEN WAFFEN

tragen, doch ihr großer Nachteil war die geringe Motorenleistung. Die einzigen verfügbaren Triebwerke waren die Jumos mit 620 PS, die nur eine Reichweite von kaum zweitausend Kilometern und eine Spitzengeschwindigkeit von 310 km/h zuließen. Die Do 19 war annähernd gleich schnell, besaß aber eine Reichweite von rund dreitausend Kilometern, was allerdings noch immer nicht Wevers hochgesteckten Zielen entsprach. Da er der Überzeugung war, daß Gott im nächsten Luftkrieg auf der Seite der stärkeren Pferdekräfte sein werde, forderte er weitere Erprobungen, bis neue, stärkere Motoren vorhanden waren. Die Erfüllung dieses Wunschtraumes erlebte er freilich nicht mehr.

Wever, dem eine Dienstmaschine samt Besatzung zur Verfügung stand, bestand darauf, möglichst oft selbst zu fliegen. Obwohl er weniger als zweihundert Flugstunden absolviert hatte, wählte er das schnellste Flugzeug, das für seine Zwecke in Frage kam, nämlich die einmotorige He 70-Blitz. Am 3. Juni 1936 kletterte Wever in Begleitung seines Flugingenieurs in die Blitz, um sich von Berlin nach Dresden zu begeben, wo er in der neuen Luftkriegsakademie einen Vortrag halten sollte. Als der Vortrag vorüber war, hetzte er den Chauffeur zum Flugplatz zurück, weil er in Berlin beim Begräbnis des Generals Karl von Litzmann, eines Heerführers des Weltkrieges, erwartet wurde. Er zog seinen Overall über die Uniform und hielt nach seinem Ingenieur Ausschau. Wohin war der Mann verschwunden? Vermutlich hatte er in Dresden irgendwelche Besorgungen gemacht. Wever ging ungeduldig die Rollbahn entlang und schaute immer wieder auf die Uhr. Mit seinen Gedanken war er schon beim Flug nach Berlin, und so vergaß er auf die übliche Überprüfung der He 70, die er erst kurz zuvor übernommen hatte und mit deren Eigenschaften er noch nicht völlig vertraut war.

Endlich kam der Flugingenieur angerannt, entschuldigte sich für die Verspätung, und die beiden Männer stiegen ohne weitere

Umstände in die Maschine, schnallten sich an und starteten. Die Bodenmannschaft sah die Heinkel auf der Betonpiste rollen, Geschwindigkeit gewinnen und abheben. Eine Tragfläche senkte sich leicht. Die Bewegung wäre ohne weiteres mit dem Querruder auszugleichen gewesen, doch die Fläche neigte sich noch stärker, und die He 70 bohrte sich mit dem auf vollen Touren laufenden Motor in die Erde. Wever und sein Begleiter wurden auf der Stelle getötet. An den Resten des Wracks ließ sich die Ursache des Unfalls noch feststellen: Die Blockierung des Querruders war vor dem Start nicht gelöst worden.

Wie Major »Beppo« Schmid berichtete, der gerade im Ministerium war, als die Unglücksnachricht eintraf, soll Göring daraufhin zusammengebrochen sein und wie ein Kind geweint haben. Er hatte auch alle Ursache dazu, denn mit Wever wurden die Chancen der Luftwaffe, einen überkontinentalen Krieg zu gewinnen, zu Grabe getragen.

IX

UNTERNEHMEN FEUERZAUBER

>*Wir bombten, bombten und bombten,
und warum nicht?*«
Stabsoffizier der Nationalistischen
Streitkräfte in Spanien

An die Stelle Wevers trat der 51jährige Generalmajor Albert Kesselring, dessen gedrungene Gestalt viel Energie und dessen freundliches Gesicht viel Humor verriet. Kesselring, der aus dem Heer kam, hatte den Ersten Weltkrieg mitgemacht und in Seeckts Reichswehr weitergedient. Gemeinsam mit Wever war er zur Luftwaffe übergetreten, und obwohl die beiden Männer gut miteinander ausgekommen waren, kam die Ernennung zum Generalstabschef für Kesselring überraschend. Er hatte geglaubt, Wever habe den allerdings erst 37jährigen Major Hans Jeschonnek, einen befähigten Generalstabsoffizier, begeisterten Flieger und überzeugten Nationalsozialisten, zu seinem Nachfolger herangezogen. In seiner Dienststellung im Generalstab der Luftwaffe hatte Jeschonnek die Pläne für den Einsatz der fliegenden Verbände bei der Rheinlandbesetzung ausgearbeitet.

Mit dem Rüstungsprogramm der Luftwaffe, das Milch und Wever entwickelt hatten, war Kesselring einverstanden und führte es dementsprechend fort. Sechs Wochen nach seinem Amtsantritt erhielt er völlig unerwartet die Gelegenheit, ausgewählte Luftwaffeneinheiten einer Erprobung im Kampf zu unterziehen. Es war eine einmalige Chance: Taktische Theorien und neue Waffen konnten auf fremdem Gebiet getestet werden, ohne die Heimat zum Schlachtfeld zu machen und ohne Gefahr, in einen Krieg mit einer Großmacht verwickelt zu werden. Das Manövergebiet lag jenseits der Pyrenäen.

Am Abend des 26. Juli 1936 hielt sich Adolf Hitler in großer Begleitung in Bayreuth auf, um einer Festspielaufführung beizuwohnen. Nach der Vorstellung empfing er drei Emissäre aus Spanien, wo der Bürgerkrieg ausgebrochen war. Gekommen waren Adolf Langenheim und Johannes Bernhardt, zwei in Spanien lebende deutsche Staatsbürger, begleitet vom spanischen Luftwaffenhauptmann Francisco Arranz, der einen Brief General Francos, des Befehlshabers der Aufständischen, überbrachte. Die in diesem Schreiben ausgesprochene Bitte war bescheiden genug: Ankauf von »zehn Transportflugzeugen von maximaler Ladekapazität«, um die Truppen Francos von Marokko über die Straße von Gibraltar ins spanische Mutterland zu bringen. Neununddreißig der insgesamt fünfzig spanischen Kriegsschiffe waren in den Händen der Republikaner, die Matrosen hatten die Offiziere ermordet, und das Mittelmeer war dem Schiffsverkehr der Nationalisten verschlossen.

Hitler sagte nicht nur sofort die Lieferung der verlangten Transportflugzeuge zu, sondern versprach auch noch weitere Hilfe. Er führte für seine Bereitschaft, Franco zu unterstützen, mehrere schwerwiegende Gründe an: Hier war die Gelegenheit, die »Gefahr der Überwältigung Europas durch den Bolschewismus« einzudämmen; Deutschland brauchte die spanischen Erze, deren Lieferung ein Linksregime unterbinden würde; ein Sieg der Nationalisten wäre eine strategische Niederlage für Großbritannien und Frankreich, deren Seeverbindungen im Mittelmeer mit einer Macht konfrontiert wären, die Deutschland freundlich gegenüberstand. Admiral Canaris, der Chef der deutschen Abwehr, hatte zusätzliche Beweggründe für eine Unterstützung Francos anzuführen. Leben und Besitz von etwa

UNTERNEHMEN FEUERZAUBER

15 000 deutschen Staatsbürgern, die in Spanien ansässig waren, mußten geschützt werden, und im Falle eines Krieges gegen Frankreich und England würde Deutschland für seine U-Boote die spanischen Häfen benötigen. Göring schließlich bestürmte Hitler, »unter allen Umständen Unterstützung zu gewähren. Erstens, um die Gefahr des Kommunismus zu bannen, zweitens, um die junge Luftwaffe zu erproben...«

Tatsächlich gab Hitler Göring den Auftrag, Franco nicht zehn, sondern dreißig der dreimotorigen Ju 52 der Luftwaffe zur Verfügung zu stellen. In aller Eile wurden Zusatztanks für den 1800 Kilometer langen Flug von Stuttgart nach Tetuan montiert, wo Franco seine Truppen versammelt hatte. Die Tatsache, daß sie auf einer Strecke von 750 Kilometern die französische Lufthoheit verletzten, bereitete den Piloten weniger Sorge als die Gefahr, auf republikanischem Gebiet in Spanien notlanden zu müssen. Das ereignete sich aber nur einmal, und die notgelandete Besatzung wurde nach einiger Zeit freigelassen.

Die erste Ju 52 trat 24 Stunden nach der Besprechung in Bayreuth den Flug nach Nordafrika an, und abermals 24 Stunden später brachte sie mit dem Lufthansa-Flugkapitän Henke am Steuer die ersten marokkanischen Truppen auf das Festland. So begann die erste Luftbrücke in der Geschichte der Militärluftfahrt. Bald darauf landeten die übrigen Ju 52 und richteten einen Pendelverkehr ein, der nur durch Be- und Entladen sowie Auftanken jeweils kurz unterbrochen wurde. Von Tetuan flogen die Maschinen die 135 Kilometer lange Strecke nach Jerez de la Frontera, in der Nähe von Cadiz. Die Ju 52, unterstützt von einigen Flugbooten aus spanischen Beständen, brachten in den ersten 33 Tagen 10 500 Marokkaner von Afrika nach Spanien; im September wurden weitere 9700 Soldaten, 44 Geschütze, 90 Maschinengewehre und 500 Tonnen Munition und Geräte ohne jeden Verlust transportiert. Diese hervorragende Leistung der deutschen Flugzeugbesatzungen und ihres Bodenpersonals ermöglichte es General Franco, seine afrikanische Armee so rechtzeitig auf das Festland zu bringen, daß sie entlang der portugiesischen Grenze vorrücken und sich mit der Nordarmee General Molas vereinigen konnte.

Obwohl Reichskriegsminister General Blomberg und General Fritsch, der Oberbefehlshaber des Heeres, Hitler gegenüber das »Unternehmen Feuerzauber«, wie die Tarnbezeichnung für die deutsche Hilfe an Spanien lautete, als »militärische Verschwendung« bezeichneten, wurde es fortgesetzt und ausgeweitet. Franco brauchte vor allem Flugzeuge und Piloten. Bei Beginn des Aufstandes verfügten die Nationalisten lediglich über 88 Flugzeugführer und 50 Maschinen, darunter 33 französische Zweisitzer vom Typ Breguet XIX, die aus der Zeit nach dem Weltkrieg stammten und von denen sieben nicht mehr einsatzfähig waren, drei alte Flugboote vom Typ Dornier Wal, drei Fokker D XIII und ein halbes Dutzend kleiner Flugzeuge des Aero Clubs von Sevilla, die behelfsmäßig als Nahaufklärer eingesetzt wurden. Die Republikaner verfügten dagegen über 214 Maschinen, die etwas moderner waren, darunter 26 britische Vickers Vildebeest, 36 Savoia-Flugboote, drei Transportflugzeuge vom Typ Douglas DC 2 und drei britische Hawker-Fury-Jäger. Der Rest waren 6 Breguet XIX und verschiedene alte Bomber. Als Bemannung dieser kunterbunten Luftwaffe standen den Republikanern 155 Flugzeugführer zur Verfügung.

Während die ersten Ju 52 über den nächtlichen Himmel Frankreichs nach Spanien flogen, herrschte in Berlin fieberhafte Aktivität. Unter Leitung von Generalmajor Helmut Wilberg wurde der Sonderstab W gebildet. Wilberg hatte an der Durchführung des geheimen Schulungsprogrammes in Rußland mitgearbeitet und dabei Erfahrungen gesammelt, die er nunmehr bei der Erfassung von Freiwilligen und der Entsendung von Material anwenden konnte. Eine Mantelfirma, die Spanisch-Marokkanische Transportgesellschaft, wurde für die Verrechnung der Materiallieferungen und der Gegenleistungen in spanischer Währung, Gold und Erz gegründet. 86 Flugzeugführer und Mechaniker in Zivilkleidern gingen in der Nacht des 31. Juli unter dem Befehl von Major Scheele im Hamburger Hafen an Bord eines Dampfers, der sie nach Spanien brachte. Das Schiff, in dessem Frachtraum Jäger vom Typ He 51 verstaut waren, durchbrach die republikanische Blockade und traf nach fünf Tagen in Cadiz ein. Dies war der Beginn eines regelmäßigen Transportverkehrs nach Spanien; Schiffe, die aus Hamburg, Stettin und Swinemünde kamen, beförderten Mannschaften und Waffen einschließlich Panzern. Zusätzliches Material wurde viermal wöchentlich von Ju 52 transportiert.

Am 6. November 1936 waren in Sevilla bereits 6500 deutsche Soldaten versammelt. Sie bildeten die »Legion Condor«. Ihr Befehlshaber war der 51jährige General Hugo Sperrle, der im Weltkrieg als Beobachter gedient, dann im Freikorps Lüttwitz gekämpft hatte und schließlich einer der Organisatoren des geheimen Luftwaffenaufbaues innerhalb der Reichswehr gewesen war. Sperrles Stabschef war Wolfram von Richthofen, der nun Gelegenheit hatte, die Erprobung von Waffen und Geräten der Luftwaffe unter Einsatzbedingungen an Ort und Stelle zu beobachten. Für die Flugzeugführer, die sich freiwillig gemeldet hatten und die meist jünger waren als 25 Jahre, war der Einsatz in Spanien eine Art von Kreuzzug, und für die überzeugten Nationalsozialisten unter ihnen war nun das Lied wahr geworden, das sie so oft gesungen hatten: »Wir werden weitermarschieren, wenn alles in Scherben fällt, denn heute gehört uns Deutschland und morgen die ganze Welt...«

Die Legion Condor hatte nicht nur einen Kampfauftrag zu erfüllen, sondern auch die Ausbildung spanischer Besatzungen für den Einsatz zu übernehmen. Einer der Flugschüler, José Larios, Herzog von Lerma, berichtet in seinen Erinnerungen, daß die Deutschen in jeder Hinsicht »äußerst gewissenhaft waren; selbst die Besuche im Bordellviertel von Sevilla in der Nähe der Gärten von Almeda de Hercules waren mit militärischer Präzision geregelt«.

Die Legion Condor hatte ungefähr Geschwaderstärke und umfaßte eine Bombergruppe K/88, die aus vier Staffeln von insgesamt 30 Ju 52 bestand, eine Jägergruppe J/88 mit 27 He 51 und eine Aufklärungsgruppe A/88 mit sechs He 45 und zwölf He 70. Außerdem gab es eine Seefliegergruppe AS/88, die über eine He 60 und neun große zweimotorige Doppeldecker vom Typ He 59 verfügte.

Sperrle unterstand auch die Flakabteilung F/88, deren Batterien mit 2,2- und 8,8-cm-Geschützen ausgerüstet waren und vorwiegend zum Schutz der Flugplätze der Legion eingesetzt wurden. Außerdem gab es noch einige Scheinwerferbatterien und eine Luftnachrichteneinheit. Alles in allem verfügte die Legion über 78 Flugzeuge, von denen im Durchschnitt 85 Prozent einsatzbereit waren, ein Prozentsatz, der sich bei Kampfausfällen vorübergehend entsprechend verringerte.

Deutsche Piloten und Maschinen flogen die ersten Einsätze, ehe noch die Legion Condor in ihrer Gesamtheit einsatzbereit war. Die aus 39 Schiffen bestehende Marine der Republikaner war entlang der Küste über mehrere Häfen verstreut. Am 14. August flogen nationalistische Flugzeuge einen Angriff auf eine Schiffsansammlung im Hafen von Malaga, der nicht weit von Tetuan entfernt war. Luftwaffenhauptmann Rudolf Freiherr von Moreau schloß sich mit seiner Ju 52 diesem Einsatz an. Er visierte das größte der im Hafen liegenden Schiffe an, ging auf 500 Meter herab und warf unbehindert durch das ungenau liegende Flakfeuer seine Bombe. Im Abflug stellte er fest, daß er einen Treffer erzielt haben mußte, denn das Schiff war in eine große Rauchwolke gehüllt. Nach der Landung in Tetuan meldete Moreau, er habe das einzige Schlachtschiff der Republikaner, die mit acht 20-cm-Geschützen bestückte »Jaime

Primero«, die 16 000 BRT hatte, außer Gefecht gesetzt. Später stellte sich heraus, daß er ein anderes Schiff getroffen haben mußte, denn die »Jaime Primero« war an diesem Tag 750 Kilometer entfernt an der Westküste von Mallorca gelegen, wo sie eine Landungsoperation unterstützt hatte, deren Ziel es war, die Insel unter republikanische Kontrolle zu bringen. Trotzdem hatten die ständigen Luftangriffe auf die Schiffe, die durch Matrosen ohne Offiziere bemannt waren, den gewünschten Erfolg; bereits Ende September war die republikanische Flotte kein entscheidender Kampffaktor mehr.

Die Republikaner richteten ihre Hoffnung auf die baldige Erfüllung des französischen und russischen Versprechens, Flugzeuge zu liefern, um den ständigen Zustrom von Material aus Deutschland und Italien an die Aufständischen auszugleichen. Im Oktober fing der Abhördienst der Republikaner nationalistische Funksprüche auf, deren lakonischer Inhalt auf bevorstehende Luftangriffe bisher ungeahnten Ausmaßes schließen ließ. Allein am 17. Oktober wurden drei Funksprüche, zwei aus Leon und einer aus Sevilla, aufgenommen, die an General Alfredo Kindelan, den Befehlshaber der nationalistischen Luftwaffe in Salamanca, gerichtet waren. Der erste Funkspruch lautete:

»4 Breda, 6 Junkers, 2 Fokker, 1 Dragon, 36 Heinkel erhalten. Munition, D, 16 955; 379 A-Bomben; 230 B-Bomben. 100 Kilogramm 15. Treibstoff, A 36 939, B 4532.«

Vom Kommandeur der zweiten Fliegergruppe in Sevilla wurde Kindelan der Empfang von drei Ju 52, zwei italienischen Savoia und drei Heinkel-Aufklärungsflugzeugen gemeldet. Aus derselben Funkstelle kam im Verlauf des Tages eine zweite Meldung: »295 Brandbomben, 12 397 italienische Sprengbomben erhalten und gelagert. Deutsche Bomben: 10 Kilo-172, 50 Kilo-107, 250 Kilo-139, 500 Kilo-9.«

Die Versammlung von Flugzeugen und das Einlagern von Bomben erfolgte, nachdem General Mola schwere Luftangriffe gegen die Republikaner verlangt hatte, die Madrid gegen die nur von Artillerie unterstützte Infanterie der Nationalisten hartnäckig verteidigten. Sperrle und Richthofen kamen diesem Verlangen nicht zuletzt deshalb nach, weil es die Möglichkeit bot, erstmals die Wirkung von Luftangriffen gegen eine Großstadt und die Auswirkungen solcher Angriffe auf die Bevölkerung zu erproben.

Am Morgen des 16. November 1936 starteten die Junkers- und Savoiastaffeln von ihren Flugplätzen westlich Madrids. Einige Einheiten mußten die bei Estremadura beginnenden schneebedeckten Berge der Sierra de Gredos überqueren, um zu ihrem Treffpunkt mit den Begleitjägern zu gelangen. Die Gredos sind bis zu 2650 Meter hoch, und die Besatzungen der langsamen Ju 52 froren auf dem langen Flug unter einer Wolkendecke, die stellenweise bis zu den Berggipfeln reichte. Die Flugzeugführer steuerten mit einer Hand und klopften sich mit der anderen Hand auf die Schenkel, um die Blutzirkulation zu beleben. Nach der Überquerung der Gredos stießen die Bomber in der Nähe von Torrijos auf die He 51-Jäger, und den Rest der Strecke flogen sie in Pfeilformation den Guadarama entlang nach Madrid.

Die Streitmacht von rund dreißig Bombern wich den nordwestlichen Vororten aus, wo die Nationalisten in der Universitätsstadt mit den Internationalen Brigaden im Nahkampf lagen, und steuerte dem Stadtzentrum zu. Richthofen hatte nach sorgfältigem Studium der von den He 70-Fernaufklärern heimgebrachten Fotos den Besatzungen zwecks maximaler Wirkung öffentliche Gebäude als Ziele angewiesen. Vor allem die Telefonica, die große Telefonzentrale der Stadt, wurde von zahlreichen 50- und 250-Kilo-Bomben getroffen; aber auch mehrere Spitäler erlitten schwere Bombenschäden.

Nachdem die Sprengbomben abgeworfen waren, ging ein Schauer von Hunderten von Ein-Kilo-Brandbomben auf Madrid nieder. Als die erste Angriffswelle abflog, waren in der Stadt bereits an mehreren Stellen Brände ausgebrochen. Trotz Wetterverschlechterung dauerten die Angriffe 72 Stunden; in der Nacht wiesen lodernde Flammen den Bomberbesatzungen den Weg, die ihre Brandbomben auf die noch im Dunkeln liegenden Stadtteile warfen. Als Übung im Formationsflug und Zielausmachen waren die Angriffe erfolgreich; Brände wüteten in der ganzen Stadt, etwa tausend Tote lagen unter den Trümmern, die Straßen waren mit Glasscherben, Ziegeln und Wasserlachen aus den geborstenen Rohrleitungen bedeckt. Die erwartete Terrorwirkung blieb dagegen aus; die Angriffe riefen nur Haß hervor. Obwohl etwa 20 000 Bewohner Madrids obdachlos auf der Straße standen, war der Widerstand, dem die Nationalisten in der Universitätsstadt begegneten, härter denn je.

Madrid fiel weder in diesem noch im nächsten Jahr, und Franco befahl General Mola und seinem Stab, eine Großoffensive im Norden vorzubereiten. Zu Beginn des Jahres 1937 hielten die Nationalisten große Teile Spaniens in ihrem Besitz; ihr Territorium reichte von Portugal und Kap Finisterre am Atlantik bis Malaga am Mittelmeer. Noch nicht erobert hatten sie die baskischen Küstenprovinzen im Norden, die nach dem Fall von Irun und San Sebastian nur mehr ein Gebiet von 300 Kilometern Länge und 60 Kilometern Tiefe umfaßten. Das Baskenland gehört zu den schönsten Gegenden Spaniens. Berge, vom Alter gerundet und von Nadelwäldern bestanden, erheben sich auf der einen Seite bis zu Gipfeln von 1700 Meter Höhe und erreichen auf der anderen Seite mit ihren Ausläufern das Meer. Die Winterstürme von Jahrtausenden haben der Küste ein bizarres, zerklüftetes Profil mit unzähligen Buchten und Schlupfwinkeln gegeben. Im Frühling und im Sommer sind die Küstengewässer bis zur Bucht von Biskaya voll Farbe; Hunderte von tiefblauen, sattgrünen und knallroten Fischerbooten und kleine weißgestrichene Ruderboote durchfurchen das blaue Meer, um ihre Ernte einzubringen. Die Basken sind in erster

Linie Fischer und in zweiter Linie Holzfäller. Sie sind ein eigenes Volk mit einer eigenen Sprache und einem tiefverwurzelten Unabhängigkeitsgefühl, das sie aus den übrigen Volksgruppen der iberischen Halbinsel heraushebt. Nationalismus bedeutet den Basken nichts, es sei denn baskischer Nationalismus, der sie von der spanischen Herrschaft befreit. In Ermangelung von Autonomie empfanden die Basken das Leben in »la Republica« als einen Kompromiß, der akzeptiert werden mußte, doch das Konzept eines faschistischen Regimes war — und ist — für sie ein Greuel. In diesem Sinne wollten sie gegenüber dem Ansturm der nationalistischen Armee, insbesondere der fremdartigen Marokkaner, die Selbständigkeit ihrer baskischen Provinzen und zugleich die bedeutendste Stadt des Nordens, Bilbao, verteidigen.

Die Stadt, deren Bevölkerung im Gefolge des Krieges auf 300 000 Menschen angeschwollen war, liegt zwölf Kilometer stromaufwärts von der Mündung des auf dieser Strecke schiffbaren Nervión. Bilbao war der größte Hafen im Norden mit dem stärksten Seeverkehr und überdies ein durch das Vorhandensein von Eisenerzlagern begünstigtes Schiffsbauzentrum. Kurz vor dem Aufstand wurde auch die Erzeugung leichter Waffen aufgenommen, und ein neuer, für den Export bestimmter 8-cm-Granatwerfer war eben fertiggestellt worden, als die Kämpfe begannen. Holzarbeiter und Bauern aus der näheren Umgebung errichteten zur Verteidigung der Stadt in den umliegenden Hügeln einen Ring von Schützenlöchern, Bunkern, Gräben und Stacheldrahtverhauen. Diese Verteidigungsanlagen wurden voll Optimismus »Eiserner Ring« genannt, doch sie waren mit mehr Eifer als Sachkenntnis errichtet worden. In diesen Stellungen lagen hauptsächlich Freiwillige, deren »Uniform« aus Kordhosen, karierten Holzfällerjacken und den traditionellen dunkelblauen Baskenmützen bestand. Sie waren mit Gewehren und Maschinengewehren bewaffnet, die aus Deutschland stammten, in Frankreich beschlagnahmt und schließlich von einem baski-

31/32 Oben das Schnellverkehrsflugzeug He 70, das einer der ersten Fernaufklärer der Luftwaffe wurde. Unten die He 111, die aus der He 70 entwickelt wurde und sowohl als Verkehrsflugzeug wie auch als Mittelstreckenbomber Verwendung fand

33/34 Oben eine Ju 88 im Sturz. Mit 15 000 Stück war sie der meistgebaute Bomber der Luftwaffe. Unten eine Ju 52. Ende der zwanziger Jahre entwickelt, stand sie bis 1945 bei der Luftwaffe als Transporter im Einsatz

35 7. März 1936: Einmarsch in das entmilitarisierte Gebiet. Eine Staffel von Jagdflugzeugen überfliegt den Rhein

36/37 *Erprobung in Spanien: Oben die He 51, die sich als Jäger zu langsam erwies und bald nur mehr als Schlachtflugzeug eingesetzt wurde. Unten die He 111, die bei der Legion Condor ihre ersten Erfolge als Bomber erzielte*

38 4. Februar 1938: Hermann Göring, Reichsminister der Luftfahrt, Oberbefehlshaber der Luftwaffe, wird Generalfeldmarschall

39 Ein früher Typ des Sturzkampfflugzeuges Ju 87. Deutlich zu erkennen das ausschwenkbare Abwurfgerät für die Bombe

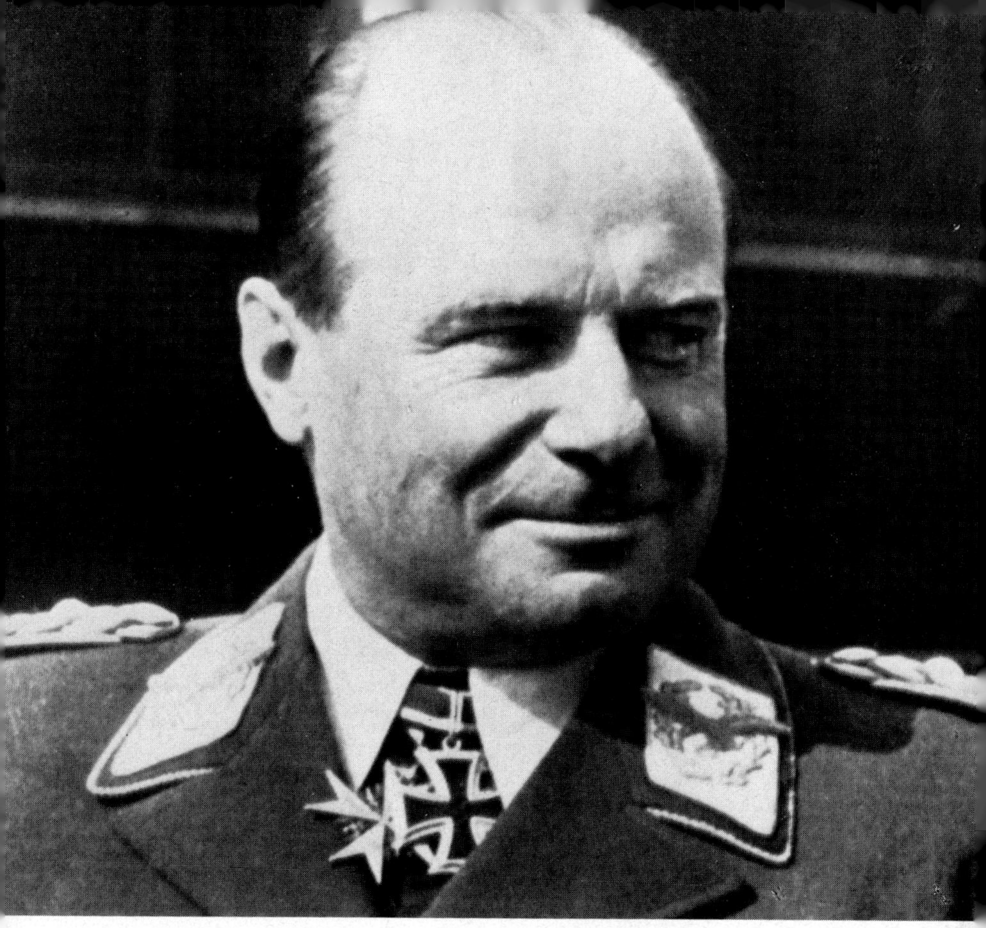

40/41 Ernst Udet, seit 1939 Generalluftzeugmeister, besaß Sportsgeist und Humor

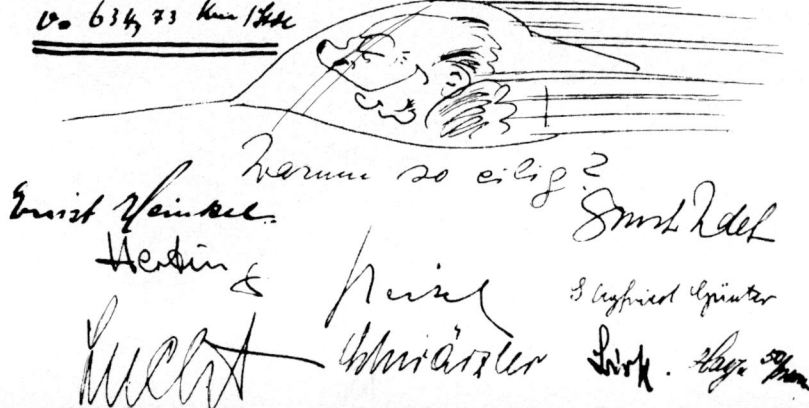

42 Die Hs 123, ursprünglich Stuka, später Schlachtflugzeug

43 Die Ju 87, der Stuka, von dem 5000 Stück gebaut wurden

44 Reichsmarschall Hermann Göring läßt sich im Beisein von General Bodenschatz von Professor Willi Messerschmitt Entwicklungspläne erläutern

45/46 Oben Zerstörer vom Typ Me 110. Unten der Jäger Me 109, mit mehr als 30 000 Stück das meistgebaute Frontflugzeug der Luftwaffe

47/48 Ausbildung der Fallschirmjäger am Sprungturm. General Student bei der Besichtigung einer Fallschirmjägereinheit

49–52 Luftflottenbefehlshaber der ersten Kriegsjahre: Hans-Jürgen Stumpff, Hugo Sperrle, Albert Kesselring und Alexander Löhr

53/54 Oben: Ernst Udet mit Adolf Galland und Werner Mölders. Unten: Nach Udets Tod trugen Erhard Milch und Albert Speer die Verantwortung für die Luftrüstung

55/56 Oben: Eine 3,7-cm-Flak im Einsatz. Unten: Ein 8,8-cm-Flakgeschütz in ausgebauter Stellung

57 Die Me 262, der Düsenjäger der Luftwaffe, der viel zu spät zum Einsatz kam. Hier als Ausstellungsobjekt mit weißem Anstrich

58 Ein Fieseler Storch, das Verbindungsflugzeug der Luftwaffe, das sich vom ersten bis zum letzten Tag des Krieges bewährte

59/60 Der Anfang vom Ende. Ernst Udet beging am 17. November 1941 Selbstmord und erhielt ein Staatsbegräbnis. Hans Jeschonnek ging am 19. August 1943 in den Tod und wurde im Luftwaffenhauptquartier in Ostpreußen beigesetzt. Göring kondoliert

schen Schmuggler namens Letho auf dem Seeweg nach Bilbao gebracht worden waren.

Bis Ende Oktober gab es keinen Schutz gegen Luftangriffe. Den ersten Einsatz gegen Bilbao hatten Ju 52 der Legion Condor von ihrem vorgeschobenen Flugplatz im nur 45 Kilometer entfernten Vitoria geflogen. Sie erschienen am Vormittag des 25. September über der Stadt und kamen am Nachmittag und am folgenden Tag abermals. Ohne auf Gegenwehr zu stoßen, konnten sie ihre Bomben abladen und ungehindert nach Vitoria zurückfliegen. Die Piloten der He 51-Jäger, die, ohne zum Schuß zu kommen, Begleitschutz geflogen waren, feierten nach ihrer Rückkehr in ihrem Quartier im Hotel Fronton den offensichtlich bevorstehenden Zusammenbruch der republikanischen Front im Norden. Zur Feier des Tages stieg einer der Flugzeugführer in seine He 51 und führte der Bevölkerung von Vitoria ein Kunstfliegen in Bodennähe vor, wie er es auf der Jagdfliegerschule in Schleißheim gelernt hatte. Die Vorführung nahm ein unerwartetes Ende, als der nicht ganz nüchterne Pilot den Kirchturm des Ortes rammte.

In der letzten Oktoberwoche dampften russische, aus Ostseehäfen ausgelaufene Handelsschiffe den Nervión hinauf und legten im Hafen von Bilbao an. Ihre kostbare Fracht waren Kisten mit russischen Jagdflugzeugen vom Typ Polikarpov I-15. Diese Doppeldecker mit gedrungenem Rumpf waren Kopien eines amerikanischen Boeing-Jägers und wurden von einem in Lizenz gebauten neunzylindrigen Wright-Cyclone-Motor von 750 PS angetrieben. Die I-15 war etwas schneller als die He 51 und hatte mit ihren vier Maschinengewehren die doppelte Feuerkraft. Ein Jahr zuvor hatte eine Spezialversion der I-15, die nur 1,5 Tonnen wog, mit rund 16 000 Metern einen neuen Höhenweltrekord aufgestellt. Aber auch die Standardausführung war mit ihrer Gipfelhöhe von 11 000 Metern allen in Spanien eingesetzten Militärmaschinen überlegen.

Zusammen mit den Maschinen waren erfahrene russische Piloten angekommen; laut dem Korrespondenten der Londoner »Times«, George L. Steer, waren das lauter »reife Herren von ungefähr 36 Jahren, die sehr zurückgezogen lebten und weder tranken noch rauchten«. Sie hatten ein Maskottchen mitgebracht, einen großen russischen Foxterrier, den die Basken »Ruso« nannten. Die Jagdflugzeuge wurden unter Aufsicht der Russen auf einem Polofeld außerhalb Bilbaos montiert. Ihr Anstrich war dunkelgrün, mit roten Flügelenden, und die republikanischen Farben trugen sie am Seitensteuer. Das Polofeld wurde in einen Flugplatz umgewandelt, und die Russen gingen daran, vor Beginn der erwarteten nationalistischen Offensive einige baskische Piloten zu Jagdfliegern auszubilden.

Die Vorausabteilung der Legion Condor in Vitoria wurde durch je eine Staffel Ju 52 und He 51 verstärkt. Am Nachmittag des 4. Januar 1937 starteten neun Kampfflugzeuge der K/88 und zwölf Jäger der J/88 zum ersten großen Angriff gegen Bilbao. Die Ju 52 starteten zuerst, gefolgt von den viel schnelleren He 51; die Jäger nahmen ihre Position 300 Meter über den Bombern ein, die in perfekter Pfeilformation von dreimal drei Flugzeugen flogen.

In der führenden Ju 52 ging der Bordschütze Karl Gustav Schmidt daran, seinen ausfahrbaren MG-Turm an der Unterseite des Rumpfes hinter dem Fahrgestell herunterzukurbeln. Behindert durch seinen Fallschirm und seine pelzgefütterte Kombination hatte er Schwierigkeiten, sich hinter sein Maschinengewehr zu zwängen. Er dankte Gott, daß das Ziel nur wenige Flugminuten entfernt war, denn bei der kalten Luft und einer Geschwindigkeit von mehr als 200 km/h fror er bis in die Knochen. Der Lärm der Motoren war ohrenbetäubend. Im Anflug auf die Hügel, die Bilbao umgaben, sah Schmidt die Arbeiter, die mit der Fertigstellung des Eisernen Ringes beschäftigt waren, in Bunkern und unter Bäumen Deckung suchen. Dann glit-

UNTERNEHMEN FEUERZAUBER

zerte der Nervión herauf, als der Pilot beim Erreichen des Flusses tiefer ging und die Formation zum Zielflug ansetzte. Schmidt entsicherte sein MG und gab zur Probe einen Feuerstoß ab. Dann vergaß er auf die Kälte und konzentrierte sich auf die Beobachtung des Luftraumes.

In Bilbao heulten die Sirenen, und bis auf Polizisten und Feuerwehrleute entleerten sich die Straßen. Auf dem Polofeld starteten die russischen Maschinen; vier waren mit russischen Piloten und vier mit eben ausgebildeten Basken besetzt. Ihre Taktik war sorgfältig geplant: Vier I-15 stießen empor, um den Kampf mit den deutschen Jägern aufzunehmen, die anderen flogen den Ju 52 entgegen. Den Angriff gegen die Bomber führte der zwanzigjährige Felipe Del Rio. Er steuerte auf die führende Ju 52 zu, wie es ihn seine russischen Ausbilder gelehrt hatten: Im Frontalanflug, leicht von oben kommend und die schwächste Stelle der Ju 52 anvisierend, die wegen des Motors in der Rumpfnase keinen nach vorne feuernden MG-Turm hatte. Del Rio wartete, bis er das feindliche Flugzeug voll im Visier hatte, eröffnete das Feuer und sah, wie die Garben aus allen vier Maschinengewehren im Ziel lagen. Die Maschinen kamen mit einer summierten Geschwindigkeit von 600 km/h aufeinander zu, und Del Rio konnte nur einen einzigen langen Feuerstoß abgeben. Der genügte. Flammen schossen aus dem schwer getroffenen Motor und hüllten das Flugzeug ein. Del Rio ließ von der stürzenden Maschine ab und sah, wie die übrigen Ju 52 ihre Bomben den Fluß entlang warfen. In großer Höhe fochten die deutschen Jagdflieger einen harten Kampf mit den I-15. Die Heinkel griffen in Dreierketten an und flogen in so perfekter Formation, als ob sie ein Kunstflugprogramm zu absolvieren hätten. Obwohl sie zahlenmäßig unterlegen waren, verloren Russen und Basken nur eine Maschine und schossen ihrerseits eine Heinkel ab, die in den Bergen aufschlug.

Der Luftkampf, der um 3 Uhr 15 begonnen hatte, dauerte

DIE LUFTWAFFE / KAPITEL IX

nur sieben Minuten. Die Maschinen der Legion Condor drehten ab und flogen nach Vitoria zurück, ohne das Zentrum von Bilbao erreicht zu haben. Ihre Bomben hatten drei Personen getötet und drei weitere verletzt.

Aus der abgeschossenen Ju 52 waren nur Karl Schmidt und der Beobachter Leutnant Adolf Hermann mit ihren Fallschirmen entkommen. Hermann landete in einem Dorf außerhalb Bilbaos und lieferte der dortigen Miliz mit seiner Pistole ein Feuergefecht, in dessen Verlauf ein Milizsoldat und eine Dorfbewohnerin tödlich getroffen wurden. Die wütende Menge trampelte Hermann daraufhin zu Tode. Schmidt landete auf einem Feld außerhalb der Ortschaft Encuri. Er warf seinen Fallschirm ab und griff nach seiner Pistole, um sich gegen eine bewaffnete Menge, die auf ihn zuströmte, zur Wehr zu setzen. Plötzlich landete in geringer Entfernung einer der russischen Jäger, dessen Pilot aus dem Flugzeug sprang und auf Schmidt zulief. Der Russe vertrieb die Meute mit seiner eigenen Pistole, und bald darauf fuhren die beiden Flieger in einem Militärkraftwagen nach Bilbao, wo Schmidt in Haft genommen und verhört wurde. Er gab an, daß er Mitglied der NSDAP sei und nach Spanien gekommen wäre, um »gegen den Kommunismus zu kämpfen«. »Darauf«, so berichtete der »Times«-Korrespondent Steer, »lachten die Basken herzlich.«

Die Reaktion auf den mißglückten Angriff auf Bilbao stand in keinem Verhältnis zu den angerichteten Schäden. Anarchisten, die ihre schwarzroten Fahnen trugen, sowie obdachlose Flüchtlinge stürmten das Larringa-Gefängnis und zwei Klöster, in denen politische Gefangene untergebracht waren. Bis in den späten Abendstunden die Ordnung wiederhergestellt wurde, waren 194 Nationalisten auf der Stelle getötet worden; dreißig weitere starben später an ihren Verletzungen.

Angesichts der Tatsache, daß der Kampf um Madrid zu einem winterlichen Stillstand gekommen war, wollte General Mola die Kampfmoral der Nationalisten durch einen überzeugenden Erfolg im Norden stärken; es sollte ein schneller Sieg sein, mit Hilfe der größten Luftunterstützung, die es im Bürgerkrieg bisher gegeben hatte. Um die Bevölkerung einzuschüchtern, wurden jenseits der republikanischen Linien Flugblätter abgeworfen, auf denen Mola seine Absichten unmißverständlich darlegte: »Wenn die Unterwerfung nicht sofort erfolgt, werde ich die Provinz dem Erdboden gleichmachen und mit den Rüstungsfabriken beginnen. Ich habe die Mittel, dieses Vorhaben auszuführen.«

Er hatte sie tatsächlich. Sperrle und Richthofen hatten in Berlin Verstärkungen angefordert, die rasch eintrafen. Im Februar 1937 erhielt die K/88 zwei zusätzliche Staffeln von neuen He 111 B-1. Kurz darauf trafen fünfzehn Do 17 ein, die eine Spitzengeschwindigkeit von 350 km/h hatten und wegen ihres schlanken Rumpfes »Fliegende Bleistifte« genannt wurden. Außerdem kamen auf dem Seeweg weitere He 51 in Cadiz an und wurden nach dem Norden weiterbefördert. Der Flugplatz der Legion Condor in Vitoria wurde ausgebaut; er erhielt neue und längere Startbahnen und einen Flakschutz von 8,8-Kanonen. Aus Talavera und dem Flugplatz Avila beim Hauptquartier der Legion wurden Jäger abgezogen und für die bevorstehende Offensive im Norden versammelt. Vitoria blieb die wichtigste Absprungbasis, aber auch in Burgos, Soria und Logrono wurden Jäger und die soeben eingetroffenen Bomber zusammengezogen. Dazu kamen die Ju 52, alte Breguets der »Argupacion Espanola« Francos sowie Jäger vom Typ Fiat CR 32 und Bomber vom Typ Savoia Marchetti S 81 der italienischen »Aviacion Legionara«.

Es gab kaum einen Fußbreit republikanischen Gebietes, den die zum Angriff versammelten Piloten nicht gründlich kannten. He 70 und He 45 überflogen, wann immer es das Wetter gestattete, die republikanischen Verteidigungsstellungen und brachten Fotos heim. Diese Aufklärungsflüge stießen auf keine Abwehr, denn die Jägereinheit der Republikaner in Bilbao hatte nur mehr sechs I-15, die zurückgehalten wurden, weil sie gegen die zu erwartenden Angriffe der Bomber eingesetzt werden sollten.

Paul Freese, ein deutscher Staatsbürger, der seit langem in Spanien lebte, wurde der Legion Condor in Vitoria als Dolmetscher und Auswertungsspezialist beigegeben. Anhand des Kartenmaterials lokalisierte er die bedeutendsten Verkehrs- und Nachrichtenzentren sowie die Lage der Rüstungsfabriken. Hauptmann Carsten von Harling wurde von Richthofen als Verbindungsoffizier zu den angreifenden Heeresverbänden abgestellt.

Der Legion Condor und den ihr beigegebenen italienischen und spanischen Staffeln waren in Unterstützung der Offensive Molas vier Aufgaben zugedacht: 1. Angriff auf die vordersten Linien der Basken mit Bomben und MG-Feuer. 2. Lahmlegung des Verkehrs auf den Nachschubstraßen. 3. Angriffe auf die Dörfer hinter der Front, in denen sich Gefechtsstände befanden. 4. Die Stadt Durango sollte durch einen Großangriff von bisher nicht erlebtem Ausmaß zerstört werden.

Die Luftangriffe begannen am 31. März 1937 um 7 Uhr früh. Entlang einer Front von 90 Kilometern schossen riesige Feuerfontänen empor, als Welle um Welle angriff und ihre 50-Kilo- und 250-Kilo-Bomben abwarf. Jagdflugzeuge kreisten über dem rückwärtigen Gebiet, gingen oft bis in Erdnähe herab, beschossen Fahrzeuge und legten den Nachschubverkehr lahm. Die Dörfer Ochandiano, Elgueta und Elorrio wurden wiederholt angegriffen. Molas Infanterie folgte der Feuerwalze aus der Luft auf dem Fuß und nahm drei Berghöhen, deren Verteidiger durch die Wucht der Angriffe benommen und deren Verbindungen durch die Bomben zerstört waren, die sich tief in die Erde gruben und die Kabel an unzähligen Stellen unterbrachen.

Nur vor Ochandiano leisteten die Basken Widerstand, der von den Erdtruppen nicht gebrochen werden konnte. Nachdem

Angriff um Angriff abgeschlagen worden war, konzentrierte sich das Luftbombardement auf das Dorf und erreichte am Nachmittag des 4. April mit ununterbrochenen Angriffen der Bomber, die aus Vitoria kamen, seinen Höhepunkt. Überlebende berichteten später, daß zwischen Mittag und 17 Uhr ständig etwa vierzig Flugzeuge über den Stellungen waren und daß diese Zahl später bis zum Sonnenuntergang auf annähernd 75 Flugzeuge anstieg. Schätzungen zufolge fielen 5000 Bomben auf das Dorf und die Schützenlöcher und Gräben der umliegenden Verteidigungsstellungen. In den Pausen zwischen den Angriffen verließen die Basken ihre zerstörten Stellungen, um die Verwundeten zu versorgen, aber sie wurden vom MG-Feuer der Heinkel und Fiat immer wieder zurückgetrieben. Als alles vorüber war, zählten Molas Truppen die Leichen von sechshundert Basken, aber niemand vermochte zu sagen, wie viele weitere Gefallene in den eingestürzten Gräben lagen. Es war eine furchterweckende Demonstration dessen, was unbehinderte Luftangriffe gegen Erdstellungen anzurichten vermochten.

Das Fiasko des ersten großen Angriffs gegen Bilbao wiederholte sich nicht, als die Legion Condor den Eisenbahn- und Straßenverkehrsknotenpunkt Durango, 25 Kilometer südöstlich von Bilbao, angriff. Da Luftabwehr nicht zu erwarten war, setzte die K/88 ihre Ju 52 ein, begleitet von He 51, die mit Abwurfvorrichtungen für Zehn-Kilo-Splitterbomben ausgerüstet waren. Die ersten Ju 52 erschienen am 31. März um 7 Uhr 20 über Durango und gingen zur Erhöhung der Zielgenauigkeit auf 300 Meter herab. Sie warfen 250-Kilo-Bomben, von denen man annahm, sie würden die Häuser dieser typisch baskischen Kleinstadt so nachhaltig zerstören, daß die Trümmer auf Tage hinaus die Straßen versperren und damit jeden Verkehr lahmlegen würden. Der Angriff erfolgte zur Zeit der Frühmesse, und die drei großen Kirchen der Stadt waren voll von Gläubigen. Eine Bombe durchschlug das Dach der Jesuitenkirche und tötete mit

DIE LUFTWAFFE / KAPITEL IX

Ausnahme des Geistlichen alle Anwesenden. Eine andere Bombe tötete in der Kirche der heiligen Susanne vierzehn Nonnen. In der Marienkirche wurde Pater Don Carlos Morillo unter Trümmern begraben, als er gerade im Begriffe war, die Hostie zu erheben.

Nachdem die Ju 52 ihren Angriff beendet hatten, warfen die He 51 ihre Splitterbomben ab. Das Bombardement endete um 7 Uhr 50, und die Bewohner von Durango gingen daran, die ärgsten Schäden zu beheben. Die Stadt wurde an den beiden folgenden Tagen und am 4. April neuerlich angegriffen. Die Jäger erweiterten ihre Angriffe, indem sie nach dem Abwurf der Splitterbomben die Straßen mit MG-Feuer belegten, wobei unter anderem zwei Klosterschwestern, die um ihr Leben rannten, getötet wurden. Als alles vorüber war, wurden 127 Leichen aus den Trümmern gezogen; weitere 121 Bewohner der Stadt starben später in den Spitälern von Bilbao.

Bilbao selbst wurde im Laufe des April an allen Tagen mit klarem Wetter angegriffen. Die Flugzeuge kamen in kleinen Einheiten, unregelmäßigen Abständen und niedriger Höhe. An einem einzigen Tag zu Beginn des Monats gab es innerhalb von zehn Stunden vierzehnmal Fliegeralarm. Der ärgste Tag war Sonntag, der 18. April. Drei Do 17 und zwei He 111 griffen dreimal an, zerstörten die Schuhfabrik und demolierten einen Häuserblock in der Altstadt, wobei es 67 Tote und 110 Schwerverletzte gab.

Beim dritten Anflug wurden die Do 17 von vier russischen Jägern, die aus den tiefliegenden Wolken kamen, angegriffen. Der junge Felipe Del Rio, der die Jäger führte, schoß eine Do 17 und sein Rottenflieger eine weitere ab. Die von Del Rio abgeschossene Maschine stürzte nördlich der Stadt ab. Zwei Besatzungsmitglieder wurden getötet, als sie mit ihren nur halb geöffneten Fallschirmen auf dem Fluß aufschlugen. Der Pilot, Hans Sobotka, stürzte mit dem brennenden Bomber ab. Eine

Menschenmenge lief zu der Absturzstelle auf einem freien, mit Heidekraut bestandenen Feld und starrte auf das in Flammen gehüllte Wrack und den auf den Boden geschleuderten Leichnam des Piloten. Ein Augenzeuge berichtete später, daß Sobotka »auf dem Rücken lag, halb verbrannt, mit gekrümmtem Rumpf. Teile der angekohlten Eingeweide hingen aus dem aufgerissenen Körper. So wie er sie wahrscheinlich im letzten Augenblick des Schreckens vor dem Aufprall erhoben hatte, waren die Arme vor dem Gesicht gekreuzt...« Aus Papieren, die man bei dem Leichnam fand, ging hervor, daß sich die Do 17 mit ihrer Besatzung erst seit dreizehn Tagen in Spanien befand; sie war am 5. April auf ihrem Flug zum Einsatzgebiet in Rom zwischengelandet.

Sobotkas Do 17 war Del Rios siebenter und letzter Abschuß. Die deutschen Bordschützen waren nach dem 18. April vorsichtig, und als eine Einheit von Do 17 ein paar Tage später von Del Rio angegriffen wurde, schossen sie die I-15 über der Flußmündung ab. Dieser Verlust, gepaart mit dem Wissen, daß Bilbao mit keinen Verstärkungen rechnen könne, brach die Moral der verbleibenden Flieger. Was konnten auch drei übermüdete Jäger gegen einen anscheinend unerschöpflichen Strom von Bombern ausrichten, die fast so schnell wie sie waren?

Das Bombardement von Durango hatte die übrigen Ortschaften hinter den republikanischen Linien veranlaßt, Luftschutzbunker zu improvisieren; die Keller wurden mit Sandsäcken verstärkt und mit einem Schild als »Refugio« gekennzeichnet. Auch in Guernica oder Gernica, wie es die Basken nannten, waren solche Vorbereitungen getroffen worden. Bis zum Montag, den 26. April, mehr als drei Wochen nach der Vernichtung von Durango, das 15 Kilometer südlich lag, war kein Bomber über Guernica erschienen, und die Bevölkerung hoffte, verschont zu bleiben. Die Stadt lag an einer Meeresbucht und wies außer einer kleinen Waffenfabrik, einer Brücke und einem Bahnhof keine

Ziele von Bedeutung auf. Außer den siebentausend Einwohnern hielten sich dreitausend Flüchtlinge in ihren Mauern auf. In der Nähe waren zwei dezimierte Bataillone baskischer Infanterie untergebracht. Alles in allem waren an diesem 26. April 11 000 Menschen in der Stadt, deren Häuser dicht nebeneinanderstanden, zusammengedrängt.

In Vitoria, nur zehn Flugminuten entfernt, begann das Bodenpersonal am frühen Nachmittag den Angriff vorzubereiten. Die He 111 wurden mit leichten und schweren Bomben beladen, die wie schlafende Fledermäuse in den dunklen Bombenschächten hingen. Um 16 Uhr 30 erschien glitzernd im warmen Licht der Nachmittagssonne die erste Heinkel über Guernica. Die Glocke im Turm der Pfarrkirche begann Alarm zu läuten. Alles blickte zum Himmel — die Fahrer der Ochsenwagen und Hunderte von Besuchern des Marktes, der wie jeden Montag auf einem großen Platz im Herzen der Stadt abgehalten wurde.

Die He 111 flog zum Bahnhof, warf sechs Bomben auf das Schienennetz und verschwand, aus allen Maschinengewehren feuernd, im Tiefflug über den Dächern der Stadt. Wenige Minuten später erschien eine zweite Heinkel und griff ebenfalls den Bahnhof an. Dann herrschte Schweigen. Eine Viertelstunde verging. Die Menschen kamen aus ihren Schutzräumen hervor, prüften die Schäden und meinten, besser davongekommen zu sein als die Bewohner von Durango. Zu diesem Zeitpunkt erschien eine große Anzahl von Ju 52 über dem Zentrum der Stadt. Tonnen von Sprengbomben verwandelten die engen Straßen von Guernica in einen Kessel des Todes.

Um 17 Uhr 15 begann — nach republikanischer Darstellung — der systematische Versuch, die Wohnviertel nach dem Vorbild von Madrid niederzulegen. Überlebende berichteten, daß Einheiten von drei bis zwölf Bombern in Abständen von zwanzig Minuten über der Stadt erschienen. Zusammen mit Sprengbomben, die jedes Haus durchschlugen, warfen sie große Men-

gen von Ein-Kilo-Brandbomben ab. Die St.-Johanns-Kapelle und
die Marienkirche gingen in Flammen auf. Die Rauchentwicklung war so stark, daß die nachfolgenden Bomberwellen auf
zweihundert Meter heruntergehen mußten, um die Ziele ausfindig zu machen. Der letzte Bomber flog drei Stunden und fünfzehn Minuten, nachdem die erste Bombe gefallen war, ab; zurück blieb eine Stadt, die kaum mehr zu erkennen war. Die Glut
des Feuers, reflektiert von den Wolken am nächtlichen Himmel,
konnte noch in zwanzig Kilometer Entfernung gesehen werden.

70 Prozent der Gebäude Guernicas waren vollkommen zerstört und weitere zwanzig Prozent schwer beschädigt. Die Schätzungen der Verluste schwankten zwischen 100 und 1600 Toten;
zieht man die Erfahrungen von Durango heran und berücksichtigt man die Intensität der Angriffe und die Bevölkerungsdichte,
wird man annehmen können, daß es in Guernica etwa dreihundert Tote gab. Anfänglich lehnte Francos Informationsdienst
jede Verantwortung der Nationalisten ab und erklärte, die Stadt
sei von roten Brandstiftern zerstört worden. Diese Version konnte einige Wochen aufrechterhalten werden, bis ein Offizier aus
dem Stabe des nationalistischen Generals Fidel Davila einem
Berichterstatter der Londoner »Sunday Times« erklärte, daß
selbstverständlich die Nationalisten Guernica bombardiert hätten. Der Presseoffizier, der den Korrespondenten begleitete, erwähnte allerdings Guernica mit keinem Wort. Als George Steer
Davilas Äußerung an sein Blatt durchgab, untersagte man ihm
unter Androhung von Gefahr für sein Leben, auf diese Angelegenheit noch einmal zurückzukommen.

Die Ereignisse von Guernica fanden ihre Bestätigung, als drei
Wochen später ein Jagdflieger der Legion Condor mit seiner
He 51 durch Erdabwehr bei Vizkargi abgeschossen wurde. Der
unverletzt gebliebene Pilot, ein 23jähriger Schlesier namens Hans
Joachim Wandel, hatte in seinem Kalender unter dem Datum
des 26. April das Wort »Garnika« eingetragen. Zunächst be-

hauptete er, dies sei der Name seiner Freundin in Hamburg. Er leugnete, die Stadt beschossen zu haben, und gab lediglich zu, Jagdschutz für He 111 geflogen zu haben, die mit Brandbomben Wälder belegt hatten, um die Verteidiger ihrer Deckung zu berauben. Wandel sagte weiter, er habe erst Mitte April Deutschland verlassen, sei über Rom nach Sevilla gekommen und erhalte einen Monatssold im Gegenwert von 125 Dollar.

Die Bombardierung Guernicas hatte zweifellos militärische Auswirkungen. Als Eisenbahn- und Straßenverkehrsknotenpunkt war der Ort ausgeschaltet. Da die alte Stadt eine Hochburg baskischer Gebräuche und Traditionen gewesen war, übte ihre Zerstörung eine nachhaltige moralische Wirkung auf die Bevölkerung der ganzen Provinz aus. Intensive Angriffe auf die Verteidigungsanlagen östlich der Stadt schwächten den Kampfwillen weiter, und drei Tage nach dem großen Bombardement fiel Guernica in die Hände der nationalistischen Truppen.

Den ganzen Monat Mai und bis in den Juni hinein griff die Legion Condor die baskischen Truppen in dem immer enger werdenden Verteidigungsring von Bilbao an. Die Stadt hungerte. Von der See war sie durch eine Blockade abgeschnitten, gegen die Luftangriffe war sie wehrlos, und außer von Bomben wurde sie nun täglich von Granaten getroffen. Bilbao wurde schließlich aufgegeben, und am 19. Juni zog sich der letzte Milizsoldat in die westlich gelegenen asturischen Berge zurück, wo noch einmal eine Verteidigungslinie eingerichtet wurde.

Bevor der Endkampf begann, wurde die Legion Condor von der Nordfront abgezogen, um einer unerwarteten republikanischen Offensive bei Brunete, zwanzig Kilometer westlich von Madrid, entgegengeworfen zu werden. Zwischen 7. und 26. Juli kam es zu harten Kämpfen von Infanterie-, Panzer- und Fliegerverbänden, in der Ebene und in den Bergen, bei denen zunächst die Republikaner, später aber die Nationalisten die Oberhand behielten. Die Republikaner verloren hundert der 150 Flugzeuge, mit denen sie die Schlacht begonnen hatten, während die Nationalisten, einschließlich der Legion Condor, nur 23 Maschinen einbüßten.

Die Legion kehrte in den Norden zurück, wo die Offensive ohne Luftunterstützung zum Erlahmen gekommen war. Die Republikaner waren nun in einem Kessel von knapp 130 Kilometer Länge und 75 Kilometer Tiefe zusammengedrängt. Ihre schwer beschädigten Stellungen wurden ständig mit Bomben belegt und beschossen. Mitte Oktober sahen sich die schwer mitgenommenen Verteidiger einer neuen Variante des Krieges aus der Luft ausgesetzt. Mit Hilfe von Karten und Aufklärungsfotos suchte der Legionsstab eine Schlüsselstellung der asturischen Verteidigungslinie aus. Dann überflog eine Gruppe von Bombern und Jagdbombern die feindlichen Gräben und näherte sich dem Zielgebiet in dichtgeschlossenem Formationsflug von hinten und in niedriger Höhe. Die republikanischen Truppen hörten plötzlich ohrenbetäubenden Motorenlärm, und dann kam ein Donnerschlag, der buchstäblich die Erde auseinanderriß. Alle deutschen Maschinen hatten gleichzeitig — auf einen Befehl des Angriffsführers — ihre Bomben ausgelöst. Nach sechs Wochen ständiger Kämpfe war dieser zusammengefaßte Schlag aus der Luft vernichtend. »Bombenteppich« — ein neuer Ausdruck im Lexikon des Krieges war entstanden. Eine Woche später, am 21. Oktober, endete der organisierte Widerstand im letzten Kessel. Die Legion Condor konnte mit Recht behaupten, ein Großteil des Sieges im Norden trage den Stempel »Made in Germany«.

Von ihrer formellen Aufstellung im November 1936 bis zum Ende des Bürgerkrieges war die Legion Condor insgesamt 29 Monate im Einsatz. Um einer Höchstzahl an Flugzeugführern, Beobachtern, Bordwarten, Bordschützen, Mechanikern und Angehörigen von Stäben Einsatzerfahrung zu vermitteln, wurden die Legionsangehörigen regelmäßig abgelöst und durch neue

Männer, die über die Route Berlin, Rom, Sevilla kamen, ersetzt. Auf diese Weise dienten etwa vierzehntausend deutsche Soldaten in der Legion, einschließlich der Flakartillerie.

So wie die Luftwaffe in Spanien nicht nur Gelegenheit hatte, Personal und Taktik, sondern vor allem ihre neuesten Flugzeugtypen zu erproben, war das auch auf der Gegenseite der Fall. Die Sowjets sandten nach Spanien außer 550 Doppeldeckern vom Typ I-15, auch 475 der Tiefdecker vom Typ I-16, die es mit den besten deutschen Maschinen aufnehmen konnten. Die gedrungene kleine I-16, von den deutschen Jägern »Rata« und von den Spaniern und den amerikanischen Freiwilligen, die sie flogen, Mosca, die Fliege, genannt, hatte eine Durchschnittsgeschwindigkeit von 330 km/h, konnte aber für kurze Strecken bis auf 425 km/h hochgejagt werden. Die Mosca errang sich mit ihren vier Maschinengewehren sogar den Respekt der Piloten der Me 109; der He 51 war sie so überlegen, daß diese Maschine nur mehr für Erdangriffe eingesetzt wurde.

Im Dezember 1938 verfügte die Legion Condor über 106 Flugzeuge. Darunter waren vierzig He 111, fünf Do 17, die anstelle der He 70 als Fernaufklärer eingesetzt wurden, und 45 Jäger vom Typ Me 109-B-2 und C-1. Sie waren die besten Jagdflugzeuge der Welt und — sieht man von den Kämpfen mit den Moscas ab — beherrschen den Luftraum über Spanien völlig unangefochten. Die deutschen Piloten entdeckten bald, daß die I-16 ein sehr wendiges Flugzeug war. Um diesem Vorzug zu begegnen, war eine neue Taktik erforderlich, die von kommenden Assen der Luftwaffe wie Adolf Galland, Werner Mölders, Herbert Ihlefeld, Walter Oesau und anderen entwickelt wurde. Die starre, aus drei Flugzeugen bestehende Kettenformation, die von der He 51-Staffel beim Kampf über Bilbao im Jahr 1937 angewendet worden war, gehörte der Vergangenheit an. An ihre Stelle trat die Rotte von zwei Flugzeugen, in der das Führungsflugzeug in einem Abstand von etwa zweihundert Metern von einem Rottenkameraden begleitet wurde. Mehrere Rotten konnten zu Schwärmen vereinigt werden, wobei sich die Piloten der jeweiligen Führungsmaschinen in der Gewißheit, daß ihnen der Rücken gedeckt war, ganz auf das Ziel konzentrieren konnten. Diese Formation erwies in unzähligen Kämpfen ihre Überlegenheit und war einer der wesentlichen Beiträge, den die J/88, die Jagdgruppe der Legion Condor, während des Bürgerkrieges erbrachte. Gelegentlich flogen He 51 als Köder einige wenige hundert Meter unter den Me 109, und wenn die Moscas die Heinkel angriffen, wurden sie ihrerseits von den Messerschmitts angegriffen, die beim Herabstürzen eine überlegene Geschwindigkeit entwickelten. Übrigens ist diese »Vier-Finger-Formation« während des Zweiten Weltkrieges sowohl von der R.A.F. als auch von der amerikanischen Luftwaffe übernommen worden und wird von beiden auch heute noch angewendet.

Richthofen, der inzwischen zum General befördert worden war, übernahm 1938 den Befehl über die Legion Condor. Seine früheren Zweifel an der Wirksamkeit von Sturzangriffen wurden in Spanien gründlich widerlegt. Drei Ju 87 A und später drei Ju 87 B kamen aus Deutschland, und nachdem einige technische Anfangsschwierigkeiten überwunden waren, war Richthofen von ihrer Treffgenauigkeit beim Einsatz gegen Brücken und Panzer begeistert.

In Anbetracht des großen Wertes der gewonnenen Erfahrungen war der Preis, den die Luftwaffe für das spanische Abenteuer bezahlte, nicht hoch. Die Legion Condor verlor 96 Flugzeuge, davon allein 56 durch Unfälle, die meist auf winterliches Schlechtwetter zurückzuführen waren. Sie vernichtete 277 republikanische Flugzeuge; 58 weitere Maschinen wurden von den Flakbatterien der Legion abgeschossen. Einige Piloten waren der Ansicht, daß sich die Legion nicht immer voll einsetzte. So schrieb Hauptmann Lützow, eines der künftigen Asse der Luftwaffe, nach seiner Heimkehr aus Spanien: »Der Kampf für ein fremdes Volk, der Einsatz weit ins Feindgebiet hinein, die Verantwortung für nicht zu ersetzendes hochwertiges Personal ließen die jagdfliegerische Passion und das selbstverständliche Draufgängertum des deutschen Jagdfliegers nie voll zur Entfaltung kommen. Er durfte sich nur rücksichtslos einsetzen, wenn eigene Flugzeuge in Gefahr waren...«

X

CHAOS IN DER PLANUNG

> »*Ich bin der Generalluftzeugmeister, und die Front hat die Maschinen zu akzeptieren, die ich schicke.*«
>
> General der Flieger Ernst Udet

Seit Außenminister Anthony Eden im März 1936 aus Berlin nach London mit der ebenso feierlichen wie irreführenden Versicherung Hitlers zurückgekehrt war, die Luftwaffe habe Rüstungsgleichheit mit Großbritannien erzielt, wurde keine Gelegenheit versäumt, den Leichtgläubigen in aller Welt Deutschlands überwältigende Luftüberlegenheit zu demonstrieren. Das Bombardement von Guernica hatte vielfältige Auswirkungen gezeitigt. Für die Fachleute war es eine Lektion in Luftkriegsführung, die europäischen Hauptstädte versetzte es in Schrecken, und Pablo Picasso inspirierte es zu seinem großen Gemälde, das die baskische Stadt weltberühmt machte. Während die deutschen Kampfflugzeuge »in Spanien gute Arbeit leisteten«, wie es die britische Fachzeitschrift »The Aeroplane« ausdrückte, bekamen die Europäer Gelegenheit, die Überlegenheit der Luftwaffe in der friedlichen Schweiz zu erleben.

Göring, der sich der politischen Bedeutung der Propaganda für seine Luftwaffe voll bewußt war, fiel es leicht, Hitlers Zustimmung zur Entsendung der neuesten Jäger, Kampf- und Aufklärungsflugzeuge zum 4. Internationalen Flugmeeting zu erwirken, das vom 23. Juli bis 1. August 1937 in Zürich abgehalten wurde. Die Ergebnisse kamen der Erfüllung der kühnsten Träume gleich. Die Sensation des Treffens war die Do 17, und zwar der Typ MV 1, silberfarben gestrichen und mit den Kennzeichen der Luftwaffe versehen. Ausgerüstet mit dem nur in wenigen Exemplaren vorhandenen 1000-PS-Motor vom Typ DB 600 A, gewann der »Fliegende Bleistift« mit Leichtigkeit den Alpenflugwettbewerb. Seine Spitzengeschwindigkeit betrug über 450 km/h, das war mehr, als die anwesenden ausländischen Jäger leisteten. Das Auftreten der Do 17 setzte die Fachleute aus Frankreich und England in Erstaunen, die nicht wußten, daß die Standardausführung dieses Bombers mit schwächeren Motoren ausgerüstet und um 45 km/h langsamer war als die in Zürich vorgeführte Version.

Heinkel zeigte die schnelle He 112. Fieseler beeindruckte die Zuschauer durch einen Vorläufer seines Fi 156 Storch, einem Hochdecker mit ungewöhnlich kurzer Start- und Landestrecke, der selbst bei einer Fluggeschwindigkeit von nur 50 km/h nicht abstürzte. Kurt Tanks FW 58, eine schnelle zweimotorige Kuriermaschine, wurde ebenso bewundert wie das Rekordflugzeug Me 108 Taifun. Den großen Erfolg errangen aber Messerschmitts Jäger. Von den fünf Me 109, die nach Zürich gekommen waren, wurden zwei von neuen Daimlermotoren angetrieben. Obwohl es genügend junge Offiziere und Testpiloten der Luftwaffe gab, bestand Udet, 41 Jahre alt und eben Generalmajor geworden, darauf, einen der Hochleistungsjäger im Alpenflugwettbewerb selbst zu steuern. Udet war ein hervorragender Flieger, aber oft von Pech verfolgt. Kaum war er gestartet, als der Motor unruhig zu laufen begann. Schließlich stand die dreiflügelige Luftschraube still. Udet suchte sich einen Notlandeplatz inmitten der bergigen Landschaft und vollführte eine harte Bauchlandung, bei der die Maschine hinter dem Führersitz auseinanderbrach. Er kletterte aus dem Wrack und verfolgte den Rest des Wettbewerbs vom Boden aus. Seine Notlandung war das einzige

Unglück, von dem die deutsche Mannschaft heimgesucht wurde.

Das erste Rennen über 367 Kilometer wurde von einer Me 109 in 57 Minuten 7 Sekunden gewonnen; den zweiten und dritten Platz nahmen ebenfalls Messerschmitt-Jäger ein. Der Alpenflug, der über einen Rundkurs von 4 x 50 Kilometern führte, wurde von einer Me 109 mit der Durchschnittsgeschwindigkeit von 380 km/h gewonnen. Auch der Steig- und Sturzwettbewerb sah die deutschen Jäger siegreich. Eine Messerschmitt stieg innerhalb von 1 Minute 45 Sekunden auf 3200 Meter Höhe und stürzte zurück auf 150 Meter. Die Leistungen der Luftwaffe in Zürich fanden eine eindrucksvolle Ergänzung durch die Erringung des Geschwindigkeitsweltrekordes am 11. November 1937, als eine Me 109 V 13, ausgerüstet mit einem DB-601-Spezialmotor, mehr als 600 km/h erreichte.

Im August 1938, fünf Monate nach dem »Anschluß« Österreichs an das Dritte Reich, lud Hermann Göring die Führer der französischen Armeé de l'Air ein, Einrichtungen der Luftwaffe in Deutschland zu besichtigen. Göring hoffte seine ehemaligen Gegner beeindrucken und in einem gewissen Maße auch einschüchtern zu können, insbesonders den Chef des französischen Luftgeneralstabes General Joseph Vuillemin, der im Weltkrieg mit seiner Spad sieben Luftsiege errungen hatte. Vuillemin und seiner Begleitung wurden die großen und hervorragend eingerichteten Luftwaffenkasernen, Truppenübungsplätze, Einsatzverbände und Fabriken gezeigt. General Milch, der die Franzosen begleitete, führte sie nach Berlin-Döberitz, wo sie das wiedererstandene Jagdgeschwader Richthofen besichtigten. Vuillemin schritt die lange Reihe der Messerschmitt-Jäger und der Flugzeugführer, die in ihren Kombinationen angetreten waren, ab. Der nächste Programmpunkt war der Besuch der mustergültigen Fabrikanlagen in Oranienburg, wo Milch, Heinkel und Udet eine Demonstration besonderer Art vorbereitet hatten.

Die Tatsache, daß die He 112 bei den Erprobungen in Travemünde der Me 109 unterlegen war, hatte für Heinkel nicht Abschreckung, sondern Ansporn bedeutet. Er war entschlossen, einen besseren Jäger als die Messerschmitt zu bauen und gleichzeitig ein Flugzeug, das den absoluten Geschwindigkeitsrekord erringen konnte.

Der neue Jäger erhielt einen verbesserten Daimlermotor vom Typ DB 601, der normalerweise 1100 PS entwickelte, jedoch durch Einbau von Spezialkompressoren und Verwendung von hochoktanigem Treibstoff für ganz kurze Zeit 1800 PS erreichen konnte. Die aufwendige Konstruktion der He 112 wurde vereinfacht, und die Ingenieure Heinkels schöpften alle nur erdenklichen Möglichkeiten der Gewichtsersparnis und der Verringerung des Luftwiderstandes aus. Die He 100, wie die neue Maschine genannt wurde, hatte nur 969 Einzelteile gegenüber den 2885 Bestandteilen der He 112. Sie wies nur mehr halb so viele Nietstellen auf, und Heinkel behauptete, daß allein bei der Herstellung der Tragflächen 1150 Arbeitsstunden eingespart worden seien. Um die Produktion zu beschleunigen, wurde außerdem ein neues Nietverfahren entwickelt, das später in Lizenz nach Japan und an die Du-Pont-Werke in Amerika vergeben wurde. Die chronische Schwäche der Messerschmitt war ihr Fahrgestell. Heinkel baute daher ein Fahrgestell mit breiter Spur, dessen Räder nach innen eingeklappt wurden. Obwohl die Spannweite auf neun Meter verringert wurde, konnte eine Bewaffnung von zwei Kanonen und vier Maschinengewehren untergebracht werden. Den größten technischen Fortschritt wies das Kühlsystem auf. Heinkels Konstrukteure hatten errechnet, daß durch Wegfall eines Kühlers konventioneller Bauweise die Geschwindigkeit um etwa 75 km/h gesteigert werden konnte. Der DB-601-Motor vertrug sehr hohe Temperaturen; er hielt 110 Grad Celsius ohne Dampfentwicklung aus.

»Wir entschlossen uns für einen neuen Weg der Verdampfungskühlung«, schrieb Heinkel später. »Das Kühlwasser im

CHAOS IN DER PLANUNG

Motor wurde durch verschiedene Maßnahmen unter Druck gesetzt. Es ließ sich dadurch bis auf 110 Grad erhitzen, ohne daß es im Motor selbst Dampf bildete. Beim Ableiten außerhalb des Motors wurde das Kühlwasser entspannt. Es bildete sich Dampf. In einem Dampfabscheider wurden Wasser und Dampf getrennt, das Wasser wieder dem Motorkreislauf zugeführt und der Dampf in die Flügel geleitet. Der Dampf verwandelte sich durch Abkühlung in Wasser, das von Kreiselpumpen wieder dem Motorkreislauf zugeführt wurde.«

Der schlanke Jäger absolvierte am 22. Januar 1938 seinen ersten Flug. Bald darauf wurden zwei weitere Prototypen fertiggestellt. Am Pfingstsonntag, dem 5. Juni 1938, hielt Heinkel die Zeit für gekommen, mit der He 100 den Geschwindigkeitsrekord über die geschlossene Strecke von 100 Kilometern in Angriff zu nehmen. Als das Flugzeug im Beisein des Testpiloten startbereit gemacht wurde, erschien plötzlich Udets knallrote Kuriermaschine über dem Platz und landete. Udet, in Sporthose, Hemd mit Fliege und Pullover, stieg aus der Maschine und erklärte, daß er die He 100 V 3 fliegen wolle. Bei dieser Gelegenheit gestand er Heinkel, er sei mit dem Prototyp V 1 bereits in der Erprobungsstelle Rechlin gestartet. Sofern Udet die wertvolle Maschine nicht zertrümmerte, was bei seinem Pech keine Überraschung gewesen wäre, sondern mit ihr einen Rekord aufstellte, würde dies eine große Hilfe für Heinkels Bestrebungen bedeuten, Messerschmitt das Monopol im Bau von Jagdflugzeugen streitig zu machen. Heinkel gab daher seine Zustimmung, und Udet, der eher für eine sonntägige Golfpartie als für einen Rekordflug gekleidet war, stieg in den Führersitz und schnallte sich an.

Er startete um 16 Uhr 27, stieg wie eine Rakete in die Höhe und verschwand außer Sicht. Bald darauf kehrte er nach Marienehe zurück, nachdem er auf dem 100-Kilometer-Rundkurs mit 634 km/h einen neuen Weltrekord aufgestellt hatte.

Die deutschen Zeitungen brachten am nächsten Tag enthusiastische Berichte über den Rekordflug, die von allen europäischen Blättern übernommen wurden. Die deutschen Berichte verschwiegen aber, daß es sich um einen eigens hergestellten Prototyp handelte, und behaupteten, die Rekordmaschine sei ein Standardmodell He 112 U gewesen, ein Typ, den es in Wirklichkeit gar nicht gab. Dieses Phantom wurde nun eingesetzt, um General Vuillemin zu beeindrucken.

Man führte den französischen General durch die Fabrik in Oranienburg, in der Hochbetrieb herrschte, man zeigte ihm die He 111, die zu Dutzenden die Fertigungsstraßen verließen, ferner die neuen Flughallen und die Luftschutzkeller, tief unter der Erde, und einen Kommandostand, wo er »alles vorbereitet fand bis auf 10 gespitzte Bleistifte auf jedem der dort vorhandenen Schreibtische«. Schließlich demonstrierte man ihm die Flugsicherheit der He 111, die mit nur einem Motor in der Luft bleiben konnte.

Udet lud den Besucher sodann zu einem Rundflug in einem Fieseler Storch ein, damit er die Fabriksanlagen aus der Luft betrachten konnte. Am Ende dieses Fluges begann das sorgfältig vorbereitete Schauspiel, das Vuillemin verblüffen sollte. Im Augenblick, in dem Udet zur Landung ansetzte, raste an ihnen die He 100 vorbei. Der Testpilot Hans Dieterle hatte den Gashebel bis zum Anschlag vorgeschoben, so daß Vuillemin die Maschine nur für Sekunden sah, keine Einzelheiten erkannte und den Eindruck einer geradezu geisterhaften Erscheinung hatte.

Nachdem beide Maschinen gelandet waren, gingen Vuillemin und sein Stab daran, die »He 112 U« zu inspizieren. Mit Hilfe eines Dolmetschers erläuterte Milch, daß es sich um den neuesten Standardjäger der Luftwaffe handle. »Übrigens, Udet«, fügte Milch hinzu, »wie weit sind wir denn in der Fertigung?« — »Ach«, sagte Udet beiläufig, »das zweite Band läuft gerade an und das dritte in vierzehn Tagen ...« Vuillemin, der an die

CHAOS IN DER PLANUNG

weit langsameren und schwerfälligeren Jäger vom Typ Morane und Dewoitine dachte, die in Frankreich erzeugt wurden, blickte niedergeschlagen vor sich hin und gab Milch gegenüber zu, »erschüttert« zu sein.

Zum Abschluß des Besuches wurden die französischen Offiziere zusammen mit Botschafter François-Poncet zu einem Essen nach Karinhall geladen. Göring fragte General Vuillemin unverblümt, wie Frankreich im Falle eines Krieges zwischen Deutschland und der Tschechoslowakei reagieren würde. Vuillemin antwortete, daß »Frankreich seine gegebenen Versprechen halten werde«. Aber auf der Rückfahrt nach Berlin sagte Vuillemin im Auto zum französischen Botschafter, wie beeindruckt er sei, und fügte hinzu: »Wenn der Krieg, wie Sie glauben, Ende September ausbricht, wird vierzehn Tage später kein einziges französisches Flugzeug mehr vorhanden sein.«

Vuillemins Besuch war sehr geschickt geplant gewesen. Er fand zu einer Zeit statt, in der die Franzosen qualvolle Überlegungen anstellten, ob sie aus Grundsatztreue und wegen drei Millionen Sudetendeutschen einen Krieg riskieren sollten. Am 29. September, einen Monat nachdem sich der französische Luftwaffenchef in die Höhle des Löwen begeben hatte, lieferten England und Frankreich das Sudetenland an Hitler aus.

Dieser Erfolg fand ein halbes Jahr später seine krönende Fortsetzung. Der neue tschechoslowakische Staatspräsident, der 67jährige Dr. Emil Hacha, erschien in Berlin und wurde unter Androhung der Zerstörung seines Landes durch die Luftwaffe aufgefordert, den Rest seines Staates, der ein Geschöpf des Versailler Vertrages war, dem Schutz des Reiches anzuvertrauen. Göring hielt dem alten Mann die Feder zum Unterschreiben mit den Worten hin: »Halb Prag kann binnen zwei Stunden in Trümmern liegen. Hunderte von Bombern warten nur auf den Befehl zum Start...« In diesem Augenblick wurde Hacha ohnmächtig. Nachdem man ihn wieder zu sich gebracht hatte, war er, das Schicksal Prags vor Augen, zum Unterschreiben bereit. Zehn Millionen Tschechen verloren, ohne daß ein Schuß abgegeben wurde, ihre Freiheit. 35 ebenso gut ausgebildete wie ausgerüstete tschechische Divisionen mußten von den Generalstäben Englands und Frankreichs abgeschrieben werden. Hitler hatte den »Flugzeugträger Tschechoslowakei«, der gegen Deutschlands Herz gerichtet war, ausgeschaltet. Die Waffen aus den modernen Skoda-Werken flossen in Hinkunft in die Arsenale der Wehrmacht.

Hitlers Opfer, zu denen auch England und Frankreich gerechnet werden mußten, entdeckten erst Jahre später, daß sie sich von einem Papiertiger hatten einschüchtern lassen. Es ist zwar richtig, daß die Luftwaffe während der Tschechenkrise 1230 Frontflugzeuge, darunter sechshundert Bomber und vierhundert Jäger, mobilisieren konnte. Aber nur das Oberkommando der Luftwaffe wußte, daß annähernd die Hälfte dieser Flugzeuge für den Einsatz im Osten bestimmt war. Der für die Reichsverteidigung verbleibende Rest wäre kaum in der Lage gewesen, einer ernsthaften Luftoffensive der R.A.F. oder der Franzosen zu begegnen. Bezeichnenderweise hatte aber ein so angesehenes Blatt wie das amerikanische Magazin »Forum« im März 1939 behauptet, die Luftwaffe habe zur Zeit des Münchener Abkommens über 16 000 Flugzeuge verfügt und ein halbes Jahr später bereits über 16 000 bis 18 000.

Was die Heerestruppen betraf, so standen nur fünf Divisionen der ersten und weitere sieben Divisionen der zweiten Linie zum Einsatz gegen eine fast zehnfache französische Übermacht im Westen zur Verfügung. Vor allem aber konnten die zögernden Alliierten, die für London und Paris ein Schicksal wie für Guernica fürchteten, nicht wissen, daß das mächtige Gebäude der von ihnen so gefürchteten Luftwaffe ernsthafte Risse im Gebälk aufwies.

Veränderungen im Oberkommando der Luftwaffe hatten un-

CHAOS IN DER PLANUNG

mittelbar nach Wevers Tod eingesetzt. Kesselring war an Wevers Stelle getreten, und Wilhelm Wimmer verließ das Technische Amt und wurde Befehlshaber des Luftkreises III. Für Wimmer war das keine Enthebung von einem Posten, den er lange Zeit hervorragend bekleidet hatte, sondern eine Art von Beförderung, die im Gefolge einer Entscheidung des Führers notwendig geworden war. Hitler hatte sich in den Kopf gesetzt, Ernst Udet zum neuen Chef des Technischen Amtes zu machen. Niemand war darüber mehr erstaunt als Udet selbst. Er protestierte bei Göring und Milch gegen die geplante Ernennung und erklärte, daß er sich als Inspekteur der Jagd- und Sturzkampfflieger vollkommen glücklich fühle. Tatsächlich war er für diese Position hervorragend geeignet, dagegen war er kein Organisator und hatte eine tiefverwurzelte Abneigung gegen Schreibtischarbeit aller Art. So zeichnete sich eine Katastrophe ab, doch Göring unternahm nichts, um sie zu verhindern. Milch meinte dazu: »Hitler sah in Udet zu Recht einen der größten Flieger und zu Unrecht einen der größten Flugtechniker. Göring beugte sich den Umständen und ernannte Udet. Das fiel ihm sicherlich nicht leicht, denn er und Udet waren in der Vergangenheit keineswegs immer auf gutem Fuß gestanden. Es ist überflüssig zu sagen, daß ich eine Reihe von Einwänden vorbrachte, aber ich glaube nicht, daß Göring auch nur den Versuch machte, sie zu würdigen. Ihm kam es nur darauf an, seine eigene Position bei Hitler zu verbessern.«

Udet übernahm von Wimmer eine ebenso einfache wie sinnvolle Organisation. Das Technische Amt war in vier Abteilungen gegliedert: Forschung, Entwicklung, Beschaffung sowie Verwaltungs- und Haushaltsangelegenheiten. Gerade als Udet daranging, diese vier Abteilungen in den Griff zu bekommen, wurden sie in insgesamt dreizehn Abteilungen aufgesplittert, und er mußte nun mit der mehr als dreifachen Anzahl von Abteilungschefs fertig werden. Außerdem hatte er sich um die Erprobungsstationen in Rechlin, Travemünde, Tarnewitz und Peenemünde sowie um die Flugzeugindustrie zu kümmern. Udet wurde schließlich Generalluftzeugmeister und nahm damit einen Posten ein, den er niemals angestrebt hatte. Zu seinem Unglück waren seine Mitarbeiter, Oberst Max Pendele, General August Ploch, Chefingenieur Rudolf Lucht und Günther Tschersich, in erster Linie Techniker und keine Verwaltungsfachleute. Stabsbesprechungen, bei denen gigantische organisatorische Probleme hätten gelöst werden sollen, arteten in technische Diskussionen über Motoren, Bordwaffen und neue Prototypen aus, gelegentlich gewürzt durch Anekdoten Plochs aus seiner Zeit in Lipezk. Ploch war einer der wenigen Generale der Luftwaffe, die fließend Russisch sprachen.

Udet ertrank in einem Meer verwirrender bürokratischer Probleme und wurde mit der ihm auferlegten Verantwortung nicht fertig. Die zahlreichen Abteilungschefs mußten oft monatelang warten, ehe er eine wichtige Entscheidung traf. Normalerweise hätte Udet nur über Milch an Göring berichten sollen, aber Göring ließ es zu, daß er sich auch direkt an ihn wandte. Das führte wiederum dazu, daß sich das früher gute Verhältnis zwischen Milch und Udet verschlechterte und das allgemeine Chaos durch persönliche Spannungen verschärft wurde. Die Zusammenkünfte zwischen Göring und Udet vermochten diese Situation nicht zu bessern. General Freiherr von Hammerstein erinnerte sich daran, daß die beiden ehemaligen Jagdflieger eifrig damit beschäftigt waren, Erinnerungen aus der Zeit auszutauschen, in der sie noch mit ihren Fokkermaschinen an der Westfront geflogen waren. Selbst Göring gab später zu, daß »die Erwähnung von Arbeit peinlich vermieden wurde«. — »Intern«, vermerkte Hammerstein, »arbeitete jeder gegen jeden.«

Hitler hatte mit der Luftwaffe als Abschreckungsmittel bereits zwei Veränderungen der Landkarte Europas erzwungen und ging jetzt daran, mit ihrer Hilfe auch die letzten territorialen Auswirkungen des Versailler Vertrages zu beseitigen. Es war seiner Aufmerksamkeit allerdings nicht entgangen, daß das britische Schatzamt endlich der R.A.F. die seit langem geforderten Mittel für ihren Ausbau bewilligt hatte. Hitler versicherte der Wehrmachtführung, daß er keinen Krieg mit Großbritannien wolle und daß er sein ganzes politisches Können einsetzen werde, um ihn zu vermeiden. Da aber immerhin die Gefahr bestand, daß die britische Regierung ihre Haltung versteife und den nächsten territorialen Vorstoß mit einer Kriegserklärung beantworte, forderte Hitler bei Göring eine Lagebeurteilung der Luftwaffe an. Göring gab den Auftrag an Generalleutnant Helmuth Felmy weiter, dem soeben die Leitung eines »Sonderstabes« für den Luftkrieg gegen England übertragen worden war. Felmy, der seit 1912 bei der Fliegertruppe diente und am Aufbau der neuen Luftwaffe mitgewirkt hatte, machte in einer Studie vom 22. September 1938 aus seiner Meinung kein Hehl. Er schrieb: »Es kann bei den bisher verfügbaren Mitteln nur mit einer störenden Wirkung gerechnet werden. Ob diese zur Zermürbung des englischen Kampfwillens führt, hängt zum Teil von unwägbaren, jedenfalls nicht vorhersehbaren Faktoren ab... Ein Vernichtungskrieg gegen England erscheint mit den bisher zur Verfügung stehenden Mitteln ausgeschlossen.«

Aufgrund dieser unerfreulichen Lagebeurteilung erteilte Hitler Göring den Auftrag, die Einsatzstärke der Luftwaffe zu verfünffachen. Göring gab diesen Auftrag Ende Oktober weiter. Vorgesehen waren: 58 Bombergeschwader, 16 Jagdgeschwader, 8 Sturzkampfgeschwader, ein Schlachtgeschwader und verschiedene Spezialverbände in der Gesamtstärke von 43 Staffeln; zusammengenommen rund 20 000 Flugzeuge.

Bald darauf versammelte Göring die Abteilungschefs in Karinhall, um ihnen das neue, vom Führer befohlene Rüstungsprogramm mitzuteilen. Udet, der im Rahmen seines durch Unordnung und Gemächlichkeit gekennzeichneten Produktionsprogrammes monatlich mit Mühe 500 Maschinen erzeugte, verfiel in Verzweiflung. Andere Besprechungsteilnehmer erklärten im Hinblick auf die fehlenden Rohstoffe, daß die Verwirklichung des Programms einfach unmöglich sei. Göring wies alle Einwände zurück und erklärte, daß der Führer so schnell wie möglich ein detailliertes Durchführungsprogramm erwarte.

Daraufhin berief Milch im Reichsluftfahrtministerium eine Stabsbesprechung ein, in der von der Traumatmosphäre Karinhalls und der lautstarken Rhetorik Görings nichts mehr zu verspüren war. Milch wies darauf hin, daß die Luftwaffe seit zwei Jahren durch Materialknappheit behindert werde. Er erinnerte daran, daß die im Januar 1937 aufgestellten Pläne für den Friedensmobilstand noch lange nicht verwirklicht seien und daß ihre Erfüllung von Anbeginn an durch eine sechzigprozentige Kürzung der Eisen-, Stahl- und Aluminiumzuteilung behindert worden sei. Er erinnerte ferner daran, daß bis zum 1. April 1938 anstelle der vorgesehenen 9800 nur 4800 Flugzeuge fertiggestellt worden seien, von denen 2000 auf nachträglich eingeholte Produktionsrückstände entfielen. Was die riesigen Mengen von Flakgeschützen betraf, die der Führer wünschte, legte Milch Zahlen vor, die bis in das Jahr 1937 zurückreichten. Bereits damals hatte er Göring darauf hingewiesen, daß angesichts der Eisenerzknappheit das mit dem Jahr 1942 terminisierte Produktionsprogramm wahrscheinlich nur zu 25 Prozent erfüllt werden würde. Die Einfuhr von 1,62 Millionen Tonnen Eisenerz, 956 000 Tonnen Pyrit und 2000 Tonnen anderen Erzen aus Spanien im Verlaufe des Jahres 1937 hatte zwar im Verein mit der Ausbeutung minderwertiger Erzlager in Deutschland die Situation etwas entspannt, aber keineswegs in dem Maß, um Hitlers weitgestecktem Ausbauprogramm auch nur einigermaßen gerecht zu werden. Die Luftwaffe hatte vielmehr um jede Tonne der begehrten Metalle zu kämpfen. Das Heer brauchte große Mengen für die Produktion von Panzern, gepanzerten Fahrzeugen, Geschützen und anderen Waffen. Auch die Marine stellte große und manchmal sinnlose Anforderungen. So stimmte Hitler im Jahr 1938 der Kiellegung eines Flugzeugträgers — »Graf Zeppelin« — zu, obwohl er der Marine bestenfalls Prestigegewinn, keinesfalls aber praktischen Nutzen brachte. Schließlich durfte eines nicht übersehen werden: Die Kosten der Realisierung des neuen Programms, die sich auf mehrere Milliarden Reichsmark beliefen.

Ein Abteilungschef nach dem anderen wurde nach seinen Ansichten befragt, und einer nach dem anderen erklärte das Programm für unerfüllbar. Oberst Josef Kammhuber, der Chef der Organisationsabteilung, schlug allerdings eine verkleinerte Ausgabe des Programms vor, die lediglich geringere Summen erfordern würde, wobei nur Stumpff glaubte, daß wenigstens dieses Programm realisierbar sei. Die Besprechung war an einem toten Punkt angelangt, als Milch aufstand und sagte: »Kammhuber, packen Sie Ihre Sachen zusammen! Wir gehen zum Generalfeldmarschall! Das Führer-Programm bleibt zwar das Ziel, aber wenigstens das Kammhuber-Programm muß ausgeführt werden. Hat einer der Herren noch etwas zu sagen?«

In diesem Augenblick erhob sich Oberst Jeschonnek, der die meiste Zeit geschwiegen hatte, und erklärte: »Ich bin dagegen! Meine Herren, ich stehe auf dem Standpunkt, daß es unsere Pflicht ist, dem Führer nicht in den Rücken zu fallen!«

Worauf Milch erwiderte: »Gut, Jeschonnek, dann kommen Sie auch mit zum Generalfeldmarschall!« Als sie kurz darauf aus Görings großem Arbeitszimmer am anderen Ende des Ganges zurückkamen, war Milch niedergeschlagen, während Jeschonnek triumphierte. Milch teilte mit, Göring glaube, daß das Führer-Programm irgendwie verwirklicht werden könne; zumindest vertraue er darauf, daß jeder Abteilungschef sein Äußerstes daransetzen werde, »um soviel als möglich« zu erreichen. Kammhuber, ein erfahrener Organisationsfachmann, fragte, was das in Geld und Material bedeute. Als er keine Antwort erhielt, bat er um seine Ablösung aus dem Generalstab und Versetzung zur Truppe. Die übrigen Abteilungschefs, konfrontiert mit dem Widerspruch zwischen der klaren Sprache der Material- und Produktionsstatistiken und dem Befehl, »soviel als möglich« zu tun, zogen es vor, allmählich auf das Programm zu vergessen. Sie überließen es Udet, seine Fertigungsstraßen im üblichen Friedenstempo dahinrollen zu lassen. »Von da an«, sagte Kammhuber später, »begann die Luftwaffe zu treiben.«

Trotz der vielfältigen Probleme, mit denen das Amt des Generalluftzeugmeisters zu kämpfen hatte, stand ihm zur Ausrüstung der fliegenden Verbände eine Vielzahl von Typen zur Verfügung. An brillanten Einfällen herrschte kein Mangel. Das galt besonders für die Ideen, die in den Entwicklungsabteilungen der Flugzeugfirmen ohne Rücksicht auf die detaillierten Ausschreibungsbedingungen des Reichsluftfahrtministeriums entstanden. So wurden im Jahr 1937 die Firmen Arado und Focke Wulf aufgefordert, Entwürfe für ein neues Aufklärungs- und Nahkampfflugzeug vorzulegen, das die veraltete He 46 ersetzen sollte. Außer generell verbesserten Leistungen wurden vor allem hervorragende Sichtverhältnisse für Flugzeugführer und Beobachter gefordert.

Obwohl die Schiffsbaufirma Blohm & Voss, die eine Flugzeugfabrik in Hamburg unterhielt, an der Ausschreibung nicht beteiligt worden war, beschloß ihr neuer technischer Direktor, Richard Vogt, ebenfalls einen Entwurf auszuarbeiten. Die Maschine, die auf seinen Zeichenbrettern Gestalt annahm und sodann als Prototyp in der Fabrik gebaut wurde, war eines der ungewöhnlichsten Flugzeuge, das die Welt je gesehen hatte. Das Flugzeug, wenn man es so überhaupt nennen konnte, sah aus, als habe man zwei verschiedene Maschinen auseinandergenommen und unter Weglassung wesentlicher Bestandteile zu einer

Maschine zusammengesetzt. Der bleistiftdünne Rumpf war nicht viel mehr als ein Stab, der an einem Ende Höhen- und Seitensteuer und am anderen Ende einen Neunzylinder-BMW-Sternmotor trug. Die Besatzung war in einem »Glashaus« untergebracht, das mit seiner Vielzahl von Flächen wie ein geschnittener Diamant aussah und in einiger Entfernung von dem schmalen Rumpf auf der Tragfläche aufsaß.

Bezeichnenderweise kam Udet, um sich das ungewöhnliche Modell anzusehen, vertauschte die Generalsmütze mit einer Fliegerhaube und flog mit der asymmetrischen Maschine einige Runden über Hamburg. Sein Urteil: »Warum nicht?« Vogt produzierte noch einige weitere Prototypen mit längerem Rumpf zur Verbesserung der Stabilität und mit breiterem Fahrgestell. Um das Schußfeld für den Funker und Bordschützen nach hinten zu verbessern, brachte er das Seitensteuer unterhalb des Höhensteuers an, worauf der merkwürdige Vogel noch merkwürdiger aussah. Die Piloten lobten aber die Manövrierfähigkeit der BV 141, die mit einer Spitzengeschwindigkeit von 388 km/h, einer Reichweite von 1800 Kilometern, einer Bewaffnung von vier Maschinengewehren und einer Bombenlast von 250 Kilogramm die Ausschreibungsbedingungen des Reichsluftfahrtministeriums übererfüllte.

Auch das Modell der Focke-Wulf-Werke löste einen Schock aus, als es zur Erprobung in Rechlin eintraf. Der Konstrukteur Kurt Tank war der Ansicht, daß ein Flugzeug, das in Erfüllung seiner Aufgaben ständig in Reichweite von schwerem Abwehrfeuer zu operieren hatte, zwecks größerer Sicherheit zweier Motoren bedürfe. Er baute daher bei seiner FW 189 zwei kleine Argusmotoren von je 465 PS in ein Paar dünner Rumpfstäbe ein und setzte die Kanzel, die fast zur Gänze aus Glas bestand, dazwischen auf die schmale, messerscharfe Tragfläche. Das Technische Amt hatte keine zweimotorige Maschine erwartet, doch Tank verwies darauf, daß er ohne zusätzliches Gewicht die vorgeschriebene Motorenleistung erreicht habe. Außerdem bot sein Entwurf die Möglichkeit, die Kanzel je nach Bedarf zu variieren: eine stark gepanzerte Ausführung für Schlachtflugzeuge, eine Ausführung mit Doppelsteuer für Schulzwecke und eine Standardausführung für Aufklärungsflugzeuge.

Aber im Reichsluftfahrtministerium hatte man wenig Verständnis für unorthodoxe Projekte, die ihrer Zeit voraus waren. Die Wahl fiel auf die konventionelle Henschel 126, einen Hochdecker mit guten Flugeigenschaften, dessen Sternmotor 250 km/h erlaubte. Die Hs 126 war nicht nur konventioneller, sondern auch um ein Drittel billiger als die FW 189. Wie sie sich im Fronteinsatz bewähren würde, war eine andere Sache.

In der Abteilung für Sonderprojekte der Heinkelwerke in Marienehe hatten sich die Arbeiter längst an das ohrenbetäubende Dröhnen und Heulen eines völlig neuartigen Flugzeugmotors gewöhnt. Was sie hörten, waren die Klänge der Zukunft, und daß sie diese Klänge hören konnten, war dem 27jährigen Pabst von Ohain zu danken, der seine kühnen Träume bei Heinkel, dem nie ein Traum zu kühn war, realisieren durfte. Ohain hatte seine ersten Pläne für einen Düsenmotor entworfen, als er noch Student an der Universität Göttingen war. Im September 1937 konnte er bereits die ersten Probeläufe machen; als Treibstoff wurde zunächst Wasserstoff und später Benzin verwendet. Die Erprobung verlief so erfolgreich, daß Ohain eine stärkere Version des Motors mit 450 kgp Schub baute.

Im Januar 1939 begannen Heinkels Konstrukteure bereits mit Detailzeichnungen für den He 187-Düsenjäger, dessen runder Rumpf aus Duraluminium und nur acht Meter lang war. Heinkel betrachtete das Projekt als die erregendste Aufgabe seines Lebens und hoffte, mit der Entwicklung von Motor und Zelle im Spätsommer so weit zu sein, daß die Erprobungsflüge beginnen konnten. Aber das Oberkommando der Luftwaffe zeigte an Heinkels Düsenjäger wenig Interesse, obwohl die Maschine

CHAOS IN DER PLANUNG

bei Erprobungen in Rechlin, mit dem billigen Kerosin als Antriebsmittel, eine Geschwindigkeit von 850 km/h erreicht hatte. Unter dem Druck von Hitlers und Görings Forderungen nach Massenproduktion schenkte die Luftwaffenführung den Bereichen der Forschung und Entwicklung nur geringe Beachtung. Nachdem Jeschonnek Chef des Generalstabes geworden war, erschlug die Stukatheorie überhaupt jede vernünftige Planung.

Junkers hatte Mitte 1936 mit der Entwicklung eines neuen Bombers begonnen. Im Gegensatz zur Do 17 und der He 111 stand das Projekt in keinem Zusammenhang mit den Bedürfnissen der Lufthansa. Es sollte ein reines Kampfflugzeug werden — in Realisierung der Theorie, daß ein ausreichend schneller Bomber auf Abwehrbewaffnung und Begleitschutz verzichten könnte. Unter Verwendung der firmeneigenen Jumo-211-B-Motoren baute Junkers eine zweimotorige Maschine, die nur sieben Tonnen wog und die phänomenale Geschwindigkeit von 450 km/h entwickelte. Prototypen flogen bereits im Januar 1937, aber bis die Kinderkrankheiten beseitigt waren und Junkers Verträge eingehen und mit der Massenproduktion beginnen konnte, hatten die spanischen Erfahrungen die Theorie vom unbewaffneten Bomber ohne Begleitschutz bereits widerlegt. Die Legion Condor hatte mit der Do 17 über Bilbao eine entsprechende Lektion erhalten, während ihre eigenen Jäger an anderen Abschnitten der spanischen Front feststellen konnten, wie leicht es war, selbst die neuesten Modelle der russischen SB-2-Bomber abzuschießen, wenn sie es wagten, ohne Begleitschutz zu fliegen. Die Sowjets hatten der republikanischen Regierung insgesamt 210 der zweimotorigen SB-2-Bomber geliefert, von denen bei Ende des Bürgerkrieges noch 32 existierten. Zwar waren nicht alle anderen in Luftkämpfen vernichtet worden, aber für die Messerschmitt-Jäger waren sie jedenfalls eine leichte Beute.

Das Oberkommando der Luftwaffe ordnete deshalb die Bewaffnung der Ju 88 an. Die Produktion mußte gestoppt werden, um die nötigen Änderungen und Einbauten an der Kanzel vorzunehmen. In der Zwischenzeit führte das Lehrgeschwader in Greifswald intensive Zielübungen aus großer Höhe durch — mit niederschmetternden Ergebnissen. Obwohl die besten Besatzungen flogen und es kein Abwehrfeuer gab, trafen aus einer Höhe von viertausend Metern nur zwei Prozent der Bomben den Zielkreis, der einen Radius von hundert Metern hatte. Bei Abwurf aus zweitausend Metern erhöhte sich die Treffsicherheit auf zwölf bis fünfundzwanzig Prozent. Sobald die Ju 87-Stukas an die Stelle der Horizontalbomber He 111 und Do 17 traten, erzielten sie fünfundzwanzig Prozent Treffer in einem Zielkreis mit nur fünfzig Metern Radius. Da es den deutschen Optikern und Technikern offensichtlich nicht gelang, ein gutes Zielgerät zu entwickeln, kam die Luftwaffenführung zu dem Schluß, daß Zielgenauigkeit im Horizontalflug unerreichbar sei. Daraus folgerte sie, daß in Hinkunft alle Bomber der Luftwaffe im Sturzflug angreifen mußten.

Ein entsprechender Auftrag erging vom Generalstab an Udets Technisches Amt, das ihn an Dr. Heinrich Koppenberg, den Leiter der Junkerswerke, weitergab. Wieder wurde die Produktion der Ju 88 unterbrochen, diesmal, um Sturzflugbremsen einzubauen und Tragflächen, Rumpf und Steuer zu verstärken, damit sie die beim Abfangen auftretenden Kräfte aushalten konnten. Erste Erprobungen nach diesen Änderungen ergaben, daß nunmehr die Flugfähigkeit nicht mehr gewährleistet war; deshalb mußten die Tragflächen um einen Meter verlängert werden. So vergingen Monate, und die Ju 88 war noch immer halbfertig. Koppenberg war wütend auf das Luftwaffenkommando und beschwerte sich darüber, daß Jeschonneks technische Experten immer wieder Änderungen verlangt hatten. Das Endergebnis war schließlich kein unbewaffneter, superschneller Bomber von sechs Tonnen, sondern eine Maschine, die fast dreizehn Tonnen wog, mit fünf Maschinengewehren bestückt war und eine beträchtlich reduzierte Geschwindigkeit hatte. Milch, der seine Enttäuschung nicht verhehlte, bezeichnete die Ju 88 als ein »fliegendes Scheunentor, das erst nach Abwurf seiner Bomben zu einem Flugzeug wurde«.

Um der Welt vorzutäuschen, daß die Luftwaffe tatsächlich einen Wunderbomber besaß, wurde mit dem Prototyp 5 der Ju 88 ein Angriff auf den Geschwindigkeitsweltrekord über 1000 Kilometer mit zwei Tonnen Zuladung unternommen. Am 19. März 1939 startete der Testpilot Ernst Seibert mit dem Flugingenieur Kurt Heintz in Dessau mit dieser Ju 88 V5. 65 Minuten später hatten sie den Weltrekord erobert. Sie hatten eine Geschwindigkeit von 517 km/h erreicht, das heißt, sie waren 10 km/h schneller geflogen als der beste Jäger der R.A.F., die Hawker Hurricane I. Die Welt wußte freilich nicht, daß diese Rekordmaschine nur geringe Ähnlichkeit mit der Standardausführung der Ju 88 hatte und daß die vom Oberkommando der Luftwaffe fortwährend verlangten Änderungen die Produktion so hemmten, daß am 1. September 1939 erst achtzehn dieser »Wunderbomber« einsatzfähig waren.

Das Luftwaffenentwicklungsprogramm vom November 1938 sah auch die Schaffung von sechzehn sogenannten Zerstörergeschwadern vor. Diese Zerstörer waren eine Erfindung Hermann Görings, der Willy Messerschmitt den Auftrag gegeben hatte, einen zweimotorigen Langstreckenjäger zu entwickeln, der Begleitschutz für Fernbomber fliegen sollte. Messerschmitt entwarf die Me 110, die mit zwei Kanonen und vier Maschinengewehren nach vorne und einem Maschinengewehr nach hinten feuern konnte und damit rein theoretisch in der Lage war, eigene Bomber zu schützen und feindliche Bomber abzuschießen. Die Me 110 war allerdings nicht sehr wendig und für den Sturzflug ungeeignet. Das Oberkommando der Luftwaffe verlangte daher ziemlich bald ein neues Modell, das die Me 110 nicht nur als Begleitjäger ersetzen, sondern außerdem als schneller Aufklärer und Sturzbomber eingesetzt werden sollte. Diese neue Maschine war die Me 210. Jeschonneks Entwicklungsprogramm sah »so viele Me 210 wie möglich vor, zumindest für sieben oder acht Geschwader«. Zusätzlich wollte der Generalstabschef acht Sturzkampfgeschwader mit Me 210 ausrüsten.

Natürlich wußte mit Ausnahme von Jeschonnek jedermann, daß das sogenannte Führerprogramm pure Phantasie war. Trotzdem erteilte das Reichsluftfahrtministerium einen Produktionsauftrag über tausend Me 210, lediglich gestützt auf Pläne, Leistungsangaben und Kostenvoranschläge von Willi Messerschmitt. Tatsächlich erhielt er den lukrativen Großauftrag, zehn Monate bevor der erste Prototyp der Me 210 startbereit war. So viel Arbeitskraft und so viele Rohstoffe und kostbare Daimlermotoren für ein unerprobtes Flugzeug aufzuwenden, war heller Wahnsinn. Die erste Me 210 erwies sich bei der Erprobung als so unstabil, daß sie schon fast als unsteuerbar bezeichnet werden konnte. Das zweite, verbesserte Modell brach während der Erprobung in der Luft auseinander. Zahlreiche weitere Maschinen stürzten ab. Die Piloten betrachteten die Me 210 als Todesfalle. Milch stoppte schließlich die Erprobung und verlangte Messerschmitts Abschied, der aber nicht erfolgte. Die Me 210 hatte die Luftwaffe nach Milchs Schätzung durch Fehleinsatz von Arbeitskräften und Material an die tausend Maschinen gekostet.

Der Wirrwarr, der aus Hitlers widersprüchlichen Anordnungen und Jeschonneks Sturzbombermanie erwuchs, führte zu einem weiteren, noch viel ernsthafteren Fiasko. Am 29. April 1937, zehn Monate nach Wevers Tod, befahl Göring die Einstellung des »Uralbomberprogramms«, auf das der erste Generalstabschef der Luftwaffe so großen Wert gelegt hatte. Göring hatte diesen Befehl nicht gegeben, weil er sich plötzlich für Rüstungsfragen im Detail zu interessieren begann, im Gegenteil, er hielt sich weniger denn je im Reichsluftfahrtministerium und um so häufiger in Karinhall auf. Der Befehl ging auf das Betreiben Kesselrings und Milchs zurück. General Deichmann, als einziger Offizier im Oberkommando der Luftwaffe noch in strategischen Dimensionen denkend, versuchte in Gesprächen mit Göring und Milch vergeblich, diese Anordnung rückgängig zu machen. Er wies darauf hin, daß die Do 19 und die Ju 89 im Kriegsfalle unerläßliche strategische und maritime Aufgaben zu erfüllen hätten. Was sie dazu brauchten, waren lediglich stärkere Motoren, deren Erprobung eben begonnen hatte. Milch tat Deichmanns Hinweis als »pure Phantasie« ab und erklärte, daß »das Ju-88-Programm keine industrielle Kapazität für die Erzeugung viermotoriger Bomber lasse«. Göring wiederum kam es lediglich darauf an, beim Führer in Gnade zu bleiben. Milch gegenüber gab er dies offen zu. »Der Führer«, sagte er, »fragt mich nicht, welche Bomber ich habe. Er fragt nur, wie viele ich habe!« Dementsprechend wurden die vielversprechenden Prototypen der Do 19 und der Ju 89 abgewrackt.

Nach einiger Zeit trat allerdings im Reichsluftfahrtministerium neuerlich ein Gesinnungswandel ein. Nun war man auf einmal der Ansicht, daß die Luftwaffe sehr wohl einen strategischen Bomber brauche. Daraufhin wurde bei Heinkel eine viermotorige Maschine in Auftrag gegeben, die 2,2 Tonnen Bomben über 2000 Kilometer oder eine Tonne Bomben über 6000 Kilometer tragen konnte. Mit anderen Worten, ein Bomber, in dessen Reichweite die Britischen Inseln, der Polarkreis und Moskau lagen. Diese kühne Ausschreibung wandelte sich aber ins Absurde, als das Reichsluftfahrtministerium verlangte, daß das als He 177 bezeichnete Modell auch für den Sturzflug geeignet sein müsse. Heinkels Konstruktionsbüro errechnete für den Bomber ein Gewicht von rund dreißig Tonnen. Nun konnte man Bomber von dreißig, vierzig oder gar hundert Tonnen durchaus in einem Winkel von etwa sechzig Grad stürzen lassen. Das Problem war nur, wie man sie aus diesem Sturz wieder abfangen sollte, ohne daß Flächen, Rumpf, Steuer und Motoren abmontierten. Heinkels technischer Direktor Heinrich Hertel meinte, man könnte den Riesenbomber aus einem Sturz von etwa dreißig Grad abfangen, wenn es gelänge, den Luftwiderstand auf ein Minimum zu reduzieren. Er koppelte ein Paar der neuen Benz-Zwölfzylindermotoren, die zusammen 2700 PS entwickelten, trieb damit über ein kompliziertes Gestänge eine Luftschraube an, montierte je eines dieser Doppeltriebwerke links und rechts vom Rumpf und hatte somit einen zweimotorigen Bomber mit der Leistung eines viermotorigen.

Zumindest in der Theorie. Die Praxis sah anders aus. Der erste Probeflug einer He 177 endete mit einer Notlandung, nachdem der Pilot ein alarmierendes Ansteigen der Öltemperatur mit unmittelbarer Brandgefahr entdeckt hatte. Da die Motoren verkehrt angeordnet waren, tropfte Treibstoff aus den Vergasern auf heiße Motorteile. Das komplizierte Gestänge für die Kraftübertragung brach leicht; Bruchstücke durchschlugen das Kurbelgehäuse, und heißes Öl trat aus. Und wenn es einmal nicht brannte, dann setzten nach spätestens sechsstündiger Betriebszeit die Vergaser aus und mußten überholt werden. Im übrigen machte es die komplizierte, unübersichtliche Anordnung der Triebwerke unmöglich, geeignete Brandschutzvorrichtungen einzubauen. So kam es, daß die He 177 immer wieder auf routinemäßigen Horizontalflügen in Brand geriet und explodierte.

Heinkel teilte Udet mit, daß die einzig vernünftige Lösung die Preisgabe des Tandemtriebwerkes und die Rückkehr zu einer viermotorigen Konstruktion nach dem Vorbild der Do 19 und der Ju 89 sei. Eine solche Maschine würde zwar nicht stürzen können, aber sie wäre der schnelle und vor Brandgefahr sichere Fernbomber, wie ihn die Luftwaffe benötigte. Udet erhob Einspruch und erklärte, »daß die He 177 um jeden Preis sturzfähig sein müsse, weil sie sonst keine Chance habe«.

Um jeden Preis! Die He 177, die während der nächsten eineinhalb Jahre abwechselnd mit Vorrang produziert, eingestellt und wieder produziert wurde, tötete Besatzung um Besatzung. Fast fünfzig dieser riesigen und teuren Bomber gingen in Flammen auf oder explodierten in der Luft, sobald die Testpiloten auftragsgemäß zum Sturz ansetzten, aus dem es für die He 177 keine Wiederkehr geben konnte. Wie wenig sich der Oberbefehlshaber der Luftwaffe um die krisenhaften Entwicklungen in seinem Bereich kümmerte, geht aus einer Bemerkung hervor, die er vier Jahre, nachdem die Entwicklung der He 177 begonnen hatte, in Karinhall machte. Göring schrie damals: »Hätte man mir das nur einen Augenblick gesagt, dann hätte ich sofort geantwortet: Was ist das für ein Quatsch, mit einem viermotorigen Flugzeug zu stürzen, ist völliger Unsinn...«

Am Höhepunkt der He-177-Krise wurde Heinkel zu Hitler bestellt, der »absolut ehrliche Antworten« auf seine Fragen verlangte. Heinkel erklärte später, Hitler habe »im Vergleich mit Göring erstaunliche flugtechnische Kenntnisse, selbst in Details« gehabt. Im Verlauf der Unterredung wies Heinkel auf die Hartnäckigkeit hin, mit der Udet, Jeschonnek und andere Vertreter der Luftwaffenführung auf der Sturzfähigkeit der He 177 bestanden hatten. Laut Heinkel sprang Hitler daraufhin auf und tobte: »Aber das ist doch Wahnsinn. Das weiß ich ja bis heute nicht. Gibt es denn soviel hirnverbrannte Idiotie?«

Ein weiterer Beitrag zu dieser unglücklichen und unfruchtbaren Situation war im Jahr 1939 die Ernennung von Hans Jeschonnek zum Generalstabschef der Luftwaffe. Er ersetzte Hans-Jürgen Stumpff, der auf Kesselring gefolgt war und nun so wie Wimmer ein Kommando bei der Truppe erhielt. Jeschonnek trat sein Amt im Range eines Generalmajors knapp vor seinem 40. Geburtstag an. Göring glaubte wie Hitler daran, daß die Jugend in der Luftwaffe zu großen Aufgaben berufen sei. Nicht von ungefähr sagte man, daß die Marine kaiserlich-wilhelminisch, das Heer königlich-preußisch, die Luftwaffe aber nationalsozialistisch sei. Jeschonnek war jedenfalls ganz und gar vom Geist des Nationalsozialismus erfüllt. Wever hatte in ihm seinen Nachfolger gesehen, jedoch geglaubt, daß zuvor noch Jahre der Entwicklung vergehen würden. Nun hatten die Ereignisse Jeschonnek plötzlich auf einen Platz gestellt, den auszufüllen er noch nicht die nötige Reife besaß.

Der neue Generalstabschef war ein Geschöpf seiner Zeit. 1915 war er im Alter von sechzehn Jahren in die Hauptkadettenanstalt Berlin-Lichterfelde eingetreten, wo er in der Tradition der preußischen Armee erzogen wurde. Den Krieg beendete er als neunzehnjähriger Jagdflieger und diente sodann in der Reichswehr als Truppenoffizier und später als einer der jüngsten Stabsoffiziere in der geheimen Fliegerabteilung des Truppenamtes. Wie so viele seiner Generation war Jeschonnek ein überzeugter Anhänger der Dolchstoßtheorie, und Adolf Hitler war für ihn das Idol, das die Schande der unverdienten Niederlage tilgen konnte. Jeschonnek war der Prototyp eines Soldaten; schlank, aufrecht und stets vorschriftsmäßig gekleidet. Seine Mitarbeiter pflegten zu sagen, daß er nicht gehe, sondern schreite. Sein Gesicht war wie aus Granit gemeißelt, und für gewöhnlich war er so gesprächig wie Granit. Trotz seiner hohen Stellung führte er weiter ein asketisches Leben. Er trank wenig und ohne Lust; seine Entspannung bestand in langen, schweigsamen Wanderungen durch die Wälder und in gelegentlichen Skatpartien mit Wolfram von Richthofen, der dem neuen Generalstabschef bescheinigte, ein guter Verlierer zu sein.

Jeschonneks jugendliche Bestimmtheit bereitete ihm bei der Erfüllung seiner Aufgabe nur Schwierigkeiten. Im Umgang mit den älteren, zäheren und erfahreneren Kommandeuren und Befehlshabern der Divisionen, Korps und Luftflotten war seine Jugend ein ausgesprochenes Handikap. Für seine Untergebenen wiederum konnte er niemals eine Vaterfigur wie Wever oder ein gutmütiger Onkel wie Kesselring sein. Er besaß eine scharfe

CHAOS IN DER PLANUNG

Zunge, und seine chronische Kontaktarmut im Umgang mit seinen Mitmenschen machte sich oft in sarkastischen Bemerkungen Luft. Jeder Meinungsaustausch über Fragen der Taktik, Beschaffung oder Ausrüstung wurde von Jeschonnek generell und brüsk als Obstruktion zurückgewiesen. Von seinen eigenen Ansichten wich er niemals einen Fußbreit ab. Sein Glaube an Hitler wurde schließlich selbst Göring zuviel, der Jeschonnek nach einer Besprechung anschrie: »Sie stehen vor dem Führer immer wie ein Leutnant mit den Händen an der Hosennaht.« Aber Jeschonnek war nicht zu erschüttern; auch nicht in seinen Ansichten über die Luftkriegsführung, und diesbezüglich hatte er — im Gegensatz zu Wever — einen sehr enggesteckten Horizont.

Wenn der strategische Bomber das verkrüppelte Waisenkind der Luftwaffe war, so war die Ausbildung ihr Stiefkind. Sie fand noch immer mehr oder minder nach dem Schema statt, das zur Zeit von Lipzek entwickelt worden war. Im Oberkommando der Luftwaffe wurde erst Anfang 1939 der Posten eines Chefs des Ausbildungswesens geschaffen, der mit General Kühl besetzt wurde. Der Mangel an Schulen war bestürzend. Es gab nur drei für Kampfflieger, eine Marinefliegerschule und — unglaublicherweise — nur eine Jagdfliegerschule. Alle Forderungen nach Geld und Personal für zusätzliche Ausbildungsmöglichkeiten wurden mit dem Bemerken zurückgewiesen, daß »alle vorhandenen Mittel für die Aufstellung von Fronteinheiten benötigt werden«. Die Flugzeugindustrie hatte zwar ihre Probleme mit der Ju 88 und der He 177, aber sie produzierte in verstärktem Maße die älteren He 111, Stukas, Kampfflugzeuge von Dornier und eine steigende Anzahl von Me 109. Es war offensichtlich, daß mehr Flugzeuge produziert wurden, als das Ausbildungsamt mit geschulten Besatzungen bemannen konnte. Die Problematik verschärfte sich, nachdem Hitler am 3. April 1939 eine Führerweisung zum »Fall Weiß« erlassen hatte, in der die Aufgaben der Wehrmacht bei einem Angriff gegen Polen festgelegt wurden. Der Luftwaffe kam dabei eine bedeutende Rolle zu; offensiv gegen Polen und defensiv gegen Frankreich und England, falls diese beiden Staaten in den Kampf eingreifen sollten.

Auf der Suche nach Lösung des Schulungsproblems arbeitete das Ausbildungsamt der Luftwaffe mit dem Nationalsozialistischen Fliegerkorps, dem N.S.F.K., zusammen, dessen Lehrer und Schulen fliegerische Grundausbildung vermittelten. Die Schulen des N.S.F.K. waren über ganz Deutschland verstreut, und jede schulte nach ihrer eigenen Methode. Es gab kein einheitliches Ausbildungsprogramm und keine zentrale Befehlsgewalt. Aber auch innerhalb der Luftwaffe hatte der Chef des Ausbildungsamtes keine Befehlsmöglichkeit. Man hatte sie den Befehlshabern der Luftflotten überlassen, die auf ihren unmittelbaren eigenen Bedarf blickten und andere Sorgen hatten, als sich um ein einheitliches Ausbildungsprogramm der Luftwaffe zu kümmern.

Das Ausbildungsamt mußte nicht nur Hilfe beim N.S.F.K. suchen, sondern auch den ungewöhnlichen Schritt unternehmen, die Ausbildung zum Teil durch die fliegenden Verbände selbst vornehmen zu lassen. Es gab manchmal Gruppen, bei denen bis zu 25 Flugschüler auf Schulmaschinen ausgebildet wurden. Das bedeutete, daß sich der Gruppenkommandeur um fast ebenso viele Flugschüler zu kümmern hatte, als ihm Piloten zur Verfügung standen, die ihrerseits meist ebenfalls noch der Ausbildung bedurften, um voll einsatzfähig zu sein. Ein Ausbildungschef, der zwar Verantwortung trug, aber keine Befehlsgewalt hatte — eine absurdere Situation für eine Luftwaffe, die sich auf einen großen Krieg vorzubereiten hatte, war schwer vorstellbar. Jeschonnek vertrat die Ansicht, daß Deutschland nur einen kurzen Krieg führen könne und das Ansammeln von Reserven für eine längere Auseinandersetzung nicht in Frage komme. In wesentlichen Fächern, wie Instrumentenflug bei Nacht und Schlechtwetter sowie Navigation, wurden nur oberflächliche Kenntnisse vermittelt. Alles ging so hastig vor sich, und der Mangel an Technikern und Material war so groß, daß das Ausbildungsamt anfänglich nicht einmal eine Unterdruckkammer für die Erprobung von Besatzungen und für luftfahrtmedizinische Versuche zur Verfügung hatte.

Die Jagdflieger, die zu den Einsatzstaffeln kamen, hatten selten mehr als 160 Flugstunden hinter sich; das war weniger als die Hälfte der Ausbildungsstunden, die damals für englische und amerikanische Piloten vorgesehen waren. Es blieb den Staffelführern überlassen, im Rahmen der taktischen Ausbildung die Versäumnisse der Grundschulung nachzuholen.

Als Folge dieses chaotischen Ausbildungssystems gab es eine hohe Zahl von Unfällen, durch die eine ohnehin schon schwierige Situation noch verschlimmert wurde. Im August 1939, am Vorabend des Krieges, machte das Ausbildungsamt eine Aufstellung der Fehlbestände: Die Besatzungen für 139 Jagdflugzeuge, 11 Bomber, 54 Zerstörer, 36 Stukas, 61 Nahaufklärer und 11 Fernaufklärer waren einfach nicht vorhanden. Das bedeutete, daß im Falle des Kriegsausbruches 412 Frontflugzeuge nicht einsatzfähig waren, weil die Besatzungen fehlten.

Nirgends innerhalb der Luftwaffe wurde in den letzten Wochen vor dem Krieg die Ausbildung so hart betrieben wie bei den Stukaverbänden, denen im Falle der Auseinandersetzung mit Polen die Hauptlast des Angriffes zufallen mußte. Im Zuge des Aufmarsches im Osten wurde eine der besten Stukaeinheiten, die erste Gruppe des Sturzkampfgeschwaders 76, unter Führung ihres Kommandeurs Walter Sigel nach Cottbus verlegt. Sigel war stolz darauf, daß seine I. St.G. 76 ausersehen war, eine Sondervorführung vor Luftwaffenbefehlshabern zu geben, unter denen sich die Generäle Hugo Sperrle, Bruno Loerzer und Wolfram von Richthofen befanden. Die Gruppe flog die neuesten Ju 87 B, ausgerüstet mit den ebenfalls neuesten Jumo 211 D von 1150 PS, das war doppelt soviel, als die Stukas im spanischen Bürgerkrieg gehabt hatten. Sigel wollte die versammelten Befehlshaber mit einem geschlossenen Sturzangriff der 27 Flugzeuge seiner Gruppe beeindrucken. Tatsächlich wurde es eine unvergeßliche Vorführung, aber anders als gedacht.

Das Unternehmen sollte am 15. August 1939, um 6 Uhr früh, im ersten Licht der Sonne abrollen. Kurz vor dem Start landete in Cottbus eine Wettermaschine. Sie brachte einen Bericht über die Wetterlage im Vorführungsgebiet, einer bewaldeten Gegend in der Nähe von Neuhammer, eine halbe Flugstunde von Cottbus. Die Bedingungen waren alles andere als günstig. Der Führer der Wettermaschine meldete Sigel, daß über 2000 Metern klare Sicht herrsche, sich darunter aber eine siebzigprozentige Wolkendecke bis zu einer Höhe von 750 Metern erstrecke. Darunter war die Sicht wieder gut. Das bedeutete, daß Sigel ein Wolkenloch über dem Einsatzgebiet finden mußte und nach dem Sturz durch die Wolkendecke nur fünf Sekunden für Zielkorrektur, Bombenwurf und Abfangen hatte.

Als Gruppenkommandeur stand Sigel vor drei Möglichkeiten: Er konnte um Verschiebung der Vorführung bis zur Besserung der Wetterlage ersuchen, er konnte das Unternehmen zur Gänze abblasen, oder er konnte es wie vorgesehen abrollen lassen. Für einen Offizier der Luftwaffe hätte es auch dann, wenn nicht eine Gruppe von Generälen als Zuschauer aufgeboten worden wäre, wohl nur eine Wahl gegeben: Die Aktion wie geplant durchzuführen. Um 5 Uhr 30 früh startete Sigel an der Spitze seiner Gruppe vom Cottbuser Flugplatz. Vom Start weg stand er mit den übrigen 26 Maschinen seiner Gruppe im Funksprechverkehr; es gab aber keine Funkverbindung zwischen ihm und dem Einsatzgebiet bei Neuhammer. So blieb Sigel ohne Kenntnis der Katastrophe, die sich abzeichnete. In der kurzen Zeitspanne seit der Rückkehr der Wettermaschine aus dem Zielgebiet, hatte sich über Neuhammer dichter weißer Morgennebel gebildet, der fast die ganze Gegend bedeckte und stellenweise bis zur Wolkenuntergrenze reichte. Gefährlichere Wetterbedingungen für einen Stukaangriff waren kaum denkbar.

Sigel näherte sich Neuhammer an der Spitze seiner Gruppe in einer Höhe von viertausend Metern, nachdem er seine Position aufgrund von Markierungspunkten auf dem Flugweg, auf dem anfänglich noch klare Sicht geherrscht hatte, schätzungsweise ermittelt hatte. Über ihm war der blaßblaue Himmel völlig klar, unter ihm lag ein Wolkenmeer, das die Sonne rötlich färbte. Die Generäle warteten. Sigel legte seine Maschine auf den Rücken und schob den Knüppel nach vorn. Vergeblich versuchte die Nadel des Höhenmessers mit dem rasenden Sturz von mehr als hundert Metern pro Sekunde Schritt zu halten. In einem Winkel von siebzig Grad und mit einer Geschwindigkeit von 450 km/h stürzte Sigels Maschine in die Wolken. Eingeschlossen in eine weiße Welt, brennenden Auges in die Wolkenwand starrend, die von der Luftschraube zerfetzt wurde, zählte Sigel die Sekunden. Hinter ihm stürzte, in Staffeln gegliedert, die ganze Gruppe durch die Wolken. Wo blieb die klare Sicht, die der Wetterpilot angekündigt hatte? In jedem Augenblick ...

Plötzlich sah Sigel zu seinem Entsetzen statt einer wolkenfreien Zone von 750 Meter Höhe einen dichten Teppich von Bäumen auf sich zurasen. Seine ohnehin aufs höchste gespannten Nerven reagierten blitzschnell. Er rief eine Warnung in das Kehlkopfmikrofon und zog den Steuerknüppel an. Im Abfangen sah Sigel, daß er dem Tod nur um Meter entgangen war; seine Maschine stieß durch eine schmale Schneise im Wald nach oben. Für die beiden hinter ihm fliegenden Stukas seiner Kette war die Warnung zu spät gekommen. Sie — sowie sämtliche neun Maschinen der folgenden Staffel — rasten mit heulenden Sirenen in die Erde und explodierten. Die Maschinen der anderen Staffeln wurden noch rechtzeitig abgefangen, doch zwei überzogen und krachten neben den übrigen elf Maschinen in die Bäume. Fetzen von Metall und Fleisch verstreuten sich in der Gegend, und im sommerlich trockenen Unterholz brachen zahlreiche Brände aus. Riesige Rauchwolken stiegen langsam empor, vermengten sich mit dem allmählich weichenden Morgennebel und markierten die Stelle, an der 26 Flieger den Tod gefunden hatten.

Die Tragödie von Neuhammer, das schwerste Unglück seiner Art in der Geschichte der Luftfahrt, hielt man lange Zeit geheim. Nur das Oberkommando der Luftwaffe und der Führer wurden selbstverständlich sofort informiert. Augenzeugen berichten, daß Hitler nach Erhalt der Nachricht »zehn Minuten lang schweigend aus dem Fenster starrte«. Diese Reaktion ist verständlich. Hitler war abergläubisch, der Astrologie ergeben, und der Verlust von dreizehn der gefürchteten Stukas auf einen Schlag schien ihm zweifellos ein Omen. Sechzehn Tage später sollte der Krieg gegen Polen, in dem der Luftwaffe eine entscheidende Rolle zugedacht war, beginnen.

In den Mittagsstunden des 22. August hielt Hitler eine seiner Führerbesprechungen am Obersalzberg ab. Die Offiziere der Wehrmacht waren allerdings übereinstimmend der Ansicht, daß von »Besprechungen« kaum die Rede sein konnte. Bei diesen Zusammenkünften gab es lediglich lange, ausfällige und anfeuernde Monologe Hitlers, die keine Zeit für einen Dialog ließen. Diese letzte Zusammenkunft vor dem Ausbruch der Feindseligkeiten bildete keine Ausnahme.

Hitler begann mit einem langen Selbstlob, indem er seine Autorität und das Vertrauen hervorhob, das ihm »vom ganzen Volk« entgegengebracht werde. Er verwies auf die Schwäche der anderen Mächte und meinte, daß eine Auseinandersetzung nicht ohne Gefahr um vier bis fünf Jahre verschoben werden könne, also daher besser jetzt stattfinde. Polen, so sagte er, müsse liquidiert werden. Den Gedanken an eine heftige Reaktion

Frankreichs und Englands wies er zurück. Eine Blockade würde keine Wirkung haben, denn Deutschland sei weit autarker als im letzten Krieg. Ein Angriff aus der französischen Maginotlinie sei »unmöglich«. Die Engländer wiederum wollten keinen langen Krieg führen. Voll Sarkasmus fügte Hitler hinzu: »Unsere Gegner sind kleine Würmchen. Ich sah sie in München.« Und was deren trügerische Hoffnung anlangte, Rußland könnte Polen zu Hilfe kommen, so hatte seine geniale Politik auch dieses Problem gelöst; mit Stalin seien freundschaftliche Beziehungen aufgenommen worden, und binnen 72 Stunden würden Deutschland und die Sowjetunion einen Nichtangriffspakt unterzeichnen.

Der Feldzug in Polen müsse rasche Fortschritte machen; Eile sei geboten, damit die Wehrmacht im zu erwartenden Herbstregen nicht auf den bekannt schlechten Straßen Polens steckenbleibe. Hitler forderte »eine schnelle Entscheidung in Anbetracht der Jahreszeit«. Die Generäle des Heeres wiesen darauf hin, daß dies keine kleine Aufgabe sein würde; immerhin war Polen fast so groß wie Deutschland. Die Pläne zum Herbeiführen einer raschen Entscheidung waren bereits Monate zuvor ausgearbeitet worden. Die Vernichtung der polnischen Streitkräfte würde den Einsatz fast aller Divisionen der ersten Linie erfordern; insgesamt 65, davon sechzehn Panzer- und motorisierte Divisionen. Verblieben noch 25 Reserve-, Ausbildungs- und Landesschützendivisionen. General Siegfried Westphal sowie alle anderen Kommandeure und Stabschefs an der Westfront wußten, daß ihnen im Falle eines französischen Angriffes über den Rhein kein einziger deutscher Panzer zur Verfügung stand. Die Aufgabe, zwei Millionen französischer Soldaten, die über Panzer und Artillerie verfügten, mit einigen wenigen Divisionen in Schach zu halten, erfüllte Westphal mit Sorge. »Allen Fachleuten, die damals im deutschen Westheer Dienst taten«, schrieb er später, »standen die Haare zu Berge, wenn sie an die Möglichkeit eines französischen Angriffes gleich zu Kriegsbeginn dachten.«

DIE LUFTWAFFE / KAPITEL X

Der Luftwaffe war im bevorstehenden Blitzkrieg eine überwältigende Rolle zugedacht. Zunächst sollte sie von Anfang an die polnische Luftwaffe ausschalten und durch die Zerstörung aller Verkehrs- und Nachrichtenverbindungen dem Heer den Weg ebnen. Alles hing von der Luftwaffe ab. Hitler hatte fast den ganzen Nachmittag gesprochen, doch in einer Pause seiner Monologe war es Erhard Milch gelungen, eine entscheidende Detailfrage anzuschneiden. Eine der Folgen des allgemeinen Wirrwarrs in der Rüstungsindustrie war ein drastischer Fehlbestand an 50- und 250-Kilo-Bomben. Aufgrund der vorgesehenen Liefermengen hatten die Kampf- und Sturzkampfgeschwader lediglich eine Bombenausstattung für dreißig Tage. Was sollte geschehen, wenn der Krieg länger dauerte? Bomber ohne Bomben waren wertlos. Milch verlangte daher, daß die zahlreichen bereits bestehenden Sofortprogramme um ein Bomben-Sofortprogramm erweitert würden. Hitler wies Milchs Forderung mit dem Bemerken zurück, daß ein solches Programm »unnötig und überflüssig« sei.

An der numerischen Überlegenheit der Luftwaffe gegenüber den Polen bestand kein Zweifel. Für den Angriff standen zweitausend Flugzeuge der ersten Linie zur Verfügung. Aus den Aufstellungen des Generalluftzeugmeisters ging hervor, daß 648 Kampfflugzeuge, 219 Sturzkampfflugzeuge, 210 Jäger der Typen Me 109 und Me 110, 30 Schlachtflugzeuge und 474 Aufklärungs- und Transportflugzeuge einsatzbereit waren. Göring verfügte außerdem über eine Reserve von 133 Kurierflugzeugen, und 216 Jäger wurden für den Fall eines feindlichen Angriffes gegen das Reichsgebiet in Reserve gehalten. Die polnische Luftwaffe konnte nach Aufstellungen der deutschen Abwehr bestenfalls neunhundert Flugzeuge mobil machen, von denen die Hälfte Ausbildungseinheiten angehörte. Polen verfügte lediglich über 160 Jäger, deren es keiner mit der Me 109 aufnehmen konnte.

Als Hitler trotzdem auf den Gesichtern der versammelten Generäle Zweifel und Zögern sah, ballte er die Fäuste und rief ihnen, wie aus der Niederschrift eines Besprechungsteilnehmers hervorgeht, zu: »Herz verschließen gegen Mitleid. Brutales Vorgehen. 80 Millionen Menschen müssen ihr Recht bekommen. Ihre Existenz muß gesichert werden. Der Stärkere hat das Recht. Größte Härte.« Zugleich kündigte er an, daß die Auslösung des »Falles Weiß« voraussichtlich am 26. August erfolgen würde.

Göring, der noch wenige Tage zuvor nach einer friedlichen Lösung der polnischen Frage gesucht hatte, sprang nun auf und stimmte dem Führer zu. General Wilhelm Speidel, der Chef des Stabes der Luftflotte 1, teilte Görings Enthusiasmus keineswegs. »Ich verließ die Führerbesprechung«, erinnerte er sich, »in unmißverständlicher Verzweiflung.«

Der lange Sommer des Wartens war vorüber. Die Luftwaffe, ein Produkt von Versailles, ein Instrument, an dem Seeckt, Brandenburg, Wimmer und alle die anderen, die nach ihnen gekommen waren, neunzehn Jahre lang — erst heimlich und langsam, dann immer hektischer und schneller — gearbeitet hatten, wurde nun, ob sie bereit war oder nicht, in die Schlacht geworfen.

ZWEITER TEIL

Scheitern im Sieg

XI

FEUERTAUFE IN POLEN

»Ich muß unterstreichen, daß die deutsche Luftwaffe nach den Kriegsgesetzen gehandelt hat. Sie hat nur militärische Ziele angegriffen.«

General André Armengaud,
französischer Luftwaffen-
attaché in Warschau

Am Freitag, dem 25. August 1939, war die deutsche Wehrmacht entlang der polnischen Grenze von der Ostsee bis zu den Ausläufern der Karpaten angetreten. Die Angriffsdivisionen gliederten sich in die Heeresgruppe Nord, bestehend aus der 3. und der 4. Armee, und die Heeresgruppe Süd, die aus der 8., der 10. und der 14. Armee bestand. Allein auf sich gestellt, von den übrigen Truppen durch den rund 80 Kilometer breiten Korridor getrennt, war in Ostpreußen die 3. Armee aufmarschiert. Ihre Isolierung bereitete dem Oberbefehlshaber der Heeresgruppe Nord, Generaloberst Fedor von Bock, nur geringe Sorgen, denn gerade diese Armee war von hervorragender Kampfkraft. Ihre Angriffsspitze bildete das XIX. Panzerkorps unter dem Befehl von General Heinz Guderian, dem Schöpfer der deutschen Panzerwaffe. Guderians Regimenter verfügten neben den neuesten deutschen Typen über 278 Panzer tschechischer Herkunft, die im Frühjahr 1939 nach der Schaffung des Reichsprotektorats Böhmen und Mähren, wie die Rumpf-Tschechoslowakei nunmehr hieß, in die deutsche Wehrmacht eingegliedert worden waren.

In der Stunde X sollte die 3. Armee auf das nur 120 Kilometer von der ostpreußischen Grenze entfernte Warschau vorstoßen, während zur gleichen Zeit die 4. Armee den Korridor durchqueren sollte, um sich mit den aus Ostpreußen kommenden Kräften zu vereinigen. Die Heeresgruppe Süd hatte die Aufgabe, zunächst nach Krakau vorzustoßen und dort einige Divisionen nach Westen über die Weichsel anzusetzen, während die Masse ihrer Truppen in einer zweiten großen Zangenbewegung nach Norden vorstoßen sollte, um das Gros der polnischen Truppen einzukesseln.

Die Befehlshaber der Heeresgruppen rechneten mit nur geringem Widerstand der polnischen Luftwaffe. Sie vertrauten auf die frühzeitige Zerstörung der polnischen Nachrichtenverbindungen und auf die Schnelligkeit und Genauigkeit der eigenen Luftaufklärung, die jederzeit einen vollkommenen Überblick über die rasch wechselnden taktischen Lagen des geplanten Blitzkrieges geben sollte. Um eine möglichst enge Zusammenarbeit zwischen Heer und Luftwaffe zu gewährleisten, waren 288 Nahaufklärer und Verbindungsflugzeuge den Heerestruppen unmittelbar beigegeben.

Fachmännischen Beobachtern in Berlin blieb in diesen Tagen nicht verborgen, daß die deutsche Wehrmacht in voller Stärke und unter Ausschöpfung aller Kräfte gegen Osten marschierte. Während die Angriffsdivisionen schon ihre Bereitstellungsräume bezogen hatten, zogen Versorgungstruppen und Reserveeinheiten durch die Reichshauptstadt. Der Bestand an Wehrmachtsfahrzeugen hatte offensichtlich nicht ausgereicht, alle Verbände zu motorisieren. William Shirer, der Korrespondent der amerikanischen Rundfunkstation CBS, vermerkte mit Erstaunen, daß Zivilfahrzeuge aller Art, vollgepackt mit Truppen, durch die Straßen Berlins in Richtung Osten rollten. Und der Himmel über Deutschland war seit Tagen vom Motorenlärm der Luftwaffe erfüllt.

FEUERTAUFE IN POLEN

Zur Unterstützung der beiden Heeresgruppen waren die Luftflotten 1 und 4 unter General der Flieger Albert Kesselring und General der Flieger Alexander Löhr angetreten. Eine wichtige Aufgabe war Generalmajor Wolfram von Richthofen, dem »Fliegerführer z. b. V.«, anvertraut. Er befehligte die Nahkampfverbände, die, in Auswertung der in Spanien gemachten Erfahrungen, die angreifenden Panzer- und Infanterieeinheiten unmittelbar unterstützen sollten. Richthofen, dem diese Aufgabe als ehemaligem Befehlshaber der Legion Condor wohlvertraut war, legte größten Wert auf enge Zusammenarbeit mit dem Heer und schlug deshalb gemeinsam mit dem Oberbefehlshaber der 10. Armee, General der Artillerie Walther von Reichenau, dessen Panzern er den Weg bahnen sollte, sein Hauptquartier in Schloß Schönwald, nur zehn Kilometer von der polnischen Grenze, auf.

Bis in die späten Abendstunden des 25. August arbeitete das Bodenpersonal in drückender Hitze, um die Flugzeuge der beiden Luftflotten einsatzbereit zu machen. Die Bomben wurden verladen, die Munitionskammern aufgefüllt und die Jumo-, Daimler- und Bramo-Motoren machten ihre letzten Probeläufe. Die Flugzeugführer studierten ihre Zielunterlagen und holten sich von den Meteorologen die Wettervorhersagen für den Angriffstag.

Polen war nicht für alle Angehörigen der Luftwaffe ein fremdes, unbekanntes Land. Ein breiter Grenzstreifen war bis 1919 deutsches Gebiet gewesen, für manchen Flieger war der Einmarsch deshalb gleichbedeutend mit der Rückkehr in das Land seiner Kindheit. Ganz zu schweigen davon, daß einige Flugzeugführer in Friedenszeiten als Touristen in Zivil nach Polen entsandt worden waren, um ihre künftigen Zielgebiete zu studieren.

Die Bereitstellung der beiden Luftflotten war noch im vollen Gange, als gegen acht Uhr abends aus Berlin der Befehl kam, das geplante Unternehmen abzublasen. Wütend gingen Kommandeure und Adjutanten daran, die Staffeln, die in weniger als neun Stunden hätten starten sollen, davon in Kenntnis zu setzen. Was hatte Hitler zu seiner Entscheidung bewogen? Zunächst hatte Großbritannien die Garantie, die es Polen bereits gegeben hatte, durch den Abschluß eines britisch-polnischen Beistandspaktes neuerlich und unmißverständlich bekräftigt. Zur gleichen Zeit war Mussolini an Hitler mit der Mitteilung herangetreten, daß er für den Fall der Kriegserklärung der Westmächte an Deutschland keine militärische Hilfe leisten könne.

So verblieb das deutsche Heer entlang der polnischen Grenze volle sechs Tage in seinen Bereitstellungen, und die Kommandeure der Luftwaffe beobachteten auf ihren Feldflugplätzen mit zunehmender Sorge den Himmel. Ein früher Herbst mit schlechtem Wetter würde alle Einsatzpläne zunichte machen.

Aber am Morgen des 31. August befahl Hitler endlich, daß der »Fall Weiß« wie vorgesehen abrollen sollte. Bis ein Uhr mittags waren alle Einheiten im Besitz der nötigen Befehle. Am darauffolgenden Tag konnte der Krieg beginnen.

Der erste Einsatztag der Luftwaffe stand im Zeichen von Nebel und Verwirrung. Weiße Schwaden von wechselnder Dichte erstreckten sich fast über die ganze, 1600 Kilometer lange Front. Das von Göring geplante »Unternehmen Wasserkante«, ein Angriff der He 111-Kampfflugzeuge gegen Warschau, konnte nicht stattfinden. Ein vor Beginn gestartetes Aufklärungsflugzeug meldete, daß die Wolkendecke über der polnischen Hauptstadt unter 1000 Meter lag. Die Besatzungen der Kampfflugzeuge waren um so enttäuschter, als der Aufklärer gemeldet hatte, daß er während des Fluges an keiner Stelle auf polnische Jäger gestoßen sei.

Im Norden der Front, wo das Wetter am schlechtesten war, mußte ein anderes wichtiges Unternehmen in seinen Ansätzen geändert werden. Fallschirmjäger hätten die Weichselbrücke bei

Dirschau im Handstreich aus der Luft nehmen sollen. Für die
3. Armee war dieses Unternehmen von entscheidender Bedeutung. Sowohl der Vormarsch nach Warschau als auch die Vereinigung mit der von Westen vorstoßenden 4. Armee hingen wesentlich davon ab, daß die Weichselbrücke unversehrt in deutsche Hände fiel. Der Handstreich sollte zugleich mit dem allgemeinen Angriffsbeginn um 4.45 Uhr erfolgen. Aber während die Fallschirmjäger bereits in ihren Ju 52 saßen, deren Motoren warmliefen, kam der Befehl, das geplante Unternehmen abzubrechen; die Wetterlage erlaubte den Einsatz der Fallschirmjäger nicht.

In letzter Minute wurden die nötigen Befehle für ein Ersatzunternehmen gegeben. Eine Viertelstunde vor dem allgemeinen Angriffsbeginn starteten drei Stukas von Elbing nach Dirschau, das weniger als zehn Flugminuten entfernt war. Ihr Auftrag lautete, die Brückenzugänge auf beiden Seiten zu bombardieren, um die Zündleitungen der an den Brücken angebrachten Sprengladungen zu zerstören. Obwohl die Stukas in 50 Meter Höhe flogen, waren sie noch immer durch schlechte Sicht behindert. Sie erreichten die Brücke, ohne auf feindliche Abwehr gestoßen zu sein, und warfen ihre drei Zweihundertfünfzig-Kilo-Bomben im Horizontalflug. Eine Stunde später warfen Kampfflugzeuge vom Typ Do 17 ihre Bombenlast ab, konnten aber keine andere Wirkung als Brände in der Stadt Dirschau beobachten. Tatsächlich gelang es polnischen Pionieren, die zerstörten Leitungen zu flicken, und kurze Zeit nachdem der letzte deutsche Bomber abgedreht hatte, flog die Brücke in die Luft. Das erste Einzelunternehmen der Luftwaffe war ein Fehlschlag.

Im Lauf des Tages besserte sich das Wetter, und die Luftflotte 4 begann mit ihren Großangriffen gegen die Luftbasen im Süden Polens. Aufklärungsflieger hatten gemeldet, daß die Flugplätze stark belegt seien und die Sicht gut wäre. Insgesamt wurden am ersten Tag zwölf Plätze angegriffen, darunter

Lodz, Kattowitz und Krosno. Am schwersten wurde der Flugplatz von Krakau getroffen, der weniger als 80 Kilometer jenseits der Grenze lag. In der ersten Angriffsphase legten 60 He 111 aus 4000 Meter Höhe einen Bombenteppich über das Feld. Sie wurden durch keinerlei Abwehr behelligt; außer den Zerstörern vom Typ Me 110 des Begleitschutzes bekamen die Bordschützen kein Flugzeug zu sehen. Auf diesen ersten Angriff folgte als zweite Welle eine Stukagruppe, deren Ju 87 mit ihren Bomben Flughallen, Werkstätten und vor allem die im Freien abgestellten Flugzeuge vernichteten. Die dritte Welle bildeten Maschinen vom Typ Do 17, die im Tiefflug ihre Fünfzig-Kilo-Bomben auf die Rollbahn und die bei den vorangegangenen Angriffen unversehrt gebliebenen Einrichtungen warfen. So wurde der Flugplatz von Krakau in Trümmer gelegt, ohne daß die angreifenden Verbände der Luftwaffe einen einzigen Verlust erlitten. Die Angriffe gegen die anderen Flugplätze verliefen ähnlich. Hie und da tauchte ein vereinzelter polnischer Jäger auf, aber eine ernstzunehmende Bedrohung bildete er nicht. Waren die Polen tatsächlich gewillt, ihre Luftwaffe ohne Gegenwehr am Boden zerstören zu lassen? Den Kommandeuren und Besatzungen der Luftwaffe schien das Verhalten des Gegners rätselhaft.

Dem polnischen Heer aber, das den angreifenden deutschen Divisionen zahlenmäßig unterlegen war, wurde das Verhalten der eigenen Luftwaffe verhängnisvoll. Um den Vorstoß des linken Flügels der 10. Armee Reichenaus gegen die Warthe aufzuhalten, hatte der polnische Oberbefehlshaber, Marschall Rydz-Smigly, eine 3000 Mann starke Kavalleriebrigade, der einige schwere Einheiten beigegeben waren, in Richtung Wielun, das nur 20 Kilometer von der deutsch-polnischen Grenze entfernt war, in Marsch gesetzt. Die Kolonne wurde von einem deutschen Aufklärungsflugzeug gesichtet, und eine halbe Stunde später, um ein Uhr mittag des ersten Angriffstages, begann das Gemetzel.

Stukas stürzten sich auf die etwa drei Kilometer lange Kolonne, bevor sie in den umliegenden Feldern und Baumgruppen in Deckung hatte gehen können. Vom Himmel regneten die Bomben herab, und die Erde erbebte unter ihren Detonationen. Menschen, Tiere und Fahrzeuge wurden von den Maschinengewehren der Stukas niedergemäht, die nach dem Bombenwurf im Tiefflug angriffen. Kadaver und Fahrzeuge blockierten die Straße und die Gräben zu beiden Seiten und erschwerten so die Flucht vor den niederstürzenden Flugzeugen. Innerhalb weniger Minuten war aus einer kampffähigen Kavalleriebrigade ein zerschlagener Menschenhaufen geworden. Die erste Angriffswelle, die etwa 120 Bomben abgeworfen hatte und nur auf leichtes Flakfeuer aus Richtung Wielun gestoßen war, wurde von einer zweiten Stukagruppe abgelöst, der schließlich 30 Do 17 des Kampfgeschwaders 77 folgten, die Wielun und die dorthin Geflüchteten bombardierten. Die Kavalleriebrigade existierte nicht mehr, aber kein polnischer Jäger war erschienen, um die angreifende Luftwaffe an ihrem Zerstörungswerk zu hindern.

Am späten Nachmittag des ersten Kriegstages hatte die Luftwaffe allen Grund zur Annahme, daß die polnischen Luftstreitkräfte am Boden zerstört worden waren. Aber das war eine Fehlannahme. Die verbrannten Wracks, die nach den Angriffen der deutschen Kampfgeschwader auf zahlreichen Flugplätzen lagen, waren nicht die Frontflugzeuge der polnischen Luftwaffe gewesen, sondern alte Übungsflugzeuge oder nicht flugfähige Maschinen. 48 Stunden vor Kriegsbeginn war die Mehrzahl der Jäger, Bomber und Aufklärer auf Ausweichflugplätze im Inneren des Landes verlegt worden, hauptsächlich um zur Verteidigung Warschaus eingesetzt zu werden. Der polnische Fliegermajor F. Kalinowski sagte später dazu: »Die Deutschen müssen sehr naiv gewesen sein, wenn sie tatsächlich geglaubt haben, daß wir angesichts der politischen Hochspannung der letzten Tage und der erklärten Angriffsabsichten Deutschlands unsere

Einheiten in ihren Friedensstandorten belassen werden... Die ersten Luftangriffe der Deutschen stießen ins Leere...«

Später stellte sich auch heraus, daß der deutsche Nachrichtendienst die Stärke der polnischen Luftwaffe bei Kriegsausbruch überschätzt hatte. Statt 900 Flugzeugen hatte sie nur 396 Maschinen, und davon waren nur 160 Jäger. In der Mehrzahl waren es PLZ-Maschinen vom Typ P 11-Hochdecker, deren Entwurf aus dem Jahre 1931 stammte. Ihre Spitzengeschwindigkeit in Seehöhe betrug nur 270 km/h; in 6000 Meter Höhe erreichten sie 360 km/h und waren somit schnell genug, Bomber, die in dieser Höhe angriffen, abzufangen. Die P 11 hatte in der Regel nur zwei Maschinengewehre; einige neuere Modelle verfügten über vier.

Am späten Nachmittag des ersten Kriegstages begannen die polnischen Jäger in den Kampf einzugreifen. Wenige Minuten nach 17.30 Uhr erschienen 90 He 111 des Kampfgeschwaders 27 über Warschau; 36 Zerstörer vom Typ Me 110 flogen Begleitschutz. Sie waren bald in einen Luftkampf mit 30 P 11 verwickelt und schossen fünf polnische Jäger ab. Aber am zweiten Kriegstag errangen die beweglicheren polnischen Maschinen ihren ersten Erfolg gegen die schwerfälligeren Me 110. In einem Luftkampf über Lodz schoß eine zahlenmäßig unterlegene P 11-Einheit bei zwei eigenen Verlusten drei Zerstörer ab. Zwei Tage darauf stießen die polnischen Jäger erstmals auf eine Staffel der überlegenen Me 109 und wurden buchstäblich vom Himmel gefegt; die deutschen Jäger schossen elf P 11 ab. Die polnischen Flieger, die diese Kämpfe überlebten, mußten bei ihrer Rückkehr immer häufiger feststellen, daß ihre Flugplätze in der Zwischenzeit von deutschen Kampfflugzeugen zerstört worden waren.

Nach den ersten 48 Stunden hatte die systematische Zerstörung der Nachrichten- und Nachschublinien durch die deutsche Luftwaffe bereits jeden organisierten Widerstand unmöglich gemacht. Die Fernsprech- und Fernschreibverbindungen waren unterbrochen, Ersatzteile waren nicht mehr verfügbar, und die Einsätze gegen angreifende Flugzeuge wurden immer spärlicher.

Am 3. September, als die deutschen Armeen bereits in die Tiefe des polnischen Raumes vorgedrungen waren, erklärten Frankreich und Großbritannien Deutschland den Krieg. Nun durfte Marschall Rydz-Smigly damit rechnen, daß die Alliierten schnell und hart gegen den gemeinsamen Feind losschlagen würden, um seine Streitkräfte zu entlasten. Noch schien Polen nicht verloren...

Im englischen Unterhaus wurde lange und gründlich darüber debattiert, in welcher Form die R.A.F. angreifen sollte. Im Verlaufe der Debatte wurde der skurrile Vorschlag gemacht, den Schwarzwald mit Brandbomben zu belegen. Nicht minder skurril war die Antwort des Luftfahrtministers, Kingsley Wood, der den Vorschlag mit dem Bemerken ablehnte, der Schwarzwald gehöre nicht dem Deutschen Reich, sondern privaten Bürgern, und hinzufügte: »Da könnten wir ja gleich Essen angreifen!« Statt dessen starteten am frühen Nachmittag des 4. September zehn zweimotorige Bristol-Blenheim der 107. und der 110. Bomberstaffel und flogen bei denkbar schlechter Sicht in weniger als 100 Meter Höhe über die Nordsee nach Wilhelmshaven, wo sie deutsche Kriegsschiffe vor der Schillig-Reede angriffen.

Das Taschen-Schlachtschiff »Admiral Scheer« wurde dreimal getroffen, aber die Bomben prallten am Panzerdeck ab. Fünf Bomber wurden von der Flak abgeschossen; einer von ihnen stürzte brennend auf den leichten Kreuzer »Emden«. Vierzehn Vickers-Wellington der 9. und der 194. Staffel waren bis Brunsbüttel vorgestoßen, aber die Sicht war so schlecht und das Flakfeuer so stark, daß die »Scharnhorst« und die »Gneisenau«, die dort vor Anker lagen, keine Treffer abbekamen. Dafür wurde eine Wellington von der Flak und eine weitere von Jägern des J. G. 77 abgeschossen, die in Nordholz gestartet waren. Außer diesen erfolglosen und verlustreichen Angriffen gegen die deutsche Flotte hatte die R.A.F. noch Kampfflugzeuge über Hamburg, Bremen und das Ruhrgebiet entsandt, aber sie warfen keine Bomben, sondern Flugblätter ab. Das war die Unterstützung Großbritanniens für seinen polnischen Verbündeten, der ums Überleben kämpfte.

Der Oberkommandierende der französischen Armee, General Maurice Gamelin, hatte bereits vier Monate vor dem Ausbruch der Feindseligkeiten der polnischen Regierung versichert, er werde unmittelbar nach Kriegsbeginn die Offensive ergreifen. Aber erst am 7. September überschritten die ersten französischen Truppen die deutsche Grenze und drangen in das Saargebiet vor. Auf schmaler Front, an der nur neun der 58 aufmarschierten Divisionen eingesetzt waren, rückten die Franzosen — ohne auf Widerstand zu stoßen — zögernd vor. Bereits am 12. September wurde die »Offensive« beendet, nachdem die französischen Truppen weniger als zehn Kilometer vorgerückt waren und 20 verlassene Ortschaften besetzt hatten. Im Vorfeld des Westwalls gruben sie sich ein; ein paar Schüsse wurden gewechselt; einige Soldaten wurden das Opfer von Minen, und nach zwei Wochen zogen sich die Franzosen in die Befestigungsanlagen der Maginotlinie zurück. Kein deutscher Soldat, kein Panzer und kein Flugzeug hatte wegen dieser »Offensive« von der Front in Polen abgezogen werden müssen.

Marschall Rydz-Smigly hat Gamelin seine Haltung und seine Lügen nie verziehen. Nachdem der polnische Generalstab um Auskunft über das Fortschreiten der französischen Operationen gebeten hatte, antwortete Gamelin am 9. September: »Mehr als die Hälfte unserer aktiven Divisionen steht an der Nordostfront im Kampf... die Deutschen leisten lebhaften Widerstand... sie führen ihrer Front beachtliche Verstärkungen zu... Wir wissen, daß wir an unserer Front einen beachtlichen Teil der deutschen Luftwaffe binden.« Unerklärlich ist, wo Gamelin den Mut hernahm, diesen Bericht, versehen mit seiner eigenen Unterschrift, über den polnischen Militärattaché in Paris nach Warschau zu schicken.

Am Ende der ersten Kriegswoche war die polnische Armee nicht länger mehr eine geschlossene, kampffähige Truppe. Die deutschen Panzer- und Infanteriedivisionen hatten ihre Verbände zerschlagen. Übriggeblieben waren isolierte Kessel ohne Nachschub und Verstärkungen. Die Eisenbahnlinien waren zerstört, und die Transporte auf den Straßen brachen unter pausenlosen Tiefangriffen zusammen. Auch die einzige Krise, in die der Vormarsch des deutschen Heeres geriet, wurde durch das Eingreifen der Luftwaffe rasch beigelegt.

Die Panzerdivisionen der 10. Armee, die bis zum 8. September Warschau erreicht haben wollten, hatten in ihrem ungestümen Vordringen die Verbindung mit der weiter nördlich vormarschierenden 8. Armee, die nur aus vier Infanteriedivisionen bestand, verloren. Diese vier Divisionen waren auf einmal an der Südseite der Bzura, eines Flusses etwa 100 Kilometer westlich von Warschau, abgeschnitten.

Das war die Chance, auf die General Kutrzeba, der Befehlshaber der Armee Posen, gewartet hatte. Als die deutschen Truppen am 1. September die Grenze überschritten, hatte Kutrzeba mit seinen Infanterie- und Kavallerieverbänden den Ansturm des motorisierten Gegners erwartet. Aber die deutschen Angriffsspitzen umgingen seine Armee an beiden Flanken. So fand er vor sich keinen Gegner, den er angreifen hätte können. Kutrzeba war daraufhin, dem Donner der Geschütze folgend, nach Osten marschiert. Wielun hatte gezeigt, daß die polnischen Verbände der deutschen Luftwaffe schutzlos preisgegeben waren; Kutrzeba verbarg deshalb seine Truppen bei Tag in den Wäldern und marschierte in der Nacht. Versprengte Soldaten von

Einheiten, die bereits Feindberührung gehabt hatten, schlossen sich seiner Armee an, darunter einige Kavalleristen, deren Brigade bei einem Angriff auf deutsche Panzer vernichtet worden war. Als die Armee den Ort Kutno, etwa hundert Kilometer westlich von Warschau, erreicht hatte, war sie auf annähernd 170 000 Mann angewachsen. Kutrzeba bildete eine Angriffsspitze und verteilte seine übrigen Kräfte in dem etwa 1000 Quadratkilometer großen Gebiet zwischen Weichsel und Bzura, dessen weite Ebenen viele Seen und Wälder aufweisen. Polnische Kavallerie- und Panzerspähwagenpatrouillen stellten bald fest, daß die Nachhuten der 8. Armee jenseits der Bzura nur sehr schwach waren. Daraufhin übersetzten die Polen am 9. September mit überlegenen Kräften den Fluß. Es entspannen sich harte Kämpfe, die den ganzen Tag und die folgende Nacht andauerten. Die Kavallerie und die wenigen Panzer, die Kutrzeba zur Verfügung hatte, erzielten tiefe Einbrüche; besonders schwer wurde die 30. Infanteriedivision getroffen. Daraufhin ersuchte der Oberbefehlshaber der Heeresgruppe Süd, Generaloberst Gerd von Rundstedt, General Kesselring telefonisch um Luftunterstützung für die schwer kämpfende Truppe bei Kutno. Kesselring wußte, was er zu tun hatte: er setzte Richthofen und seine Nahkampfflieger ein.

Richthofen war ein Mann der vordersten Linie. Wann immer er sich von seinem Gefechtsstand freimachen konnte, befand er sich mit seinem Befehlswagen bei der kämpfenden Truppe oder am Steuer seines Fieseler Storch über den feindlichen Linien. Am ersten Tag des Krieges war seine Maschine bereits von der polnischen Flak schwer getroffen worden, doch der General war unverletzt geblieben. Richthofen unterstanden eine Aufklärungsstaffel, zwei Stukageschwader, eine Zerstörergruppe und eine Schlachtfliegergruppe. Wie ein Chirurg bei einer schwierigen Operation konnte er aus einem reichhaltigen Besteck jeweils jenes Instrument wählen, das er benötigte.

FEUERTAUFE IN POLEN

In Kutno setzte er die Schlachtflugzeuge vom Typ Henschel 123 ein, deren BMW-Motor von 660 PS eine Höchstgeschwindigkeit von etwas über 300 Stundenkilometern ermöglichte. Aber für die Hs 123 war weder Geschwindigkeit noch Steighöhe entscheidend; viel höher als 250 Meter flogen sie bei ihren Erdangriffen selten. Die »Eins-Zwei-Drei«, wie sie manchmal genannt wurde, verfügte über ein reichhaltiges Waffenarsenal. Zwei Maschinengewehre, die durch den Propeller feuerten; außerdem zwei Fünfzig-Kilo-Bomben oder Bombenbehälter mit 94 Zwei-Kilo-Bomben. Überdies hatte die Hs 123 unter dem Rumpf einen kleinen Benzintank, der abgeworfen werden konnte und sich beim Aufschlag entzündete. Dieses Verfahren hatte die Legion Condor mit der He 51 in Spanien entwickelt, und die Wirkung glich annähernd den Napalmbomben späterer Zeiten.

Die robuste Hs 123, die von der Lokomotivfabrik Henschel gebaut wurde, war ursprünglich als Sturzkampfflugzeug entwickelt worden und konnte mehr Flaktreffer einstecken als jeder andere Typ der Luftwaffe. Der große Sternmotor und eine Panzerplatte hinter dem Führersitz boten dem Flugzeugführer bei Tiefangriffen den höchstmöglichen Schutz. Die Henschels hatten sich ab 1937 bereits in Spanien bewährt, aber nun, im polnischen Feldzug, erzielten sie geradezu sensationelle Erfolge.

Die II. Gruppe des LG 2 war mit 36 Maschinen in den Krieg gezogen, und nach zehn Kampftagen verfügte sie noch immer über 30 einsatzbereite Flugzeuge. Richthofen warf sie alle am Morgen des 11. September gegen die Truppen Kutrzebas in den Kampf. In einer Höhe von zehn bis zwanzig Metern stürmten sie an.

Die nächsten 20 Minuten waren für Kutrzebas Soldaten, die nie zuvor einen Luftangriff erlebt hatten, ein höllischer Alptraum. Die Maschinengewehre mähten Soldaten und Pferde nieder, Hunderte Splitterbomben regneten auf sie herab, die

DIE LUFTWAFFE / KAPITEL XI

Fünfzig-Kilo-Bomben warfen Erdfontänen auf, durchschlugen die Wälder, und ihre Splitter bohrten sich in Mensch und Tier. Selbst nachdem sie ihre Bomben geworfen und ihre Munition verschossen hatten, beendeten die Hs 123 ihre Tiefangriffe nicht. Die Piloten wußten, daß bei 1800 Umdrehungen der BMW-Motoren die dreiflügeligen Luftschrauben einen unbeschreiblich ohrenbetäubenden Lärm erzeugten. Unter seinem Eindruck verloren selbst harte Soldaten die Nerven und flohen nach allen Seiten, während die Pferde schlechthin verrückt wurden. Auf die Henschel folgten Ju 87 und dann Do 17 und He 111, die von der Luftschlacht über Warschau abgezogen worden waren. Den Abschluß bildeten Tiefangriffe von Me 110-Zerstörern. Die Bedrohung der deutschen 30. Infanteriedivision war mit einem Schlag beseitigt worden; die polnischen Überlebenden der ganztägigen Angriffe aus der Luft zogen sich im Schutz der Dunkelheit über den Fluß zurück. Die Verwundeten wurden zum Großteil mit Hilfe der wenigen Fahrzeuge, die den Angriff überstanden hatten, geborgen, und die Kavalleristen zogen über das Schlachtfeld und gaben den blessierten Pferden den Gnadenschuß.

Am nächsten Tag kehrten die Schlachtflieger und mit ihnen die Schrecken des Vortags zurück. Die Armee Posen wurde auf einen etwa 30 mal 45 Kilometer großen Raum zusammengedrängt, der zu einem Schießplatz der Luftwaffe wurde. Die Polen wehrten sich mit Gewehren, Maschinengewehren und leichter Flak, schossen auch einige Flugzeuge ab, aber die von allen Seiten angreifenden Kräfte waren schlechthin überwältigend. Kein Fußbreit Erde blieb verschont. General Kutrzeba sagte darüber später: »Die heftigen Luftangriffe auf die Flußübergänge bei Wittkowitz haben, sowohl was die Zahl der eingesetzten Flugzeuge als auch die Heftigkeit der Angriffe und die geradezu akrobatische Kühnheit der Flugzeugführer betrifft, kein Beispiel. Jede Bewegung, jede Truppenansammlung, jeder

Marschweg geriet unter ein alles zermalmendes Bombardement
... Die Brücken wurden zerstört, die Furten blockiert und die
sich stauenden Kolonnen der Soldaten dezimiert... Zu dritt
fanden wir Deckung in einem kleinen Birkenwald außerhalb des
Dorfes Myszory. Dort verblieben wir, unfähig uns zu rühren,
bis gegen Mittag die Luftangriffe vorübergehend aussetzten.
Die Fortsetzung der Schlacht hätte nur ein Ausharren bedeutet.
Blieben wir an Ort und Stelle, so drohte uns allen das Grab
durch die Luftwaffe.«

Kutrzeba versuchte seine zerrütteten Truppen aus der Falle
und zugleich aus der Hölle der Luftangriffe zu führen, doch er
war nun von allen Seiten eingekreist, und zwar von der 4., der
8. und der 10. Armee, die zum Teil von der Belagerung Warschaus abgezogen worden war, um die Einkesselung der Armee
Posen zu vollenden. Am 17. und 18. September setzte die Luftwaffe ihre ganztägigen Angriffe gegen den immer kleiner werdenden Kessel fort, und danach war jeder weitere Widerstand
sinnlos. 50 000 abgekämpfte polnische Soldaten ergaben sich am
19. September, und am nächsten Tag gingen weitere 105 000 in
Gefangenschaft. Einige wenige entkamen durch die deutschen
Linien, indem sie sich bei Tag verbargen und bei Nacht marschierten.

Reichenau war von den Leistungen der Nahkampfverbände
so beeindruckt, daß er am 17. September Richthofen und den
ihm unterstellten Einheiten seinen »aufrichtigen Dank und seine
Anerkennung für die der 10. Armee während der Schlacht gewährte Unterstützung« aussprach. Reichenau lobte besonders
Wirksamkeit und Genauigkeit der Angriffe und fügte hinzu,
seiner persönlichen Überzeugung nach wäre der Erfolg ohne die
Unterstützung der Luftwaffe nicht möglich gewesen.

In den Morgenstunden des 17. September marschierten sowjetische Panzer- und Infanterieverbände in Polen ein. Ihr
schneller, wohlgeordneter Vormarsch stieß praktisch auf keiner-

lei Widerstand. Was von der polnischen Armee übriggeblieben war, kämpfte im belagerten Warschau, in Modlin, in den Kampinoska-Wäldern, 50 Kilometer nördlich der Hauptstadt, umringt von deutschen Panzerverbänden, und mit dem Rücken zum Meer in Gdingen und Danzig. Entsprechend den Wochen zuvor in Moskau getroffenen Vereinbarungen rückten die sowjetischen Truppen bis zu der Demarkationslinie vor, die sich quer durch Polen von Ostpreußen über Brest-Litowsk bis zu den Karpaten erstreckte. An dieser Linie machten sie halt und warteten ab, bis die Deutschen ihren Kampf beendet hatten; die Teilung der Beute war bereits erfolgt.

Zur systematischen Niederkämpfung des Widerstandes an der Ostsee setzte die Wehrmacht alle Waffen ein. Das Gelände war dort, mit Ausnahme einer niedrigen Bodenwelle, die sich in etwa zehn Kilometer Länge ins Landesinnere erstreckte, flach und ohne Hindernisse. Die ersten über die sandige Ebene vorgetragenen Angriffe blieben im heftigen und genauen Feuer der polnischen Gewehre und Maschinengewehre liegen. Um sinnlose Verluste zu vermeiden, setzte die 3. Armee schwere Artillerie ein, deren Feuer durch Luftbeobachter gelenkt wurde. Die Besatzung der Westerplatte, einer kleinen Insel vor Danzig, widerstand aber allen Angriffen und dem schwersten Beschuß; die Verteidiger fanden Schutz in einem großen Stahlbetonbunker, dem die deutsche Heeresartillerie nichts anhaben konnte. Daraufhin eröffnete das alte Schlachtschiff »Schleswig-Holstein«, das in der Danziger Bucht lag, das Feuer aus seinen 28-cm-Türmen. Der Beton wurde von den Granaten dieses Kalibers zwar angeschlagen, aber die Bunkerdecke blieb unversehrt. Worauf die Stukas erschienen, die in einer halben Stunde erledigten, was die Geschütze nicht vollbracht hatten. 250-Kilo-Bomben, mit bewundernswerter Genauigkeit geworfen, durchschlugen die drei Meter starke Decke und töteten alle Insassen. Die Soldaten, die im Bunker keinen Platz mehr gefunden und Deckung in den

Gräben gesucht hatten, konnten froh sein, auf diese Weise mit dem Leben davongekommen zu sein. Die Westerplatte fiel, und mit einer Geste, die an die Tradition eines vergangenen Jahrhunderts gemahnte, beließ der deutsche Befehlshaber dem polnischen Kommandanten in Anerkennung der Tapferkeit der Verteidiger die Seitenwaffe.

So verblieb schließlich Warschau, dessen Todeskampf noch immer nicht zu Ende war. In den Mauern dieser schönen alten Stadt waren Truppen in der Stärke von fast 100 000 Mann zusammengedrängt. Zivilisten, Männer, Frauen, ja selbst Kinder, halfen ihnen beim Ausheben von Gräben und beim Anlegen von Stützpunkten. Einen Tag, nachdem die Sowjets die polnische Grenze überschritten hatten, verließen die Regierung und Marschall Rydz-Smigly das Land und suchten vorübergehend in Rumänien Exil. Warschau war nun führungslos, aber es kämpfte weiter.

Der Himmel über der Stadt war niemals völlig frei von deutschen Flugzeugen. Verteidigt wurde der Luftraum über Warschau nur noch von einer improvisierten Jägereinheit, die sich Deblin-Gruppe nannte. Sie bestand aus alten P 7, einigen P 11 und einer P 24, die im Gegensatz zu den anderen Maschinen ein Kabinendach über dem Führersitz hatte. Leutnant Szczesny, einer der Fluglehrer der Fliegerschule Deblin der polnischen Luftwaffe, hatte eine der beiden vorhandenen und vorläufig noch unbewaffneten Prototypen der P 24 mit zwei Maschinengewehren ausrüsten lassen und sich der Jägereinheit angeschlossen. Der Leutnant und die Konstrukteure der Maschine konnten auf ihr Werk stolz sein; Szczesny schoß am 14. September ein deutsches Kampfflugzeug und am nächsten Tag ein weiteres ab.

Die heftigen Luftangriffe und das Artilleriefeuer, das durch schwere, von der Westfront abgezogene Geschütze verstärkt wurde, hüllten Warschau ständig in eine Rauchwolke, aus der schwach das Feuer der ausgedehnten Brände hervorleuchtete. Richthofen klagte über das »Chaos über dem Zielgebiet«, das so groß war, daß die Flugzeuge bei den Angriffen in Gefahr gerieten, zusammenzustoßen. Die Flugzeugführer waren kaum mehr in der Lage, die militärischen Ziele auszumachen; die ganze Stadt litt zunehmend unter dem ständigen Bombardement.

Göring war bereits Mitte September zu der Ansicht gelangt, daß die Lage in Polen die Rückverlegung der Luftwaffeneinheiten erlaubte. Eine Gruppe nach der anderen wurde herausgezogen und kehrte in die heimatlichen Standorte zurück, wo sich die Truppe erholen und ihre Maschinen instand setzen konnte. Für den letzten Angriff auf Warschau, den Richthofen befehligte, verblieben weniger als die Hälfte der Kampfflugzeuge, mit denen die Luftwaffe gegen Polen angetreten war. Es sollte sich zeigen, daß dies genügte.

Am Morgen des 25. September begann, in abgeschwächter Form, das ursprünglich geplante »Unternehmen Wasserkante«. Als erste erschienen Schwärme von Stukas, die, dicht gestaffelt in Höhenlagen, nacheinander zum Angriff auf Warschau ansetzten. Nachdem mehr als zweihundert Ju 87 ihre Bomben abgeworfen hatten, begann der Horizontalangriff. Aber Richthofen konnte keine Kampfflugzeuge vom Typ He 111 einsetzen, sondern Truppentransporter vom Typ Ju 52, die keine Bombenschächte hatten. Dafür waren die Türen der Maschinen entfernt, und die Bordschützen warfen mit Kohlenschaufeln Tonnen von Stabbrandbomben auf die Stadt. Angriff auf Angriff wurde so geflogen, bis Warschau ein Flammenmeer war. Polnische Flak schoß zwei Ju 52 ab, die in das von ihnen entfachte Inferno stürzten. Die Flammen in der Stadt konnten nicht bekämpft werden; die Bomben der Stukas hatten die Wasserleitungen zerschlagen, und die Straßen waren durch die Trümmer zerstörter Häuser blockiert. Warschau brannte wie ein Scheiterhaufen; am

nächtlichen Himmel waren die Flammen kilometerweit zu sehen.
Am nächsten Tag begannen die Übergabeverhandlungen, und am 27. September kapitulierte Warschau. Zugleich fiel Modlin, und die letzten Kämpfer in den Kampinoska-Wäldern ergaben sich. Ein Volk von 35 Millionen Menschen war seinen Gegnern ausgeliefert. Die Verluste der Wehrmacht waren gering: 10 761 Gefallene, darunter 189 Angehörige des fliegenden Personals der Luftwaffe. Gering war auch der Verlust an Material: 285 Flugzeuge, die zumeist bei den so erfolgreichen Tiefangriffen der polnischen Flak zum Opfer gefallen waren.

XII

BLITZKRIEG IM NORDEN

»Wer Truppen ohne Fliegerunterstützung in den Kampf schickt, beschwört Unheil herauf.«

Generalleutnant
Claude Auchinleck in Norwegen

Der Feldzug gegen Polen hatte bewiesen, daß die Luftwaffe die scharfe Schwertspitze der deutschen Wehrmacht war. Die Welt, in deren Erinnerung noch der dreijährige Bürgerkrieg in Spanien lebte und der Erste Weltkrieg, in dem Kämpfe von Monaten zu Geländegewinnen von Metern geführt hatten, wurde durch das Überrennen eines Gebietes von 388 000 tapfer verteidigten Quadratkilometern innerhalb von sechsundzwanzig Tagen in Erstaunen versetzt. Der Blitzkrieg war also keine Phrase aus dem deutschen Propagandaarsenal, sondern eine Realität, und der Luftwaffe kam das Verdienst zu, den blitzschnellen Vernichtungsfeldzug gegen den polnischen Staat und seine Armee ermöglicht zu haben.

Die Polen selbst waren die ersten, die bereit waren, ihre Hilflosigkeit gegenüber der deutschen Luftüberlegenheit zuzugeben. Einer ihrer Kombattanten, Witold Urbanowicz, Flugzeugführer in einer Jagdfliegerbrigade, hat die herzzerreißende Hoffnungslosigkeit des Kampfes der polnischen Luftwaffe geschildert:

»Der Himmel war voll von deutschen Flugzeugen. Oberst Pamula schoß zwei Bomber ab, dann hatte er keine Munition mehr und wurde von zwei Me 109 angegriffen. Er steuerte auf einen der Gegner zu und sprang Sekunden vor dem tödlichen Zusammenstoß mit dem Fallschirm ab. Am ersten Tag wurden zehn Maschinen der Brigade abgeschossen und vierundzwanzig so schwer beschädigt, daß sie außer Gefecht gesetzt waren. Mechaniker und Flugzeugführer arbeiteten die ganze Nacht hindurch gemeinsam an den zerschossenen P 7 ... Am 8. September verfügte die Brigade nur mehr über sechzehn Maschinen, und angesichts der vorrückenden deutschen Panzer mußten wir unsere Flugplätze immer weiter nach hinten verlegen. Wir flogen, obwohl wir kaum zum Schlafen kamen und keine Verpflegung hatten. Die Treibstoffversorgung war so schlecht, daß wir mit Luftpatrouillen nach Tankwagen auf den Eisenbahnstrecken suchten. Wenn wir festgestellt hatten, daß sie tatsächlich Treibstoff enthielten, holten wir ihn in Fässern mit Lastwagen auf unsere Flugplätze. Aber das Chaos auf den Straßen, die ständig unter Luftangriffen lagen, war so groß, daß die Lastwagen meist zu spät kamen.«

Frankreich hatte es im Hinblick darauf, daß es der nächste unmittelbare Gegner Deutschlands sein würde, nicht versäumt, geschulte Beobachter nach Polen zu entsenden, um die Angriffsmethoden der deutschen Luftwaffe an Ort und Stelle zu studieren. General A. Armengaud von der »Armeé de l'Air« erstattete nach seiner Rückkehr in die französische Hauptstadt einen ausführlichen Bericht, in dem er den Einsatz von Flugzeugen und Panzern zum Durchbrechen der Front und zur anschließenden Einkesselung von Truppen ausführlich beschrieb. Armengaud stellte fest, daß die Rolle der Luftwaffe bei der Niederkämpfung Polens von »größter Bedeutung« gewesen sei; sie habe den Gegner seiner Bewegungsfähigkeit und die Führung »der Übersicht und der Möglichkeit der Befehlsübermittlung« beraubt. Die Hinweise des Generals auf die großen Erfolge der Luftwaffe fanden eine Ergänzung in den Berichten des »Deuxième Bureau«, des französischen Nachrichtendienstes, in denen festgestellt wurde, daß die Luftangriffe »zu einer fast völligen Lahmlegung des polnischen Oberkommandos führten, das nicht in der Lage war, die Mobilisierung zu vollenden, Truppen zu konzentrieren, Verstärkung und Nachschub heranzuführen oder überhaupt koordinierte Maßnahmen irgendwelcher Art zu ergreifen«. Wie ernst das französische Oberkommando die drastischen Hinweise auf die Auswirkungen der Luftüberlegenheit auf große Landschlachten, ja auf den Ausgang des Kriegsgeschehens überhaupt nahm, wird sich noch zeigen.

Reichspropagandaminister Dr. Joseph Goebbels dagegen ließ sich die Gelegenheit nicht entgehen, die Erfolge der Wehrmacht und die Bedeutung der Luftwaffe gebührend auszuschlachten. Frontberichterstatter hatten aus dem Feldzug in Polen Filmstreifen in der Gesamtlänge von mehreren tausend Metern heimgebracht. Kameramänner waren in den Heinkel-, Junkers- und Dorniermaschinen mitgeflogen und hatten die unentwegten Angriffe auf polnische Ziele mit erschreckender Klarheit festgehalten. Regisseure, Tontechniker und Graphiker schufen aus diesem Material den ersten abendfüllenden Dokumentarfilm seiner Art; ein Epos der Zerstörung, das die Zuschauer in Erstaunen, wenn nicht in Entsetzen versetzen sollte. Der Film zeigte systematische Bombenangriffe auf polnische Truppen und Stellungen und als Höhepunkt die Bombardierung Warschaus. »Feuertaufe« — so hieß der Streifen — wurde im Winter 1939/40 in Berlin, Rom, Oslo, Bukarest, Belgrad, Ankara und Sofia gezeigt.

In England erwartete die Bevölkerung den Ansturm aus der Luft. Die Regierung hatte damit gerechnet, daß die ersten Angriffe auf London etwa zwei Monate dauern und 600 000 Tote und eine Million Verwundete fordern würden. In makabrer Vorsorge hatte das Kriegskabinett Tausende von billigen Särgen aus Papiermaché herstellen lassen, die überall in der Stadt an geheimgehaltenen Stellen gelagert wurden, um im Ernstfall zur Verfügung zu stehen. Aber die Bomber kamen nicht, und der

Groll der Londoner wandte sich bald von Göring ab und den Unannehmlichkeiten der Lebensmittelrationierung und der Verdunkelung zu.

Die Engländer, die das Potential der Luftwaffe überschätzten und von deren Leistungen in Polen verständlicherweise tief beeindruckt waren, konnten sich nicht erklären, warum keine deutschen Flugzeuge am Himmel Englands erschienen. Die Generäle der Luftwaffe wußten, warum: Ihr oberster Befehlshaber, Adolf Hitler, hatte, genau wie 25 Jahre vorher der Kaiser, Luftangriffe gegen englische Städte und Häfen zunächst einmal verboten. Bereits am 31. August 1939 hatte die »Führerweisung Nr. 1« für die Kriegführung angeordnet, daß die Hauptaufgabe der Luftwaffe die Abwehr englischer und französischer Luftangriffe gegen das deutsche Reichsgebiet sei. »Bei der Kampfführung gegen England ist der Einsatz der Luftwaffe zur Störung der englischen Seezufuhr, der Rüstungsindustrie, der Truppentransporte nach Frankreich vorzubereiten. Günstige Gelegenheit zu einem wirkungsvollen Angriff gegen massierte englische Flotteneinheiten, insbesondere gegen Schlachtschiffe und Flugzeugträger, ist auszunutzen«, hatte der Führer befohlen und hinzugefügt: »Angriffe gegen London bleiben meiner Entscheidung vorbehalten.«

Bereits drei Tage danach, am 3. September, erging die »Führerweisung Nr. 2«, die Angriffe der Luftwaffe auf englische Seestreitkräfte in Häfen, im Ärmelkanal und auf freier See nur für den Fall gestattete, daß »englische Angriffsmaßnahmen zur Luft gegen gleiche Ziele erfolgt sind und besonders günstige Erfolgsaussichten vorliegen«.

Was Frankreich betraf, so bestimmte Hitler, daß »Angriffshandlungen nur nach Eröffnung entsprechender französischer Angriffe gegen deutsches Gebiet freizugeben« sind. »Als Richtlinie gilt hierbei«, erklärte der Führer, »die Eröffnung des Luftkrieges nicht durch die deutschen Maßnahmen hervorzurufen.«

Am 9. September verwies Hitler auf die »zaghafte Eröffnung der Feindseligkeiten durch England zur See und in der Luft, durch Frankreich zu Lande und in der Luft« und rief der Luftwaffe in seiner »Führerweisung Nr. 3« ins Gedächtnis, daß die persönliche Zustimmung des Führers für alle Flüge jenseits der deutschen Westgrenze eingeholt werden müsse. An dem Tag, an dem das brennende Warschau zur Kapitulation gezwungen war, beging das britische Luftfahrtministerium die Geschmacklosigkeit, bekanntzugeben, daß die R.A.F. seit Kriegsbeginn 18 Millionen Flugblätter über deutschem Gebiet abgeworfen habe. Diese Flut nutzlosen Papiers konnte schwerlich als Provokation bezeichnet werden, und so legte die neueste Führerweisung vom 30. September der Luftwaffe neuerlich Zurückhaltung auf; lediglich taktische Nahaufklärung jenseits der deutschen Grenze über französischem Gebiet war erlaubt. Die strategische Fernaufklärung über der Britischen Insel brauchte nicht erwähnt zu werden, denn sie wurde zunächst nicht benötigt. Von 1937 bis zum Sommer 1939 hatte eine Spezialeinheit unter dem Befehl von Oberstleutnant Theodor Rowehl intensive Fotoflüge über England durchgeführt. Sie benutzte Verkehrsmaschinen vom Typ He 111, die unter größter Geheimhaltung mit einer Spezialausrüstung versehen worden waren und offiziell zur Streckenerprobung eingesetzt wurden. Solche Flüge fanden auch über Frankreich und Teilen von Rußland statt.

Die Frage, ob Deutschland eine größere Luftoffensive gegen Frankreich oder Großbritannien unternehmen solle, war zunächst ohnehin akademischer Natur. Der verschwenderische Verbrauch von 50- und 250-Kilo-Bomben in Polen hatte fast die Hälfte des Bestandes der Luftwaffe aufgezehrt, und erst gegen Ende des Feldzuges war es Milch gelungen, bei Hitler und Göring die vorrangige Auffüllung des Fehlbestandes durchzusetzen. Außer den Totalverlusten durch Feindeinwirkung hatte die Luftwaffe 279 Maschinen mit Beschädigungen aller Art abzuschreiben; insgesamt machten die Ausfälle fast zwölf Prozent der Flugzeuge erster Linie aus. Dabei mußte Jeschonnek, wenn er Udets Fertigungsziffern betrachtete, zu dem Schluß gelangen, daß die Flugzeugproduktion noch immer im gemächlichen Friedenstempo vor sich ging. Unter Udet erzeugte die Flugzeugindustrie monatlich lediglich sechshundert Flugzeuge; davon waren 185 Bomber, 125 Jäger, 40 Aufklärer und 30 Schlachtflugzeuge. Beim Rest handelte es sich um Schulflugzeuge, Transporter, Seeflugzeuge und Kuriermaschinen, die nicht unmittelbar für den Fronteinsatz in Frage kamen.

Die Rückstände in der Flugzeugproduktion waren typisch für die sorglose Stimmung, die im Führerhauptquartier herrschte. Es war ein Optimismus, der durch den triumphalen Erfolg in Polen ebenso genährt wurde wie durch die schwächliche Reaktion Großbritanniens und Frankreichs. Die Vorstellung, daß der Endkampf gegen die französisch-englische Allianz kurz und entscheidend sein werde, begann sich auszubreiten und verdrängte jeden Ansatz zu langfristiger Planung. General Walter Warlimont, der stellvertretende Chef des Führungsstabes des OKW, schrieb dazu: »Angesichts des erfolgreichen Feldzuges in Polen weigerte sich Hitler, die Mobilmachung im vollen Sinne des Wortes zu befehlen; später wurde eine teilweise Mobilisierung angeordnet, aber die Wirtschaft wurde ausdrücklich ausgenommen. Der Vorgang der ›schrittweisen Herstellung erhöhter militärischer Bereitschaft‹, wie er genannt wurde, in Vorbereitung des ›besonderen Einsatzes der Wehrmacht‹ brachte nichts als Verwirrung, wie ich aus persönlicher Erfahrung bezeugen kann — eine Tragödie, die ich nie vergessen werde.«

»Um es kurz zu machen«, fuhr Warlimont fort, »keine der sorgfältig erdachten Maßnahmen, die Rüstungsindustrie durch Erhaltung ihrer Facharbeiter zu schützen, wurde verwirklicht. Erst bis es nicht länger möglich war, zu übersehen, daß es der Westen ernst meinte, wurden Versuche unternommen, den Schaden wiederzugutmachen. Dann allerdings ging es nicht mehr darum, bestimmte Bestimmungen der Mobilmachungspläne in Kraft zu setzen. Es mußte vielmehr jeder einzelne Facharbeiter von der Front zurückgeholt werden — vorausgesetzt natürlich, daß er noch am Leben war.«

Wenn es für Udet inmitten seiner Probleme einen Lichtblick gab, dann war es die Tatsache, daß nach Jahren fruchtloser Verzögerungen der »Wunderbomber« Ju 88 endlich einsatzbereit war. Mehr noch: Göring hatte Udet bereits 1938 die Verantwortung für die Massenfertigung des Bombers abgenommen und sie — zugleich mit Sondervollmachten — dem energischen Doktor Heinrich Koppenberg, dem Generaldirektor der Junkers-Werke, übertragen. Koppenberg ging sofort daran, Techniker von Heinkel, Messerschmitt, Dornier und Arado abzuziehen, Rohmaterialien, an denen Mangel bestand, zu requirieren und Aufträge für Teilfertigungen an andere Firmen zu vergeben. Selbstverständlich rief dieses Vorgehen Koppenbergs überall Unwillen hervor, aber die Produktion der Ju 88 hatte Vorrang, und deshalb wurde er von der Luftwaffenführung gedeckt.

Am 16. Oktober 1939 flogen Teile der I. Gruppe des Kampfgeschwaders 30 einen Angriff gegen britische Flotteneinheiten, also gegen Ziele, die Hitler freigegeben hatte. Die Ju 88 standen unter dem Befehl von Hauptmann Pohle, der als erfahrener Testpilot den Wunderbomber bereits im Erprobungszentrum Rechlin geflogen hatte. Zwölf Maschinen starteten um elf Uhr vormittag von ihrem Horst auf der Insel Sylt. Ihr Ziel war der vor Edinburgh gelegene Firth of Forth, rund 700 Kilometer entfernt und somit gerade noch innerhalb der Reichweite der Ju 88. Hauptangriffsziel sollte der Schlachtkreuzer »Hood«, das größte Kriegsschiff der Welt, sein. Als sich die Bomber über dem Zielgebiet befanden, entdeckten sie, daß die »Hood« den Firth of Forth verlassen hatte und sich den Docks im Edinburgher Hafenbecken näherte. Das bedeutete, daß sie gemäß den Weisungen

DIE LUFTWAFFE / KAPITEL XII

Hitlers nicht mehr angegriffen werden durfte. Pohle überquerte daraufhin mit seiner Formation den Firth of Forth, um den Marinestützpunkt Rosyth am gegenüberliegenden Ufer anzugreifen. Er wählte sich das größte Schiff als Ziel, stellte die Maschine auf den Kopf und stürzte durch das Abwehrfeuer der Schiffsartillerie 3000 Meter, ehe er seine 500-Kilo-Bombe auslöste. Sie traf den Kreuzer »Southampton« mittschiffs und durchschlug, ohne zu explodieren, das Hauptdeck, zwei weitere Decks und die Steuerbordseite, zerschmetterte eine dort vertäute Admiralsbarkasse und fiel schließlich, ohne weiteren Schaden anzurichten, auf den Meeresgrund. Pohle wurde von drei, mit je acht Maschinengewehren bewaffneten Supermarine-Spitfires der 602. Staffel angegriffen, deren Devise lautete: »Hüte dich vor dem erzürnten Löwen.« Pohle versuchte zu entkommen, aber die Spitfires waren um fast 150 km/h schneller — und schossen die Ju 88 ab. Als einziger Überlebender seiner Besatzung wurde Pohle von Fischern bewußtlos aus dem Wasser gezogen. Die anderen Ju 88 beschädigten den Kreuzer »Edinburgh« und den Zerstörer »Mohawk«, aber Jäger der 603. Staffel und Flak schossen noch ein deutsches Flugzeug ab.

Am darauffolgenden Tag, dem 17. Oktober, flogen vier Ju 88 des KG 30 weit hinauf in den Norden nach Scapa Flow. Bis auf das alte Depotschiff »Iron Duke« war die riesige Flottenbasis aber leer. Das Depotschiff wurde durch Nahtreffer so schwer beschädigt, daß es nach dem Abflug der Bomber auf Strand gesetzt werden mußte. Die Besatzungen der Ju 88, die mehrere Flaktreffer erhalten hatten, meldeten nach ihrer Rückkehr, daß die britische Flotte verschwunden sei. Tatsächlich waren längst alle großen Schiffe an die Westküste Schottlands verlegt und somit vor der Luftwaffe in Sicherheit gebracht worden.

Die R.A.F., die so wie die deutschen Luftstreitkräfte den Befehl hatte, nur militärische Ziele anzugreifen, unternahm Ende September einen Flug über die Nordsee. Elf zweimotorige

Bomber vom Typ Handley-Page-Hampden entdeckten in der Nähe von Helgoland, 55 Kilometer vor der deutschen Küste, zwei Zerstörer. Ehe sie jedoch zum Zielflug ansetzen konnten, wurden sie von einem Schwarm von Me-109-Jägern, der aus der Sonne kam, angegriffen. Die Bomberformation, die ohne Begleitschutz flog, verlor fünf Maschinen.

Am 3. Dezember war das Seegebiet um Helgoland das Angriffsziel von 24 zweimotorigen Vickers-Wellington-Bombern. Dank einer sehr starken Wolkendecke in 2500 Meter Höhe gelang es ihnen, den angreifenden deutschen Jägern zu entkommen und unbeschädigt heimzukehren; allerdings hatten sie lediglich ein kleines Minenräumboot durch einen Blindgänger versenkt. Die R.A.F. war damals noch der Meinung, daß geschlossener Formationsflug und entsprechend geschlossenes Abwehrfeuer Bomberangriffe auch ohne Begleitschutz ermöglichten. So flogen am 14. Dezember zwölf Wellingtons der 99. Staffel bei schlechtem Wetter über die Nordsee, um Schiffsziele vor der Schillig Reede anzugreifen. Die niedrige Wolkendecke zwang sie, auf dreihundert Meter herunterzugehen, wo sie von einem Feuerhagel der Flakartillerie empfangen wurden. Messerschmitt-Jäger schossen fünf Bomber zum Teil brennend ab; eine weitere Wellington stürzte auf dem Rückflug nach England ins Meer. Die Hälfte der Angreifer war vernichtet worden, während die Luftwaffe nur einen Jäger verlor, der in das Feuer eines der mit zwei Maschinengewehren bestückten Hecktürme der Wellingtons geraten war. Das Bomberkommando der R.A.F. gewann unverständlicherweise den Eindruck, die Verluste seien auf die Flakabwehr zurückzuführen, und hielt dementsprechend an der Theorie fest, daß Formationsflug ausreichenden Schutz gegen Jäger biete. Nur die Flugzeugführer des JG 1 und die abgeschossenen britischen Besatzungen hätten dem Bomberkommando sagen können, wie irrig diese Theorie war.

Die Kämpfe über der Bucht von Helgoland hatten den deutschen Jägern gezeigt, wie sie die Wellingtons ohne eigenes Risiko abschießen konnten. Die Bomber hatten je einen mit zwei Maschinengewehren bestückten Turm in der Rumpfnase, im Heck und an der Rumpfunterseite. Aber es gab keinen Turm an der Rumpfoberseite, und der tote Winkel der übrigen Türme erlaubte ungehinderte Angriffe von der Seite. Diese Erfahrungen wurden ausgewertet und allen Jagdfliegereinheiten übermittelt. Als am 18. Dezember der nächste große Angriff von Wellingtons stattfand, waren die Piloten der Me 109 und Me 110 entsprechend vorbereitet.

Vierundzwanzig Bomber waren in England gestartet, um bei kaltem, klarem und sonnigem Wetter Wilhelmshaven anzugreifen. Zwei Maschinen hatten bald nach dem Start Motorschaden und kehrten um. Die anderen schlossen auf und flogen in dichter Formation über die Nordsee. Die Sicht war gut, vielleicht zu gut, dachten die Bordschützen, die — steif vor Kälte — in ihren MG-Türmen Ausschau nach den deutschen Jägern hielten. Um 13 Uhr 50 erfaßte die Meldestation der Marine auf Helgoland die Formation. Die Anflugmeldung wurde an das JG 1 und die ihm unterstellten Verbände weitergegeben, deren annähernd 80 Me 109 und Me 110 auf Flugplätzen der friesischen Inseln, entlang der Küste, stationiert waren. Die Wellingtons, die eine Geschwindigkeit von 350 km/h hatten, waren über Wilhelmshaven, bevor sie abgefangen werden konnten, stellten jedoch fest, daß alle Schiffe im Hafen und in den Docks lagen, so daß sie nicht angegriffen werden konnten, weil die Gefahr von Treffern auf nichtmilitärische Ziele bestand. Dementsprechend drehten die Bomber ab und machten sich auf den Heimweg.

Was dann kam, kann nur als Massaker bezeichnet werden. Scharen von Jägern, die aus Maschinengewehren und Kanonen feuerten, fielen über die Bomber her, die am wolkenlosen Himmel nirgends Deckung fanden und unentwegt in Formation weiterflogen. Die Jäger waren einander fast im Wege, als sie von oben und von der Seite kommend mit Geschwindigkeiten von über 500 km/h Angriff auf Angriff flogen, während die Bordschützen vergeblich ihre Türme so weit wie möglich schwenkten. Da die Wellingtons keine Tanks hatten, die sich bei Einschüssen von selbst verschlossen, brannten sie sehr leicht, und so fiel eine nach der anderen lodernd ins Meer.

In einem Luftkampf von weniger als einer halben Stunde wurden zehn Maschinen abgeschossen, zwei weitere gingen mit rauchenden Motoren auf See nieder. Von den sechs Maschinen der 37. Staffel kam nur eine heim. Die deutschen Piloten stellten fest, daß die englischen Bordschützen, wenn sie ihre Maschinengewehre einsetzen konnten, sehr gut trafen: Zwei Me 109 wurden abgeschossen und mehrere Me 110 schwer beschädigt.

Major Schumacher, der Kommodore des JG 1, der voll des Lobes für die Tapferkeit der britischen Besatzungen war, hatte sich aber auch seine Meinung über Strategie des Bomberkommandos gebildet. »Es war ein verbrecherischer Leichtsinn des Gegners«, berichtete Schumacher, »in 4000 bis 5000 Meter Höhe bei wolkenlosem Himmel und perfekter Sicht zu fliegen... Nach derartigen Verlusten muß angenommen werden, daß der Gegner in Hinkunft unseren Geschwadern keine Gelegenheit mehr zu Übungsschießen auf Wellingtons geben wird.« Das Bomberkommando war der gleichen Ansicht; nachdem die Bomber reichlich spät mit selbstschließenden Tanks, die aus Frankreich stammten, ausgerüstet worden waren, wurden sie nur mehr zu Nachtangriffen eingesetzt.

Zwei Wochen nach dem großen Erfolg der Wehrmacht im Osten hatte Adolf Hitler die Vorbereitung des Angriffs im Westen befohlen. Das neutrale Belgien, Holland und Luxemburg sollten angegriffen werden, um »möglichst starke Teile des französischen Operationsheeres und die an seiner Seite fechtenden Verbündeten zu schlagen, und gleichzeitig möglichst viel holländischen, belgischen und nordfranzösischen Raum als Basis für eine aussichtsreiche Luft- und Seekriegsführung gegen England und als weites Vorfeld des lebenswichtigen Ruhrgebietes zu gewinnen«. Als Tag X für den »Fall Gelb« wurde vom Führer der 25. November bestimmt; es waren also sechs Wochen Zeit. Die Befehlshaber der drei Wehrmachtsteile, Generaloberst von Brauchitsch, Großadmiral Raeder und Generalfeldmarschall Göring, waren entsetzt. Das Wetter war selbst für einen Herbst in Westeuropa ausgesprochen schlecht; es herrschte Mangel an Infanteriemunition; die Luftwaffe hatte noch immer nicht genügend Bomben, und die französische Armee durfte trotz ihrer zögernden Haltung während der »Saaroffensive« nicht zu gering eingeschätzt werden. Hitler war aber, ausgenommen die Hinweise auf das schlechte Wetter, allen Einwänden gegenüber taub. Am 18. Oktober befahl er, daß deutsche Jäger in Hinkunft als Begleitschutz für Aufklärer französisches Gebiet überfliegen durften. Am 22. Oktober ordnete er die Vorverlegung des Tages X auf den 12. November an. Aber der November brachte einen bleigrauen Himmel, aus dem sich Ströme von Regen und Schneeregen auf die künftigen Schlachtfelder ergossen. Der Angriff wurde verschoben und verschoben, bis es schließlich 29 Verschiebungen gab.

Die Aufklärer der Luftwaffe befanden sich fast ununterbrochen im Alarmzustand; nicht weil sie feindliche Angriffe erwarteten, sondern weil sie auf Wetterbesserung hofften. Im Zeichen des bevorstehenden Angriffs der Heeresverbände wurden ihre Meldungen über die Belegung der Flugplätze und die Truppenkonzentrationen des Gegners dringend benötigt.

Am 24. November, einem der wenigen Tage mit gutem Flugwetter, startete in den frühen Morgenstunden eine Do 17 von einem Flugplatz bei Ramstein zu einem Aufklärungsflug in das Gebiet von Metz—Verdun. Die Dornier hatte drei Mann Besatzung unter dem Befehl von Stabsfeldwebel Arno Frankenberger, der in den Aufbaujahren der Luftwaffe Segelfluglehrer gewesen war und mehr als tausend Flugstunden auf Motorflugzeugen hinter sich hatte. Frankenberger hatte sich für diesen Fernaufklärungsflug freiwillig gemeldet, obwohl die Anwesenheit von vier Hawker Hurricane-Staffeln der R.A.F. in Frankreich diese Flüge in zunehmendem Maße gefährlich machte.

Die Dornier befand sich 30 Kilometer nördlich von Verdun, als drei Hurricanes der 73. Staffel aus der Sonne herabstießen und sich hinter die deutsche Maschine setzten. Frankenberger schob den Gashebel nach vorne und begann mit Ausweichmanövern, aber die Dornier erbebte unter dem Geschoßhagel aus den vierundzwanzig Maschinengewehren der drei britischen Jäger. Es klang, als ob Kieselsteine auf ein Blechdach fielen. Der Heckschütze erwiderte das Feuer mit seinem Maschinengewehr, und der beißende Geruch von Pulver erfüllte die Maschine. Schließlich begann ein Motor zu brennen, und Frankenberger befahl den beiden Besatzungsmitgliedern abzuspringen. Nachdem er allein zurückgeblieben war, schaltete er die automatische Steuerung ein, verließ seinen Sitz und kroch in die Bugkanzel, wo er das Maschinengewehr des Bordschützen in Flugrichtung fixierte. Dann begab er sich zu seinem Führersitz zurück und wartete. Wie er vorausgesehen hatte, schob sich einer der britischen Piloten mit seiner Hurricane an der brennenden Maschine entlang. Frankenberger beugte sich über die Steuersäule, als sei er schwer verwundet. Die Dornier neigte sich leicht nach unten, und der Pilot der Hurricane, »Pussy« Palmer, gewann den Eindruck, daß die deutsche Maschine und ihr Kommandant erledigt seien.

Der Eindruck war falsch. Frankenberger richtete sich auf und nahm, als der Jäger an der Dornier vorbeigeflogen war, Gas weg. Dann drückte er auf den Auslöseknopf des Bug-MG und feuerte eine Garbe in die Hurricane, die sich nun direkt vor ihm befand. Palmer drehte ab und begann zu stürzen. Frankenberger hatte gut getroffen. Kühlsystem und Hydraulik der Hurricane waren zerschossen, das Kabinendach zersplitterte, und Palmer mußte in einem nahe gelegenen Feld notlanden.

Die beiden anderen Hurricanes feuerten inzwischen unentwegt auf die Dornier, und Frankenberger wunderte sich, daß er noch am Leben war. Auch der andere Motor begann nun zu brennen, doch Frankenberger gab nicht auf. Er machte eine Notlandung, kletterte aus der Maschine und winkte den beiden Hurricanes zu, die über ihm kreisten.

»Wir alle bewunderten den Mut des Deutschen«, sagte Flying Officer Paul Richey, einer der drei britischen Flugzeugführer. Am Abend gaben die Piloten der Hurricane-Staffel Frankenberger in ihrer Messe ein Fest in der ritterlichen Tradition des Ersten Weltkriegs. Der deutsche Pilot war jedenfalls sehr erstaunt, als er sich vor einem lodernden Kaminfeuer fand und immer wieder aufgefordert wurde, einen großen, mit dem Staffelabzeichen seiner Gegner geschmückten Silberbecher zu leeren. Die R.A.F.-Piloten bewunderten gebührend die Fotos seiner Frau und seines Babys und äußerten sich voll Anerkennung über seine Fliegerkombination und seine Pelzstiefel. Als Frankenberger beim Abendessen — vom Geschehen der letzten Stunden überwältigt — zusammenbrach, bewahrten seine Gastgeber taktvolles Schweigen. Am nächsten Tag wurde der Gefangene in die Zitadelle von Verdun gebracht. Er umarmte seine Gastgeber, die, unter den Nachwirkungen des Alkohols stehend, diese Gefühlsregung gelassen hinnahmen. Frankenberger trug einen R.A.F.-Mantel und einen Pullover, den ihm seine Gegner aufgedrängt hatten, als er den Marsch in die Gefangenschaft antrat. Es schneite in dicken Flocken ...

Die Ausbildungseinheiten der Luftwaffe ahnten, daß ein größeres Unternehmen bevorstand, als die Befehlshaber der Luftflotten im Verlaufe des Winters darangingen, die besten Fluglehrer vom Schulbetrieb abzuziehen. Gesucht wurden vor allem

Blindflugexperten und Navigatoren für Langstreckenflüge. Da es nur wenige solcher Spezialisten gab, waren die Schulen ungern bereit, sie abzugeben. Zugleich mit den Lehrern wurden zahlreiche Ju 52 aus dem Schulbetrieb abgezogen. Sollte der oft verschobene Angriff im Westen nun, da Europa den kältesten Winter seit 1895 verzeichnete, endlich beginnen? Jene Phase, die von den Deutschen »Sitzkrieg«, von den Franzosen »Drôle de Guerre« und von den Engländern »Phoney War« genannt wurde, ging offensichtlich zu Ende, aber nur die oberste Führung wußte, was ihr folgen sollte, und kaum jemand dachte daran, daß sich Hitler nicht gegen Westen, sondern gegen Norden, nach Skandinavien, wenden würde.

Deutschland bezog aus dem neutralen Schweden jährlich elf Millionen Tonnen hochwertiges Eisenerz. Die Erzgruben befanden sich in Gällivare, nördlich des Polarkreises. Während der Wintermonate, in denen der Finnische Meerbusen zugefroren war, wurde das schwedische Erz per Bahn zum nahe gelegenen norwegischen Hafen Narvik verfrachtet und von dort nach Deutschland gebracht. Der mehr als 2000 Kilometer lange Seeweg nach Hamburg führte durch die norwegischen Küstengewässer, die unter dem Einfluß des warmen Golfstromes auch im Winter eisfrei blieben. Bereits am 19. September 1939 hatte Winston Churchill, damals noch Erster Lord der Admiralität, in einer Denkschrift die Verminung der norwegischen Territorialgewässer verlangt. In diesem Memorandum, dem zehn Tage später eine zweite Denkschrift folgte, hatte Churchill auch die britische Haltung gegenüber Schweden definiert.

»Die Deutschen behandeln die Schweden mit Drohungen«, schrieb er. »Unsere Seemacht gibt uns eine starke Waffe in die Hand, die wir, wenn es sein muß, nützen können, um Schweden auf Rationen zu setzen.« Mit anderen Worten: Churchill erwog die Benützung neutraler Gewässer und betrachtete die Royal Navy als eine Art von Damoklesschwert, das über den Häuptern der Schweden schweben sollte, denn der Ausdruck Rationen war nur ein Euphemismus für den Begriff Blockade.

Als die Sowjetunion am 30. November 1939 ihren kleinen Nachbarn Finnland angriff, verfolgte die Welt voll Anteilnahme den heroischen und erfolgreichen Widerstand Davids gegen Goliath. In London kündigte Kermit Roosevelt die Bildung einer Internationalen Brigade nach dem Vorbild des Spanischen Bürgerkrieges, aber ohne politische Kommissare, an; in New York schrieb Robert Sherwood unter dem Eindruck des Geschehens in Finnland das Stück »There shall be no night«; in Washington geißelte Präsident Roosevelt die »Vergewaltigung Finnlands«; in Paris ordnete Premierminister Edouard Daladier die Schließung der sowjetischen Handelsmission an; in Rom demonstrierte die Menge vor der sowjetischen Botschaft, der Heilige Vater betete für die Beendigung des Krieges, und Benito Mussolini schrieb Hitler einen Brief, in dem er vor allzu freundlichen Beziehungen mit der Sowjetunion warnte. Außerdem berief der Duce den italienischen Botschafter aus Moskau ab und duldete die Aufstellung einer Einheit italienischer Freiwilliger, die für Finnland kämpfen wollten. In Stockholm fanden sich Piloten der schwedischen Luftwaffe zusammen und bildeten eine Jagdstaffel von Freiwilligen; desgleichen kamen zahlreiche Norweger nach Finnland und boten ihre Hilfe an.

Aber auch für Churchill war der finnisch-russische Krieg eine Gelegenheit, die er nicht missen wollte. Er erwirkte vom britischen Kabinett die Erlaubnis, Truppen nach Finnland zu schikken; ein Vorhaben, dem auch die Franzosen zustimmten. In Aussicht genommen war die Entsendung von zwei britischen Divisionen und etwa 50 000 französischen Freiwilligen. Der alliierte Kriegsrat erwog auch den phantastischen Plan, die sowjetischen Erdölfelder im Kaukasus zu bombardieren, obwohl gegen Deutschland, den eigentlichen Feind, nach wie vor keine Bombenangriffe geflogen wurden. Churchill wollte durch sein Expeditionskorps zwei Fliegen mit einem Schlag treffen: Auf dem Weg zur winterlichen karelischen Landenge, wo die Finnen gegen die Übermacht der Roten Armee kämpften, würden die britischen Truppen den norwegischen Hafen Narvik, die nach Schweden führende Eisenbahnlinie und die Stadt Gällivare samt den Erzgruben besetzen können. All das selbstverständlich im Interesse Skandinaviens. Was die moralische Rechtfertigung der Landoperation und der Verminung norwegischer Gewässer betraf, so hatte sich Churchill dazu in einer Denkschrift vom 16. Dezember geäußert: »Keine rein technische Verletzung des Völkerrechtes, soferne sie nicht von Unmenschlichkeiten irgendwelcher Art begleitet ist, wird uns die Wohlmeinung der neutralen Länder kosten«, hatte der erste Lord der Admiralität geschrieben und hinzugefügt: »... wir haben das Recht, ja sogar die Pflicht, für befristete Zeit jene Rechte zu verletzen, deren Erhaltung und Stärkung unsere Aufgabe ist. Kleine Nationen«, fuhr er fort, »dürfen uns nicht die Hände binden, wenn wir für ihre Rechte und ihre Freiheit kämpfen...« Diese Darlegung gipfelte in dem Satz: »Wir müssen uns von Humanität und nicht von Legalität leiten lassen.«

Es fragt sich nur, welche kleinen Nationen Churchill meinte. Die Tschechoslowakei und Polen, deren Rechte und Freiheit England feierlich garantiert hatte, waren von den Deutschen besetzt. Die britischen und französischen Armeen an der Westfront waren untätig; sie dachten nicht daran, die besetzten Länder zu befreien und damit die in München verlorene Ehre wiederzugewinnen. Die schärfste Repressalie, zu der sie sich aufraffen konnten, war der Abwurf von Flugblättern. Churchill bezog in seine Überlegungen auch die Möglichkeit ein, daß sich Norwegen der Verminung seiner Gewässer widersetzen könnte. So hätte es als Gegenmaßnahme den Export von Aluminium und anderen, von der britischen Rüstungsindustrie benötigten Metallen einstellen können. In diesem Falle, meinte Churchill, könnte auch Großbritannien die Lieferung wichtiger Güter einstellen, was »die gesamte um Oslo und Bergen konzentrierte norwegische Wirtschaft zum Stillstand bringen würde. Mit einem Wort: Wenn sich Norwegen gegen uns wendet, geht es dem wirtschaftlichen Ruin entgegen«. Soweit Churchills Ansichten über die Behandlung kleiner Nationen.

In England wurden inzwischen Offiziere und Soldaten, die Schifahren konnten, gesucht. Einige hundert, die sich gemeldet hatten, absolvierten einen Kurs in den französischen Alpen und wurden dann zum 5. Schottischen Gardebataillon zusammengestellt. Aber bevor sich das Expeditionskorps auf dem Weg über Norwegen und Schweden nach Finnland begeben konnte, mußte die finnische Regierung einen Waffenstillstand schließen. Am 12. März 1940 ging der Krieg nach 103 Tagen erbitterter Kämpfe zu Lande und in der Luft zu Ende. Damit war auch das geplante Unternehmen des britischen Expeditionskorps hinfällig. Man kann sich ohnehin schwer vorstellen, wie Frankreich und England im Jahr 1940 Krieg gegen die Sowjetunion hätten führen sollen. Allein das Nachschubproblem hätte zu einer schnellen Niederlage der Alliierten geführt, und eigentlicher Nutznießer des Unternehmens wäre die deutsche Wehrmacht an der Westfront gewesen.

In Deutschland hatte inzwischen Großadmiral Raeder Hitlers Aufmerksamkeit auf Skandinavien gelenkt. Bereits im Oktober 1939 hatte er darauf hingewiesen, daß die Errichtung von Stützpunkten entlang der rund 1700 Kilometer langen norwegischen Küste eine große Hilfe im Kampf gegen die überlegene britische Flotte sein würde. Hitler war zurückhaltend, da er glaubte, daß die Aufrechterhaltung der Neutralität Norwegens in Deutschlands Interesse liege. Als aber der finnisch-russische Krieg ausbrach und Nachrichten über die alliierten Hilfspläne für Finnland durchsickerten, befahl Hitler die Ausarbeitung einer Studie über die sich daraus für Deutschland ergebenden Folgerungen.

BLITZKRIEG IM NORDEN

Die deutsche Bevölkerung kannte keinen Haß gegen die Norweger, die in den Jahren nach dem Ersten Weltkrieg Tausende von Kindern aus Deutschland aufgenommen und ernährt hatten. Auch der Zwischenfall mit der »City of Flint« hatte auf Hitler wenig Eindruck gemacht. Dieser amerikanische Frachter war mit einer Ladung für England auf hoher See von der Kriegsmarine aufgebracht und als Prise nach Kiel geschickt worden. Als das Schiff auf dem Weg dorthin am 3. November 1939 im Haugesund stoppte, wurde es von den Norwegern beschlagnahmt und die Besatzung interniert. Nach energischen Protesten aus Berlin gab Norwegen aber das Schiff und später auch die Besatzung frei.

Am 16. Februar 1940 ereignete sich aber in einem norwegischen Fjord ein Zwischenfall, der Hitlers Haltung drastisch änderte. Es handelte sich um das deutsche Versorgungsschiff »Altmark«, auf dem sich rund 300 Angehörige der britischen Handelsmarine befanden, deren Schiffe im Südatlantik versenkt worden waren. Der britische Zerstörer »Cossack« drang trotz der Warnungen eines norwegischen Patrouillenbootes in den Joessingfjord ein und machte längs der »Altmark« fest, worauf die Matrosen des Zerstörers im Stil mittelalterlicher Seeräuber das deutsche Schiff enterten und nach kurzem Kampf die Gefangenen befreiten.

Vierzehn Tage nach diesem Zwischenfall, am 1. März 1940, erließ Hitler die Weisung für den »Fall Weserübung«, der die gleichzeitige Besetzung von Norwegen und Dänemark vorsah. Er wollte dem Unternehmen den Charakter einer friedlichen Besetzung verleihen, unter Einsatz eines Minimums an Kräften. »Zahlenmäßige Schwäche«, hob Hitler hervor, »muß durch kühnes Handeln und überraschende Durchführung ausgeglichen werden.« Eine treffendere Beschreibung des folgenden Unternehmens ist kaum denkbar.

Am 9. April 1940, um 6 Uhr 15 früh, erschienen neun Ju 52

über der kleinen dänischen Insel Masnedö und setzten zwei Züge der 1. Fallschirmjägerdivision in der Gesamtstärke von 96 Mann ab. Nach der Landung besetzte diese kleine Truppe sofort die zwei Kilometer lange Brücke, die Masnedö mit Seeland verbindet, der Insel, auf der Dänemarks Hauptstadt liegt. Die Besetzung der Brücke erfolgte, ohne daß ein Schuß fiel. Zur gleichen Zeit verließ ein Infanteriebataillon die Fähre Warnemünde —Gjedser, die von den deutschen Soldaten benützt worden war, als seien sie bewaffnete Touristen. Das Bataillon setzte sich in Richtung Kopenhagen in Marsch und stieß nirgends auf Widerstand. 45 Minuten nach dem ersten Fallschirmjägereinsatz sprang ein weiterer Zug bei Aalborg ab und besetzte den dort gelegenen großen Flugplatz. Auch dabei gab es keine Gegenwehr.

In Kopenhagen selbst wurde es auf einem kleinen deutschen Frachtdampfer, der seit der Morgendämmerung an einem Kai im Herzen der Stadt lag, plötzlich lebendig. Ein deutsches Infanteriebataillon in der Stärke von 850 Mann ging von Bord der »Hansestadt Danzig« und marschierte zum nahe gelegenen Amalienburg-Palast. Als die deutschen Soldaten den großen Platz vor dem königlichen Palast erreichten, eröffneten die dänischen Gardesoldaten, die ihre dunkelblauen Uniformen mit den Bärenfellmützen trugen, das Feuer. Die deutschen Soldaten gingen in Deckung und schossen zurück. Sechs Gardesoldaten wurden getötet und ein Dutzend verwundet; dann war der Widerstand gebrochen. In Schleswig überschritten deutsche motorisierte Infanteristen die Grenze und marschierten in Jütland ein. Sie wurden mit sporadischen Gewehrschüssen empfangen, die im heftigen MG-Feuer der Angreifer bald verstummten.

Starke deutsche Bomberverbände, die Kopenhagen überflogen, weckten in dem siebzigjährigen König Christian X. die Überzeugung, daß jeder weitere Widerstand lediglich dazu führen würde, die dänische Hauptstadt dem Schicksal Warschaus auszuliefern. Nach kurzem Zögern faßte der König seinen Entschluß. Um 8 Uhr 34 traf in Berlin die Nachricht ein, daß sich Dänemark unter den Schutz des Deutschen Reiches stelle. Ein Gebiet von 43 000 Quadratkilometern war von der Wehrmacht um den Preis von zwanzig Gefallenen und Verwundeten erobert worden.

Der Luftwaffe kam bei der Besetzung Norwegens, das fast achtmal so groß wie Dänemark ist, zunächst vor allem eine Transportaufgabe zu. Für die »Weserübung« wurden 1008 Flugzeuge eingesetzt, von denen fast die Hälfte Transportmaschinen waren. Außer der alten verläßlichen Ju 52 standen der Luftwaffe einige Ju 90 zur Verfügung, Verkehrsflugzeuge der Lufthansa, die aus dem ursprünglich geplanten Uralbomber entwickelt worden waren. Außerdem hatte die Lufthansa ihre viermotorigen Focke-Wulf-200-Condor-Maschinen abgegeben, die eine Reichweite von fast 4000 Kilometern hatten. Die FW 200, die im Sommer 1938 zu Rekordflügen über den Atlantik eingesetzt worden war, hatte den größten Aktionsradius aller verfügbaren Maschinen.

Der Befehlshaber der für die Besetzung Norwegens vorgesehenen Heeresverbände, General Nikolaus von Falkenhorst, hatte darauf gedrungen, daß anstelle von Bombern und Schlachtflugzeugen vor allem Transportflugzeuge zum Einsatz gelangten, weil er damit der Führerweisung einer unblutigen, geradezu freundschaftlichen Besetzung am ehesten entsprechen zu können glaubte. Für Zwecke der Einschüchterung stand ihm allerdings eine genügende Anzahl von Bombern zur Verfügung; außerdem zwei Gruppen Me-110-Zerstörer für den Fall, daß die norwegischen Jagdflieger Widerstand leisten sollten. Die Planung war also so angelegt, daß Norwegen Luftangriffe, wie sie sieben Monate zuvor Polen getroffen hatten, erspart bleiben sollten. Dazu kam, daß gleichzeitige Landungen an sechs verschiedenen, einige hundert Kilometer voneinander entfernten Stellen, nur dann erfolgreich sein konnten, wenn das Überraschungsmoment gewahrt blieb. Aus all diesen Gründen begann die Besetzung Norwegens ohne vorbereitende Luftangriffe gegen militärische Ziele — und das war eine Unterlassung, die der Kriegsmarine teuer zu stehen kommen sollte.

Sechs Kampfgruppen der Marine waren in Zeitabständen, die ihr gleichzeitiges Eintreffen an den Zielorten gewährleisteten, in See gegangen. Die Kampfgruppe 5, die in Oslo landen sollte, war in den Augen Falkenhorsts die wichtigste. Sie bestand aus dem schweren Kreuzer »Blücher«, der 12 000 Tonnen verdrängte, aus dem 10 000-Tonnen-Panzerschiff »Lützow«, das früher »Deutschland« geheißen hatte, aus dem leichten Kreuzer »Emden« und mehreren Torpedobooten und Geleitfahrzeugen. Auf dem Flaggschiff »Blücher« hatten sich der Marinebefehlshaber des Unternehmens, Admiral Oskar Kummetz, der Befehlshaber der Heeresverbände, General Erwin von Englebrecht, und 1000 Infanteristen der 163. Division eingeschifft. Außerdem befanden sich an Bord eine Musikkapelle, die beim erhofften friedlichen Einzug in Oslo mit klingendem Spiel voranmarschieren sollte, der Stab für die künftigen Besatzungsbehörden, die gesamte Kriegskasse und einige Beamte der Gestapo. Der Kreuzer selbst hatte eine Besatzung von 800 Offizieren und Mannschaften.

In der Nacht vom 8. zum 9. April, um 23 Uhr 30, erreichte die Kampfgruppe 5 die Mündung des Oslofjordes gegenüber Fredrikstad. Hier stieß sie bereits auf den ersten Widerstand. Kapitän Leif Olsen, der den 214 Tonnen großen, als Patrouillenboot eingesetzten Walfänger »Pol III« befehligte, verlangte von einem deutschen Torpedoboot, das sich näherte, das Erkennungssignal. Die Antwort war eine MG-Garbe. Olsen wurde tödlich getroffen und sein Schiff versenkt. Die Kampfgruppe, die noch 75 Kilometer von ihrem Ziel entfernt war, behielt ihren Kurs bei, um wie vorgesehen um 4 Uhr 15 früh vor Oslo zu sein. Nach einigen Kilometern wurde sie aus den Forts auf den kleinen Inseln Rauöy und Bolaerne beschossen; es gab aber keine Treffer. Die Schiffe hielten an, und General Englebrecht schickte kleine Einheiten an Land, um die Forts auszuschalten. Dann bewegte sich die Kampfgruppe weiter den Fjord aufwärts. Über dem Wasser zog Nebel auf, durch den die bleiche Scheibe des Mondes kaum mehr sichtbar war. Etwa vierzig Kilometer vor Oslo verengte sich der Fjord stellenweise auf 500 bis 1000 Meter Breite, und die Schiffe fuhren nun in enger Formation der norwegischen Hauptstadt entgegen.

Kurz vor 5 Uhr befand sich die führende »Blücher« auf der Höhe der kleinen Küstenstadt Dröbak, weniger als dreißig Kilometer von Oslo entfernt. Von der Brücke konnten Admiral Kummetz und General Englebrecht die Silhouette der Berge sehen, die bis an das Meer reichten; große abgerundete Anhöhen zur Linken und kleinere, mit schärferen Konturen zur Rechten. Etwas links von der Mitte des Fjordes lag die kleine, nur 500 Meter lange Felseninsel Süd-Kaholmen. Zwischen ihrem Ostufer und dem Festland erstreckten sich nur 600 Meter offenen Wassers, und diese Engstelle mußte die Kampfgruppe passieren; erst dann weitete sich der Fjord auf der letzten Wegstrecke bis Oslo. Es war jetzt 5 Uhr 21, und das Flaggschiff hatte bereits sechs Minuten Verspätung auf seine Marschtabelle. Auf dem Kai hinter dem Rathaus von Oslo warteten bereits die Mitglieder der deutschen Botschaft, die sich in Kürze fragen würden, was den Anmarsch der »Blücher« wohl verzögert habe.

Auf Süd-Kaholmen verfolgte Oberst Birger Eriksen, der Kommandant der Festung Oskarsborg, die deutschen Schiffe, die sich der Insel näherten. Oskarsborg, im Jahr 1643 zur Verteidigung des Seeweges nach Oslo errichtet, hatte im Sommer 1893 eine neue Bewaffnung erhalten: drei riesige Kanonen von je 45 Tonnen Gewicht aus den Kruppwerken in Essen, mit 30-cm-Geschossen im Gewicht von 380 Kilogramm. Die Kanonen trugen die etwas extravaganten Namen »Moses«, »Aaron« und »Joshua«. Artillerieoffizier war Leutnant August Bonsak, der auf zehn Dienstjahre zurückblickte. Die Hälfte der 45 Mann starken Besatzung von Oskarsborg bestand aus jungen Rekruten, die aber durch Bonsak eine gründliche Ausbildung erhalten hatten. Die Kanonen waren, obwohl sie seit 47 Jahren keinen Schuß im Ernstfall abgefeuert hatten, in tadellosem Zustand und mit jener Sorgfalt gepflegt, die Norweger ihren Häusern, Booten, Autos und sonstigen Besitztümern angedeihen lassen. Als sich die »Blücher« 1800 Meter südlich von Oskarsborg befand, eröffnete »Moses« das Feuer. Die Berge und das Meer wurden wie von einem Blitz erhellt, und der Donner des Abschusses hallte zwischen den engen Wänden des Fjordes wider. Das Geschoß traf die Aufbauten der »Blücher« an der Stelle, an der sich der Hangar des Bordflugzeuges befand, und detonierte. Den nächsten Schuß gab »Aaron« ab und erzielte einen Treffer knapp oberhalb der Wasserlinie. Brennend und mit leichter Schlagseite, aber aus allen Rohren feuernd, zog die »Blücher« an der Festung vorbei. Kanonen von der anderen Seite des Fjords eröffneten das Feuer auf die »Lützow« und erzielten Treffer, doch waren ihre Granaten zu schwach, um das Taschenpanzerschiff ernsthaft zu beschädigen. Die »Blücher« setzte ihre Fahrt fort, während die übrigen Schiffe zurückblieben, um sich nicht dem Feuer der Geschütze von Oskarsborg auszusetzen.

Die »Blücher« hatte das Schußfeld dieser Geschütze bereits verlassen und kam nun in die Reichweite der Torpedobatterien der unmittelbar nördlich von Süd-Kaholmen gelegenen Insel Nord-Kaholmen. Chef der Torpedobatterien war ein 61jähriger Kommodore im Ruhestand, Anders Andressen, der tags zuvor Oskarsborg einen Besuch abgestattet und bei dieser Gelegenheit erfahren hatte, daß die Engländer schließlich doch Minenfelder vor der Küste Nord- und Mittelnorwegens gelegt hatten. Zum Glück für die Verteidiger waren die Torpedorohre geladen und feuerbereit. Am Vortag hatte die wöchentliche Überprüfung der

Einsatzbereitschaft stattgefunden, und entgegen den Vorschriften waren die Torpedos in den Rohren verblieben. Andressen drückte auf den Auslöseknopf, und ein Torpedo raste auf den nur 300 Meter entfernten brennenden Kreuzer zu. Die »Blücher« wurde am Vorschiff unter der Wasserlinie getroffen, und Tonnen von Seewasser brachen in das Schiff ein. Um 7 Uhr 32 legte sich der Kreuzer auf den Rücken und sank mit dem Bug voran auf den Boden des Fjordes, der an dieser Stelle eine Tiefe von 100 Meter hat. Mehr als tausend Mann ertranken, nur wenige Überlebende schwammen durch das eiskalte, ölbedeckte Wasser an Land.

Die »Lützow« und die »Emden«, die dem Duell mit den Geschützen von Oskarsborg ausgewichen waren, hatten ihre Truppenkontingente am Ostufer des Fjords abgesetzt. Eine Musikkapelle, die sie begleitet hätte, gab es nicht; sie wäre auch nicht am Platz gewesen. Statt dessen gab die »Lützow« auf dem Funkweg einen Lagebericht nach Hamburg und forderte den Einsatz der Luftwaffe gegen Nord- und Süd-Kaholmen.

Die ersten Ju 88 erschienen nach einem langen Flug von ihren Horsten in Norddeutschland kurz vor 8 Uhr über Oskarsborg und begannen mit dem Bombardement. Aber die norwegische Besatzung und die deutschen Matrosen und Soldaten, die sich auf die Insel gerettet hatten und gefangengenommen worden waren, saßen 15 Meter unter der Erde in den Kasematten der Festung und waren durch dicke Betonwälle gut geschützt. Bis 18 Uhr dröhnte und erbebte die Erde unter den Einschlägen der Bomben, aber es gab keinerlei Verluste. Selbst die drei riesigen Kruppgeschütze blieben intakt, da sie keinen direkten Treffer abbekamen; ihr weiterer Einsatz wurde allerdings durch das ständige Bombardement vereitelt. Oskarsborg fiel am Morgen des nächsten Tages.

Eine Stunde, nachdem die »Blücher« untergegangen war und bevor die Luftangriffe gegen Oskarsborg begonnen hatten, waren bereits die ersten deutschen Bomber im Tiefflug über Südnorwegen erschienen. Es waren 36 He 111 des KG 26, die schlimmstenfalls geringen, aber eher gar keinen Widerstand erwarteten. Als die Formation im Tiefflug über Sarpsborg und Fredrikstad dahinraste, wurde der Flugplatz Fornebu westlich von Oslo telefonisch alarmiert. Hauptmann Erling Munthe-Dahl, der Kommandeur der zum Schutz der Hauptstadt eingesetzten Jäger, startete daraufhin mit seiner gesamten Streitmacht: fünf britischen Doppeldeckern vom Typ Gloster Gladiator, die mit je vier Maschinengewehren bewaffnet waren. Zwei weitere Maschinen, für die keine Zündkerzen vorhanden waren, wurden am Rande des Flugplatzes unter Bäumen abgestellt. Leutnant Rolf Thorbjoern Tradin flog mit seiner Kette südwärts den Fjord entlang, bis er in 1800 Meter Höhe an der Wolkenuntergrenze angelangt war. 600 Meter unter sich erblickte er die deutschen Bomber, deren Zahl er in der Aufregung auf über siebzig schätzte. Über Funk gab Tradin den Befehl zum Angriff.

In dem folgenden Kampf schoß er eine Heinkel in Brand; Feldwebel Per Waaler schoß einen und Leutnant Dag Krohn zwei deutsche Bomber ab. Krohn, der noch weiter nach Süden vorgestoßen war als die anderen, sah sich plötzlich nicht nur von He 111, sondern auch von Do 17, Ju 52 und Me 110 umringt; er war in die Formation geraten, die den Flugplatz von Fornebu besetzen sollte. »Ich glaube, es waren insgesamt 150 deutsche Maschinen«, erzählte Krohn später. »Ich schoß zwei davon ab; eine He 111, die südwestlich von Fornebu abstürzte, und eine Do 17. Dann wurde ich von Me 110 angegriffen und stieg in die Wolken, um zu entkommen. Über Bordfunk teilte mir Hauptmann Munthe-Dahl mit, daß Fornebu angegriffen werde und ich auf irgendeinem anderen Platz landen solle. Ich stieß aus den Wolken herunter, flog nach Norden und landete auf der Eisfläche der nordöstlichen Bucht des Tyrifjords. Dort stand bereits Leutnant Tradins Gladiator.«

Feldwebel Per Schye flog mutterseelenallein den deutschen Bombern entgegen. Er setzte mehrmals zum Angriff an, erzielte aber zunächst keinen Abschuß. Nachdem er vorübergehend in den Wolken Deckung gesucht hatte, stieß er auf eine allein fliegende Do 17. Schye eröffnete das Feuer und flog so nahe heran, daß das feindliche Flugzeug schließlich sein Visier füllte. Seine Geschosse trafen beide Motoren, und die Do 17 mußte nördlich von Oslo notlanden. Bald darauf wurde die Gladiator selbst von MG- und Kanonentreffern hin und her gerüttelt. Als Schye in seinen Rückspiegel blickte, sah er hinter sich eine Me 110, die aus allen Rohren feuerte. Ihr Pilot war Oberleutnant Helmut Lent, der in Polen und in der Luftschlacht über der Helgoländer Bucht bereits vier Abschüsse erzielt hatte. Lent war ein ausgezeichneter Schütze. Seine Kanonen trafen die Gloster in den unteren Tragflächen, deren wegfliegende Trümmer den Rumpf in der Höhe des Führersitzes beschädigten. Schye wurde am linken Arm verletzt und setzte zu einer Notlandung an. Durch den Blutverlust halb ohnmächtig, übersah er eine Hochspannungsleitung über dem Feld, auf dem er niedergehen wollte. Sein Fahrgestell blieb an den Drähten hängen, und die Maschine stürzte auf die Nase. Schye konnte sich aus dem Wrack befreien und fiel in die Arme eines Bauern, der den blutenden und benommenen Piloten in ein nahe gelegenes Spital brachte.

Fornebu hätte von Fallschirmjägern besetzt werden sollen, denen nach Brechen des ersten Widerstandes Luftlandetruppen gefolgt wären. Aber die 29 Ju 52 der ersten Welle waren südlich von Oslo auf dichten Nebel gestoßen, der die Piloten zum Instrumentenflug zwang. Die Sicht betrug streckenweise nur 20 Meter, und so mußte geschehen, was bei strengem Formationsflug geradezu unvermeidlich war: Zwei Transportmaschinen stießen zusammen und stürzten samt ihren Besatzungen und den mitgeführten Fallschirmjägern ab. Die Ju 52 der ersten Welle wurden daraufhin zurückberufen und traten den Heimflug an.

Der Führer der zweiten Welle hatte dagegen vereinzelte Sichtstellen im Nebel entdeckt und setzte den Flug fort. Als aber die ersten Ju 52 über Fornebu erschienen, wurden sie von den alarmierten Verteidigern bereits erwartet.

Der norwegische Leutnant Gunnar Halle hat einen dramatischen Augenzeugenbericht über die Kämpfe um Fornebu gegeben. Zuerst waren die fünf Gloster-Gladiator gestartet, um den Kampf mit den deutschen Bombern aufzunehmen. Zwei Gladiators, die zurückgekehrt waren, um aufzutanken und Munition nachzuladen, gingen auf dem Flugplatz in Flammen auf, als die He 111 und die Me 110 mit ihren Angriffen begannen. Halle, der eine Woche zuvor eine Wiederholungsübung auf einer Schulmaschine vom Typ Tiger Moth absolviert hatte, mußte den Angriffen zusehen, ohne über ein Flugzeug zu verfügen, mit dem er gegen den Feind hätte starten können. Er raste über das Feld, sah wie »kleine Erdfontänen rund um ihn hochgingen« und legte sich hinter eines der Maschinengewehre der Flugplatzverteidigung. Mit einem der ersten Feuerstöße traf er eine Ju 52, die zur Landung ansetzte. Die Geschosse töteten und verwundeten mehrere Fallschirmjäger im Inneren der Maschine, doch dem Piloten gelang es, durchzustarten und abzufliegen. Die Zerstörer vom Typ Me 110 flogen kreuz und quer über das Feld und feuerten auf die Abwehr, bis auch das letzte Maschinengewehr ausgefallen war. Halle und die übrigen Schützen gaben den Widerstand auf, verließen den Flugplatz und traten einen langen Marsch an, der erst zu Fuß, dann auf Schiern und schließlich im Fischerboot bis nach England führen sollte.

Fornebu wurde schließlich von einigen Zügen deutscher Infanterie besetzt, die nach Brechung des Widerstandes in Transportmaschinen gelandet waren. Erst nachher kamen die Fallschirmjäger, die nicht mehr absprangen, sondern ebenfalls in ihren Ju 52 auf dem Feld niedergingen. Von Fornebu marschierten die deutschen Soldaten nach Oslo und zogen in geordneter

Formation durch die norwegische Hauptstadt. Die Bevölkerung empfing sie mit eisigem Schweigen; die Besetzung, die fünf Jahre dauern sollte, hatte begonnen.

Bereits in den Mittagsstunden des ersten Tages waren alle bedeutenden norwegischen Häfen in deutscher Hand: Oslo, Kristiansand und Egersund im Süden, Bergen und Trondheim an der Westküste und Narvik im hohen Norden. Der wichtige Flughafen von Sola, zwölf Kilometer von Stavanger entfernt, wurde von 120 Fallschirmjägern eingenommen, die aus zehn Ju 52 absprangen. Zuvor hatten Me-110-Zerstörer die zwei norwegischen Jagdflugzeuge, die auf dem Flugplatz stationiert waren, in Brand geschossen. Den ersten Fallschirmjägern folgten 180 Ju 52, die ohne Zwischenfall insgesamt zweitausend Infanteristen absetzten. Innerhalb von 24 Stunden hatte die Luftwaffe die sieben wichtigsten Flughäfen Norwegens besetzt. Sie wurden nun mit deutschen Bombern, Jägern und Stukas belegt, deren Aufgabe es war, den zu erwartenden Gegenschlag der Engländer abzuwehren.

In London war man der Ansicht, daß dieser Gegenschlag nur darin bestehen könnte, alle verfügbaren Truppen an drei verschiedenen Stellen und mit zwei völlig verschiedenen Zielen an Land zu setzen. Narvik, im äußersten Norden war angesichts der Wichtigkeit seines Hafens und der nach Schweden führenden Eisenbahnlinie das Hauptangriffsziel. An zweiter Stelle stand das 450 Kilometer südlicher gelegene Trondheim, das nach Landungen in Namsos und Andalsnes in einer Zangenbewegung eingenommen werden sollte. In dieser ehemaligen Hauptstadt Norwegens hoffte König Haakon VII. sich mit seiner Regierung festsetzen zu können, um von dort aus den Kampf gegen die deutschen Angreifer fortzusetzen. Dementsprechend wurde nun in England in aller Eile eine kleine Invasionsarmee aufgestellt, die nach bewegter Fahrt über die Nordsee an den felsigen Ufern Norwegens an Land gehen sollte.

Die Organisation des Unternehmens war katastrophal und erinnerte an die des Krimkriegs, als man einmal den Truppen des Lord Cardigan ganze Wagenladungen linker Schuhe geschickt hatte. So wurden die zweitausend Mann der 148. Brigade in Schottland zuerst eingeschifft, um nach Trondheim zu gehen. Sie wurden aber wieder ausgeschifft, weil sie, wie es nun hieß, für Namsos bestimmt seien. Nach einer Woche des Wartens wurde die Brigade plötzlich in größter Hast auf zwei Kreuzer und ein Transportschiff, die »Orion«, verladen. Im letzten Augenblick setzte sich jedoch die Auffassung durch, daß das Transportschiff durch die deutschen Luftangriffe zu sehr gefährdet sei. Die »Orion« wurde daraufhin entladen, und die für sie vorgesehenen Truppen wurden auf zwei weiteren Kreuzern untergebracht.

Bei dieser Räumung, die in der Nacht erfolgte, blieben sämtliche Granatwerfer eines Bataillons zurück. Fernsprechgeräte wurden auf dem einen Kreuzer verladen, die dazugehörigen Kabel auf einem anderen. Ein Bataillon hatte alle seine Granatwerfer bei sich, aber keine Munition; sie war im Hafen liegengeblieben. Alle Soldaten waren mit drei riesigen Ausrüstungssäcken versehen. Sie enthielten unter anderem die vom Heeresmaterialamt gerühmte »Arktisausrüstung«, zu der zwar ein Schafwollpelz im Gewicht von 7,5 Kilogramm, aber weder Schi noch Schneestiefel gehörten. Auch weiße Tarnanzüge gab es nicht, und die Truppe wurde ohne ausreichende Motorfahrzeuge und Flakartillerie nach Norwegen geschickt. Die Franzosen hatten für das Unternehmen eine Halbbrigade ihrer berühmten Chasseurs Alpins zur Verfügung gestellt; diese viertausend Soldaten besaßen zwar Schi, doch fehlten die Bindungen.

Sämtliche Schiffe waren ohne Bedachtnahme auf rasche Entladung im Kampfeinsatz beladen worden. Als sie in Norwegen ankamen, herrschte dementsprechende Verwirrung. Schreibstubenmaterial war oft vor dem Proviant und Toilettenpapier vor der Munition verfügbar. Es vergingen Stunden, ehe in dieses

Chaos Ordnung gebracht werden konnte; Stunden, in denen die Gefahr deutscher Luftangriffe drohend über den gelandeten Truppen hing.

Landungen erfolgten in Namsos, 200 Kilometer nördlich und in Andalsnes, 250 Kilometer südlich von Trondheim, das lediglich über gewundene Straßen erreichbar war, die durch das Roms-Tal erst nach Osten und dann nach Norden führten. Trondheim sollte durch eine Zangenbewegung erreicht werden, die von Truppen ausgeführt werden mußte, die keine Erfahrung im Winterkrieg hatten, nicht in der Lage waren, sich im Gelände zu bewegen, vielmehr ausschließlich auf der Straße marschierten, und hinter denen Nachschubhäfen lagen, die dem Angriff aus der Luft preisgegeben waren. Am 18. April, neun Tage nach dem Beginn der deutschen Invasion, begann der Marsch auf Trondheim, der zwei Wochen später mit einem fürchterlichen, allerdings vorhersehbar gewesenen Fehlschlag endete.

Die ersten Do 17, He 111 und Ju 87 erschienen über Namsos kurz nach der Landung der französischen Truppen, die unmittelbar nach den Engländern an Land gegangen waren. Das nun beginnende Nonstop-Bombardement, denn anders konnte es nicht genannt werden, begann in den Morgenstunden und dauerte bis zur Abenddämmerung. Wenn eine Formation von 15 bis 20 Bombern geworfen hatte, erschien bereits die nächste. Der Bahnhof wurde zerstört, die Geleise wurden unbrauchbar gemacht. Das Schulgebäude, in dem sich ein Materiallager befand, und das Spital, in dem Medikamente und Verbandzeug für zwei Jahre lagerten, gingen in Flammen auf. Die Franzosen verloren fast ihre gesamte Ausrüstung, die noch am Kai lag. Zahlreiche Häuser gingen in Flammen auf, und die Zivilbevölkerung hatte 22 Tote zu beklagen. Ein englischer Marineoffizier berichtete, daß Namsos in der Nacht nach den ersten Bombenangriffen »ein Flammenmeer von einem Ende zum anderen« war.

DIE LUFTWAFFE / KAPITEL XII

Andalsnes wurde ebenfalls von schweren Angriffen, die auf keine Gegenwehr stießen, heimgesucht. Die Materialverluste waren dort noch schwerer als in Namsos. In einem Angriff von neunzig Minuten Dauer, der sich auf die Kaianlagen konzentrierte, zerstörten die He 111 Munitionskisten mit 300 000 Gewehrpatronen, 3000 4-cm-Granaten, die für die noch nicht eingetroffenen Bofors-Flakgeschütze bestimmt waren, ferner 800 Werfergranaten und derartige Mengen an Verpflegung, daß die britischen Soldaten auf halbe Ration gesetzt werden mußten. Andalsnes stand wie Namsos in Flammen, und die Elektrizitäts- und Wasserversorgung war zusammengebrochen. Angesichts der ständigen Angriffe der Ju 87 und Me 110 auf die Verkehrswege, verbaten die Offiziere der Brigade bei Tageslicht jede nicht unbedingt nötige Bewegung auf der Straße. Der britische Befehlshaber, Generalmajor Carton de Wiart, Träger des Viktoriakreuzes, der höchsten britischen Tapferkeitsauszeichnung, der am 15. April im Bombenhagel in Namsos eingetroffen war, berichtete an das Kriegsministerium in London: »Ich sehe kaum eine Chance, entscheidende Operationen beziehungsweise überhaupt Operationen irgendwelcher Art auszuführen, solange die feindliche Luftaktivität nicht wesentlich behindert wird.« Zwei Tage später, während seine Vorausabteilungen im tiefen Schnee Deckung vor den Tiefangriffen der Luftwaffe suchten, wurde Carton de Wiart noch deutlicher. Wenn es nicht gelinge, die Luftherrschaft zu erringen, »sei die einzige Alternative die Evakuierung«.

Am 24. April starteten vom Flugzeugträger »Glorious«, dem einzigen verfügbaren Träger der britischen Flotte in den nördlichen Gewässern, achtzehn Gloster-Gladiator und flogen im Schneesturm 280 Kilometer über offene See bis zur norwegischen Küste. Ihr Ziel war ein zugefrorener See in Lesjakog, in einem Tal, 30 Kilometer von Andalsnes und 120 Kilometer südwestlich von Trondheim. Der 12 Kilometer lange und 80 Kilometer breite Lesjakog-See war der einzige verfügbare Behelfslandeplatz für die Jäger, die nur geringe Reichweite hatten und denen nun die Aufgabe übertragen war, die bereits zerbombten Nachschubbasen zu schützen und die angreifende Infanterie zu unterstützen.

Ein weniger nervenstarker Kommandeur als Squadron Leader J. W. »Baldy« Donaldson wäre über die Zustände, die in der Einöde von Lesjakog herrschten, verzweifelt gewesen. Zweihundert norwegische Zivilisten hatten mit viel Mühe die etwa 70 Zentimeter hohe Schneedecke, die auf dem See lag, in einer Länge von 800 Metern entfernt, um eine Start- und Landebahn zu schaffen. Donaldson mußte allerdings feststellen, daß die Batterien der Startgeräte versagten, daß es keinen Tankwagen und nicht genügend Sauerstoffflaschen gab, daß für die Wartung der 72 Maschinengewehre der Flugzeuge nur ein Waffenmeister vorhanden war und daß arger Mangel an gegurteter MG-Munition herrschte. Am schlimmsten aber war, daß das Stammpersonal der Staffel nicht mitgekommen war und das neue Bodenpersonal weder die Piloten kannte noch die Maschinen, die es warten sollte.

Als die Piloten am Tag nach der Landung um 3 Uhr früh auf den improvisierten Flugplatz kamen, stellten sie fest, daß die Vergaser und die Steuerung vereist und die Fahrgestelle am Boden festgefroren waren. Erst zwei Stunden später, nachdem sich bereits deutsche Aufklärer über dem See gezeigt hatten, konnten die ersten beiden Jäger starten. Sie stießen auf ein Seeflugzeug vom Typ He 115, das langsam entlang des Tales flog, und schossen es ab. Abermals zwei Stunden später, während sich Piloten und Mechaniker noch gemeinsam abmühten, um die übrigen Jäger startklar zu machen, erschien die Luftwaffe in voller Stärke. »Von da an«, erzählte später einer der britischen Piloten, »hörten die Angriffe nicht mehr auf. Der Gegner, der zweifellos von Flugplätzen kam, die in jeder Hinsicht gut eingerichtet und voll funktionsfähig waren, griff in einer endlosen Folge von Dreierketten in Höhen zwischen 200 und 2000 Metern an. Eine dieser Ketten, die in perfekter V-Formation flog, warf zwölf Bomben, die vier Gladiators zerstörten und drei Piloten verwundeten... ›Baldy‹ wurde durch eine Bombe, die in seiner Nähe einschlug, vorübergehend außer Gefecht gesetzt, harrte aber bis zuletzt aus.« Nachdem die He 111 ihre Bomben geworfen hatten, feuerten sie im Tiefflug aus allen Maschinengewehren. Das Bodenpersonal der 263. Staffel ließ die Werkzeuge fallen und suchte in den umliegenden Wäldern Deckung; zurück blieben die Piloten, die die übriggebliebenen Gladiators verzweifelt zu starten versuchten.

Donaldson und einigen anderen Flugzeugführern gelang es, im Laufe des Tages aufzusteigen und fünf He 111 abzuschießen. Aber um die Mittagszeit waren bereits zehn Gladiators in Flammen aufgegangen, und als die Nacht kam, waren nur noch fünf Maschinen einsatzfähig, die nun auf ein Manövergelände der norwegischen Armee in der Nähe von Andalsnes überstellt wurden. Als Behelfsplatz für die Jägerstaffel war der See von Lesjakog nur 29 Stunden lang verwendbar gewesen.

Am nächsten Morgen, als zwei Gladiators zu einer Frühpatrouille starteten, zeigten sich die Folgen der schneidenden Kälte und der mangelhaften Wartung. Ein Pilot mußte mit dem Fallschirm abspringen, als der Motor seiner Maschine über den Bergen aussetzte, der andere landete mit sinkendem Öldruck und einem Motorschaden, der nicht zu beheben war. Die drei verbliebenen Jäger starteten um 10 Uhr vormittag, um eine Gruppe von He 111, die einen Angriff auf Andalsnes flogen, abzufangen. Aber da die britischen Piloten keine Sauerstoffflaschen mehr hatten, mußten sie untätig zusehen, wie die deutschen Bomber aus 8000 Meter Höhe ihren Angriff ungehindert durchzogen. Am frühen Nachmittag war nur mehr eine Gladiator einsatzfähig, aber zu diesem Zeitpunkt gab es ohnehin keinen Treibstoff mehr.

48 Stunden nach ihrem Eintreffen in Norwegen hatte die 263. Staffel aufgehört zu existieren. Die überlebenden Piloten und das Bodenpersonal gingen an Bord des kleinen Frachters »Delius« und traten den Rückweg nach Scapa Flow an. Das Schiff wurde von 8 Uhr früh bis 14 Uhr mit Bomben und Maschinengewehren angegriffen, bis es sich schließlich außer Reichweite der deutschen Flugzeuge befand. Einer der heimkehrenden Piloten meinte, »die Luftwaffe habe alles, was ihr die Staffel angetan hatte, reichlich vergelten wollen«.

Die »Delius« traf am 1. Mai 1940 in England ein; einen Tag, bevor die englischen Truppen Namsos und Andalsnes zu räumen begannen. Norwegische Schitruppen, die gewohnt waren, sich im tiefen Schnee zu bewegen, deckten die Flanken der alliierten Brigaden, die sich an die Küste zurückzogen; weitere norwegische Truppen mit Maschinengewehren und vier Feldgeschützen bildeten die Nachhut. Die britischen Truppen ließen bei der Einschiffung viel Material zurück, darunter die berühmte »Arktisausrüstung« und Packsättel für Rentiere.

Die Einschiffung selbst ging ohne Zwischenfall vonstatten, aber sobald die Schiffe auf offener See waren, wurden sie auf einer Strecke von dreihundert Kilometern von der Luftwaffe angegriffen. Der französische Zerstörer »Bison« wurde versenkt; viele Überlebende wurden vom britischen Zerstörer »Afridi« aufgenommen. Aber bald darauf griffen Ju 88 auch die »Afridi« an und trafen sie mit zwei 250-Kilo-Bomben, worauf der britische Zerstörer sank.

Der Abzug der alliierten Brigaden aus Mittelnorwegen bedeutete das Ende einer Krise im Führerhauptquartier, die im Verlaufe des Feldzugs ständig zugenommen hatte. Hitler sah das ganze Unternehmen bereits in einem Fehlschlag enden. Begonnen hatte es mit der Hiobsbotschaft vom Untergang der »Blücher«. Dann kam das mißglückte Fallschirmjägerunternehmen gegen Fornebu; daß der Flugplatz schließlich doch genommen wurde, war nach Ansicht Hitlers nur einem Zufall zuzuschreiben. Er war außerdem über den Widerstand der Norweger erbittert und ordnete die Aushebung von Geiseln an. In Unkenntnis der tatsächlichen Lage fürchtete er, daß Trondheim der britischen Zangenbewegung zum Opfer fallen werde. Deutsche Fallschirmjäger, die bei Dombaas, südlich von Andalsnes, abgesprungen waren, um die Eisenbahnstrecke zu besetzen, waren in schweres Abwehrfeuer norwegischer Infanterieeinheiten geraten. Etwa sechzig Überlebende, die sich in einem Gehöft verschanzt hatten, wurden von norwegischen Schitruppen gefangengenommen. Somit war dieses Teilunternehmen gescheitert.

Am niederschmetterndsten aber waren die Meldungen, die aus Narvik kamen. Der Hafen war in den frühen Morgenstunden des 9. April von etwa zweitausend Mann der 3. Gebirgsdivision unter Befehl von General Eduard Dietl besetzt worden. Aber in zwei Seegefechten in den zahlreichen Fjords, die Narvik umgaben, wurden die Zerstörer, die Dietls Truppen befördert hatten, durch einen britischen Flottenverband vernichtet. Ein Frachtschiff, das Munition für Dietls Truppen an Bord hatte, explodierte; der Kommodore der deutschen Zerstörer war gefallen. Unter dem ständigen schweren Feuer des britischen Schlachtschiffes »Warspite« liegend, gaben Dietls Truppen, die befürchteten, bei einer Landung alliierter Einheiten überwältigt zu werden, Narvik auf und zogen sich in Richtung der nur 30 Kilometer entfernten schwedischen Grenze zurück.

General Alfred Jodl, der Hitler im Führerhauptquartier zur Seite stand, machte damals in seinen Tagebüchern unter anderem folgende Eintragungen: »Schreckliche Aufregung... Chaos in der Befehlsgebung... erneute Krise... Führer zunehmend besorgt...« Hitler wollte das Unternehmen bereits abbrechen und befahl am 17. April, Dietl und seine Männer auf dem Luftweg herauszuholen, was rein technisch unmöglich war, weil es in und um Narvik keine Flugplätze gab. Aber da die Briten keine Landung unternahmen, führte Dietl Teile seiner Truppen in die Stadt zurück, während er gleichzeitig kleine Kampfgruppen auf den Höhen, die den Zugang zum Hafen beherrschten, in Stellung brachte. Matrosen, die sich aus den sinkenden Zerstörern an Land gerettet hatten, wurden mit Gewehren, Maschinengewehren und Uniformen aus norwegischen Heeresbeständen ausgerüstet und bezogen an der Seite der Gebirgstruppen die Verteidigungsstellungen. Da alle deutschen Schiffe entweder gesunken oder auf Strand gesetzt waren und die nächsten deutschen Truppen Hunderte von Kilometern weiter südlich im Kampf standen, war sich Dietl darüber im klaren, daß ihn nur die Luftwaffe vor dem Untergang bewahren konnte.

Der erste Versuch, Dietls Truppen auf dem Luftweg zu versorgen, war ein Hasardspiel, und die Besatzungen, die es unternahmen, verdienten höchstes Lob. Bereits am 14. April, einen Tag nach der Zerstörung der letzten deutschen Schiffe in Narvik, erschienen zwölf Ju 52, mit Geschützen, Munition und Bedienungsmannschaft einer Gebirgsbatterie beladen, über dem Hartvigsee, fünfzehn Kilometer nördlich der Stadt. Würde die Eisdecke des Sees für die Landung einer vollbeladenen Ju 52 stark genug sein? Es gab nur einen Weg, Antwort auf diese Frage zu erhalten. Die erste Maschine schwebte ein, setzte auf und rutschte auf dem Eis entlang, aber das Fahrgestell brach nicht ein. Alle anderen Transporter landeten ebenfalls ohne Zwischenfall. Bereits am Nachmittag desselben Tages war die Gebirgsbatterie innerhalb der Verteidigungslinien um Narvik in Stellung gegangen. Die Männer der 3. Gebirgsdivision wußten von dieser Stunde an, daß sie nicht allein waren.

In den nächsten Wochen hatten die Verteidiger von Narvik die Erkundungsvorstöße britischer, französischer und polnischer Einheiten abzuwehren, die in der Umgebung gelandet waren und sich mit den vorhandenen norwegischen Truppen vereinigten. Die Luftwaffe aber rüstete sich in der Zwischenzeit für einen Großeinsatz. Am 1. Mai war General Hans-Jürgen Stumpff zum Befehlshaber der Luftflotte 5 mit dem Sitz in Oslo ernannt worden; sein erster Auftrag lautete, die Besatzung von Narvik zu versorgen und zu verstärken. Stumpff setzte alle ihm zu Gebote stehenden Mittel zur Erfüllung dieses Auftrages ein. Kleine Einheiten wurden mit Flugbooten in die Fjorde gebracht, gingen an Land und schlugen sich zum Verteidigungsring um Narvik durch. Fallschirmjäger und Gebirgsjäger, die nie zuvor eine Fallschirmausbildung erhalten hatten, sprangen über dem Bärenberg, 20 Kilometer östlich von Narvik, ab.

Stumpffs Aufgabe wurde dadurch erschwert, daß eine große Zahl von Transportmaschinen für die bevorstehende Offensive an der Westfront abgezogen wurde. Außerdem brachte der zu Ende gehende Winter schwere Schneestürme. Als Ausgleich dafür konnte er seine Unternehmen ohne jede feindliche Luftabwehr durchführen. So gelang es mit den verbliebenen Ju 52, Dietl 1100 Soldaten, mehrere Tonnen Verpflegung und die benötigte Munition zuzuführen. Die Aufklärungsstaffel des KG 30 wurde mit den neuen Ju 88 D ausgerüstet, die eine Reichweite von mehr als tausend Kilometern hatten. Außerdem forderte Stumpff Stukas vom Typ Ju 87 R an, die zwar weniger Bomben tragen konnten, aber Zusatztanks hatten, so daß sie fast so weit flogen wie die Ju 88. Auf dem großen Flugplatz von Vaernes bei Trondheim wurden mehr als zweihundert Kampfflugzeuge zusammengezogen. Ihre Aufgabe war es, die britische Flottenkonzentration vor Narvik, das 600 Kilometer weiter nördlich lag, zu zerschlagen. In der letzten Maiwoche meldeten Besatzungen nach der Rückkehr von Feindflügen, daß es der R.A.F. offensichtlich wieder gelungen war, Jäger nach Norwegen zu bringen. Am 22. Mai wurde eine Do 17 abgeschossen, am 24. Mai kehrte eine He 111 vom Feindflug nicht zurück, und am 25. Mai wurden gleich drei viermotorige Transporter vom Typ Ju 90 das Opfer britischer Jäger.

Tatsächlich war es »Baldy« Donaldson am 21. Mai geglückt, mit seiner 263. Staffel, die neue Gloster-Gladiators erhalten hatte, auf einem Behelfsflugplatz bei Bardufoß, zwanzig Flugminuten nördlich von Narvik, zu landen. Die Staffel war vom Flugzeugträger »Furious« gestartet, und der Anflug hatte mit einer Katastrophe begonnen: Der Torpedobomber vom Typ Fairey Swordfish, der die Jäger nach Bardufoß geleiten sollte, war in eine Wolkendecke geraten und gegen eine Bergwand gestoßen. Zusammen mit dem Bomber gingen zwei Gladiators, die ihm dicht gefolgt waren, in Trümmer; die übrigen Jäger entgingen der Vernichtung durch Hochziehen im letzten Augenblick. Drei Jäger wurden nach Bodö, 150 Kilometer südlich von Narvik, verlegt. Sie sollten die alliierten Truppen in ihrem Kampf gegen die nach Norden vormarschierenden Deutschen unterstützen. Diese drei Gladiators hatten sofort Feindberührung, und innerhalb von 24 Stunden waren sie ausgefallen; zwei Piloten landeten im Lazarett. Am Abend desselben Tages erschienen mehrere Wellen deutscher Bomber am klaren Himmel über Bodö und warfen die kleine Stadt systematisch in Brand; Soldaten, die in die umliegenden Berge flohen, wurden von Me 110-Zerstörern beschossen.

Zu den Gladiators, die in Bardufoß verblieben waren, stießen nach einer Woche siebzehn Hurricanes der 46. Staffel, die mitten in einem deutschen Luftangriff landeten. Obwohl es keine Boden-Luft-Verbindung gab, von Radar ganz zu schweigen, erzielten die Gloster-Doppeldecker und die schnelleren und stärker bewaffneten Hurricanes zunächst beachtliche Erfolge. Sie schossen 37 Bomber und Transportmaschinen ab, unterlagen aber schließlich der Übermacht. Die britischen Schiffe in der Umgebung Narviks waren mehr denn je leichte Ziele für die angreifende Luftwaffe. Das Schlachtschiff »Resolution« wurde von einer

Bombe getroffen, die drei Decks durchschlug, bevor sie explodierte. Die »Resolution« ging nach England zurück und mit ihr die einzigen 38-cm-Geschütze, die noch vor Narvik im Einsatz gewesen waren. Das Flaggschiff Admiral Corks, der Flakkreuzer »Cairo«, verfeuerte in zwei Wochen 5700 Geschosse vom 8-cm-Kaliber; die Hälfte der Rohre war bereits ausgebrannt, als eine Bombe aus einer Ju 88 vierunddreißig Mann der Besatzung tötete und verwundete. Der Kreuzer »Curlew« und der polnische Zerstörer »Grom« wurden versenkt; der große Truppentransporter »Chobry« ging brennend unter.

Stumpff verlegte eine Gruppe Ju 87 des StG 1 auf einen Behelfslandeplatz 300 Kilometer südlich von Narvik. Damit waren mit Ausnahme der Me 109 sämtliche Frontflugzeugtypen der Luftwaffe im Einsatz über Narvik. Die Ju 87 zerbombten die Hafenanlagen von Harstad, wo sich die Nachschubbasen des alliierten Expeditionskorps befanden, und beschädigten den Kreuzer »Aurora« so schwer, daß er zur Reparatur nach England gebracht werden mußte. Alles in allem mußte die Admiralität in London aus den Kämpfen in den norwegischen Gewässern die Lehre ziehen, daß Seeherrschaft nicht gleichbedeutend mit Luftherrschaft war — eine Lektion, die zwei Jahre später auch der amerikanischen Flotte im Pazifik zuteil wurde.

Narvik wurde schließlich am 28. Mai von französischen Fremdenlegionären und norwegischer Infanterie, die sich der Stadt aus dem Norden näherten, und von einer polnischen Brigade, die sich über die Anhöhen im Süden vorankämpfte, besetzt. Dietls zahlenmäßig unterlegene Einheiten wurden in die Berge hinter der Stadt zurückverlegt, wo ihnen nur die Wahl zwischen Gefangenschaft oder Flucht nach Schweden zu bleiben schien. Aber die Freude in Narvik war von kurzer Dauer, denn unmittelbar nach der Einnahme erging bereits der Befehl zur Evakuierung. Der britische Oberbefehlshaber, General Claude Auchinleck, hatte den Befehl zur Gesamtevakuierung Norwegens sogar schon drei Tage vor Beginn der Angriffe erhalten, die zur Einnahme Narviks führten. Das Unternehmen wurde aber, wie vorgesehen, ausgeführt, um im Zuge der Besetzung die Erzverladungsanlagen und die Eisenbahnlinie zu zerstören. Das war allerdings insoferne ein sinnloses Beginnen, als inzwischen die Eisschmelze im Finnischen Meerbusen eingesetzt hatte und das schwedische Erz auf diesem Wege nach Deutschland gebracht werden konnte.

Nebel verhüllte gnädig den Beginn der Evakuierung, doch am 2. Juni brach die Sonne durch, und die Luftwaffe erschien in voller Stärke über dem Seegebiet von Narvik. Sie stieß auf den erbitterten Widerstand der verbliebenen Hurricanes und Gladiators, die bis zum Abend neun deutsche Bomber abschossen. Die Evakuierung der 24 500 Mann des Expeditionskorps entlang der Küste von Narvik bis Tromsö begann am 4. Juni und nahm vier Tage in Anspruch. Schlechtes Flugwetter im Verein mit dem Umstand, daß die deutsche Führung von der Evakuierungsabsicht nichts wußte, erlaubten den Alliierten einen Abzug ohne weitere Verluste. Der Flugzeugträger »Glorious« lag auf hoher See, um die Überreste der 46. und der 263. Staffel aufzunehmen.

Obwohl die Flugzeuge keine Landehaken hatten und keiner der Piloten je auf einem Träger niedergegangen war, wagten sie die Landung. Mit Glück und Geschick kamen alle acht Gladiators und alle zehn Hurricanes heil an Bord. Als letzte verließen den Flugplatz bei Bardufoß die Bodenmannschaften der R.A.F., die alles in die Luft sprengten. Nur ein schmaler Start- und Landestreifen für die wenigen Fokker-Doppeldecker und Tiger-Moth-Schulflugzeuge der norwegischen Luftwaffe blieb intakt.

So wurde der norwegische Oberbefehlshaber, General Otto Ruge, der auch als letzter von den alliierten Evakuierungsplänen erfuhr, im Stich gelassen. Er hatte nun keine andere Wahl, als mit seinen ermüdeten, entmutigten und schlecht versorgten Truppen vor den Deutschen, die bereits 100 000 Soldaten an

Land gebracht hatten, zu kapitulieren. Der König, Kronprinz Olaf und die norwegischen Goldreserven verließen Tromsö an Bord eines britischen Zerstörers, während General Ruge freiwillig zurückblieb. Nach sechs Wochen harter Kämpfe im eisigen Norden erfuhren die alliierten Soldaten auf dem Heimweg, in der behaglichen Wärme der Transportschiffe, warum sie im Angesicht des Erfolges überhaupt abgezogen worden waren. In den Bergen rund um Narvik hatten sie nur vage Gerüchte gehört, doch nun erfuhren sie die volle Wahrheit über den deutschen Blitzkrieg gegen Frankreich, Belgien und Holland. Etwa zur selben Zeit, in der die ersten Soldaten in Harstad die Schiffe bestiegen hatten, waren die letzten Soldaten in Dünkirchen an Bord gegangen. Während des vergeblichen Ringens um Norwegen war der Krieg auf dem Kontinent entschieden worden. Nun war England an der Reihe.

Ein letzter Akt des Dramas im hohen Norden mußte noch über die Bühne gehen. Am 8. Juni 1940, um 16 Uhr 45, war die »Glorious« etwa 450 Kilometer von der norwegischen Küste entfernt. Sie war ein kostbares Schiff, denn die britische Flotte verfügte nur über vier Träger dieser Größe. Trotzdem war sie nur von zwei Zerstörern begleitet und hatte keine Luftsicherung ausgeschickt. Der Träger wurde vom deutschen Schlachtschiff »Scharnhorst« gesichtet, das mit seinen 28-cm-Geschützen auf 20 Kilometer Entfernung das Feuer eröffnete. Das erste Geschoß traf um 17 Uhr 35 das Hangardeck, zerstörte die dort untergebrachten Hurricanes und setzte das Treibstofflager in Brand. Ein weiteres Geschoß traf die Brücke und ein drittes das Heck. Der brennende Träger legte sich auf die Seite und sank um 18 Uhr 40 mit mehr als 1400 Mann an Bord. Die beiden Zerstörer »Acasta« und »Ardent« wurden im Verlauf des Gefechtes ebenfalls versenkt. Vorher hatte die »Acasta« noch einen Torpedotreffer auf der »Scharnhorst« erzielt, der das Schlachtschiff so schwer beschädigte, daß es zur Reparatur zurücklaufen mußte.

Nur ein Matrose von der »Acasta« überlebte und konnte von der Tat berichten. Das norwegische Fiasko hatte den Engländern einen wertvollen Träger, drei Kreuzer und sieben Zerstörer gekostet; ein Dutzend weiterer Schiffe war schwer beschädigt worden; zu Lande beliefen sich die Verluste auf zweitausend Soldaten. Schließlich waren mindestens 70 Flugzeuge verlorengegangen, die meisten davon in sinnlosen Angriffen quer über die Nordsee gegen die gut verteidigten deutschen Flugplätze. Premierminister Neville Chamberlain trat zurück, und Winston Churchill, dessen intensives Interesse an dem Problem des schwedischen Erzes den Anstoß zu dem mangelhaft geplanten Unternehmen gegeben hatte, wurde am 10. Mai sein Nachfolger.

Adolf Hitler kommentierte die gegnerische Führung in diesem Feldzug mit den Worten: »Vom militärischen Standpunkt aus kann sie nur als frivoler Dilettantismus bezeichnet werden.«

XIII

SIEG IM WESTEN

*»Wir sind mit einer Armee von 1918
gegen die deutsche Armee von 1939 in den
Krieg gezogen. Das ist heller Wahnsinn.«*
General Maxime Weygand,
der französische Oberbefehlshaber

Am 10. Mai 1940, vor Sonnenaufgang, wurden die Piloten der deutschen Luftwaffe auf den Flugplätzen entlang der Grenze im Westen alarmiert. Innerhalb einer Viertelstunde hatten sie sich auf den Befehlsständen einzufinden. Dort hörten sie, daß der Angriff gegen Frankreich, Belgien und Holland bei Tageslicht beginnen werde. Der lange Winter des Wartens war vorüber. Die endlosen Kriegsspiele, die Blindflugübungen über lange Strecken und das intensive Studium Tausender von Aufklärungsfotos gehörte der Vergangenheit an. Jede Besatzung hatte das Gefühl, die ihr als Ziel zugewiesenen Flugplätze, Bahnhöfe und Verkehrswege blindlings finden zu können. Mit einer bemerkenswerten Ausnahme war dieses Gefühl gerechtfertigt.

Im rein zahlenmäßigen Sinne, aber auch nur in diesem Sinne, waren die Alliierten den deutschen Heeresverbänden ebenbürtig. 136 Divisionen waren aufmarschiert, davon 97 französische, von denen die meisten tief unter der Erde in den Befestigungsanlagen der berühmten Maginotlinie saßen. Die Franzosen und Engländer hatten mehr Panzer zur Verfügung als die Wehrmacht; außerdem waren ihre Kampfwagen zum Teil mit stärkeren Kanonen als die der Deutschen bestückt. Aber in der Luft war der Kampf der Alliierten um Frankreich bereits verloren, noch ehe er begonnen hatte. Gegen die 1444 Bomber der Luftflotten 2 und 4 konnten die Franzosen nur 830 Jäger aufbringen, die es mit 1264 deutschen Jagdflugzeugen — darunter mehr als tausend Me 109 — aufzunehmen hatten. Alles in allem bestanden die beiden Luftflotten aus etwas weniger als viertausend Flugzeugen der ersten Linie, eingeschlossen vierhundert Transportmaschinen vom Typ Ju 52. Die Armée de l'Air und die R.A.F. verfügten über weniger als die Hälfte dieser Zahl, nämlich 1654 Maschinen. Darunter waren nur vierhundert Bomber, die gegen die angreifenden Panzer- und Infanterieverbände eingesetzt werden konnten. Da die Franzosen auch nur über wenige Jäger verfügten, hätte man annehmen müssen, daß sie zum Ausgleich über eine starke Flakartillerie verfügten. Das Gegenteil war der Fall. Die Luftwaffe stellte 9000 Flakgeschütze vom Kaliber 2,2 und 8,8 Zentimeter. Die französische Armee hatte lediglich 1500 Luftabwehrgeschütze, darunter bloß siebzehn neue 9-cm-Kanonen. Der Rest bestand hauptsächlich aus 7,5-cm-Geschützen, die noch aus dem Ersten Weltkrieg stammten.

Eine schier endlose Kette von Streiks hatte in den Jahren vor dem Krieg die französische Flugzeugproduktion, die ohnehin bereits durch Planungschaos beeinträchtigt war, schwer getroffen. Obwohl seit dem Blitzkrieg in Polen bereits acht Monate und eine Woche vergangen waren, produzierte die verstaatliche französische Luftfahrtindustrie am Beginn des Feldzuges im Westen nur sechzig Flugzeuge monatlich. Die vier verschiedenen Modelle von Jagdflugzeugen, von denen die Curtiss 75 A Hawk aus den USA eingeführt wurde, konnten es mit der neuen Me 109 E in keiner Hinsicht aufnehmen. Die Bloch 152, die Morane-Saulnier 406 und die Curtiss waren um 75 bis 100 Kilometer langsamer als die Me 109 E. Die Dewoitine 520 war zwar nur um 40 km/h langsamer, aber schwächer bewaffnet und bloß in wenigen Exemplaren vorhanden. Die Bloch 152, eine an und für sich robuste Konstruktion, litt unter kaum zu behebenden Mängeln: Sie wurde mit zunehmender Höhe immer schwerer zu steuern, ihre Maschinengewehre froren ein, weil das Heizsystem fehlerhaft war, und ihre Reichweite betrug kümmerliche 550 Kilometer. Die Jägerproduktion war überhaupt chaotisch; nachdem die alarmierte Regierung eine unbeschränkte Anzahl von Maschinen in Auftrag gegeben hatte, langten von den ersten 120 Flugzeugen, die geliefert wurden, nur 25 mit Luftschrauben ein, und bei den übrigen fehlten die Visiere.

Die Armée de l'Air verfügte über genau 54 Sturzkampfflugzeuge. Es handelte sich dabei um Latecoere-Hochdecker mit Hispano-Suiza-Motoren von 640 PS. Die grotesk aussehende Maschine erreichte eine Geschwindigkeit von 120 km/h, war mit zwei Maschinengewehren bewaffnet und konnte zwei 250-Kilo-Bomben tragen. Aus unerfindlichen Gründen glaubten die Franzosen, daß diese Maschine eine Besatzung von fünf Mann nötig habe. Ein britischer Hurricane-Pilot meinte, nachdem er eine dieser Latecoeres gesehen hatte: »Männer, die es wagen, mit dieser Belastung in diesen gespenstischen Apparaten einen Sturzangriff zu fliegen, sind zu bewundern.«

So war die Ausrüstung beschaffen, mit der sich die französischen Piloten — Träger der Tradition Guynemers, Foncks, Nungessers, Madons und vieler anderer — anschickten, der Elite der deutschen Luftwaffe entgegenzutreten.

Die Luftschlacht über Frankreich unterschied sich nicht vom Angriffsstil, der sich bereits in Polen bewährt hatte, doch war alles von größerem Ausmaß. Am ersten Tag griff die Luftwaffe fünfzig Flugplätze der Armée de l'Air, neun der von der R.A.F. benützten Flugplätze und elf Flugplätze in Holland und Belgien an. Unerklärlicherweise verfehlte eine Kette von drei He 111 das große Flugfeld von Dijon weit südlich von Paris und warf statt dessen ihre Bomben auf das deutsche Freiburg im Breisgau ab, wobei fast sechzig Zivilpersonen getötet wurden. Freiburg liegt mehr als 200 Kilometer nordöstlich von Dijon, und es wurde nie aufgeklärt, wie es zu einem so groben Navigationsfehler kommen konnte. Hitler ergriff aber die Gelegenheit, um die Briten der Eröffnung von Terrorangriffen zu bezichtigen. Die wahren Hintergründe der Bombardierung Freiburgs wurden jahrelang geheimgehalten.

Die Angriffe auf französisches Gebiet ebbten am Abend ab, wurden aber am Morgen des nächsten Tages mit um so größerer Wucht wiederaufgenommen. Typisch für die von der Luftwaffe erzielten Erfolge war das Geschehen auf dem Flugplatz des Bomberkommandos der R.A.F. in Conde-Vraux bei Reims am Morgen des 11. Mai. Ungefähr zur gleichen Zeit, in der die 114. Staffel Befehl zum Angriff gegen die durch Luxemburg vorrückenden deutschen Panzer erhielt, starteten neun Do 17 des KG 2 von ihrem rund 300 Kilometer entfernten Flugplatz in Aschaffenburg. Die englischen Bomber, zweimotorige Bristol Blenheims, standen vollgetankt und aufgebombt auf dem Feld, und die Piloten machten sich bereit, in ihre Maschinen zu klettern. Unbehindert durch Flak, nur von gelegentlichem Infanteriefeuer verfolgt, jagten die Dorniers inzwischen im Tiefflug über die Hänge und durch die Täler und erschienen mit geöffneten Bombenschächten über dem Platz, bevor die Briten zu einer Abwehrreaktion fähig waren. Buchstäblich aus heiterem Himmel regneten die 50-Kilo-Bomben herab. Die Dorniers rasten zweimal über die ungeschützte Rollbahn hinweg; dann drehten sie ab und flogen heim zum Frühstück. Hinter ihnen blieben acht brennende und ein Dutzend schwer beschädigter, nicht länger einsatzfähiger Blenheims zurück. Eine ganze Bomberstaffel war innerhalb von zwei Minuten ausgelöscht worden. Am Morgen des nächsten Tages starteten neun Blenheims der 139. Staffel von einem bereits von Bomben getroffenen Flugplatz und stießen auf einen Schwarm von Me 109 und Me 110, die sieben der neun Bomber abschossen.

Die Operationen der Luftwaffe über Frankreich waren vernichtend, bargen aber keine Überraschungen. Neuartig und ungewöhnlich war dagegen die Kampfführung in Belgien und Holland. Im Vorfeld von Lüttich lag das mächtige Fort Eben Emael, das die Stadt und den Albertkanal abschirmte. Diese erst fünf Jahre alte Betonfestung war rund 750 Meter lang und fast ebenso tief; sie war mit 10- und 15-cm-Kanonen in Türmen und zahlreichen MG-Ständen bestückt und galt mit ihrer Besatzung von 1200 Soldaten als uneinnehmbar gegenüber konventionellen Angriffen.

Der von der Luftwaffe und dem Heer ausgearbeitete Angriffsplan war aber alles andere als konventionell. Am 10. Mai, wenige Minuten nach 5 Uhr früh, gingen neun Lastensegler lautlos auf dem Dach der Festung nieder und setzten 85 Pioniere der Fallschirmtruppe mit Spezialausbildung ab. Die Segler waren im Schlepp von Ju 52 in Köln gestartet und hatten bereits über Aachen, also weit vor dem Ziel, ausgeklinkt. Am Steuer saßen die besten Segelflieger der Luftwaffe, Männer, die ihre Erfahrungen in den dreißiger Jahren über der Rhön gesammelt hatten. Mit Hafthohlladungen sprengten die Pioniere die Geschütztürme in die Luft; in manchen Fällen begnügten sie sich damit, Sprengladungen in die Rohre zu stecken. Jeder Versuch der Belgier, die Angreifer im Nahkampf von der Festung zu vertreiben, brach im Feuer der deutschen Maschinenpistolen zusammen. Die Fallschirmjäger hielten das Fort, das unter dem Feuer belgischer Kanonen lag, bis am Morgen des nächsten Tages die ersten Heeresverbände eintrafen. Eben Emael fiel um den Preis von sechs Gefallenen in deutsche Hand.

Andere Lastensegler setzten in Holland Truppen ab, die drei wichtige über die Maas führende Brücken besetzen sollten; zwei davon fielen in deutsche Hand, bevor die Verteidiger die angebrachten Sprengladungen zünden konnten. In einem Täuschungsmanöver, das vier Jahre später auch von der 82. amerikanischen Fallschirmdivision in der Normandie angewendet wurde, warfen die Deutschen Puppen an Fallschirmen ab. Die holländischen Soldaten, die gegen diesen vermeintlichen Feind stürmten, fanden lediglich in Uniform gehüllte Strohbündel vor, in deren Taschen explodierende Feuerwerkskörper steckten.

Holland fiel innerhalb von fünf Tagen, aber zuvor hatten seine Soldaten und Flieger noch ein Beispiel der Tapferkeit gegeben.

Das 1. Fliegerregiment der holländischen Luftwaffe verfügte am Tage des deutschen Einmarsches über 132 Flugzeuge. Davon waren 52 moderne Jäger und neun moderne Bomber; der Rest waren alte Doppeldecker, Schlachtflugzeuge und Artilleriebeobachtungsflugzeuge, die keine unmittelbaren Kampfaufträge erfüllen konnten. Die Fokker D XXI, ein wendiger, mit vier Maschinengewehren bewaffneter Einsitzer, hatte sich bereits in Finnland als Jäger bewährt, und die noch modernere Fokker G 1, ein zweimotoriger Jäger mit acht Maschinengewehren, die nach vorne, und einem Maschinengewehr, das nach hinten feuerte, war ein hochwertiges Jagdflugzeug; allerdings gab es nur dreiundzwanzig Maschinen dieses Typs. Die holländische Luftwaffe hatte verständlicherweise die Ereignisse in Norwegen genau verfolgt und entsprechende Vorkehrungen getroffen. Die Flugplätze hatten zusätzliche Flakgeschütze und Luftabwehr-MGs erhalten; die Rollfelder wurden mit Traversen und anderen Hindernissen so bestückt, daß nur ein schmaler Streifen für Start und Landung der Jäger offen blieb. Eine Urlaubssperre wurde verfügt, und das 1. Fliegerregiment befand sich seit 2. Mai im Alarmzustand und erwartete einen allfälligen Angriff aus dem Osten.

Der erste kam allerdings aus dem Westen. He 111, die zuerst

gegen holländische Flugplätze eingesetzt wurden, holten weit über die See aus und kamen aus einer unerwarteten Richtung. Das Manöver glückte aber nur zum Teil. Holländische Jäger stießen an der Küste auf die Heinkels und schossen die Führermaschine ab, in der sich der Gruppenkommandeur befand. Deutsche Fallschirmjäger, die über dem Flugplatz Ypenburg außerhalb Den Haag abspringen sollten, wurden noch in ihren Maschinen getötet oder verwundet. Fokker D XXI und Flakartillerie schossen 37 der insgesamt 55 Transporter der Spezialgruppe 9 der Luftwaffe ab. Beschädigte Ju 52, darunter einige, die in Brand geraten waren, setzten zur Notlandung auf dem Flugplatz Ypenburg an und wurden in Stücke gerissen, als sie gegen die Hindernisse auf dem Rollfeld stießen.

Typisch für den Mut der holländischen Piloten war der Einsatz des jungen Unteroffiziers J. Roos. Am frühen Morgen des zweiten Kampftages startete Roos allein vom Flugplatz Buiksloot in der Nähe von Amsterdam. Er flog eine der elf D XXI, die den Luftangriffen des Vortages entgangen waren. Bald nach dem Start begegnete Roos einer Dreierkette Me 109 und nahm den Kampf auf. Aber bevor er noch auf den Gegner eindrehen konnte, schlugen Kanonenprojektile in seine Maschine ein, und der Motor begann zu rauchen. In seinem Rückspiegel erblickte Roos eine Me 109, die aus allen Rohren feuerte. Er warf sein Kabinendach ab und sah, wie es in den Luftschraubenkreis der Me 109 geschleudert wurde, die daraufhin mit einem Ruck abdrehte. Roos zog seine Maschine in eine Wolke und überlegte, was er nun tun solle. Er stieß aus der Wolke hervor, sah vor sich eine Messerschmitt, drückte auf den Auslöseknopf seiner Bordwaffen, und nach einem kurzen Feuerstoß begann die Me zu brennen. Aber nun erschien die dritte Messerschmitt und schoß die Fokker in Brand. Roos konnte ohne viel Mühe mit dem Fallschirm aussteigen, denn das behindernde Verdeck war er ja bereits los.

Trotz des heftigen Widerstandes, der überall geleistet wurde, fielen die wichtigsten Flugplätze und Brücken in die Hände der insgesamt viertausend Fallschirmjäger General Students. Ihre Aufgabe war es nun, die Stellung gegen die entschlossenen Gegenangriffe der Holländer zu halten, bis die 9. Panzerdivision und die 22. Infanteriedivision heran waren. In einem Unternehmen, das ebenfalls charakteristisch für die unorthodoxen Methoden der Luftwaffe in Holland war, wurde die Willems-Brücke im Zentrum von Rotterdam von Fallschirmjägern besetzt, die in Seeflugzeugen vom Typ He 59 auf der Maas in unmittelbarer Nähe der Brücke gelandet waren. Die Soldaten verschanzten sich auf beiden Seiten des Flusses und begannen, um ihr Leben zu kämpfen.

Am 13. Mai waren sie auf sechzig Mann zusammengeschmolzen; das war nur mehr die Hälfte der Truppe, die zwei Tage zuvor mit den He 59 gelandet war. Die Brücke lag unter heftigem Artillerie- und MG-Feuer, hatte aber noch keine wesentlichen Schäden erlitten. Inzwischen hatte sich die 9. Panzerdivision bis zu den Vororten von Rotterdam durchgekämpft und stellte sich bereit, um den Widerstand im Inneren der Stadt zu brechen. General Rudolf Schmidt, der das deutsche Panzerkorps vor Rotterdam befehligte, ließ dem holländischen Kommandanten, Oberst P. Scharroo, eine Botschaft übermitteln, in der er ihn zur Übergabe aufforderte. Im Fall der Weigerung, warnte Schmidt, würde er gezwungen sein, Maßnahmen zu ergreifen, »die zur vollkommenen Zerstörung der Stadt führen könnten«. In der Zwischenzeit bereitete sich das Kampfgeschwader 54 von Kesselrings Luftflotte 2 für Angriffe auf bestimmte Stadtgebiete vor. Die Ziele hatte General Student angegeben, der sich wie üblich in der vordersten Linie befand.

Kesselring, der sich darüber im klaren war, daß Rotterdam möglicherweise ohne weiteren Kampf fallen würde, wollte sichergehen, daß die Bombardierung der Stadt tatsächlich notwendig war. Er schrieb dazu später: »Zwischen Göring und mir fanden vor dem Start des Kampfgeschwaders stundenlange erregte telefonische Auseinandersetzungen über die Frage statt, wie und ob überhaupt die angeforderten Angriffe durchzuführen seien; sie veranlaßten mich wiederholt, den Geschwaderkommandeur auf Beachtung der Signalfeuer und Erkennungszeichen im Kampfraum und ständige Aufrechterhaltung der Funkverbindung mit der Funkstelle des Landungskorps und mit mir besonders hinzuweisen. Spannungen traten auf, da seit dem Morgen-Funk Students keine Funkverbindung mehr zustande kam, wodurch die Luftflotte über die Kampfereignisse in und um Rotterdam nicht mehr unterrichtet war, es bestand auch die Gefahr, die eigene Truppe zu bewerfen.«

Die schlechten Funkverbindungen zwischen dem Kampfgebiet, dem Kommandeur des angreifenden KG 54 und Kesselrings Hauptquartier beschworen Unheil herauf. Oberst Scharroo, der Zeit gewinnen wollte, gab General Schmidt auf die Aufforderung zur Übergabe immer wieder neue, ausweichende Antworten, bis der deutsche General ein letztes, mit 18 Uhr befristetes Ultimatum stellte. In Unkenntnis dieser Frist starteten die He 111 von ihren Flugplätzen und erschienen um 15 Uhr über der Stadt. Hier sollten sie, zumindest in der Theorie, über Funk oder durch Leuchtsignale aus dem Brückenkopf den Befehl zur Durchführung oder zum Abbrechen des Angriffes erhalten.

Der Befehl zum Abbruch wurde auf dem Funkweg durchgegeben, aber von keinem der Bordfunker empfangen. Die angreifenden Bomber teilten sich nun in zwei Wellen. Eine näherte sich der Stadt auf einem Kurs parallel zum Fluß, die andere flog im rechten Winkel dazu. Dichter Rauch und leichte Wolkenschleier zwangen die Maschinen auf eine Höhe von 700 Meter herab. Unzählige rote Leuchtsignale, die Abbruch des Angriffes bedeuteten, stiegen aus den deutschen Linien empor, wurden aber von der ersten Welle der Bomber nicht gesehen. Der

Führer der zweiten Welle entdeckte sie im letzten Augenblick, drehte ab und warf seine Bomben auf britische Truppenansammlungen in der Nähe von Antwerpen. Die 57 Heinkels der ersten Welle flogen aber ihr Ziel an und warfen Sprengbomben im Gewicht von 97 Tonnen auf ein Dreieck im Stadtgebiet, dessen Seiten etwa je zwei Kilometer lang waren. Es war eines der präzisesten Bombardements des gesamten Krieges. Kein deutscher Soldat wurde getroffen; die Bomben fielen geschlossen in das Zielgebiet, das fast völlig zerstört wurde und von dem sich Flammen über die übrige Stadt ausbreiteten. Deutsche Panzer rollten nun über die noch immer von den Fallschirmjägern besetzte Brücke in die brennende Stadt. Die nachfolgende Infanterie geriet in das Gewehrfeuer der Holländer, die noch immer Widerstand leisteten. Auch General Student wurde von der Kugel eines holländischen Reservisten, der im Zivilberuf Delikatessenhändler war, am Kopf getroffen und für mehrere Wochen außer Gefecht gesetzt. Rotterdam kapitulierte und mit ihm Holland.

In der Aufregung und Verwirrung des Augenblicks hatte ein Mitglied der holländischen Regierung die Zahl der Opfer des Luftangriffes auf Rotterdam mit 30 000 angegeben; tatsächlich waren 814 Bewohner der Stadt getötet worden. Die übertriebene Verlustmeldung war jedenfalls nicht geeignet, in Frankreich das Gefühl zu zerstreuen, daß die Luftwaffe unbesiegbar sei, ein Gefühl, das sich nun immer mehr der schlecht ausgerüsteten, mangelhaft versorgten und chaotisch geführten alliierten Piloten bemächtigte, die sich vergeblich der deutschen Flut entgegenwarfen.

Der deutsche Vormarsch in Holland und Belgien täuschte das alliierte Oberkommando, das glaubte, der Gegner werde in Wiederholung des Schlieffenplanes von 1914 nach dem Fall von

Lüttich in einer weit ausholenden Bewegung bis hinter Paris und von dort zum Entscheidungsschlag nach Osten stoßen. Dementsprechend wurden alle zehn britischen Divisionen, die besten französischen Divisionen und zwei Drittel der verfügbaren französischen Bomber und Jäger in aller Eile nach Flandern geschickt. Generäle und einfache Soldaten waren gleichermaßen verwundert, daß sie dort auf geringen Widerstand stießen. Sie hatten alle Ursache, sich zu wundern, denn sie liefen in eine von der deutschen Führung wohlvorbereitete Falle. In der Zwischenzeit versammelten sich zwei deutsche Armeen in den dunklen Wäldern der Ardennen. Ihre Panzerdivisionen waren ausersehen, in einem blitzschnellen linken Haken bis zur See durchzustoßen. Nicht hinter Paris, sondern hinter der Masse der alliierten Armeen in Flandern sollte sich der Kessel schließen.

Das stürmische Geschehen der nächsten Wochen führte die Luftwaffe auf die Höhe des Triumphes, aber auch an den Rand eines Waterloo. Ein unfreiwilliger Verbündeter General Guderians, dessen XIX. Panzerkorps sich in den Ardennen bereitstellte, war die Feindnachrichten-Auswertungsstelle der französischen 9. Armee; ihre Blindheit gegenüber den deutschen Absichten übertraf trotz eindeutiger Aufklärungsergebnisse alle Vorstellungen. Unter den wenigen französischen Aufklärungsgruppen, deren Maschinen nicht schon am Boden zerstört waren, ehe sie auch nur den ersten Einsatz geflogen hatten, befand sich die Gruppe II/33, die mit zweimotorigen Potez 63 ausgerüstet war. Diese Maschinen waren 150 Stundenkilometer langsamer als die deutschen Jäger, nur leicht bewaffnet, und ihre Piloten hatten ein sehr beschränktes Blickfeld. Die Aufklärungsergebnisse hingen von den guten Augen des Beobachters und Bordschützen und vom Funktionieren der automatischen Kamera ab. In der Regel kehrte nur eines von drei Flugzeugen von Aufklärungseinsätzen zurück, und die Besatzungen, die zurückkehrten, fragten sich, warum sie ihr Leben riskiert hatten.

DIE LUFTWAFFE / KAPITEL XIII

In der Nacht des 11. Mai überflog die von Hauptmann René Gavoille gesteuerte Maschine die Ardennen. Nach der Landung auf dem Flugplatz der Gruppe II/33 bei Lyon berichtete der Pilot in verständlicher Erregung, daß in den Ardennen motorisierte Truppen versammelt sein müßten; er habe den bläulichen Schimmer ihrer Scheinwerfer auf einer Länge von mehreren Kilometern gesehen. Das französische Oberkommando tat diese Meldung als »nächtliche Illusion« ab. Daraufhin wurde am nächsten Tag ein Aufklärungsflug angesetzt, von dem die Potez mit Flaktreffern und Öl hinter sich nachziehend, heimkehrte. Diesmal meldete der Beobachter, daß er nicht nur endlose Kolonnen von Lastwagen und Kettenfahrzeugen, sondern auch eine bedrohliche Anzahl von Panzern gesehen habe. Die Meldung wurde an den Chef der Feindnachrichtenabteilung der 9. Armee durchgegeben, der sie mit Unglauben aufnahm. Jedermann wußte doch, daß es unmöglich sei, mit Panzern und motorisierten Verbänden durch die Ardennen zu marschieren! Die Fotos der automatischen Kamera bestätigten zwar die Meldung des Beobachters, aber auch dieser Beweis wurde nicht anerkannt. Hauptmann Gavoille erhielt vielmehr den Befehl, in den Morgenstunden des 13. Mai einen dritten Aufklärungsflug zu unternehmen. Dabei schossen Me 109 seine Potez in Flammen, aber die Besatzung überlebte eine Notlandung auf freiem Feld. Der hartnäckige Unverstand ihres eigenen Oberkommandos blieb ihnen unvergeßlich. Zwei wertvolle Tage waren vergeudet, und als die alliierten Luftstreitkräfte schließlich verspätet zum Einsatz kamen, fand der verbrecherische Leichtsinn seine Krönung.

Die Erfahrungen der R.A.F. aus ihrem Zusammentreffen mit den Jägern und der Flakartillerie der Luftwaffe in Holland und Belgien waren die Vorboten der Ereignisse im Ardennenabschnitt gewesen. Am 10. Mai hatten zweiunddreißig einmotorige Fairey Battles, ungepanzert und nur mit zwei Maschinengewehren bestückt, deutsche Kolonnen angegriffen; dreizehn wurden abgeschossen, der Rest kehrte beschädigt heim. Neun Blenheims griffen den Flughafen Waalhaven an; sechs wurden von Me 110 abgeschossen. Am 11. Mai attackierten acht Fairey Battles deutsche Infanterie auf luxemburgischem Gebiet; sieben Maschinen wurden von der Flak abgeschossen. Am 12. Mai wollten neun Blenheims deutsche Truppenansammlungen bei Maastricht bombardieren; nur zwei Maschinen entgingen den Me 109. Die französische Schlachtfliegergruppe I/54 verlor bald darauf acht ihrer achtzehn Flugzeuge. Fünf Fairey Battles, deren Besatzungen sich freiwillig gemeldet hatten, griffen eine Brücke bei Vroenhoven an, die zwei Tage zuvor von den Deutschen besetzt und mit Flak bestückt worden war. Alle fünf Maschinen samt den fünfzehn Mann an Bord wurden abgeschossen. 48 Stunden nach Beginn des Feldzuges war die Einsatzstärke der »Advanced Air Striking Force« der R.A.F. von 135 auf 72 Maschinen zusammengeschmolzen.

Am 13. Mai um 7 Uhr früh endete der »Sitzkrieg« für die französischen Divisionen der zweiten Linie, die zur Verteidigung der historisch bedeutsamen und strategisch wichtigen Stadt Sedan eingesetzt waren. Der heiße Sommerhimmel erdröhnte von Motorenlärm. Dutzende von Do 17 rasten über die Dächer der Stadt dahin und warfen lange Bombenketten auf das Ufergelände der Maas. Die Soldaten in ihren Erdlöchern und die Artilleristen, die neben ihren Geschützen in Deckung gingen, hörten und fühlten den Donner der Explosionen und dachten an die rückwärtigen Verbände, die diesen Angriffen ausgesetzt waren. Scheinbar endlose Wellen von Do 17 und He 111 waren den ganzen Morgen in der Luft.

Um 11 Uhr setzte eine kurze Pause ein. Es gab kaum mehr eine Nachrichtenverbindung zwischen Sedan und dem Hauptquartier der 2. Armee; die Telefonlinien waren zerfetzt, die schmalen Straßen mit Bombentrichtern übersät und folglich unpassierbar. Auf die Bomber folgten die Stukas, die in Höhenlagen gestaffelt anflogen. Nun nahm das Bombardement an Heftigkeit zu. In das Heulen der Luftschrauben, das Dröhnen der Motoren und das Jaulen der »Jericho-Trompeten« mischte sich das Geräusch der explodierenden 250-Kilo-Bomben. Sie zerstörten Bunker, warfen die Erde auf und setzten die französischen Geschütze außer Gefecht. Kaum hatte eine Staffel ihre Bomben abgeladen, stürzten aus großer Höhe die nächsten Maschinen wie Geier herab, durchstießen die Rauch- und Staubwolken und zogen wieder hoch.

Die Angreifer waren Stukas des VIII. Fliegerkorps Richthofens, eines Verbandes, der aufgrund der Erfahrungen in Polen für Operationen dieser Art gebildet worden war. Die Bomber wurden von Me 109 und Me 110 beschützt, die in großer Höhe flogen. Die französischen Piloten, die wohl wußten, daß sie am selben Himmel flogen, den vor mehr als zwanzig Jahren ihre Väter so tapfer verteidigt hatten, warfen sich in ihren Jagdflugzeugen den Deutschen entgegen und schossen bei hohen eigenen Verlusten 21 Flugzeuge ab. Aber was vermochten drei oder sechs Curtiss Hawks oder Moranes gegen Verbände von vierzig oder fünfzig Bombern, die von sechzig, siebzig oder achtzig Messerschmitts begleitet waren. Im Gegensatz zu den unglücklichen britischen Bomberpiloten und den französischen Potez-Besatzungen stieß die Luftwaffe nicht auf starke Flakabwehr; nach den ersten Stuka-Angriffen gab es nur mehr sporadisches Feuer vom Boden. General Edouard Ruby, dessen kampfunerfahrene Truppen am meisten gelitten hatten, meinte dazu: »Ihre einzige Sorge war es, die Köpfe unten zu halten. Fünf Stunden dieses Alptraums genügten, um ihre Nerven zu erschüttern und sie jeder Reaktionsfähigkeit zu berauben.«

Am Nachmittag wurde die Maas bei Sedan und bei Dinant, achtzig Kilometer weiter nördlich, überschritten. Die verstörten französischen Verteidiger leisteten nur geringen Widerstand, aber bei Dinant, wo es keine so vernichtenden Luftangriffe gegeben hatte, erlitten die Angriffsspitzen der Division General Rommels, die über den Fluß paddelten, verhältnismäßig schwere Verluste durch Gewehr-, Maschinengewehr- und Artilleriefeuer. In den Abendstunden waren aber beide Brückenköpfe fest in deutscher Hand, Pioniere errichteten Pontonbrücken, und Verstärkungen rollten über den Fluß.

Am folgenden Morgen begann der »Tag der Jäger«, wie er später von der Luftwaffe genannt wurde. Zehn der verwundbaren Fairey Battles gelang es, die Flakabwehr zu überraschen und die schmalen Pontonbrücken anzugreifen, bevor noch die deutschen Jäger gestartet waren. Die Brücken wurden allerdings nicht beschädigt. Bald darauf erschienen Messerschmitts der Jagdgeschwader 53 und 2 über Sedan; sie kamen gerade zurecht, um eine von Jägern begleitete Bomberstaffel abzufangen. In einem heftigen Luftkampf wurde fast die Hälfte der Bomber abgeschossen. Der Rest zerstob in alle Winde, nicht ohne zuvor den beabsichtigten Angriff mit »selbstmörderischer Tapferkeit«, wie die deutschen Piloten urteilten, durchgeführt zu haben. Nachdem die eigenen Bomberkräfte fast erschöpft waren, erbat das französische Oberkommando Hilfe von den übermüdeten Besatzungen der »Advanced Air Striking Force« der R.A.F., die bereits durch die Einsätze der beiden vorangegangenen Tage dezimiert waren. Indem er sämtliche Reserven mobilisierte, gelang es Luftmarschall Sir Arthur Barratt 71 Fairey Battles und Blenheims in den Kampf zu schicken. Zusammen mit Hurricane-Staffeln und französischen Maschinen vom Typ Morane, Curtiss und Dewoitine — alles in allem 250 Jäger — machten sie eine letzte verzweifelte Anstrengung, die deutschen Brückenköpfe aus der Luft zu zerstören. Was nun folgte, erinnerte an den Angriff der leichten Brigade bei Balaklava oder an Picketts Kampf bei Gettysburg.

Die alliierten Bomber flogen das Tal der Maas entlang, tief genug, um einigermaßen die Chance zu haben, die schmalen

Pontonbrücken zu treffen, aber hoch genug, um außerhalb des Feuerbereiches der 2-cm-Flak zu bleiben. Allerdings nicht hoch genug, um dem Dauerfeuer der 3,7-cm-Flak und den gefürchteten 8,8-cm-Geschützen zu entgehen. Volltreffer brachten die Fairey Battles und die Blenheims in der Luft zur Explosion. Die britischen und französischen Jäger stürzten sich auf die zahlenmäßig überlegenen Me 109 und versuchten sie von den Bombern fernzuhalten. Aber die Me-110-Zerstörer, die auf gleicher Höhe wie die Fairey Battles und die Blenheims flogen, griffen an und schossen ab. Das Tal hallte vom Dröhnen der Maschinen, vom Rattern der Maschinengewehre und von den Detonationen der Bomber wider, die brennend abstürzten. Fallschirme alliierter und deutscher Flieger hingen am Himmel. Bomben fielen auf beiden Ufern des Flusses und hinter Sedan, wo der deutsche Vormarsch vorübergehend stockte, als Soldaten fielen und Fahrzeuge zerstört wurden.

Aber es gab nicht genügend Flugzeuge, Bomben und Männer. Die Me 109 durchstießen die alliierte Jagdabwehr und wüteten unter den Fairey Battles und Blenheims. Der Angriff von Barratts tapferer Schar dauerte wenig länger als eine Stunde; dann war das Kampfgebiet mit den Wracks von vierzig Bombern und fünfzig Jägern bedeckt. Die vier Fairey-Battle-Staffeln allein verloren von 31 eingesetzten Maschinen 24. Die offizielle Geschichte der R.A.F. stellte dazu fest: »Die R.A.F. hat niemals bei einem Unternehmen vergleichbarer Größe Verluste in solcher Höhe erlitten.«

Der Widerstand entlang der Maas schwand dahin. Unter dem Druck der deutschen Panzer, denen Infanterieverbände folgten und die von Stukas und Jägern begleitet waren, die alle Vormarschstraßen aus ihren Bordwaffen beschossen, wichen die französischen Divisionen zurück. Auf den Straßen in das Landesinnere herrschte das Chaos. Flüchtende Zivilisten vermengten sich mit den französischen Truppen, die wütend über die verstopften Straßen waren, weil es ihnen dadurch unmöglich wurde, Widerstand zu leisten oder in bessere Verteidigungsstellungen auszuweichen. Der Kriegskorrespondent Alexander Werth berichtete, ein französischer Artillerieoffizier habe versucht, ein 7,5-cm-Geschütz am Rand einer Straße in Stellung zu bringen, die durch Flüchtlinge und durch Autowracks verstopft war. Deutsche Einheiten rückten über die Felder links und rechts von der Straße vor, und ehe das französische Geschütz das Feuer eröffnen konnte, nahm deutsche Artillerie die Straße unter Beschuß, wobei Flüchtlinge getötet und verwundet wurden.

Fahrzeugkolonnen der französischen Armee, die sich nach Norden bewegten, stießen auf einen Flüchtlingsstrom, der sich in südliche Richtung ergoß. Bomben und Geschosse trafen Soldaten und Zivilisten gleichermaßen. Die französischen Flüchtlinge verwünschten ihre eigenen Soldaten, weil sie den Feind nicht an den Grenzen aufgehalten hatten, so daß nun deutsche Geschosse auf französische Straßen fielen. Wo immer ein militärisches Fahrzeug hinter den sich auflösenden Fronten erschien, beschwor es die Gefahr eines Tieffliegerangriffes herauf. Im Gefolge der Meldungen über die Schrecken von Rotterdam verschafften die Nachrichten über den Beschuß der Straßen, auf denen sich Flüchtlinge drängten, der Luftwaffe den Ruf eines Terrorinstruments, dem jede Grausamkeit zuzutrauen war.

Es gab aber auch eine andere Seite der Medaille. Squadron Leader »Bull« Halahan, der die mit Hurricanes ausgerüstete 1. Staffel führte, die sich seit September 1939 in Frankreich befand, hatte in Belgien nach einem Luftkampf notlanden müssen, in dessen Verlauf er eine Me 109 und einen Arado-Aufklärer abgeschossen hatte. Einer seiner Staffelkameraden, Paul Richey, erzählte: »Halahan wurde in Belgien Zeuge einiger rauher Szenen. So beobachtete er vier Regimenter senegalesischer Infanterie, die sich im Eilschritt, ohne links und rechts zu blicken, mit unbeweglichem Gesichtsausdruck an die Front begaben. Als eine

Heinkel in einem Feld neben der Straße notlanden mußte, eilten einige Senegalesen zu der Maschine, zogen die vier Mann Besatzung heraus und enthaupteten sie auf der Stelle. Dann setzten sie, ohne eine Miene zu verziehen, ihren Marsch fort.«

Die deutschen Panzer überrollten im Verlauf ihres Sichelschnittes, der sie zum Meer führte, einen alliierten Flugplatz nach dem anderen; oft kaum eine halbe Stunde, nachdem ihn die letzte feindliche Staffel verlassen hatte. Aus dem Gleichgewicht gebracht und durch Verluste geschwächt, konnte weder die »Advanced Air Striking Force« noch die an ihrer Seite kämpfende »Component Force« hoffen, den raschen Vormarsch der deutschen Kolonnen über die Ebenen Belgiens zu verlangsamen.

Am 17. Mai, einem heißen, wolkenlosen Tag, wurde eine Einheit des Bomberkommandos aus England über den Kanal geschickt; die Blenheims der 82. Staffel sollten Truppenbewegungen in der Umgebung von Gembloux mit Bomben belegen. Hurricanes erschienen vor dem Bombereinsatz über dem Zielgebiet, »um den Himmel vom Feind zu säubern«, wie sich Winston Churchill auszudrücken pflegte. Die Blenheims selbst, die ohne unmittelbaren Begleitschutz flogen, wurden aber — lange bevor sie den Abwehrschirm ihrer eigenen Jäger erreichten, die sinn- und nutzlos über Gembloux kreisten — von Me 109 angegriffen. Elf der zwölf Bomber stürzten im Feuer der Bordkanonen der deutschen Jäger ab.

Am 19. Mai wurde entschieden, daß die verbliebenen Maschinen und Besatzungen der »Component Force«, die stetig nach Westen abgedrängt wurde, wirksamer und sicherer von Südengland aus eingesetzt werden konnten. Der Verlegungsbefehl kam allerdings so plötzlich, daß die Evakuierung eher einer Flucht als einer geordneten Absetzbewegung gleichkam: 120 Hurricanes, die zwar beschädigt, aber noch reparabel waren, fielen — zusammen mit großen Beständen an Ausrüstung und Material — den vorrückenden Deutschen in die Hände. Nur

66 Jäger der »Component Force« kehrten nach England zurück. 175 Jagdflugzeuge waren im Verlauf der zehntägigen Kämpfe verlorengegangen. Die R.A.F. mußte sechzehn Staffeln abschreiben.

Am Abend des 20. Mai, ungefähr zu der Zeit, da die letzten Hurricanes nach England zurückflogen, hatte die deutsche 2. Panzerdivision ihren Sturmlauf durch Frankreich beendet und 45 Kilometer nördlich von Dieppe das Meer erreicht. Die alliierten Armeen waren nun entzweigeschnitten; als einige Tage später Boulogne und Calais gefallen waren, verblieb als einziger Hafen Dünkirchen in alliierter Hand. Die britische Expeditionsarmee war auf beiden Seiten von deutschen Verbänden wie von den Backen eines Nußknackers umgeben. Nur ein Wunder konnte jetzt die größte militärische Katastrophe in der Geschichte des englischen Weltreichs verhindern.

Das Wunder ereignete sich in Gestalt einer Führerweisung, die den deutschen Panzerdivisionen ein Halt vorschrieb. Der Befehl erging am 24. Mai, und Guderian war, als er ihn erhielt, »vollkommen sprachlos«. Seine Panzer waren an der Aa, weniger als vierzig Kilometer vor Dünkirchen, angelangt. Dem unverständlichen Befehl lag Görings Wunsch zugrunde, die Luftwaffe möge dem eingekreisten Gegner den Gnadenstoß versetzen. Sein I c, General »Beppo« Schmid, berichtete darüber: »Ich war anwesend, als Göring erfuhr, daß sich die deutschen Panzer von Osten und Westen den Ausläufern von Dünkirchen genähert hatten. Daraufhin entschied er, ohne auch nur einen Augenblick zu überlegen, daß das britische Expeditionskorps aus der Luft besiegt werden müsse. Ich war Ohrenzeuge des Telefongesprächs, das er daraufhin mit Hitler führte. Göring schilderte die Situation in Dünkirchen so, als gäbe es gar keine Alternative als die Vernichtung der eingekesselten britischen Truppen durch Luftangriff. Er behauptete, daß die Luftwaffe für die Erfüllung dieser Aufgabe hervorragend geeignet sei und daß die bereits abgekämpften Angriffsspitzen des Heeres gar nicht in der Lage seien, den Abzug der Engländer zu verhindern. Er verlangte sogar, daß die deutschen Panzer einige Kilometer zurückgezogen werden, um der Luftwaffe ein unbehindertes Angriffsfeld zu schaffen.« Kesselrings Luftflotte 2 erhielt den Auftrag, die Hafenanlagen von Dünkirchen zu zerstören und das britische Expeditionskorps zu vernichten. Kesselring aber hatte Bedenken, die er am Telefon Göring vortrug, der »die Auswirkung der fast dreiwöchigen pausenlosen Feindeinsätze der Flieger gut genug kennen mußte, um nicht Einsätze zu befehlen, die kaum mit frischen Kräften zu leisten waren«. Außerdem wies Kesselring Göring darauf hin, daß die Engländer nunmehr die neuen Spitfires von Flugplätzen in Südengland in den Kampf warfen, wodurch die Luftwaffe schwere Verluste zu erwarten hätte; insbesondere die Ju 88, die von ihren Plätzen in Holland den Ärmelkanal entlangfliegen mußten, um Dünkirchen zu erreichen. Schließlich erklärte Kesselring, daß das Unternehmen »selbst mit Unterstützung durch das VIII. Fliegerkorps« nicht lösbar sei, dessen Stukas nur geringe Reichweite, aber einen langen Anflug von ihren Plätzen in Frankreich hatten. Jeschonnek teilte Kesselrings Beurteilung der Lage, scheute sich aber, die Angelegenheit dem Führer vorzutragen, denn Göring hatte Hitler sein Wort gegeben, daß die Luftwaffe diese größte ihr bisher gestellte Aufgabe ruhmreich erfüllen werde.

Das »Unternehmen Dynamo«, wie die Evakuierung der britischen Truppen aus dem Kessel von Dünkirchen genannt wurde, begann am 27. Mai unter einem Hagel von Spreng- und Brandbomben. Große Öltanks am Stadtrand gingen in Flammen auf, und schwarze Rauchsäulen von fünf Kilometer Höhe wiesen der Luftwaffe und der R.A.F. gleichermaßen den Weg. Das englische Jägerkommando konnte für den Einsatz über Dünkirchen nur zweihundert Spitfires und Hurricanes abstellen, die in dem Versuch, den ganzen Tag über Luftabwehr zu gewährleisten, staffelweise eingesetzt wurden. Die Jagd- und Kampfflieger der Luftwaffe stellten fest, daß sich der Gegner durch ein Stärkeverhältnis von 3 oder 4 zu 1 zu seinen Ungunsten nicht abschrecken ließ. Major Werner Kreipe vom KG 2 kehrte von Dünkirchen in einem zerschossenen Bomber zurück und berichtete, daß die feindlichen Jäger »mit der Wut von Verrückten« angegriffen hätten. Zwölf Spitfires der 610. Staffel, die in Biggin Hill, südlich von London, stationiert waren, stießen auf vierzig Me 109 und schossen bei zwei eigenen Verlusten drei deutsche Jäger in Brand. Zwölf Do 17 wurden von anderen Spitfires angegriffen; nur sechs deutsche Bomber kehrten heim. Das II. Fliegerkorps allein verlor am ersten Tag 23 Maschinen und 64 Mann Besatzung; das waren schwerere Verluste als in den zehn vorangegangenen Kampftagen.

Aber Dünkirchen wurde Tag und Nacht in immer neuen Wellen von He 111, Ju 88 und Ju 87, die von Plätzen in Deutschland, Holland und Frankreich kamen, angegriffen; Schwärme von Me 109 und Me 110 waren fast pausenlos über der Stadt. Der Hafen war voll von Schiffen; einige versuchten die lange hölzerne Mole zu erreichen, die eineinhalb Kilometer weit in die See ragte und auf der hungrige, verdreckte Soldaten darauf warteten, an Bord zu gehen. Andere steuerten hektische Ausweichkreise im von Bomben aufgewühlten Wasser oder trieben nach Treffern hilflos dahin. Der französische Frachter »Aden« sank in den Morgenstunden, und der Truppentransporter »Côte d'Azur« ging am Nachmittag unter.

Einheiten, die sich auf dem deckungslosen, viele Kilometer langen Strand zusammendrängten, wurden den ganzen Tag von deutschen Flugzeugen, die scheinbar ohne Unterbrechung aus allen Richtungen kamen, mit Bomben und Bordwaffen belegt. Die Soldaten, die keine Kenntnis von den erbitterten Luftkämpfen hatten, die außerhalb ihrer Sicht tobten, richteten ihren Zorn gegen die eigenen Piloten. »Wo, in drei Teufels Namen, sind unsere Jäger?« war eine Frage, die in den langen Tagen des Wartens immer wieder laut wurde. Ein Hurricane-Pilot der 213. Staffel, der nach einem Luftkampf mit einem deutschen Jäger am Strand nördlich von Dünkirchen eine Notlandung unternahm, versuchte an Bord eines Schiffes zu gelangen, das ihn zurück nach England bringen sollte. Er wurde von einem Infanterieoffizier beiseite geschoben, der sich erbittert darüber beklagte, daß er und seine Kameraden in den höllischen Stunden des Wartens im Bombenhagel kein einziges Jagdflugzeug der R.A.F. gesehen hatten. Ein anderer Hurricane-Pilot, der über dem Meer abgeschossen worden war, wurde von einem Zerstörer aufgefischt. Als er an Bord kam, empfingen ihn die Soldaten, die eine halbe Stunde zuvor die zerstörte Stadt verlassen hatten, mit wüsten Beschimpfungen. Bis zum Abend des ersten Tages waren nur 7669 Soldaten aus Dünkirchen herausgekommen.

Der nächste Tag brachte grauen Himmel, aber die Sicht war gut genug, so daß bereits in den Morgenstunden 150 deutsche Maschinen über der Stadt waren. Sechs Schiffe wurden versenkt, bis das Wetter so schlecht wurde, daß Kesselrings Bomber nicht länger starten konnten. An diesem Tag wurden 17 000 Mann evakuiert. Die schweren Regenfälle dauerten auch noch am Morgen des 29. Mai an, doch gegen Mittag klarte es auf, und die Bomberschwärme erschienen neuerlich über Dünkirchen. In den Gewässern um die Stadt waren nun so viele Zerstörer, Frachter, Schlepper, Fischerboote, Privatjachten, eigens ausgeborgte Cunard-Rettungsboote, Schaluppen, Trawler und Minenräumer unterwegs, daß die Gefahr eines Zusammenstoßes fast so groß war wie die eines Bombentreffers.

Am 31. Mai, einem herrlichen Tag mit Sonnenschein, wurden sechs Zerstörer beschädigt, die miteinander und mit anderen Schiffen zusammengestoßen waren, als sie fieberhaft versucht hatten, fallenden Bomben auszuweichen. Trotzdem wurden an diesem Tag fast 70 000 Mann aus der Stadt und von den Stränden evakuiert. Die Luftwaffe mußte feststellen, daß das Bombardement der Strände fast keine Wirkung zeitigte. Die Detonation von 50- und 250-Kilo-Bomben in dem weichen Sand kam der Explosion von Knallfröschen in Sägemehl gleich. Mit zunehmender Einengung der Verteidigungslinien konzentrierten sich die Bomber immer mehr auf den Schiffsverkehr. Die Verluste waren dementsprechend groß. Nachdem am 1. Juni zehn Schiffe, darunter drei Zerstörer, durch Stukas vernichtet worden waren, wurde die Evakuierung nur mehr bei Nacht durchgeführt.

Obwohl 243 der 861 beim Rückzug aus Dünkirchen eingesetzten Schiffe versenkt wurden, ermöglichten Höchstleistungen an Tapferkeit und Mühe 338 226 britischen und französischen Soldaten sicher die Überquerung des Kanals. Drüben standen sie für spätere Einsätze bereit. Als das »Unternehmen Dynamo« am Nachmittag des 4. Juni endete, rollten die deutschen Panzer in die zerstörte Stadt und nahmen die zurückgebliebenen französischen Soldaten gefangen. Dünkirchen war ein Trümmerhaufen, die nahe gelegenen Strände erwiesen sich als riesige Abfallplätze, voll von zurückgelassenem Material.

Hitlers Generäle waren empört über den Führerbefehl, der das Heer eines Triumphes beraubt hatte, und Görings Griff nach dem Ruhm war gescheitert. Aber der Führer erblickte in dem Abschluß der Kämpfe in Nordfrankreich einen großen Erfolg und ordnete das Läuten der Kirchenglocken in ganz Deutschland für drei Tage an. Sie läuteten nicht zuletzt für die dreihundert deutschen Flieger, die in den Kämpfen um Dünkirchen ihr Leben gelassen hatten.

Nach dem Fall der Stadt begannen die Panzer nach Süden zu rollen. Voraus flogen ihnen die Nahkampfverbände zweier Luftflotten. Sie zerstörten die Flugplätze im Inneren Frankreichs, auf denen sich Maschinen drängten, die eben erst aus der Fabrik gerollt oder aus den USA eingeführt worden waren. Paris wurde zur offenen Stadt erklärt und fiel am 14. Juni. Der greise Marschall Philippe Pétain, der sich nach der Flucht der Regierung nach Bordeaux als Wahrer der Interessen Frankreichs fühlte, suchte 72 Stunden später bei den Deutschen um Waffenstillstand an. Als Hitler in seinem Hauptquartier die Nachricht erhielt, führte er einen Freudentanz auf, den die Fotografen festgehalten haben. Während die 87. Infanteriedivision Paris besetzte, eilten die Panzer dem Meer entgegen, um die Atlantikhäfen zu besetzen.

Die britischen Truppen, die noch in Mittelfrankreich standen, waren durch Verstärkungen auf neun Divisionen in der Gesamtstärke von 136 000 Mann angewachsen. Nachdem Pétain die Waffenniederlegung der französischen Armee angeordnet hatte, zog General Alan Brooke die britischen Truppen aus dem Kampf zurück und verlud sie auf große Schiffe, die aus England gekommen waren und in französischen Häfen von Cherbourg im Norden bis Nantes im Süden festgemacht hatten. Nur sechzig britische Jäger standen zum Schutz dieser letzten Evakuierung zur Verfügung, aber sie störten die angreifenden Bomber der Luftwaffe so nachhaltig, daß die schwerbeladenen Schiffe im Laufe der Nacht abdampfen konnten. Alle bis auf eines. Am 17. Juni verließ die 22 000 Tonnen große »Lancastria« den Hafen von St-Nazaire mit sechstausend britischen Soldaten an Bord. Hurricanes flogen Jagdschutz, aber aus der Wolkendecke, die über Teilen des Hafens lag, stürzten mehrere Ju 88 und trafen das große Schiff mit schweren Bomben. Flammen schossen empor, und brennendes Öl ergoß sich über die See. Dreitausend Mann fielen diesem Luftangriff zum Opfer.

Winston Churchill erhielt die Nachricht von dieser Katastrophe am Nachmittag desselben Tages in der Abgeschiedenheit seines Sitzungszimmers. Er verbot die Veröffentlichung der Nachricht mit der Bemerkung: »Die Zeitungen haben zumindest für heute schon schlechte Nachrichten genug.«

SIEG IM WESTEN

Niemand hat ein treffenderes Bild vom Untergang der französischen Luftwaffe gemalt als Sergeant Romain Gary, der einen der letzten Einsätze des Feldzugs in einem Bloch-210-Bomber flog, bevor er auf dem riesigen Flugfeld von Bordeaux-Mérignac zur letzten Landung ansetzte. Seine Erinnerungen lauten: »Aus allen Himmelsrichtungen landeten in einem ununterbrochenen Strom Flugzeuge aller Arten und Größen und bedeckten den Platz. Obskuren Maschinen, die ich weder dem Typ noch dem Verwendungszweck nach kannte, von denen einige noch aus dem Ersten Weltkrieg stammten und andere unfertige Prototypen waren, entstiegen noch obskurere Passagiere... Das Flugfeld wurde zu einer Art von Musterschau sämtlicher Flugzeugtypen, die im Laufe der letzten zwanzig Jahre für die Armée de l'Air entwickelt worden waren; bevor sie starb, erinnerte sich die französische Luftwaffe noch einmal ihrer Vergangenheit...

Ich sah einen jungen Marinepiloten mit einer der eindrucksvollsten Ordensspangen, die je die Brust eines Kriegers geschmückt hat, aus dem Führersitz seiner Maschine klettern. In seinen Armen trug er ein schlafendes kleines Mädchen, das er während des Fluges auf seinen Knien gehalten haben mußte. Ich sah einen anderen Piloten aus seiner Goeland-Maschine in Gesellschaft von Damen steigen, die offensichtlich Insassinnen eines drittklassigen Provinzbordells waren. In einer Simoun-Maschine sah ich einen weißhaarigen Unteroffizier und eine Dame in Hosen mit zwei Hunden, einer Katze, einem Kanarienvogel, einem Papagei, zwei zusammengerollten Teppichen und einem Gemälde von Hubert Robert, das an der Seitenwand des Führersitzes lehnte... Ich sah — und ich werde sie nie vergessen — die Gesichter meiner Kameraden, der Piloten der Jäger vom Typ Dewoitine 520 und Morane 406, die mit zerschossenen Tragflächen aus ihrem letzten Kampf zurückgekehrt waren und deren junger Kommandeur sich sein Croix de Guerre abriß und auf dem Boden zerstampfte. Ich sah an die dreißig Generäle, die sinnlos wartend beim Kontrollturm herumstanden... Und überall die merkwürdige Ansammlung einer Flugzeug-Fauna, die dem Himmel entflohen war...«

Am Nachmittag des 21. Juni 1940 wurden den Franzosen die Waffenstillstandsbedingungen übergeben — im Wald von Compiègne in demselben Salonwagen, der zweiundzwanzig Jahre zuvor der Schauplatz der tiefsten Erniedrigung Deutschlands gewesen war. Hermann Göring befand sich unter den Anwesenden. Nachdem das Dokument, mit dem nun Frankreich erniedrigt wurde, ausgehändigt war, trat er mit Hitler und seiner Begleitung ins Freie, in den warmen Schein der Sommersonne. Da stand er, von der stolzen Gewißheit erfüllt, daß seine Luftwaffe vom Polarkreis bis zur Bucht von Biskaya siegreich geblieben war.

Aber er wußte auch, daß jenseits des Kanals England lag.

XIV

DAS SCHEITERN

*»Ich sah Göring an seinem Schreibtisch,
den Kopf tief gebeugt und laut weinend.«*
General Paul Deichmann,
am 21. Dezember 1942

Der Fall Frankreichs brachte zugleich das Ende der Luftwaffe als politischer und militärischer Faktor von entscheidender Bedeutung. Niemand hat das damals erkannt. Der Reichskriegsgerichtsrat Dr. Alexander Kraell hörte in Berlin, wie Ernst Udet erklärte: »Der Krieg ist vorüber. Unsere Produktionspläne sind keinen Pfennig mehr wert! Wir brauchen sie nicht mehr!« Aber Deutschland hatte noch mehr als 1700 Kriegstage vor sich, und Udets Euphorie schwand dahin, als die Luftwaffe in der Schlacht über England gezwungen war, mit taktischen Streitkräften einen strategischen Krieg zu führen.

Die Mittelstreckenbomber, die gegen England zur Verfügung standen — nur 818 einsatzbereite Maschinen bei einer Sollstärke von 1638 Flugzeugen —, hatten weder die Reichweite noch die Bombenkapazität, um der britischen Industrie vernichtende Schläge zu versetzen. Außerdem waren sie so leicht bewaffnet, daß sie auf der gesamten Wegstrecke Jagdschutz brauchten. Dafür standen unter anderem 240 zweimotorige Me 110 zur Verfügung, doch diese verunglückten »Eisenseiten«, wie sie Göring zu nennen pflegte, benötigten selbst Jagdschutz und konnten die ihnen zugedachte Aufgabe in keiner Weise erfüllen. Wie groß die Diskrepanz zwischen Planung und Realität in der lebenswichtigen Frage der Einsatzstärke der Me-109-Verbände war, geht aus den Aufstellungen des Generalluftzeugmeisteramtes hervor. Am 3. August 1940 hätten die Luftflotten im Westen einen Sollstand von 1171 einmotorigen Jägern aufweisen sollen. Tatsächlich vorhanden waren 1065, davon 187 nicht einsatzfähig. 118 Maschinen waren in der Reichsverteidigung eingesetzt, so daß für den Angriff auf England nur 760 Me 109 zur Verfügung standen. Demgegenüber konnten die Engländer 714 Spitfires und Hurricanes, unterstützt von Radarstationen und einem gut funktionierenden Bodenleitsystem, vorweisen. Die Bilanz der einmotorigen Jäger war somit einigermaßen ausgeglichen. Viel bedeutsamer war, daß die Briten dank einer mit Energie vorangetriebenen Produktion dreimal soviel Jäger erzeugten, als Udets noch immer zaghaftes Programm hervorbrachte. Im August, einem Monat heftigster Kämpfe mit schweren Verlusten auf beiden Seiten, verließen nur 160 Me 109 die Messerschmitt-Werke in Augsburg, während die R.A.F 746 neue Jäger für ihren Kampf gegen die immer kleiner werdende Zahl von deutschen Bombern erhielt.

Der Kampf begann Mitte Juli mit Angriffen gegen die Schiffahrt im Kanal; er wurde mit Versuchen, die britische Jagdwaffe in der Luft und am Boden zu zerstören, fortgesetzt und endete im Winter, nachdem es vorher noch pausenlose Tag- und Nachtangriffe auf jene Häfen und Industriegebiete gegeben hatte, die in Reichweite lagen. Der »Blitz«, wie ihn die Engländer nannten, verebbte während des schlechten Winterwetters, begann im Frühjahr von neuem und schwächte sich mit dem bevorstehenden Feldzug gegen die Sowjetunion abermals ab. Obwohl London und anderen Städten schwerer Schaden zugefügt wurde, waren am Ende sowohl die Kampfkraft der R.A.F. als auch die industrielle Kapazität Englands ungebrochen. Daß die Luftwaffe zum erstenmal eine ihr zugewiesene Aufgabe von Bedeutung

DAS SCHEITERN

nicht erfüllen konnte, bot für die Kommandeure, denen die Durchführung übertragen war, keine Überraschung. Generalfeldmarschall Kesselring, dessen Luftflotte 2 in der Schlacht über England fast tausend Flugzeuge verlor, meinte dazu: »Ebenso wie wir 1939 unfertig in den Polenkrieg traten, waren wir für den Wirtschaftskrieg gegen England in seiner Tiefe und Vielfalt nicht gerüstet. Sicherlich, wir haben den Engländern das Leben auf ihrer Insel erschwert, wir haben aber nicht die Lebensader Großbritanniens abschneiden können.«

Göring, der Oberbefehlshaber der Luftwaffe, hatte vor Beginn der Kämpfe vor Hitler geprahlt, zog sich aber nun immer öfter in die Traumwelt seines ostpreußischen Jagdsitzes zurück und erschien am Ende der Schlacht, um den überlebenden Besatzungen darüber Vorwürfe zu machen, daß sie ihn in den Augen des Führers bloßgestellt hatten. Noch unglaublicher benahm sich Erhard Milch. Werner Baumbach, der als Führer eines Ju-88-Verbandes über London verwundet wurde, hat beschrieben, »wie die deutschen Erfolgsberichte, die aus propagandistischen Gründen das Versagen der Luftwaffe gegen England verschwiegen, Unwillen bei den im Einsatz befindlichen Verbänden erweckten. Als Generalfeldmarschall Milch Einheiten in Holland besichtigte, machten die Besatzungen des KG 30 kein Hehl aus diesem Unwillen. Die Staffelführer, die selbst Einsätze geflogen hatten, erklärten dem Feldmarschall unverblümt, daß es unmöglich sei, mit den ihnen zur Verfügung stehenden Maschinen, Bombenzielgeräten und Waffen, die von ihnen verlangten Ergebnisse zu erzielen, daß die englischen Jäger den deutschen Bombern genauso überlegen seien wie die deutschen Jäger den englischen Bombern und daß Nachtangriffe keine entscheidende Wirkung haben konnten, da es weder Zielgeräte für Nachteinsätze noch genügend Bomben gab«.

»Milch schien dankbar für unsere offenherzigen Erklärungen zu sein«, fuhr Baumbach fort, »und sagte, daß er sofortige Abhilfe schaffen werde. Die schuf er auch: Eine Gruppe des Geschwaders, das die Hauptlast der Angriffe gegen britische Handels- und Kriegsschiffe getragen hatte, wurde als Strafe für ›Meuterei und Defätismus‹ aufgelöst. Die Offiziere wurden versetzt und degradiert...«

Milchs Vorgehen gegen das KG 30, hinter dem in Wirklichkeit Göring stand, war typisch für die Mißstimmung, die im Oberkommando der Luftwaffe herrschte. Hitler hatte Göring zu sich befohlen und ihm vorgeworfen, daß die Luftwaffe nicht imstande war, das Versprechen ihres Oberbefehlshabers zu erfüllen. Göring wandte sich seinerseits gegen Udet, dem er in einer erregten Unterredung zurief: »Wenn ich keine Schwierigkeiten hätte, brauchte ich Sie nicht!« Milch wandte sich ebenfalls gegen den glücklosen Udet, den sein alter Kamerad Fritz Siebel damals folgendermaßen beschrieb: »Schwer krank, apathisch, von schweren Blutstürzen, Kopfschmerzen und ununterbrochenem Dröhnen in den Ohren geplagt, gegen das kein Arzt ein Mittel zu finden schien.«

In einer Besprechung im Sommer 1941 wurde Udet von Milch kritisiert, weil er seit dem Beginn des Krieges im Jahre 1939 nicht weniger als sechzehn Flugzeugproduktionsprogramme vorgelegt habe. »Sie wurden niemals ausgeführt«, erklärte Milch, »und niemand hat sie je ernstgenommen. Sie waren lediglich die Grundlage für Rechnungen an die Luftwaffe.« Udet konnte dem entgegenhalten, daß die Luftwaffe ein Jahr zuvor, unmittelbar nach dem Fall Frankreichs, plötzlich durch eine Weisung von oben an die fünfte Dringlichkeitsstelle des Rüstungsprogrammes gesetzt worden sei.

Die Engländer sandten Bomber in zunehmender Zahl über den Kanal, und obwohl die Wellingtons, Whitleys und Blenheims nicht besser waren als die Mittelstreckenbomber der Luftwaffe, ließen sich die Zeichen der Zeit nicht übersehen. Die amerikanische Flugzeugproduktion wurde gesteigert, und die

DAS SCHEITERN

Engländer hatten bereits mehr als dreitausend Maschinen aus den Vereinigten Staaten erhalten. Udet warnte: »Wenn wir die Jagdwaffe nicht beträchtlich verstärken und im Jahre 1942 aus der Defensive herauskommen, ist der Krieg verloren.« Aber niemand hörte mehr auf Udet; Göring und Milch umgingen ihn. Die vernünftigste Lösung wäre gewesen, Udet ein Jagdfliegerkommando an der Front zu geben, wo er gute Dienste hätte leisten können. Doch nein, Göring stattete Milch mit nie vorher dagewesenen Rüstungsvollmachten aus und unterhöhlte damit Udets Stellung. Der Generalluftzeugmeister behielt seinen Titel, die Macht aber war ihm entglitten.

Göring ließ Udet rufen, erinnerte ihn wieder einmal an die alte Kameradschaft von der Westfront des Jahres 1918 und legte ihm freundschaftlich nahe, einen längeren Urlaub anzutreten. Zögernd stimmte Udet zu und nahm sich einen Monat frei. Als er Ende September zurückkehrte, mußte er feststellen, daß Milch in seinem Amt zahlreiche Entlassungen und große organisatorische Veränderungen vorgenommen hatte. Fast alle persönlichen Freunde Udets waren hinausgeworfen und durch energische Neuankömmlinge ersetzt worden.

Am kalten, grauen Morgen des 17. November 1941 griff Udet in seiner Berliner Dienstvilla in der Stallupöner Allee zum Telefon und rief seine langjährige Freundin, Inge Bleyle, an. »Inge«, sagte er, »ich kann nicht mehr weiter. Ich erschieße mich. Ich wollte nur adieu sagen. Sie sind hinter mir her.« Frau Bleyle flehte Udet noch an, zu warten, bis sie zu ihm komme, als sie bereits den lauten Knall eines Pistolenschusses hörte. Sie eilte in die Villa und fand Udet tot auf. An die Wand über dem Bett hatte er eine Abschiedsbotschaft an Göring geschrieben: »Eiserner, Du hast mich verlassen.«

Udet erhielt ein Staatsbegräbnis. In der offiziellen Verlautbarung hieß es, er sei »bei der Erprobung einer neuen Waffe« tödlich verunglückt. Bald darauf begann auf Görings Betreiben eine kriegsgerichtliche Untersuchung gegen Udets wichtigste Mitarbeiter. Sie wurde jedoch eingestellt, da die Ergebnisse nicht zuletzt Görings Verantwortungslosigkeit und Indifferenz aufgedeckt hätten.

Milch ging schnell und energisch daran, die Bestände der Luftwaffe aufzufüllen. Er teilte General Jeschonnek mit, daß die Produktion von Jägern — einschließlich der neuen Focke Wulf 190 mit Sternmotor — von 360 auf 1000 Einheiten pro Monat zu steigern sei. Jeschonnek lehnte diese Steigerung mit dem Bemerken ab, daß Bomber wichtiger wären und außerdem monatlich nur 170 Absolventen die Jagdschulen verließen, weshalb zusätzliche Jäger nutzlos seien. Auf der Suche nach wichtigen Rohstoffen entdeckte Milch, daß die Flugzeugproduzenten große Mengen von Aluminium und anderen raren Materialien gehortet hatten, trotzdem aber weiter bestellten. Er erfuhr auch, daß die Kriegsmarine Messerschmitt heimlich dazu gebracht hatte, Tropenbaracken aus Duraluminium zu entwerfen, damit sie über termitensichere Unterkünfte im Falle der Wiedergewinnung der deutschen Kolonien verfügte. Unter Milchs energischer Führung stieg der Fabrikausstoß von 12 401 Maschinen aller Art im Jahr 1941 auf 24 807 am Jahresende 1943 und nahm danach weiterhin stark zu.

Aber keine noch so große Anstrengung konnte die verfehlte Planung und Entwicklung der vorangegangenen Jahre wiedergutmachen. Deutschland nahm den Kampf mit der Sowjetunion ohne den strategischen Bomber auf, dessen Vorhandensein General Wever als eine Voraussetzung für den Sieg über die Russen betrachtete hatte. Die Produktion der He 177 wurde wiederaufgenommen, aber die Maschine litt noch immer unter der Motorenanordnung, die immer wieder zu Bränden führte; immer neue Besatzungen ließen bei der Erprobung dieser Fehl-

DAS SCHEITERN

konstruktion ihr Leben. Doch brachten es weder Milch noch Jeschonnek über sich, den Umbau in eine viermotorige Maschine konventioneller Art zu befehlen, die der Luftwaffe wenigstens zu diesem späten Zeitpunkt strategische Einsatzmöglichkeiten eröffnet hätte. Der einzige Angriff strategischer Natur, den die Luftwaffe gegen die russische Industrie führte, hatte gezeigt, wie wirksam solche Aktionen gewesen wären. Im Juni 1943 griffen die II. und III. Gruppe des KG 55 die Gorki-Panzerwerke bei Nowgorod mit hervorragendem Erfolg an. Agenten berichteten, daß achthundert neue T 34 in der Fabrik selbst und auf den umliegenden Abstellplätzen zerstört wurden, wo sie auf den Transport zur Front gewartet hatten. Aber im gleichen Maße, in dem sich das Heer weiter und weiter zurückziehen mußte, gerieten diese Ziele immer mehr außer Reichweite, und es gab keinen Uralbomber, der diese Kluft hätte überbrücken können.

Die größte Niederlage des Rußlandfeldzugs, die Katastrophe von Stalingrad, traf nicht nur die 6. Armee, sondern auch die Luftwaffe, der die Aufgabe übertragen worden war, die Soldaten in der eingeschlossenen Stadt zu versorgen. Bei der Hast, mit der die Luftwaffe aufgebaut worden war, hatte man keine Zeit gefunden, einen ausreichenden Lufttransportdienst zu schaffen, obwohl er dringend benötigt wurde. In der zerstörten Stadt war eine Viertelmillion deutscher Truppen eingeschlossen. Hitler fragte sich, ob sie mit den der Luftwaffe zur Verfügung stehenden Flugzeugen aus der Luft versorgt werden könnten. Jeschonnek bezweifelte es, aber sein preußischer Gehorsam und sein Glaube an den Führer hielten ihn davon ab, seine Ansicht zu äußern. Göring widersprach dem Generalstabschef des Heeres, General Kurt Zeitzler, der meinte, daß die Luftwaffe den täglichen Mindestbedarf der 6. Armee im Ausmaß von vierhundert Tonnen nicht transportieren könne, und erklärte Hitler, daß sie dazu sehr wohl in der Lage sei.

Wieder wurden Ausbilder und Ju 52 von den Schulen abgezogen, um die für die Luftbrücke nach Stalingrad zusammengekratzten Verbände zu verstärken. Die Versorgungsflüge begannen im November 1942 bei Minustemperaturen von 30 Grad. Unter solchen Wetterbedingungen konnten die hilflosen Besatzungen in den drei Monaten bis zum Ende des Kampfes lediglich einen Tagesdurchschnitt von 94 Tonnen befördern. Als alles vorüber war, gingen die halberfrorenen Überlebenden der 6. Armee mit ihrem Oberbefehlshaber, Generalfeldmarschall Paulus, in Gefangenschaft; 488 Maschinen und tausend Mann Besatzungen lagen auf dem riesigen Friedhof, der Stalingrad hieß. Darunter waren 165 Bomber vom Typ He 111, die niemals als Transportflugzeuge gedacht waren. Fünf He 177, die — ebenfalls beladen mit Nachschubgütern — nach Stalingrad geschickt worden waren, gingen beim ersten Einsatz in Flammen auf.

Görings Verhalten während dieser Katastrophe hat General Paul Deichmann geschildert: »Am Abend des 21. Dezember 1942, als ich das Führerhauptquartier in der Wolfsschanze bei Rastenburg in Ostpreußen besuchte, meldete ich mich bei Göring im Führerbunker. Ich klopfte an der Tür des Raumes, der für Göring vorgesehen war, General Bodenschatz öffnete und fragte, was ich wollte. Hinter ihm sah ich Göring an seinem Schreibtisch, den Kopf tief gebeugt und laut weinend ... Göring forderte mich auf einzutreten, und ohne mich weiter zu beachten, gab er sich weiter seinem Schmerz hin. Dann stellte er mir, wiederholt von neuen Weinkrämpfen unterbrochen, einige Fragen und entließ mich, um sich wieder seiner Verzweiflung hinzugeben.«

Göring, der wie eine Frau über die in aussichtslosen Unternehmungen erlittenen Verluste weinen konnte, war aber auch fähig, sich mit aller Brutalität gegen jene zu wenden, die seinen Ruf zu gefährden drohten. Nachdem das Afrikakorps im Früh-

DAS SCHEITERN

jahr 1943 aus Tunesien vertrieben worden war, wurden die Überreste seiner Jagdwaffe, 130 einsatzfähige Me 109, nach Sizilien verlegt. Dort sollten sie sich den alliierten Bombern entgegenwerfen, die Sizilien für die Invasion sturmreif machten. Die Me 109 hatten nicht nur gegen die schwerbewaffneten B 17, die »Fliegenden Festungen«, sondern auch gegen Maschinen vom Typ Spitfire, Beaufighter, Lockheed P 38 Lightning und Curtiss P 40 Kittyhawk zu kämpfen. Gegen diese mächtige, glänzende Armada vermochten die deutschen Jäger nichts auszurichten. Am 25. Juni 1943, nach dem vergeblichen Versuch des JG 77, einen geschlossenen B-17-Angriff abzufangen, rief der General der Jagdflieger, Adolf Galland, den Kommodore des Geschwaders, Oberst Johannes Steinhoff, an, der das Telefongespräch noch 25 Jahre später als »unwirklich« bezeichnete.

»Steinhoff«, sagte Galland, »ich habe soeben ein Fernschreiben des Reichsmarschalls erhalten. Bitte regen Sie sich nicht auf, wenn ich Ihnen jetzt den Inhalt vorlese. Veranlassen Sie noch nichts. Aber ich muß Sie informieren. Hören Sie zu: ›An den Jagdfliegerführer Sizilien. Die bei der Abwehr des Bomberangriffs auf die Straße von Messina beteiligten Jäger haben versagt. Von jeder der beteiligten Jagdgruppe ist ein Flugzeugführer wegen Feigheit vor dem Feind vor ein Kriegsgericht zu stellen.

gez. Göring, Reichsmarschall.‹«

Nachdem sie über diesen unglaublichen Befehl gesprochen hatten, waren Steinhoffs Gruppenkommandeure bereit, sich freiwillig dem Kriegsgericht zu stellen. Keiner wollte durch Strohhalmziehen oder Würfeln die »Feigsten« des Geschwaders ermitteln lassen. Aber Galland erreichte bei Göring die Rücknahme dieses ungeheuerlichen Befehls, und die Verfahren vor dem Kriegsgericht fanden niemals statt. Die Auswirkungen von Görings Fernschreiben auf die Moral der Piloten ist jedoch unschwer zu erraten.

Der Generalstabschef der Luftwaffe wurde ein Opfer seiner eigenen Haltung. Im Juli 1942, kurz bevor die ersten B-17-Geschwader der 8. amerikanischen Luftflotte über Europa erschienen, leitete Hans Jeschonnek eine Stabsbesprechung im Luftwaffenhauptquartier in Kalinowka. Sein I c, Beppo Schmid, warnte ihn, daß sich die ungeheure Produktionskapazität Amerikas bald mit vollem Gewicht bemerkbar machen werde. Das gelte besonders für die Fliegenden Festungen, deren Entwicklung und Erprobung bis auf das Jahr 1935 zurückgehe. Jeschonnek unterbrach Schmid mit einer erstaunlichen Bemerkung. »Jeder viermotorige Bomber, den die westlichen Alliierten bauen, macht mich glücklich«, sagte er, »denn wir werden diese viermotorigen Bomber genauso abschießen, wie wir die zweimotorigen abgeschossen haben und die Zerstörung eines viermotorigen Bombers bedeutet für den Gegner einen viel größeren Verlust.« Schmid hätte fragen können: »Womit werden wir sie abschießen?« Jeschonnek bestand nämlich noch immer auf dem Vorrang der Bomberproduktion auf Kosten der Jägerproduktion.

Jeschonneks Entschlossenheit und Widerstandskraft begann nachzulassen, als die R.A.F. ihre nächtlichen Angriffe auf deutsche Städte verstärkte und wahllos Tausende Tonnen Spreng- und Brandbomben auf Wohn- und Industriegebiete warf. Jeschonneks Bemerkung über die viermotorigen Bomber war um so unglaublicher, als sie mitten während des Feldzuges erfolgte, den das britische Bomberkommando zur Auslöschung der deutschen Städte führte. Sir Arthur Harris, genannt »Bomber Harris«, erläuterte die Strategie dieses Feldzugs mit den Worten: »Mit Ausnahme von Essen haben wir in keinem Falle auf eine bestimmte industrielle Anlage gezielt... Die Zerstörung industrieller Anlagen fand zwar in größerem Ausmaß statt, war aber lediglich eine zusätzliche Nebenwirkung. Die eigentlichen Zielgebiete lagen üblicherweise in den Stadtzentren.«

In der Nacht zum 31. Mai 1942 griffen tausend Bomber vom

DAS SCHEITERN

Typ Stirling und Halifax — also Maschinen, über deren Bau sich Jeschonnek glücklich gezeigt hatte — Köln an und setzten die Stadt in Brand. Weniger als vier Prozent der Angreifer wurden abgeschossen. Die riesigen Luftflotten überflogen nächtlicherweile das Reichsgebiet, kamen bis Berlin und darüber hinaus und stießen nur auf hastig aufgestellte Nachtjagdverbände, die nicht in der Lage waren, sie zurückzuwerfen. Der Gipfel des Schreckens wurde ein Jahr später mit dem Unternehmen »Gomorrha« erreicht. Zwischen 24. Juli und 3. August 1943 wurde Hamburg immer wieder in der Nacht angegriffen. In den Feuerstürmen von hurrikanartiger Wucht starben 40 000 Einwohner. Die 380 Toten von Coventry waren damit mehr als hundertfach gerächt.

Jeschonnek, bereits von schweren Depressionen befallen, brach zwei Wochen nach der Zerstörung Hamburgs endgültig zusammen. Hitler hatte Vergeltungsangriffe befohlen, die von einer kleinen Zahl deutscher Bomber ausgeführt wurden. Aber das waren bestenfalls halbe Maßnahmen. Deshalb wurden große Hoffnungen auf die V 1 gesetzt, die in Peenemünde an der Ostsee entwickelt wurde. Am Nachmittag des 17. August 1943 bombardierten Fliegende Festungen der 1. amerikanischen Luftdivision die Messerschmitt-Werke in Süddeutschland. Am selben Tag fand ein Angriff von 229 Maschinen auf die wichtigen Kugellagerwerke in Schweinfurt statt. In der folgenden Nacht flogen 597 britische Bomber nach Peenemünde und warfen Hunderte Tonnen Bomben auf die »Wunderwaffenfabrik«. Die deutschen Nachtjäger, die durch einen Scheinangriff von zwanzig De-Havilland-Moskitos auf Berlin abgelenkt worden waren, kamen zu spät und schossen nur vierzig der schweren Bomber ab.

Jeschonnek wurde am Morgen des folgenden Tages um 8 Uhr früh von dem Angriff in Kenntnis gesetzt. Die Schadensberichte waren niederschmetternd. Nach den vielen Vernichtungsschlägen, die rund um die Uhr auf das gesamte Reichsgebiet niedergingen, war die Katastrophe, die das bedeutsame V-1-Werk betroffen hatte, mehr, als Jeschonnek ertragen konnte. Während sein Stab beim Frühstück auf ihn wartete und seine Sekretärin, Frau Kersten, ihren Chef telefonisch vom Termin einer Lagebesprechung in Kenntnis setzte, traf Jeschonnek seine Entscheidung. Er legte den Hörer nieder, griff nach zwei Notizzetteln und dann nach der Pistole. Niemand hörte den Schuß, der seinem Leben im Alter von 44 Jahren ein Ende setzte. Auf einem Zettel hatte er festgehalten, daß zwei seiner Feinde nicht an seinem Begräbnis teilnehmen sollten. Der andere war noch deutlicher. Er lautete: »Ich kann mit dem Reichsmarschall nicht länger zusammenarbeiten. Es lebe der Führer!«

Viel zu spät wurden jene Prioritäten gesetzt, die es der Luftwaffe ermöglicht hätten, die Katastrophe für Deutschland wenn schon nicht aufzuhalten, so doch hinauszuschieben. Durch Verlagerung von Fabriken, von denen einige unter die Erde verlegt wurden, und durch riesige Anstrengungen aller Beteiligten gelang es Milch im Jahr 1944, in dem die Luftangriffe der Alliierten ihren Höhepunkt erreichten, die Flugzeugproduktion auf mehr als 40 000 Maschinen zu steigern. Das bedeutete: Die deutsche Flugzeugproduktion hatte vier Jahre zu spät ihren Höchststand erreicht. Mehr als sechzig Prozent der Produktion des Jahres 1944 waren Jäger, darunter waren aber viel zu wenig Düsenmaschinen, die — wären sie früh genug in ausreichender Zahl erzeugt worden — die amerikanischen Tagesangriffe bis zum Einsetzen wirksamer Gegenschläge aufgehalten hätten. Willy Messerschmitts zweimotoriger Düsenjäger, die Me 262, war als Prototyp bereits am 1. März 1940 in Auftrag gegeben worden. Probeflüge hatten bei den Luftwaffenpiloten, die das Glück hatten, mit dieser neuen Maschine zu starten, Begeisterung erweckt. Die Standardausführung der Me 262 hatte eine Geschwindigkeit von etwas weniger als 900 km/h und eine Gipfelhöhe von 12 000 Metern. Als schließlich am Beginn des Jahres 1944 die Serienproduktion beginnen sollte, griff Hitler ein und befahl, die als Jäger dringend benötigte Maschine in einen Jagdbomber umzuwandeln. Und das, obwohl man mit der Arado 234, die von vornherein als Düsenbomber entworfen worden war, die eine Geschwindigkeit von mehr als 770 km/h und eine Reichweite von 1700 Kilometern hatte, nach Anlieferung einer genügenden Anzahl von Triebwerken ganze Geschwader hätte ausstatten können.

Hitlers unsinnige Anordnung wurde schließlich rückgängig gemacht, aber wieder einmal hatte ein Versagen der Führung die technische Überlegenheit der deutschen Produktion um ihren Erfolg gebracht. Der Einsatz der Me 262 erfolgte viel zu spät, um am Ausgang des Krieges noch etwas zu ändern. Amerikanische Bomberbesatzungen, die in den letzten Monaten des Kampfes auf diese Düsenjäger stießen oder die manchmal tödliche Bekanntschaft mit der Me 163 machten — einem Raketenflugzeug von fast 1000 km/h Geschwindigkeit und einer Steigfähigkeit von 5500 Metern pro Minute —, schätzten sich glücklich, daß das Reich zusammenbrach, ehe diese gefährlichen Maschinen in genügender Anzahl vorhanden waren.

Die Amerikaner, insbesondere die New Yorker, hatten auch keine Ahnung, daß Messerschmitt einen »Amerikabomber«, die Me 264, entworfen hatte, deren Erprobung 1941 begann und die im Dezember 1942 zum ersten Male flog. Die Me 264 hatte eine Reichweite von mehr als 15 000 Kilometern und hätte mehr als zwei Tonnen Bomben auf New York abladen können. Aber nur einer dieser Bomber wurde gebaut.

Die in Agonie liegende Luftwaffe flog ihren letzten Großangriff am Neujahrstag 1945 gegen amerikanische und britische Flugplätze in Belgien und Holland. Achthundert eigens für diesen Zweck gehortete Me 109 und FW-190-Jagdbomber — verstärkt durch ein Sammelsurium von Nachtjägern — waren um

9 Uhr früh gestartet und hatten den Gegner überrascht. In Eindhoven wurden zwei kanadische Typhoon-Staffeln beim Start am Rollfeld zusammengeschossen. Ähnliche Erfolge wurden auch auf anderen Plätzen erzielt, aber in vielen Fällen fanden die Angreifer ihre Ziele nicht oder sie stießen auf eine geradezu unglaubliche Konzentration von Flakfeuer jener Batterien, die die V 1 auf ihrem Flug nach London abschießen sollten. Als das »Unternehmen Bodenplatte« nach zwei Stunden zu Ende ging, lagen 206 alliierte Maschinen brennend oder zerschossen auf den Flugplätzen. Aber ebenso viele deutsche Jäger kehrten vom Einsatz nicht zurück, und weitere hundert waren so schwer beschädigt, daß sie nach der Rückkehr nicht mehr einsatzfähig waren. Das Schlimmste jedoch: Rund zweihundert erfahrene deutsche Flugzeugführer waren gefallen oder auf dem Marsch in die Gefangenenlager.

Unwirklichkeit dominierte bis zuletzt. Aus Karinhall wurden ganze Wagenladungen jener sagenhaften Kunstschätze abtransportiert, die Göring aus den bedeutendsten Museen Europas zusammengeholt hatte; dann wurde der Ansitz im Angesicht der vorrückenden Roten Armee in die Luft gesprengt. Göring begab sich in das zerstörte Berlin, wo er sich kurz aufhielt, um am 20. April 1945 mit Hitler dessen 56. Geburtstag zu begehen. Die Feierlichkeiten in dem tief unter der Erde liegenden Bunker, in dem Tag und Nacht die Lichter brannten, waren nur kurz. Man redete viel über die große Bedeutung des zwei Tage zuvor erfolgten Todes Präsident Roosevelts und die günstigen Auspizien, die sich aus diesem Ereignis für Deutschland ableiten ließen. Draußen fielen ohne Unterlaß die Bomben auf Berlin; Maschinen vom Typ Mustang, Thunderbolt, P 38, Typhoon und Tempest flogen nach Belieben über das Reichsgebiet und beschossen alles, was sich bewegte. Die Flugzeuge der Luftwaffe konnten meist wegen Brennstoffmangel nicht mehr starten.

Göring verließ den Führerbunker am Morgen nach der Geburtstagsfeier, geriet in einen Angriff Fliegender Festungen, die bereits ein gewohntes Bild am Himmel der Reichshauptstadt waren, und mußte einen Luftschutzbunker aufsuchen. Nach der Entwarnung setzte er die Autofahrt auf den Obersalzberg bei Berchtesgaden fort, wo er mit seiner Familie zusammentraf. Zwei Tage darauf, am 23. April, kam auf dem Luftweg der letzte Generalstabschef der Luftwaffe, General Karl Koller, aus Berlin mit einer alarmierenden Nachricht zu ihm. Der Führer habe einen Zusammenbruch erlitten. Er habe zugegeben, daß die Lage »hoffnungslos« sei, wäre aber trotzdem entschlossen, in der Reichshauptstadt zu bleiben und sich zu erschießen. General Koller drängte Göring, als Hitlers Stellvertreter die Führung im Reich zu übernehmen, da der Führer »sich zum Kommandanten von Berlin gemacht und sich damit von der Staatsführung wie von der obersten Führung der Wehrmacht praktisch selbst ausgeschaltet habe«. Göring lehnte zunächst ab und sagte: »Bormann ist mein Todfeind. Der wartet nur darauf, mich umzulegen. Handle ich jetzt, stempelt man mich zum Verräter, handle ich nicht, macht man mir den Vorwurf, daß ich in den schwersten Stunden versagt habe.« Göring nahm sich dann noch einmal das Gesetz vom 29. Juni 1941 vor, das die Übernahme der Führung durch den Reichsmarschall im Falle der Ausschaltung des Führers vorsah.

Da die Nachrichtenverbindungen erstaunlicherweise noch immer intakt waren, sandte Göring einen Funkspruch an Hitler, in dem er ihn unter Berufung auf das Gesetz fragte, ob er einverstanden sei, die Führungsgeschäfte zu übergeben. In dem Funkspruch, der um etwa 15 Uhr aufgegeben wurde, teilte Göring mit, er erwarte bis 22 Uhr eine Antwort. Sein Text endete mit den Worten: »Der Herrgott schütze Sie, und ich hoffe, daß Sie doch noch aus Berlin hierherkommen.«

Nachdem die inhaltsschwere Botschaft abgegangen war, schien Göring, laut Koller, »frisch und tatendurstig, geradezu, als ob ein schwerer Druck von ihm gewichen wäre. Er freute sich richtig darauf, mit den Amerikanern in Verbindung zu treten, und betonte immer wieder, daß er mit den Amerikanern und Engländern bestimmt gut zusammenarbeiten könnte... Beim Essen strahlte er und freute sich auf neue Aufgaben.«

Als Hitler Görings Funkspruch erhielt, bekam er einen Wutanfall, enthob den Reichsmarschall seines Ranges und seiner Ämter und ernannte den alten Generaloberst von Greim zu seinem Nachfolger. Außerdem sandte Hitler einen Funkspruch an Göring auf dem Obersalzberg, daß der Führer noch immer handlungsfähig sei, und einen weiteren Funkspruch, der mit den Worten begann: »Auf Ihre Handlungsweise steht die Todesstrafe.« Bald danach, ungefähr zu dem Zeitpunkt, als Göring die Führung im Reich hatte übernehmen wollen, ging die Tür auf, bewaffnete SS-Männer traten ein und nahmen Göring samt seinem Stab unter Arrest.

Zwei Tage später mußten sie alle den Luftschutzbunker aufsuchen, während amerikanische Bomber den Großteil der Besitzungen zerstörten, die sich die Mächtigen des Dritten Reiches auf dem Obersalzberg gebaut hatten. Göring und seine Familie wurden daraufhin in die relative Sicherheit von Schloß Mauterndorf gebracht, wo er so viele unbeschwerte Kindheitstage verbracht hatte.

Als Generaloberst Jodl am 7. Mai 1945 in Reims die Kapitulationsurkunde unterzeichnete, befand sich Göring noch immer in Mauterndorf, versuchte Kontakt mit den Amerikanern aufzunehmen und eine Aussprache mit General Eisenhower herbeizuführen. Am nächsten Tag wurde Göring von Einheiten der 36. »Texas«-Infanteriedivision gefangengenommen, die sich im Jeep auf die Suche nach dem Reichsmarschall begeben hatten. Göring wurde zum Divisionskommandeur, General Robert J. Stark, in dessen Hauptquartier in Zell am See gebracht, wo er sich ganz in alter Leutseligkeit gab. Er trank den Champagner,

DAS SCHEITERN

den man ihm anbot, machte Scherze mit den Offizieren und Soldaten, die kamen, um ihn anzugaffen, und ließ sich willig vor einer großen Flagge mit dem Stern von Texas fotografieren. Als Eisenhower von diesen Eskapaden erfuhr, ließ er sie wutentbrannt abstellen, und Göring mußte fortan in spartanischerer Umgebung auf den Beginn des Prozesses vor dem Internationalen Militärgerichtshof in Nürnberg warten.

Unter Aufsicht eines amerikanischen Militärarztes wurde er auf strenge Diät gesetzt. Außerdem wurde er davon entwöhnt, täglich riesige Mengen von Paracodein-Tabletten zu schlucken. Als der Prozeß begann, hatte Göring dreißig Kilogramm abgenommen und war zum ersten Male seit mehr als zwanzig Jahren völlig suchtfrei. Einer der Richter, Sir Norman Birkett, hat den Hauptangeklagten während der 218 Tage des Prozesses genau beobachtet. Er bezeichnete Göring als »verbindlich, klug, gewandt, fähig und findig; er beurteilte die Lage schnell, und mit zunehmendem Selbstvertrauen trat seine Überlegenheit stärker in Erscheinung. Auch seine Selbstbeherrschung war bemerkenswert, und zu allen diesen Eigenschaften, die in seinen Aussagen zutage traten, kamen noch sein klingendes Organ und seine sprechende, aber beherrschte Gestik«.

Die von Sir Norman Birkett gepriesenen Eigenschaften, die Göring freilich während der Führungskrisen der Luftwaffe nicht an den Tag gelegt hatte, ärgerten den amerikanischen Ankläger Robert Jackson so sehr, daß er während des Prozesses einmal zu toben begann. Im Verlauf des Versuches, klare Auskünfte über die militärischen Vorbereitungen zur Besetzung des Rheinlandes im Jahr 1936 zu erhalten, verlor er angesichts der wohlabgewogenen, präzisen Antworten Görings die Selbstbeherrschung.

»Sie behaupten«, sagte Jackson, »die Vorbereitungen waren keine militärischen Vorbereitungen?«

»Nein«, erwiderte Göring, »sie waren allgemeine Mobilmachungsmaßnahmen, wie sie jedes Land trifft, und nicht für den speziellen Zweck der Besetzung des Rheinlandes.«

Jackson fragte weiter: »Waren das Vorbereitungen, die vor auswärtigen Mächten vollständig geheimgehalten werden mußten?«

Göring sagte darauf in aller Ruhe: »Ich kann mich nicht erinnern, im voraus die Veröffentlichung der amerikanischen Mobilmachungsvorbereitungen gelesen zu haben.«

Jackson nahm daraufhin seine Kopfhörer ab und knallte sie auf den Tisch. Nach einigen Augenblicken betretenen Schweigens unterbrach der Vorsitzende die Verhandlung, um der Anklage Gelegenheit zu geben, ihre Ruhe und Würde wiederzuerlangen.

Trotz Görings gewandter Verteidigung stand der Ausgang dieses Prozesses gegen die Verlierer von vornherein fest. Am 1. Oktober 1946 wurden Göring und mehrere Hauptangeklagte zum Tod durch Erhängen verurteilt. Eine Berufung war nicht möglich; die Hinrichtung war für die Nacht des 19. Oktober angesetzt. Zwei Stunden bevor der Galgen errichtet wurde, bat Göring um die Sterbesakramente nach protestantischem Glauben, die ihm aber verweigert wurden. Bald darauf zerbiß er eine Zyankalikapsel, die er allen Sicherheitsvorkehrungen zum Trotz bei sich hatte. Minuten später lag er tot auf seiner Pritsche.

Im Gegensatz zu Udet und Jeschonnek hinterließ er keine anklagende Botschaft.

Es gab auch niemanden mehr, den er hätte anklagen können.

ANHANG

MENSCHEN UND MASCHINEN IN DER STATISTIK

Von den bescheidenen Anfängen ihres geheimen Aufbaus im Jahr 1920 erreichte die Luftwaffe ihren personellen Höchststand im Winter 1943/44. Aus den Akten des Luftwaffenpersonalamtes geht hervor, daß die Luftwaffe am 1. November 1943 über 2 089 000 Offiziere, Ingenieure, Beamte und Soldaten verfügte. Diese Zahl sank bis zum Kriegsende auf 1 501 700. Dazu kommen etwa 800 000 bis 900 000 Zivilisten, darunter Fremdarbeiter, die im Dienst der Luftwaffe standen. Der Höchststand der Fliegertruppe wurde im Januar 1945 mit 26 411 Offizieren und 632 486 Unteroffizieren und Mannschaften erreicht. Diese Zahl ist insoferne trügerisch, als zu diesem Zeitpunkt der Ausbildungsstand der Flugzeugbesatzungen in alarmierender Weise abgenommen hatte.

Die Verlustlisten des Luftwaffenpersonalamtes zeigen, wie groß die Ausfälle schon während der Ausbildung waren.

Zeit	Getötet und vermißt		Verwundet und verletzt		Summe
	Einsatz	Ausbildung	Einsatz	Ausbildung	
1. September 1939 — 6. Juni 1941	11 584	1 951	3 559	2 439	19 533
7. Juni 1941 — 31. Dezember 1943	30 843	4 186	10 827	2 698	48 554
1. Januar 1944 — 31. Dezember 1944	17 675	3 384	6 915	1 856	29 830
Summen	60 102	9 521	21 301	6 993	97 917

DIE LUFTWAFFE

Diese Tabelle umfaßt sowohl Offiziere als auch Unteroffiziere, denn im Gegensatz zu den Luftstreitkräften der Vereinigten Staaten setzte die Luftwaffe auch Feldwebel und Unteroffiziere als Piloten ein.

Vom 1. September 1939 bis zum Kriegsende im Mai 1945 produzierte die deutsche Flugzeugindustrie 113 514 Maschinen aller Art. Die zehn häufigsten Typen waren:

1. Me 109	30 480	6. Ju 87	4 881
2. FW 190	20 001	7. Ju 52	2 804
3. Ju 88	15 000	8. Do 217	1 730
4. Me 110	5 762	9. He 177	1 446
5. He 111	5 656	10. Me 262	1 294

Die Produktionsziffern der unglückseligen He 177, die auf den ersten Blick beeindruckend sind, verlieren ihren Glanz, wenn man einige Tatsachen in Betracht zieht. Wie bereits erwähnt, gingen mindestens fünfzig He 177 samt Besatzungen bereits in der ersten Erprobungsphase verloren. Außerdem verteilte sich die Produktion der Großbomber über einen Zeitraum von drei Jahren, so daß niemals eine größere Anzahl von ihnen zur gleichen Zeit zur Verfügung stand. Erst am 21. Januar 1944 konnten 35 He 177 für einen Angriff gegen London zusammengefaßt werden. Dieses »Unternehmen Steinbock«, das als Vergeltung für alliierte Angriffe auf deutsche Großstädte gedacht war, sah den Nachteinsatz der Großbomber vor. Sie begannen bereits in einer Höhe von mehr als siebentausend Metern, weit vor dem Ziel, mit einem Sturzflug in ganz flachem Winkel, um schließlich bei einer Geschwindigkeit von 700 km/h, womit sie für die britischen Nachtjäger unerreichbar waren, ihre Bomben abzuwerfen, die allerdings weit verstreut fielen. Drei Wochen später flogen dreizehn He 177 abermals gegen London, doch acht muß-

ANHANG / STATISTIK

ten bald nach dem Start mit heißgelaufenen Motoren umkehren. Das Motorenproblem blieb bis Kriegsende ungelöst, doch da gab es ohnehin nicht mehr genügend Besatzungen und Treibstoff für strategische Bombenangriffe.

Eine Aufgliederung der von 1939 bis 1945 produzierten Flugzeuge nach ihrem Verwendungszweck zeigt zweierlei:

1. Nachdem im Verlauf des Jahres 1943 die Angriffe der alliierten Bomberverbände auf deutsches Reichsgebiet immer fühlbarer geworden waren, mußte die Luftwaffe von der Offensive auf die Defensive übergehen.

2. Der Höchststand der Flugzeugproduktion wurde viel zu spät erreicht.

	1939	1940	1941	1942	1943	1944	1945	Summe
Jäger	605	2 746	3 744	5 515	10 898	25 285	4 936	53 729
Bomber	737	2 852	3 373	4 337	4 649	2 287	—	18 235
Schlachtflieger	134	603	507	1 249	3 266	5 496	1 104	12 359
Schulflugzeuge	588	1 870	1 121	1 078	2 274	3 693	318	10 942
Aufklärer	163	971	1 079	1 067	1 117	1 686	216	6 299
Lastensegler	—	378	1 461	745	442	111	8	3 145
Transporter	145	388	502	573	1 028	443	—	3 079
Kuriermaschinen	46	170	431	607	874	410	11	2 549
Düsen- und Raketenflugzeuge	—	—	—	—	—	1 041	947	1 988
Seeflugzeuge	100	269	183	238	259	141	—	1 190
Summe	2 518	10 247	12 401	15 409	24 807	40 593	7 540	113 515

ARBEITSHINWEISE DES AUTORS

Der Autor dankt den folgenden Personen für vorbehaltlose Hilfe bei der Beschaffung von schriftlichem, mündlichem und graphischem Material über die frühen Kämpfe und anfänglichen Triumphe der Luftwaffe:

Mr. Edward Thompson, Sekretär des Royal United Services Institute in London, und seinen Bibliothekaren, Mr. Norman Kemp und Miß Stephanie Glover. Die Mitarbeiter des Instituts und die Fachleute des Imperial War Museums haben sich als unschätzbare Helfer erwiesen.

Oberst Irving Breslauer der Air University, Maxwell A.F.B. in Alabama, und Mrs. Gloria Atkinson vom Albert F. Simpson Research Center in Maxwell. Wer Luftfahrtquellen sucht und sich nicht in London aufhalten kann, darf sich glücklich schätzen, die umfangreichen Archive des Maxwell Research Studies Institute zu benützen.

General Adolf Galland, der im Krieg General der Jagdflieger war und nun als Konsulent in Bonn lebt.

Hauptmann Erwin Großmann, der als Flakoffizier unter Kesselring diente und mit dem der Autor während eines Schiurlaubs in Lillehammer in Norwegen viele Gespräche über die Luftwaffe führte.

Wing Commander Robert Tuck, einem der berühmten Spitfire-Piloten der R.A.F., der gegen die Luftwaffe kämpfte, bevor er 1941 über Frankreich abgeschossen wurde. Bob Tuck züchtet nun Stiere in der Nähe von Sandwich in der Grafschaft Kent.

Oberst Gunnar Halle von der Königlich Norwegischen Luftwaffe; Fregattenkapitän Hansen von der Festung Oskarsborg

DIE LUFTWAFFE

im Oslofjord, der erläuterte, wie die »Blücher« versenkt wurde, und dem Autor zeigte, wo die Verteidiger in Deckung gingen, als die Luftwaffe die kleine Insel mit Bomben belegte; Major Nils Borchgrevink und Major Fredrik Meyer von der Forvarets Krigshistoriske Avdeling in Oslo.

Herrn Hans-Joachim Kroschinski von der Gemeinschaft der Jagdflieger in Malente-Gremsmühlen, BRD.

Major K. Carstens vom Büro des Luftattachés der Botschaft der Bundesrepublik Deutschland in London; Oberst Y. J. Beek von der Königlich Niederländischen Luftwaffe; Major Richard Milburn vom Büro des Luftattachés der Botschaft der Vereinigten Staaten in London.

Mr. Walter J. Palham vom Londoner Büro der Lufthansa, der aus dem Archiv der Gesellschaft in Deutschland seltene Bilder besorgte; Peter Bowers und Martin Caidin in Kalifornien bzw. Florida, die ihre Sammlung von Luftfahrtfotos großzügig zur Verfügung stellten.

George Bailey in Wien und Berlin.

Einigen Basken in Fuenterrabia und Guernica, die ungenannt bleiben möchten.

Und nicht zuletzt meinem Editor, Bill Decker, dem das Fliegen nicht fremd ist.

Herbert Molloy Mason jr.
Little Mystole bei Canterbury
England, 1972

BIBLIOGRAPHIE

Dokumentarisches Material

Documents Concerning German-Polish Relations and the Outbreak of Hostilities Between Great Britain and Germany. London, 1939.
Documents on British Foreign Policy. London, 1947.
Documents on German Foreign Policy, 1918—1945. 10 Bde. Washington, 1957.
Nazi Conspiracy and Aggression. 10 Bde. Washington, 1946.
Official Documents Concerning Polish-German and Polish-Soviet Relations, 1933—1939. London, 1939.
Rise and Fall of the German Air Force. London: The Air Ministry, 1948.
The Spanish Government and the Axis. Washington, 1946. (From the German Foreign Office Papers.)
Trial of the Major War Criminals. 42 Bde. Nürnberg, 1948.
Trials of War Criminals before the Nuremberg Military Tribunals. 15 Bde. Washington, 1951—1952.

Allgemeine Literatur

Acier, Marcel, Hsg. *From Spanish Trenches.* London, 1939.
Angress, Werner T. *Stillborn Revolution.* Princeton, N.J., 1963.
Ascart, J. M. *Chasseurs du Ciel.* Paris, 1952.
Astier de la Vigerie, François d'. *Le Ciel n'etait pas vide.* Paris, 1952.
Barclay, C. N. *Armistice, 1918.* London, 1968.
Bartz, Karl. *Swastika in the Air.* London, 1956.
Baumbach, Werner. *Broken Swastika.* London, 1960.
Baynes, Norman H., Hsg. *The Speeches of Adolf Hitler, April 1922 to August 1939.* 2 Bde. New York, 1942.
Bekker, Cajus. *The Luftwaffe War Diaries.* London, 1967.

Benoist-Méchin. *Histoire de l'Armée Allemande.* 10 Bde. Paris, 1938, 1964.
Beumelburg, Werner. *Kampf um Spanien. Die Geschichte der Legion Condor.* Berlin 1939.
Bewley, Charles. *Hermann Goering and the Third Reich.* Toronto, 1962.
Bloch, Marc. *Strange Defeat.* Oxford, 1949.
Blood-Ryan, D. H. W. *Goering, the Iron Man of Germany.* London, 1938.
Blum, Leon. *De Munich à la Guerre.* Paris, 1965.
Blumentritt, Günther von. *Von Rundstedt: The Soldier and the Man.* London, 1952.
Bodenschatz, Karl. *Jagd in Flanderns Himmel.* München, 1935.
Bongartz, Heinz. *Luftmacht Deutschland.* Essen, 1939.
Borchert, Hubert W. *Panzerkampf im Westen.* Berlin, 1940.
Broch, Thedor. *The Mountains Wait.* London, 1943.
Buckley, Christopher. *Norway — The Commandos — Dieppe.* London, 1952.
Bullock, Alan. *Hitler — A Study in Tyranny.* New York, 1952.
Butler, Ewan, and Young, Gordon. *Marshal Without Glory.* London, 1951.
Caidin, Martin. *Me. 109.* New York, 1968.
Carr, Edward Hallett. *German-Soviet Relations Between the Two World Wars.* Baltimore, 1951.
Carsten, F. L. *The Reichswehr and Politics, 1918—1933.* London, 1966.
Carton de Wiart, Sir A. *Happy Odyssey.* London, 1950.
Churchill, Winston S. *The Second World War.* 6 Bde. New York, 1948—1953.
Ciano, Count Galeazzo. *The Ciano Diaries.* New York, 1946.
Clemenceau, Georges. *Grandeur and Misery of Victory.* New York, 1930.
Cole, Christopher, Hsg. *Royal Air Force: 1918.* London, 1968.
Craig, Gordon A. *The Politics of the Prussian Army.* London, 1955.
D'Abernon, Viscount. *An Ambassador of Peace.* London, o. J.
Daniels, H. G. *The Rise of the German Republic.* New York, 1928.
De Gaulle, Charles. *The Call to Honor, 1940—1942.* London, 1955.
Derry, T. K. *The Campaign in Norway.* London, 1952.

ANHANG / BIBLIOGRAPHIE

Douglas, Sholto. *Years of Combat.* London, 1963.
— *Years of Command.* London, 1966.
Edmonds, Sir James E. *The Occupation of the Rhineland.* London, 1944.
Ellis, L. F. *The War in France and Flanders.* London, 1953.
Everard, C. *Luftkampf über Spanien.* Berlin, 1937.
Eyck, Erich. *A History of the Weimar Republic.* 2 Bde. Cambridge, Mass., 1962.
Fokker, Anthony, und Gould, Bruce. *Flying Dutchman.* New York, 1931.
Frischauer, Willy. *The Rise and Fall of Hermann Goering.* Boston, 1952.
Galland, Adolf. *The First and the Last.* New York, 1954.
Garnett, David. *War in the Air, September 1939—May 1941.* New York, 1941.
Getz, O. B. *Fra Krigen i Nord-Trondelag, 1940.* Oslo, 1940.
Gibbons, Floyd. *The Red Knight of Germany.* New York, 1927.
Göring, Hermann. *Aufbau einer Nation.* Berlin, 1934.
Görlitz, Walter. *The German General Staff.* New York, 1953.
— *The Memoirs of Field Marshal Keitel.* London, 1965.
Goutard, A. *The Battle of France, 1940.* London, 1958.
Green, William. *Warplanes of the Second World War.* 10 Bde. London, 1960—1968.
Gritzbach, Erich. *Hermann Göring, Werk und Mensch.* München, 1938.
Guderian, Heinz. *Panzer Leader.* New York, 1952.
Hambro, Carl J. *I Saw It Happen in Norway.* London, 1940.
Hébrard, J. *25 Années d'Aviation Militaire.* Paris, 1947.
Hegner, Henri. *Fokker, The Man and the Aircraft.* Letchworth, 1961.
Heinkel, Ernst. *Stormy Life.* New York, 1956.
Hermann, Hauptmann. *The Rise and Fall of the Luftwaffe.* London, 1943.
Hewins, Ralph. *Quisling.* London, 1965.
Hindenburg, Paul von. *Out of My Life.* 2 Bde. New York, 1919.
Hitler, Adolf. *Mein Kampf.* Boston, 1943.
Hoeppner, Ernst von. *Deutschlands Krieg in der Luft.* Leipzig, 1921.
Holborn, Hajo. *A History of Modern Germany.* London, 1969.
Horne, Alistair. *To Lose a Battle.* London, 1969.

House, Edward M., und Seymour, Charles, Hsg. *What Really Happened at Paris.* New York, 1921.
Ironside, Sir Edmund. *The Ironside Diaries.* London, 1962.
Jones, H. A. *Over the Balkans and South Russia.* London, 1923.
Kemp, P. K. *Victory at Sea.* London, 1957.
Kesselring, Albert. *A Soldier's Record.* New York, 1952.
Keynes, John Maynard. *The Economic Consequences of the Peace.* New York, 1920.
Klein, Burton H. *Germany's Economic Preparation for War.* Cambridge, Mass., 1959.
Koht, Halvdan. *Fra Skanse Til Skanse.* Oslo, 1947.
Koller, General Karl. *Der letzte Monat.* Mannheim, 1949.
Lee, Asher. *The German Air Force.* London, 1946.
Liddell Hart, B. H. *The German Generals Talk.* New York, 1948.
— *The Other Side of the Hill.* London, 1948.
Lloyd George, David. *Memoirs of the Peace Conference.* 2 Bde. New Haven, 1939.
Ludendorff, Erich. *Ludendorff's Own Story.* 2 Bde. New York, 1919.
Lutz, Ralph. H. *The German Revolution: 1918—1919.* Stanford, Kalif., 1922.
Macintyre, Captain Donald. *Narvik.* New York, 1959.
Manstein, Erich von. *Lost Victories.* Chicago, 1958.
Manvell, Roger, und Fraenkel, Heinrich. *Goering.* London, 1962.
Martienssen, Anthony. *Hitler and His Admirals.* London, 1948.
Mason, Francis K. *Battle Over Britain.* London, 1969.
Melzer, Walther. *Albert-Kanal und Eben Emael.* Heidelberg, 1957.
Morgan, John H. *Assize of Arms.* 2 Bde. London, 1945.
Munthe-Kaas, O. *The Campaign in Northern Norway.* Washington, 1944.
Neumann, Georg P. *Die Deutschen Luftstreitkräfte im Weltkriege.* Berlin, 1921.
Nicholson, Harold. *Peacemaking: 1919.* New York, 1933.
Nowarra, Heinz, und Brown, Kimbrough. *Von Richthofen and the Flying Circus.* Letchworth, 1956.
O'Neill, Robert J. *The German Army and the Nazi Party.* London, 1966.
Osterkamp, Theo. *Durch Höhen und Tiefen jagt ein Herz.* Stuttgart, 1952.

ANHANG / BIBLIOGRAPHIE

Paquier, Pierre. *L'Aviation Bombardement Français en 1939—1940.* Paris, 1948.
— *Combats de Chasse.* Paris, 1946.
Payne, L. G. S. *Air Dates.* New York, 1957.
Rabenau, Friedrich von. *Seeckt: Aus seinem Leben.* 2 Bde. Leipzig, 1940.
Rawlings, John. *Fighter Squadrons of the R.A.F.* London, 1969.
Richards, D. J., und Saunders, Hilary St. G. *The Royal Air Force, 1939—1945.* 3 Bde. London, 1953.
Richey, Paul. *Fighter Pilot.* London, 1941, 1969.
Rickman, A. F. *Swedish Iron Ore.* London, 1939.
Rieckhoff, Heinz J. *Trumpf oder Bluff? 12 Jahre Deutsche Luftwaffe.* Genf, 1945.
Robertson, Bruce, Hsg. *Air Aces of the 1914—1918 War.* Letchworth, 1959.
Roques, Paul. *Le Contrôle Militaire Interallié en Allemagne, Septembre 1919—Janvier 1927.* Paris, o. J.
Rosinski, Herbert. *The German Army.* London, 1966.
Roskill, S. W. *The War at Sea.* 3 Bde. London, 1961.
Ruge, General Otto. *Krigens Dagbok.* Oslo, 1946.
Saint-Exupéry, Antoine de. *Flight to Arras.* New York, 1942.
Salesse, Charles. *L'Aviation Chasse Français en 1939—1940.* Paris, 1955.
Schacht, Hjalmar. *Account Settled.* London, 1949.
Schliephake, Hanfried. *The Birth of the Luftwaffe.* Shepperton, Surrey, 1971.
Schmidt-Pauli, Edgar von. *Geschichte der Freikorps, 1919—1924.* Stuttgart, 1936.
Seive, Fleury. *L'Aviation d'Assaut dans la Bataille de 1940.* Paris, 1948.
Sheean, Vincent. *Not Peace but a Sword.* New York, 1939.
Shirer, William L. *The Rise and Fall of the Third Reich.* New York, 1960.
— *The Fall of the Third Republic.* New York, 1969.
Slessor, Sir John. *The Central Blue.* New York, 1957.
Stackelberg, K. G. von. *Legion Condor: Deutsche Freiwillige in Spanien.* Berlin, 1939.
Steer, G. L. *The Tree of Gernika.* London, 1938.
Stehlin, Paul. *Témoignage pour l'Histoire.* Paris, 1964.

Steinhoff, Johannes. *The Straits of Messina.* London, 1971.
Taylor, A. J. P. *The Origins of the Second World War.* New York, 1946.
Taylor, Telford. *The March of Conquest.* New York, 1959.
Tedder, Arthur. *Air Power in War.* London, 1948.
Thomas, Hugh. *The Spanish Civil War.* New York, 1961.
Thompson, Laurence. *1940.* London, 1966.
Thorwald, Jürgen. *Ernst Udet: ein Fliegerleben.* Berlin, 1954.
Thyssen, Fritz. *I Paid Hitler.* New York, 1941.
Townsend, Peter. *Duel of Eagles.* London, 1970.
Trevor-Roper, H. R., Hsg. *Hitler's War Directives, 1939—1945.* New York, 1964.
Tuohy, Ferdinand. *Occupied, 1918—1820.* London, o. J.
Udet, Ernst. *Ace of the Black Cross.* London, 1937.
Wallace, Graham. *R.A.F. Biggin Hill.* London, 1957.
Warlimont, Walter D. *Inside Hitler's Headquarters, 1939—1945.* London, 1945.
Watt, Richard M. *The Kings Depart.* New York, 1968.
Webster, Sir Charles, und Frankland, Noble. *The Strategic Air Offensive Against Germany, 1939—1945.* London, 1961.
Westphal, Siegfried. *The German Army in the West.* London, 1951.
Wheeler-Bennett, Sir John W. *The Nemesis of Power.* London, 1964.
— *Hindenburg: The Wooden Titan.* London, 1936, 1967.

Zeitschriften

Bingham, Sir Francis. "Work with the Allied Control Commission in Germany, 1919—1924." *Royal United Services Institute Journal,* Bd. 69, 1924.
Bowers, Peter. "Professor Junkers' Tin Donkeys." *Air Progress,* Frühjahr 1961.
Brindley, John T. "Luftwaffe at Zurich, 1937." *Air Pictorial,* Februar 1971.
Casari, Robert. "The Rise and Fall of the Austro-Hungarian Air Forces." *Air Progress,* Sommer 1961.
Haight, J. McVickar, Jr. "Les achats d'avions Americains par la France." *Revue d'Histoire de la Deuxième Guerre Mondiale,* Nr. 58.

ANHANG / BIBLIOGRAPHIE

Hubatsch, W. "Problems of the Norwegian Campaign, 1940." *Royal United Services Institute Journal*, 1958.
Martin, Harold G. "Germany's Zeppelins in World War I." *Air Progress*, 1956—1957.
McClure, Victor A. "Gladiators in Norway." *Blackwood's Magazine*, Bd. 249, Februar—März 1942.
Morgan, J. H. "The Disarmament of Germany and After." *The Quarterly Review*, 1924.
— "Le Problème de la Sécurité." *Revue des Deux Mondes*, 1925.
— "The Problem of the Rhineland." *Journal of the Royal Institute of International Affairs*, Mai 1945.
Platz, Reinhold. "I Designed for Fokker." *R.A.F. Flying Review*, Bd. 14, Nr. 9.
Tallman, Frank. "Fokker E. III: A Pilot Report." *Flying*, Mai 1964.

Andere Quellen

Aus der sogenannten "Karlsruhe Collection" der US-Air Force Historical Division, Aerospace Studies Institute, The Air University, Maxwell AFB, Alabama, wurden folgende Studien verwendet:
Command and Leadership in the German Air Force. Study No. 174.
Development of the German Air Force, 1919—1939. Study No. 160.
Effects of Allied Air Attacks on German Bases and Installations. Study No. 185.
Historical Turning Points in the German Air Force War Effort. Study No. 189.
German Air Force Operations in Support of the Army. Study No. 163.
German Air Force Airlift Operations. Study No. 167.
The German Air Force General Staff. Study No. 173.
The German Air Force in the Spanish War. Study No. 150.
The German Air Force in Poland. Study No. 151.
The German Air Force in France and the Low Countries. Study No. 152.
The Organization of the German Air Force High Command and Higher Echelon Headquarters Within the German Air Force. Study No. 190.
Training in the German Air Force. Study No. 169.

PERSONEN- UND SACHREGISTER

Aalborg 300
Acasta 322, 323
Aden 322, 345
Admiral Scheer 269
AEG 29, 112
Aero-Lloyd 112 f, 117 f
Afridi 315
Afrika-Korps 358
Aichi Tokei Denki 90
Albatros-Werke 85
Alexander, König von Jugoslawien 162
Alliierte Kontrollkommission, s. Interalliierte Kontrollkommission
Alliierte Reparationskommission 92
Altmark 299
Andressen, Anders 304, 305 ff
Arado-Werke 137, 182, 184 ff, 188, 238, 287, 341
Ar 64 137, 170
Ar 65 137, 140, 169, 170
Ar 68 187
Ar 81 184
Arado 80 190
Arado 234 363
Ardent 322
»Argupacion Española« 213
Argus-Motoren 239

Arktisausrüstung 310, 315
Armée de l'Air 193, 227, 282, 326 ff
Armengaud, André 261, 282
Armstrong-Siddeley-Werke 156
Arranz, Francisco 200
Auchinleck, Claude 281, 320
Aufklärungsflugzeuge (Aufklärer) 15, 28, 256
Aurora 320
Australisches Flieger-Korps 14
»Aviacion Legionara« 213

B 17, Fliegende Festung 361, 365
Ballin, Ilse 104
Barratt, Arthur 339
Bataillon Hindenburg 96
Baumbach, Werner 353
Bayerische Flugzeugwerke (BFW) 188 ff, s. auch Messerschmitt-Werke
Bayerische Motorenwerke (BMW) 139, 153, 173
BMW-Motoren 16, 44, 153, 161, 175, 239, 273 ff
Bernhardt, Johannes 200
Berthold, Rudolf 36 f
BFW, s. Bayerische Flugzeugwerke

385

Bier, Hermann von 153
Bilbao 208 ff, 214, 215 ff
Bingham, Francis R. 46 f, 49
Birkett, Norman 367
Bison 315
Blenheim 269, 328, 337, 339, 342, 354
Bleyle, Inge 355
Bloch 326 ff
Blohm & Voss 158, 182, 184 ff, 238
  BV 141 239
Blomberg, Werner von 134, 135, 145, 146, 153, 157, 164, 168, 172, 193 ff, 202
Blücher 302 ff, 315
BMW, s. Bayerische Motorenwerke
Bock, Fedor von 261
Bodenschatz, Karl 151, 358
Bofors 312
Bohlen und Halbach, Gustav Krupp von 78
Boldt, U-Boot-Offizier 51
Bolle, Karl 40 ff
Bomben 256, 273, 347
Bombenflugzeuge (Bomber) 17, 34, 346 ff
Bombenteppich 221
Bonsak, August 304
Bormann, Martin 365
Bramo-Motoren 263
Brandenburg, Ernst 111 f, 114, 117 f, 129 ff, 146, 160, 257
Brauchitsch, Walther 292
Bréguet XIX 202, 213
Brest-Litowsk, Frieden von 69
Brockdorff-Rantzau, Ulrich von 35

Brooke, Alan 348
Brown, Arthur Royal 14
Bücker, Carl Clemens 87 f, 121

C 3 (Autogiro) 106
C 25 86
C 27 86
Cairo 320
Canaris, Wilhelm 200
Cardigan, Lord 310
Caspar, Carl 86 ff
Castiglione, Camillo 153
Chamberlain, Neville 323
Chasseurs Alpins 310
Chobry 320
Christian X., König von Dänemark 300
Christiansen, Friedrich 85 ff, 136
Churchill, Winston 295 ff, 323, 342, 348
Cievera, Juan de la 106
City of Flint 299
Collishaw, Raymond 73
Compiègne 19
Cork, Lord 320
Cossak 299
Côte d'Azur 345
Cramon, General von 47 ff, 51 f, 98, 109
Cuno, Wilhelm 94, 98 f
Curlew 320
Curtiss, Glenn 72, 179 ff
Curtiss-Wright Co. 180
  Curtiss Conqueror-Motor 135, 339
  Curtiss-Flugboote 34
  Curtiss P 40-Kittyhawk 359

Curtiss-Hawk 180 ff, 182, 326, 338

Daimler-Airways 107
Daimler-Benz (DB-Motoren) 56, 175 ff, 185, 192, 226, 227 ff, 246, 263
Daladier, Edouard 296
Davila, Fidel 219
Dawes-Plan 105
DC 2 202
Deblin-Gruppe 277
Degoutte, General 92
Degtereva, Nadeshda 72
Deichmann, Paul 195, 245, 351, 358
Delius 315
Del Rio, Felipe 211, 216 ff
Deutelmoser, Ferdinand 116
Deutsche Bank 112
Deutsche Flugzeugwerke (DFW) 54
Deutsche Luftreederei 112
Deutsche Verkehrsfliegerschule 167
Deutscher Flugwetterdienst 167
Deutscher Luftsportverband 151 ff
Deutschland 302
Deuxième Bureau 282
Dewitz, Testpilot 122
Dewoitine 231, 326, 339, 349
DFW, s. Deutsche Flugzeugwerke
DH-4 42, 107
Dieterle, Hans 230
Dietl, Eduard 316 ff, 320
Dittmar, U-Boot-Offizier 51

Dolgorukaya, Sophie Alexandrovna 72
Donaldson, J. W. »Baldy« 313 ff, 319
Dornier, Claudius 54, 135, 138, 171, 172, 173 ff
Dornier-Werke 172, 249, 287
Do 11 139, 167, 170
Do 16 170
Do 17 160, 173 ff, 175, 181, 213, 216 ff, 222, 226, 241 ff, 265 ff, 274, 292, 307, 311, 328, 337
Do 18 160
Do 19 171, 197, 245 ff
Do 23 160
Do 217 370
Do F 139
Do P 138
Do X 135, 136 ff, 138
Dornier-Wal 202
Douhet, Giulio 137, 154
Durango 214
Dünkirchen 343 ff
Dux-Werke 70

Eben Emael, Fort 329
Ebert, Friedrich 24 ff, 35 f, 59, 94, 98, 102, 129
Eden, Anthony 225
Edinburgh 288
Edmund Hugo Stinnes IV 125
Eisenhower, Dwight D. 367
Eiserne Division 113
»Eiserner Ring« 208
»Eiserne Schar« 37
Emden 269, 302, 305
Englebrecht, Erwin von 302 ff

Erprobungszentrum Rechlin
  140, 181, 184, 229
Etrich, Ivo 85
Expeditionskorps 20, 73, 298

Fairey Battle 336 ff, 339 ff
Falkenhorst, Nikolaus von
  301 ff
Fallschirme 16 f, 41 f, 45
Fallschirmjäger 154, 264 ff, 300,
  307 ff, 309 ff, 316 ff, 329 ff,
  334 ff
»Fall Gelb« 292
»Fall Weiß« 249, 264
»Fall Weserübung« 299, 301
Farman Goliath 107
Felmy, Helmuth 235
»Feuertaufe« 283
Fiat CR 32 213
Fieseler 226
  Fi 156 Storch 226, 230
Finnisch-Russischer Krieg 298
Firth of Forth 287
Flak(artillerie)-batterie, -geschütze 16, 222, 236, 278, 288
Fliegende Festung 361, 365
Fliegerschulen 128, 132
Fliegerzentrale 42, 62, 70, 73,
  127, 165
Florman, Adrian 115
Florman, Karl 115
Foch, Ferdinand 13, 19
Fock, Baronesse Karin von
  104 f, 148
Fock, Baronin 148
Focke-Wulf-Werke 188, 238,
  239 ff
  FW 56 188
  FW 58 226

FW 159 190
FW 189 239 ff
FW 190 356
FW 200 301
Fokker, Tony 43 ff, 54, 79,
  98 f, 103, 113
Fokker-Flugzeugwerke 43,
  127 ff, 133 ff, 321
Fokker D VII 16, 19, 42, 44,
  98, 132 ff
Fokker D VIII 44, 113
Fokker D XI 98 f
Fokker D XIII 98, 125,
  132 ff, 141, 202
Fokker D XXI 330, 331
Fokker G 1 330
Fokker T 2 106
Fornebu, Flugplatz 306 ff, 316
Franco, Francisco 200 ff
François-Poncet, André 231
Frankenberger, Arno 292 ff
Frankreich 17, 27, 67
Fransecky, General 51
Französisch-Rumänische Luftfahrtgesellschaft 114
Freese, Paul 214
Freikorps 26 f, 34 ff, 67, 127,
  203
Fremdenlegion, Französische 40
Friedrichshafen 54
Fritsch, Werner T. L. von 192,
  202
Führerweisungen 249, 284 ff,
  343
Furious 319

Gabriel, Willi 15
Galland, Adolf 222, 359, 372

Gamelin, Maurice 270 ff
Gardekavallerieschützendivision 25
Gary, Romain 349
Gavoille, René 336
Gefu (Gesellschaft zur Förderung industrieller Unternehmungen) 130 ff
Generalfeldmarschall von Hindenburg 136, 140
Generalstab 26, 30, 32, 62, 163
Gessler, Otto Karl 65, 99, 129
Gestapo (Geheime Staatspolizei) 151
Gleiter 76 f, 124
Glorious 312, 321 ff
Gloster Gladiator 306, 307 ff, 312 ff, 319 ff, 321
Gneisenau 269
Gnôme-Rhône-Motoren 122
Goebbels, Joseph 143, 155, 283
Göring, Hermann 14 ff, 20 f, 23, 103 ff, 147 ff, 155 ff, 161 ff, 164 ff, 167 ff, 173 ff, 181 ff, 187 ff, 198, 201, 225 ff, 231, 233 ff, 241 ff, 243 ff, 245 ff, 256 ff, 264, 278 ff, 284 ff, 292 ff, 333, 343 ff, 350, 351, 353 ff, 357 ff, 365 ff
Göring, Karin 104 f, 148
Goerz-Visier 181
Gotha (Bomber) 54, 73, 111
Graf Zeppelin 237
Greim, Robert Ritter von 168, 169 ff, 366
Groener, Wilhelm 18, 26, 140
Grom 320
Gronau, Wolfgang von 122

Guderian, Heinz 195, 261, 335, 343
Günther, Siegfried und Walter 161
Guernica 217 ff, 219 ff, 225, 232

Haakon VII., König von Norwegen 309
Hacha, Dr. Emil 231
Halahan, »Bull« 341
Halifax (Flugzeug) 361
Halle, Gunnar 308
Hamburg 361
Hamilton-Standard-Werke 185
Hammerstein, General Freiherr von 145, 234
Handelsmarine 31
Handley-Page 17, 33, 190, 289
Hansa-Brandenburg 85 f
Hansestadt Danzig 300
Harling, Carsten von 214
Harris, Arthur »Bomber« 360
Harth, Friedrich 188
Hasse, Otto 74, 82, 98, 118, 131
Hawker Fury 161, 202
Hawker Hurricane 243, 293, 319, 321, 339, 343 ff, 346, 352
Heeresfriedenskommission 47
Heinicke 103
Heinkel, Ernst 54, 75, 85 ff, 98, 107, 120 ff, 137, 149, 158, 159, 160, 161, 175 ff, 177, 182, 184, 185 ff, 189, 191 ff, 226, 227, 228, 229, 240 ff, 245 ff, 247, 287

Heinkel-Werke 107, 134, 148
He 1   98
He 3   89
He 5   122
He 17   90
He 18   107
He 21   107
He 25   121
He 26   121
He 38   137
He 45   137, 160, 170, 189,
        195, 204, 213
He 46   137, 160, 167, 170,
        238
He 50   170
He 51   170 ff, 187, 203 ff
        206, 209 ff, 213 ff, 215 ff,
        219, 222, 223, 273
He 59   170, 204, 332
He 60   204
He 70-Blitz   161, 175, 184,
        197 ff, 198, 204, 206, 213,
        222
He 100 228, 229, 230
He 111 160, 175 ff, 178, 181,
        213, 215, 218, 220, 222, 230,
        241 ff, 249, 264, 266, 268,
        274, 278, 285, 306, 308,
        311 ff, 318, 327, 330, 333,
        337, 345, 358
He 112 190, 191 ff, 226 ff,
        230
He 115 313
He 118 184, 185 ff
He 177 245 ff, 249, 356, 358,
        370, 371
He 187 240

Heintz, Kurt 243
Henke, Kapitän 201
Henschel-Werke 158
  Hs 123 273, 274
  Hs 126 240
Hermann, Adolf 212
Hertel, Heinrich 191, 246
Heß, Rudolf 189
Heye, Wilhelm 129
Hindenburg, Paul von 18, 22,
  34, 50, 129, 143, 149, 157, 163,
  168
Hispano-Suiza-Motoren 99,
  121, 327
Hitler, Adolf 102, 104, 143 ff,
  155 ff, 162 ff, 168 ff, 184 ff,
  192 ff, 200 ff, 225, 231 ff,
  233 ff, 241 ff, 247 ff, 254 ff,
  256 ff, 264, 284 ff, 291 ff, 296,
  298, 316 ff, 323 ff, 328, 343 ff,
  347 ff, 350, 353 ff, 357, 364 ff
Hochdecker 56
Hoeppner, Ernst von 16, 97
Hohenzollern, Haus 43
Hood 287
Hormel, Hauptmann 99
Hunderttausendmannheer, s.
  Reichswehr

I-15 (Polikarpov) 209, 211,
  214, 217, 222
I-16 (»Mosca«, Rata) 222
Ihlefeld, Herbert 222
Ingenieurskantoor voor
  Scheepsbouw (I. v. S.) 119
Interalliierte Kontrollkommission
  35, 38 f, 44, 46 ff, 62 f, 65, 75,

78, 87, 90, 95, 98, 106, 111, 120
Internationale Brigade 206
Iron Duke 288

Jackson, Robert 367 ff
Jagdgeschwader 3 151
Jagdgeschwader Richthofen 1 14, 16, 23, 151
Jagdgeschwader Richthofen 2 168, 169, 193, 227
Jagdgeschwader 132 167, 193
Jagdgeschwader 134 (Horst Wessel) 169, 193
Jaime Primero 204 ff
»Jericho-Trompeten« 185, 338
Jeschonnek, Hans 199, 237, 241 ff, 244 ff, 247 ff, 286, 344, 356 ff, 360 ff, 368
Jodl, Alfred 193, 317, 366
Jumo-Werke, s. Junkers-Motoren-Werke
Jones, H. A. 73
Junck, Werner 127 ff, 132
Jungdeutscher Orden 96
Junkers, Hugo 42 f, 54, 79 ff, 85, 90, 113, 115 ff, 129 ff, 136 ff, 182, 241 ff
Junkers, Werner 80
Junkers-(Motoren)-Werke 42, 57, 81, 136, 148, 158, 185, 187, 191, 197, 241, 252, 263, 287
J 10-CL 1 113
Ju 52 158, 160, 167, 170, 193, 195, 201 ff, 203, 204, 206, 209 ff, 218, 265, 278, 295, 301, 306, 307, 308, 317, 318, 326, 329, 358
Ju 87 183, 185 ff, 223, 242, 251, 266, 274, 278, 311 ff, 318, 320, 345
Ju 88 241 ff, 243 ff, 245, 249, 287 ff, 305, 318, 320, 344, 345, 348
Ju 89 171, 196, 245 ff
Ju 90 301, 319
Junkers G 38 136
Junkers F 13 43, 57, 80 f, 107, 113
Junkers G 31 116
Junkers K 47 137, 183
Junkers W 33 113
Jupitermotoren 137

Kaga, Kapitän 90 f
Kalinowski, Major F. 267
Kammhuber, Josef 237 ff
Kantzow, Baronin von 104
Kapp, Wolfgang 36 f, 59
Karinhall 162, 231, 235 ff, 245, 247, 364
Kazakov, Alexander 71
Kelly, Orville 106
Kersten, Frau 362
Kesselring, Albert 158, 199, 233, 245, 247, 248, 263, 272 ff, 332 ff, 344, 353
Kestrel-Motoren 183, 190
Kindelán, Alfredo 205
Kitchener, Lord 60
Klemperer 77
Kohlbach, Leutnant 17
Köhler, Jupp 88

Kojima, Kapitän 120
Koller, Karl 365
Komaki, Hauptmann 120
Kontrollkommission, s. Interalliierte Kontrollkommission
Koppenberg, Dr. Heinrich 242, 287
Kraell, Alexander 351
Kreipe, Werner 345
Kriegsakademie 32, 62
Kriegsschulen 32
Kriegsverbrechen 50
Kriegsverbrecher 31
Krohn, Dag 306
Kropp, Robert 150 ff
Krupp, Gustav, s. Bohlen und Halbach
Krupp-Werke 49, 157
Kühl, General 249
Kukrin, General 116
Kummetz, Oskar 302 ff
Kurierflugzeuge 256
Kutrzeba, General 271 ff

Lafayette-Geschwader 40
Lancastria 348
Langenheim, Adolf 200
Larios, José, Herzog von Lerma 203
Latécoère 327
Lebedov-Konzern 70
Lebensmittelration(ierung) 18, 284
Legion Condor 203 ff, 209 ff, 212, 213 ff, 219 ff, 223, 241, 263, 273
Leien, Otto zur 130
Lenin, V. I. 68 ff, 72

Lent, Helmut 307
Lesjakog 313 ff
Leutert, Hans 99
Liebknecht, Karl 25 f
Lieth-Thomsen, Oberst von der 74
Lilienthal, Otto 76
Lindbergh, Charles 186 ff
Lipezk 125 ff, 234
Litzman, Karl von 197
Llandovery Castle 51
Lloyd George, David 35
Locarno, Vertrag von 111, 193
Lockheed-Orion 160 P 38-Lightning 359
Loeb, Fritz 176, 177
Loerzer, Bruno 151, 153 ff
Lofte-Visier 181
Lohmann 119 f
Löhr, Alexander 263
Löwenfeld, Wilfried von 123
Lucht, Rudolf 234
Ludendorff, Erich 18, 50, 101, 163
Luftbrücke 358
Luftfahrtministerium 161
Lufthansa 119, 129, 136, 138, 152 ff, 156, 160, 172 ff, 188
Luftkriegsakademie 165, 197
Luftfahrtverband 122
Lüttwitz, Walther von 35 f, 203
Lützow 302 ff
Lützow, Hauptmann 224
Luxemburg, Rosa 26
LVG (Werke) 72, 85

Macready, John 106
Madrid 206 ff

Maginot-Linie 194, 255, 270
Malcolm, Niall 101
Mauser, Waffenfabrik 52
Messerschmitt, Willy 188 ff,
    191 ff, 226, 243 ff, 287, 362,
    363
Messerschmitt-Werke 361
    Me 23 189
    Me 108 226
    Me 109 222, 223, 226 ff, 249,
        256, 268, 282, 289 ff, 291,
        326, 329, 331, 336, 338,
        340 ff, 345, 352, 359, 363
    Me 110 243, 256, 266, 268,
        274, 290, 291, 301, 307 ff,
        309, 312, 329, 337, 338, 340,
        345, 351
    Me 163 363
    Me 210 244
    Me 262 363
    Me 264 363
    Bf 108 190
    Bf 109 190, 192
Milch, Erhard 125, 129 ff,
    152 ff, 155, 164, 180 ff, 186 ff,
    189, 199, 230 ff, 233 ff, 243 ff,
    245 ff, 256 ff, 285, 353 ff, 357,
    362
Mitchell, Billy 42 f, 57, 82, 154
Mittelholzer, Walther 116
Mohawk 288
Mola, Emilio 202, 205, 207,
    212, 214 ff
Mölders, Werner 222
Morandi, Renato 116
Morane-Saulnier 231, 326,
    338 ff, 349
Moreau, Rudolf Freiherr von
    204

Moreno 116
Morgan, John H. 48, 51, 64 f,
    95
Morillo, Don Carlos 216
Mosca 222
Moskito 361
Müller, Major 51
Munthe-Dahl, Erling 306
Mussolini, Benito 105, 162, 264,
    296
Mustang 364

Nagato 120 f
Napier-Lion-Motoren 99, 121,
    133
Narvik 297, 316 ff
Nationalsozialistische Deutsche
    Arbeiter-Partei (NSDAP)
    102, 158, 212
Nationalsozialistisches Fliegerkorps (NSFK) 250
Neuhammer, Tragödie von
    252 ff
Niedermayer, Oskar von 74, 82,
    118
Nieuport-Maschinen 70, 73
Nikolai, Oberst 74
Nikolaus II., Zar von Rußland
    70
Nollet, General 48 f, 65, 98,
    108
Noske, Gustav 39, 65
Nungesser, Charles 37, 327

Oberkommando der Luftwaffe
    (OKL) 232, 240, 241, 243,
    249

Oberkommando der Wehrmacht (OKW) 286
Oesau, Walter 222
Ohain, Pabst von 240
Olaf, Prinz 322
Olsen, Kapitän Leif 302
Opel, Fritz von 135
Organisation Consul 94
Orion 310
Oskarsborg 303 ff
Osterkamp, Theo 113

P 7 277, 282
P 11 268, 277
P 24 277
P 38 364
Palmer, »Pussy« 293 ff
Pamula, Oberst 281
Papen, Franz von 143
Passiver Widerstand 94
Paulus, Friedrich von 358
Peenemünde 361
Pendele, Max 234
Pershing, John 20
Pétain, Philippe 348
Peter der Große 126
Pfalz-Werke 54
Picasso, Pablo 225
Pilsudski, Marschall Josef 146, 162
Ploch, August 234
Pohle, Helmut 287 ff
Pohlmann, Wilhelm 182
Poincaré, Raymond 92
Pol III 302
Potez 335
Price, Ward 169

Radek, Karl 70
Raeder, Erich 292, 298
R.A.F., s. Royal Air Force
Rapallo 74, 82
Rathenau, Walther 28 f, 94
Räteregierung 27
Rechlin, s. Erprobungszentrum Rechlin
Reichenau, Walther von 263, 266, 275
Reichsluftfahrtministerium 154, 163, 174, 175, 181, 188, 194, 236, 238, 240, 244 ff
Reichstag 93
Reichsverkehrsministerium 78, 112, 117 f
Reichswehr 27 ff, 31 f, 36, 38, 47, 50, 52, 55, 62 ff, 69, 73 f, 93, 96 f, 99, 110, 119, 123, 130 ff, 132 ff, 137, 139, 146, 163, 168, 248
Reichswehrministerium 62, 65, 130
Reinhard, Wilhelm 14
Reinhardt, Walther 103
Reparationen 31, 53 f, 84, 92
Resolution 319
Rheinlandprogramm 159 ff, 170, 187
Richey, Paul 294, 341
Richthofen, Lothar von 15
Richthofen, Manfred von 13 ff, 151, 179, 182
Richthofen, Wolfram von 13, 182, 203, 206, 213, 223, 248, 251, 263, 272 ff, 275 ff, 278, 338
Rickenbacker, Eddie 17, 40, 179

Riefenstahl, Leni 179
»Ring deutscher Flieger« 97, 106
Risikoluftwaffe 159
Rohrbach, Adolf 56 f, 84 f
Rohrbach-Werke 84, 138, 148; E 4/20 56, 81, 84
Rohrbach Roland 138
Rommel, Erwin 339
Roos, J. 331
Roosevelt, Franklin D. 296, 364
Roosevelt, Kermit 296
Rosen, Eric von 103
Rote Armee 67 ff, 73, 117, 141, 297
Rowehl, Theodor 285
Royal Air Force (R.A.F.) 71, 73, 155, 157, 161, 170, 194, 223, 232, 235, 243, 269 ff, 285, 288 ff, 293 ff, 318, 321, 326 ff, 336 ff, 340, 343 ff, 346, 352, 360
Royal Navy 196
Ruby, Edouard 338
Ruge, Otto 321 ff
Ruhr-Fonds 96, 98
Rundstedt, Gerd von 272
Russisch-Baltische-Waggon-Fabrik 70
Rydz-Smigly, Feldmarschall 266, 269 ff, 277

S 1 88
Sachsenberg, Gotthard 113, 116
Savoia 202, 205
S 81 213
SB 2 241
Scapa Flow 33
Schacht, Hjalmar 176
Scharnhorst 269, 322
Scharroo, Oberst 332 ff
Scheele, Oberst von 203
Scheidemann, Philipp 34, 130, 131 ff
Scheringer, Leutnant 144
Schlachtflugzeuge 17, 28, 42, 137, 256
Schlageter, Leo 95
Schleicher, Kurt von 74
Schleswig-Holstein 276
Schmid, Josef »Beppo« 198, 343, 360
Schmidt, Karl Gustav 210, 212
Schmidt, Rudolf 332 ff
Schnellbomber 174, 178, 181
Schönebeck, Karl von 127, 132
Schumacher, Major 291
Schunke, Fritz 74
Seebach, s. Student, Kurt
Seeflugzeuge 57
Seeflugzeugversuchskommando Warnemünde 89
Seeckt, Hans von 59 ff, 65 ff 73 f, 78, 91, 93 f, 96 ff, 99, 106, 108, 129, 144, 146, 154, 163, 168, 199, 257
Seekatz, F. W. 45
Seibert, Ernst 243
Segelflugzeuge, s. auch Gleiter 77
»Severa« (Seeflug-Versuchsanstalt) 119
Severskij, Alexander Prokofieff de 71 f
Shakovskaya, Eugenie 72

Sherwood, Robert 296
Shirer, William 262
Siburg, Hans 154
Sicherheitspolizei (SIPO) 63
Siddeley, John 157
Siebel, Fritz 107, 354
Siegert, Wilhelm 97
Siemens Halske 89
Siemens-Schuckert-Werke 41, 54
   D-III-Jäger 36
   D-IV 40 f, 54
   D-VI 41
Sigel, Walter 251 ff
Sikorsky, Igor 70
Simon, Sir John 170
Skoda-Werke 232
Smirnoff, Ivan 71
Smith, Truman 187
Smolianinov, Hauptmann 73
Sobotka, Hans 216 ff
Sonnemann, Emmi 162
Sondergruppe R 73 f, 82, 108, 130
Sonderstab W 202
Sopwith Snipe 73
Southampton 288
Spad 15, 17, 73, 227
Spangenburg 130 ff
Spanisch-Marokkanische Transport-Gesellschaft 202
Spartakisten 25 f, 36 f
Speer, Albert 177
Speidel, Wilhelm 126, 164, 257
Sperrle, Hugo von 203, 206, 213, 251
Spitfire 288, 344 ff, 352, 359
Sportflugzeug G.m.b.H. 107 f
Stahlhelm 96
Stalin, Josef W. 255

Stalingrad 358
Stark, Robert J. 366
Stauss, Emil Georg von 112, 117
Steer, George L. 210, 212, 219
Steiner, Hermann 75 ff, 80 f, 115 f
Steinhoff, Johannes 359
Stinnes, Hugo 98
Stirling 361
Stresemann, Gustav 99, 102, 106, 109 f
Strohmeyer-Raulino, Familie 189
Student, Kurt 77, 90 f, 99, 154, 332 ff
Stuka, s. Sturzkampfbomber
Stülpnagel, Edwin von 93
Stumpff, Hans Jürgen 164, 183, 237, 247, 318, 320
Sturzkampfbomber 178, 249, 251, 256, 267 ff, 338
Südafrikanische Brigade 20
Svenska Lufttrafik 103
Swissair 160
Szczesny, Leutnant 277

Tank, Kurt 226, 239
Technisches Amt der Luftwaffe 171 ff, 174 ff, 239, 242
Tempest 364
Thunderbolt 364
Tiger Moth 308, 321
Tornblad Parachutes, Ltd. 149
Torpedobomber 319
Tradin, Rolf Thorbjorn 306
Transportflugzeuge 256, 301

ANHANG / REGISTER

Travemünder Yachthafen A.G. 119
Treibstofflage 17
Trotzkij, Leo 72
Truppenamt, s. auch Generalstab 62 f, 78, 84, 110, 163, 248
Tschersich, Günther 234
Tuchatschewski, Marschall 140
Typhoon 364

Vickers-Vildebeest 202
Vickers-Wellington 269 ff, 289 ff, 354
Vogt, Richard 238 ff
Völkerbund 67, 74, 111, 136, 139, 157
Volksmarinedivision 24 f
Vuillemin, Joseph 227, 230 ff

U 1 87
Udet, Ernst 15, 40 f, 178 ff, 182 ff, 191 ff, 225 ff, 227 ff, 233 ff, 238 ff, 246 ff, 286 ff, 351, 354 ff, 368
»Unternehmen Bodenplatte« 364
»Unternehmen Dynamo« 344, 347
»Unternehmen Feuerzauber« 199 f
»Unternehmen Steinbock« 371
»Unternehmen Wasserkante« 264, 278
Untucht, Flugkapitän 174
Uralbomber 165, 171
Urbanowicz, Witold 281

V-1-Raketen 361, 364
Verkehrsluftfahrt 33
Verkehrsflugzeuge (Maschinen) 56
Verkehrsministerium 130
Vertrag von Versailles 28, 30 f, 35, 38, 47, 52 f, 57, 59, 61, 63 f, 66 f, 87, 89, 102 ff, 110 f, 114, 122, 139, 145, 170, 235

Waaler, Feldwebel Per 306
Waffenstillstand 13, 19, 21, 28, 41, 45, 53, 56
Wandel, Hans Joachim 219
Warlimont, Walter 286
Warschau 68, 264 ff, 271 ff, 279, 283
Warspite 316
Wehrpflicht, Allgemeine 32, 170
Wels, Otto 24
Wenzl, Leutnant 13
Werth, Alexander 341
»Werwölfe« 96
Wessel, Horst 169
Westerplatte 276 ff
Westwall 270
Westphal, Siegfried 255
Wever, Walther 163 ff, 170 ff, 193 ff, 233, 244, 248, 356
Weygand, Maxime 325
White Springs, Elliott 16, 179
Whitley 354
Wiart, Carton de 312
»Wikinger« 96
Wilberg, Helmut 146 ff, 202
Wilhelm II. 18 f, 31
Wilhelm, Prinz von Preußen 129

Wilson, Woodrow 31, 34, 47
Wimmer, Wilhelm 165, 171 ff, 189, 233, 247, 257
Wood, Kingsley 269
Woroschilow, Kriegskommissar 135
Wright-Cyclone-Motor 209
Wurtzbacher, General 82
Wygard, Brüder 116

Zeiss-Entfernungsmesser 52
Zeitzler, Kurt 357
Zenker, Hans 123
»Zentrale Moskau« 74
Zeppelin 34
Zeppelin-Werke 56
Zink, Lo 178
Zinn, Fred 40 ff
Zivilluftfahrt 33, 55

BILDNACHWEIS

Air University Archives: 33
Aus H. Bongartz, »Luftmacht Deutschland«, Essen, 1939: 21, 25
Peter Bowers: 4, 9, 22, 24, 26, 29, 30, 36, 37, 42, 43
Bundesarchiv Koblenz: 13, 14
Martin Caidin: 1, 2, 3
Standfoto aus dem Ufa-Kulturfilm »Flieger, Funker, Kanoniere«: 58
Archiv Armand von Ishoven: 45, 46, 57
Lufthansa-Bildarchiv: 5, 11, 12, 15, 16, 17, 18, 19, 27, 28, 31, 34
Österreichisches Institut für Zeitgeschichte, Wien: 6, 7, 8, 10, 23, 32, 38, 39, 40, 41, 44, 47, 48, 49, 50, 51, 52, 53, 54, 55, 56, 59, 60
Hans Schaller: 35
U. S. A. F.: 20, Schutzumschlag